Mc Graw Hill Education

工商管理经典译丛

Essentials of Marketing Research

(Third Edition)

Joseph F. Hair, Jr.
Mary Wolfinbarger Celsi
David J. Ortinau
Robert P. Bush

市场营销调研精要 （第3版）

〔美〕 小约瑟夫·F.海尔
玛丽·沃尔芬巴格·塞尔西
戴维·J.奥蒂诺
罗伯特·P.布什　　　　著

白雪梅　主译

东北财经大学出版社 ｜ 大连
Dongbei University of Finance & Economics Press

Joseph F. Hair, Jr., Mary Wolfinbarger Celsi, David J. Ortinau, Robert P. Bush: Essentials of Marketing Research (Third Edition)
ISBN: 0-07-802881-7
Copyright © 2013 by The McGraw-Hill Education.

图书在版编目（CIP）数据

市场营销调研精要：第3版 /（美）海尔（Hair，J.F.）等著；白雪梅 主译.—大连：东北财经大学出版社，2016.2
（工商管理经典译丛）
ISBN 978-7-5654-2273-7

Ⅰ．市…　Ⅱ．①海…②白…　Ⅲ．市场营销-市场调研　Ⅳ．①F713.50②F713.52

中国版本图书馆CIP数据核字（2016）第041113号

东北财经大学出版社出版发行
　　大连市黑石礁尖山街217号　邮政编码　116025
　　教学支持：（0411）84710309
　　营 销 部：（0411）84710711
　　总 编 室：（0411）84710523
　　网　　址：http：//www．dufep．cn
　　读者信箱：dufep @ dufe．edu．cn
大连图腾彩色印刷有限公司印刷

幅面尺寸：185mm×260mm　字数：510千字　印张：24 1/2
2016年2月第1版　　2016年2月第1次印刷
责任编辑：李　季　吉　扬　孙冰洁　刘东威　　责任校对：何　力
封面设计：冀贵收　　　　　　　　　　　　　　版式设计：钟福建
定价：52.00元

版权所有 侵权必究　举报电话：（0411）84710523

译者序

　　人类社会进入 21 世纪，教育目标之一是培养人的信息素质。营销调研是对那些可用来解决特定营销问题的信息进行设计、收集、分析和报告的过程。调研的作用主要是为制定决策提供信息，其作用之重要，在以信息为基础、以大数据为特征的 21 世纪，怎么强调都不过分！通过调研获得所需要的信息，不仅仅是企业捕捉商机，选择目标市场，从而超越竞争对手占领市场的需要，也是其他各行各业为获取信息应当掌握的知识和技能。

　　本书具有许多创新特点，作者已经在前言中概括了八个方面。除此之外，我更欣赏这一版教材的如下特点：一是新。随着互联网技术的飞速发展和应用的普及，本版教材及时介绍了最新的调研方法和技术，最新的网上资源指导。二是实用。无论是"市场营销调研实践"还是"营销调研指南"专栏，以及更新和增加的贯穿全书始终的连续案例，都充分发挥了作者的经验优势，以精心而巧妙的设计，让缺少营销调研实践的学生最有效地熟悉这个行业，并掌握专业所必需的知识和技能。书中图文并茂的案例和操作指导甚至可以作为一本案头书指导市场调研实践。三是针对性强。本版教材是专门写给美国以外的国际学生使用的，作者充分顾及国际学生的文化习俗特点，是一本"好读"的专业教材。四是深入浅出、通俗易懂。本书作者不仅具有深厚的专业功底，而且均有丰富的营销调研实践经验和卓越的教学水平，善于用大众化的语言，用最贴近市场营销调研现场各环节的案例来解释专业问题，这不仅对学生，也对教师具有极大的帮助和借鉴价值。

　　本译稿得以最终完成，要特别感谢最初参与了翻译工作的研究生刘志龙、杨娜、金梦洁、韩文萍、杜丽。在此，我还要特别感谢后期为提高翻译质量起到关键作用的香港理工大学的刘安瑀博士、英国萨里大学的李刚教授、浙江大学的副教授林珊珊博士、南开大学的臧微博士后研究员。本书作者希望在这一版《市场营销调研精要》中，能以高度的可读性和凝练的形式依然保留前一版中重要的基础知识和所有备受欢迎的特色。我们期待着通过我们这支翻译团队的努力，仍能彰显这些特色，并把作者力求清晰易懂的初衷充分体现在这个译本中。

我还要特别感谢东北财经大学出版社国际合作部主任李季女士的信任、理解和支持，感谢她和她的团队为这本书的引进、翻译和出版所付出的辛勤劳动。

由于水平所限，百密一疏在所难免，期待读者不吝指正。

白雪梅

于东北财经大学晨光园

2016年1月

前言

我们生活的世界已变得日益全球化和高度竞争，并且越来越多地受到信息技术尤其是互联网的影响。第一版《市场营销调研精要》成为获得新的、最基本的营销调研知识的重要来源。我们的读者，你们中的许多人给我们提供了《市场营销调研精要》这本教材的第一版、第二版以及更早版本《市场营销调研》的反馈意见。一些读者喜欢应用调研项目，另一些读者则更看重案例分析或章末的练习，还有些读者要求额外增加一些定性的方法。此外，无论学生还是教师，大家都关心教科书的价格。《市场营销调研精要》的第三版满足了读者的这些需求。本教材内容简洁、物超所值，依然保留了《市场营销调研精要》中重要的基础知识。我们为教师和学生提供饶有趣味的、最新的内容和完整的补充资料。在下面的章节中，我们听取了读者的反馈意见，并将其纳入《市场营销调研精要》第三版中。

本教材的创新点

第一，在过去的几年中，数据收集方法已经迅速转换为在线调查。截止到2011年，采用在线调查来收集数据的方法已经占到所有数据收集方法的60%以上。基于这种在线收集数据方法的变革，有必要把大量新的资料充实到该部分。有关抽样、度量和量表、问卷设计以及数据准备分析等章节都需要建立如何处理网络相关问题的指导方针。社会媒体的监测和市场营销调研网络社区使得调研方法正不断扩展，并充实到定性调研和观测调研这一章里。

第二，为了提高学生的分析技能，我们加入了圣塔菲墨西哥烤肉餐厅的竞争对手若泽西南咖啡厅，由此拓展了连续案例分析。通过把竞争对手增加到圣塔菲烤肉餐厅的连续案例中，学生们可以对比客户在两家餐厅的体验。此外，学生们可运用调研结果为圣塔菲烤肉餐厅制定最有效的营销策略。连续案例的练习展示出了在抽样、定性和观测设计、问卷设计、数据分析和解释、编写报告中基于实际的考虑，并提出了一些问题。社会媒体的监测和营销调研网络社区使得调研方法不断扩展，同时在定性调研和观测调研的这一章中也有这方面的讨论。

第三，本书在各章中都加入了市场调研指南。我们更新了市场调研指南，其目的是要涵盖更多的市场调研中即时的和引人深思的问题。专题的范例涵盖道德、隐私、网络数据收集，尤为特别的是还包括点击量分析，推特（Twitter）、领英（Linked-In）在市场营销调研中所扮演的角色，以及提高学生批判思维能力的例子。

第四，其他教材很少涉及通过文献回顾的方式来获取调研问题的背景信息，而在本教材中，专辟一章来介绍有关这个问题的大量资料，包括如何使用文献回顾的方法以及如何搜索资料。由于当今的学生高度依赖互联网，因此本教材也突出强调应使用谷歌（Google）、雅虎（Yahoo!）、必应（Bing）及其他搜索引擎来研究背景信息。为使本教材更为简明，我们把二手数据信息与数字媒体搜索综合到一起。这些内容安排在第3章。

第五，我们的教材是唯一的一本专辟一章介绍定性数据分析的教材。其他教材虽然也讨论定性数据的收集方法，如焦点小组访谈和深度访谈，却很少涉及如何具体分析这类数据。相比之下，本教材参考了 Miles 和 Huberman 在该领域所著的一本很有创意的著作，并用整整一章的内容来介绍这个专题，从而使教师的课堂教学更加协调。另外，本书还解释了诸如定性数据的编码、对主题和类型的识别等重要任务。第三部分第9章里关于定性调查项目的样本报告可以帮助学生更好地了解定性分析报告与定量分析报告之间的差异。该章结尾处引入了一个新的市场营销调研实践：亲自参与产品不满意度的定性分析任务，有助于学生更深入地掌握怎样分析定性研究报告。我们认为你和你的学生将会发现这些任务既是有趣的又是与定性分析方法相关的介绍。

第六，我们的教材强调其实用性，所谓"精要"，具有如下两个有助于教学的特色：一是某些章节中把相关资料放到"营销调研指南"的提示框中。"营销调研指南"概述了一个调研应用实例，并提出供讨论的问题。二是每章末设有"市场营销调研实践"专栏，从而使学生能将每章的内容运用到现实世界的真实情境中去。

第七，如上所述，本教材有一个精彩的贯穿全书的连续案例研究，授课教师借助于这个案例，能够阐释应用性的概念在一个真实案例中的含义。我们的连续案例研究——圣塔菲墨西哥烤肉餐厅，是学生可以与热门的墨西哥饭店主题相联系的饶有兴趣的案例。如上所述，这一版我们增加了一个竞争者——若泽西南咖啡厅，由此，学生们能够应用包括重要性绩效的概念来完成一个竞争分析。由于是一个连续案例，因此教师不必让学生在每一章都去熟悉一个全新的案例，而只需依据在之前章节已经了解的内容去学习。之所以采用这个案例，是因为这家餐厅是两个大学生创业者自主创业的成果，而自主创业正是当今许多大学生的奋斗目标。最终，当这个连续案例被用在后面定量数据分析的章节时，本教材提供了一套适用于SPSS的数据集，用来教数据分析和解释技能。由此，学生才能真正了解市场营销调研信息究竟是怎样被用来改进决策的。

第八，除圣塔菲烤肉的案例之外，还提供了另外 5 个 SPSS 格式的数据集。这些数据集可用来布置调研项目或作为贯穿全书的附加练习。这些数据集包括范围广泛的专题，并为强化教学中的概念提供了很好的方法。以下给出这些案例的概述：

Deli Depot 是包括在之前各版本中 Deli Depot 案例的扩展版。第 10 章的"市场营销调研实践"中有关于这个案例的概述。样本容量为 200。

雷明顿牛排餐厅（Remington's Steak House）是在第 11 章的"市场营销调研实践"引入的。雷明顿牛排餐厅是澳拜客（Outback）和长角（Longhorn）两家牛排餐厅的竞争对手。这个案例的重点是通过数据分析来识别饭店形象并绘制认知图，这有助于制定发展战略。样本容量为 200。

Qualkote 是一个建立在雇员测评基础上的商家对商家（business-to-business）的市场营销调研应用。在第 12 章的"市场营销调研实践"部分加以介绍。这个案例检验了一项质量改进计划的实施及其对顾客满意度产生的影响。样本容量为 57。

消费类电子产品（Consumer Electronics）是基于数字录音机/播放机市场的迅速发展，并专注于创新者和早期采用者的概念。第 13 章的"市场营销调研实践"概述了这个案例和相关变量，以及一些数据分析的例子。样本容量为 200。

后院汉堡（Backyard Burgers）是基于一个全国范围的顾客调查。该数据集有丰富的隐含数据的分析比较，还包括一些学生容易理解的题目。样本容量为 300。

第九，比起其他教材，本教材定量数据分析的覆盖范围更加广泛，也更容易理解。本教材详细介绍了如何用 SPSS 来实现对所有统计分析技术进行数据分析的具体步骤。这既能让教学生第一次使用该软件的教师花费更少的时间，也能在此后学生经常忘了如何操作该软件时，为学生提供一个便捷的参考，从而节省了他们的时间。对那些想在课堂上讲授更高级的统计技术的教师而言，我们的教科书是包括这个内容的不二选择。在第三版中，我们还在选择恰当的统计方法上增添了补充资料，并在如何解释数据分析结果方面有着更为广泛的覆盖。

第十，如前所述，网络营销调研技术正在迅速地改变着市场营销的面貌。而本书作者于在线数据收集方面有着丰富的经验，并对与此有关的问题抱有浓厚的兴趣。其他包括在线调研内容的教科书中，大部分仅把在线调研资料视为一个"附加"部分，而没有把在线调研的原因及其影响全部整合起来。相比之下，由于我们这本教材写于 2012 年，当时那些趋势现在已相当明显，并且有记录它们的信息，因此本教材对这些问题的涵盖更广泛也更新。

第三版的更新

以下列出的是你在第三版中将会欣喜发现的新变化：

- 大幅更新了整个教材的资料和数据。

- 重写了第1章中的引言部分，使其更具吸引力。
- 在第2章中阐明了调研主题（Problems）与调研问题（Questions）的区别。
- 在第3章中增加了构建良好假设的材料。
- 第4章提供了社交媒体监听和营销在线调研社区的最新信息。
- 第5章扩展到包括新的调查类型，比如网上问卷调查软件SurveyGizmo和Qualtrics，以及其他更新的方法。还有一些利用有效性和试销信息对关键观念的更深入的解释。
- 第6章增加了一些抽样术语、样本容量确定方法和中心极限定理的资料。
- 第7章扩展了关于有效性的资料，增加了定序尺度、量表编制、调整现有量表/架构、修改负面措辞陈述，并通过修订五个图表引入更多的例子。
- 第8章增加了关于在线问卷的材料，并拓展了有关问卷布局的讨论。
- 为了帮助老师讲授定性分析，第9章增加了一个微型小组访谈项目。
- 用SPSS20.0版本修改了第10~13章的所有SPSS的输出图表。
- 第10章修改了交互式内容，包括图表10-2圣塔菲烤肉餐厅雇员的调查问卷、Deli Depot餐厅的亲身经历以及SPSS的讨论问题。
- 全面修改了第11章中的建立假设的部分。
- 第12章增加了段落和图表以阐明同方差性和正态性。
- 第13章增加了三个新的图表并大量改进了素材，其中包括DVR的使用。我们在口头报告部分也增加了素材。

教学法

许多市场营销调研教材都具有一定的可读性。然而，更重要的是"学生能真正理解他们所学的教材吗?"本书提供了具有教学法特征的资源，且这些资源均致力于积极地解决问题。以下是其主要教学法的组成部分:

学习目标。本书的每一章都以明确的学习目标开头，针对每章的性质和重要性，使学生能够依据学习目标来确定对每一章的学习预期。

开篇案例。在每章的开篇部分都有一个饶有趣味的、切题的、真实的商务案例，它们说明了该章内容的中心和重要意义。例如，第1章的案例说明了社交网络（如Twitter）在加强市场调研活动的参与度方面正在发挥新的作用。

营销调研指南。该部分内容包括所有章节中的整体功能，它们起到一个仪表盘的作用，为学生解决在营销调研决策中的沟通问题。

关键术语和概念。在正文中已用粗体标出了关键术语和概念，并在章末列出了这些术语和概念，书后的术语表中也有对这些复杂的市场营销调研术语和概念的简要解释。

伦理。伦理问题在第1章就有讨论并会贯穿全书，可使学生对营销调研中这类富有伦理挑战性的问题有一个基本的了解。在第二版中，越来越多且重要的伦理问题内容已被更新，同时也包括在线收集数据所涉及的伦理问题。

总结。各章详细的总结是对应着每章开头所提出的学习目标来加以组织的。这样组织各章总结有助于学生记住关键事实、概念和问题。同时，各章总结对学生准备课堂练习或考试来说也是非常好的学习指导。

复习题和讨论。复习题和讨论是经过精心设计的，用以促进学生的自学，并鼓励学生把各章所学的概念运用到实际的商务决策中去。每章有两三个问题与因特网直接相关，目的是使学生有机会提高他们收集和解读电子数据的能力。

市场营销调研实践。设置在各章后面的小案例是为了让学生进一步了解每章的重要概念是如何应用到现实情境中去的。这些案例可被用作课堂讨论或案例练习，其中几个案例涉及的数据集可以在本书的网站上获取。

圣塔菲烤肉餐厅。本书对圣塔菲烤肉餐厅连续案例采用了简单调研方法说明营销调研过程的各个方面。圣塔菲烤肉餐厅同若泽西南咖啡厅连续案例一样，是专门设计的一个穿插在全书之中的企业调研案例，其设置目的即在于探索和理解各章的主题。这个案例在第1章引入，并在随后的每一章中，都建立在之前已学过的概念的基础之上。具体包括30多个课堂测试的范例和顾客调查的SPSS和Excel的数据库。在第三版中，我们增加了对圣塔菲烤肉餐厅员工的调研，以证明和进一步提高员工的批判性思维和分析能力。

辅助资料

本书提供了一整套广泛且丰富的教辅资料，以下简要介绍这套资料的组成内容。

教师资源。本书专门为教师准备了教师手册和电子试题库以及PowerPoint课件，让第一次使用本书作为教材的教师更加容易转换和适应。对于使用过以前版本的读者来说，有许多新的教辅资料正是基于之前版本的笔记和教辅资料而生成的。还有大量的学生项目和实例可用以补充课堂的教学资源。

视频。视频节目包括有关营销调研的长达数小时的视频资料，来自麦格劳-希尔/欧文（McGraw-Hill/Irwin）视频图书馆。

网站。学生可以登录本书的专用网站（www.mhhe.com/hairessentials3）来获取更多的市场调研信息，并可通过网上的小测验来评估自己对各章内容的理解。学生还可以通过我们的在线支持系统为其营销调研项目做准备。每章都有辅助资料，书中还有指导读者到网页上搜索有关各个专题的更多有用信息的提示。

数据集。在本书的网站上（www.mhhe.com/hairessentials3）有6个SPSS格式的数据集。这些数据集可用来布置调研项目或用作配合全书的练习（包含在每个数据集里的概念已经在这部分的前面做了简要介绍）。

SPSS学生版。通过配备SPSS，我们提供了可购买包括SPSS学生版光盘的教科书的选择。这个强大的软件工具使学生能够分析多达50个变量和1 500个观测值。它包括所有的数据集，并且可结合书中的数据分析步骤来使用。

致谢

虽然是作者先着手编写了这本并不算厚的书，但我们确信，正是许许多多其他人的重要贡献才使我们的理想最终变为现实。感谢学界和商界的同仁们多年来在许多调研专题上的精辟见解。他们是：堪萨斯州立大学 David Andrus；路易斯安那理工大学 Barry Babin；斯蒂芬奥斯汀州立大学 Joseph K. Ballanger；约翰逊和威尔士大学 Kevin Bittle；佛罗里达州立大学 Mike Brady；休斯敦浸会大学 John R. Brooks，Jr；哈佛大学 Mary L. Carsky；安第斯大学 Gabriel Perez Cifuentes；波士顿学院 Vicki Crittenden；西得克萨斯大学 Marc Dollosy；中田纳西州立大学 Diane Edmondson；弗吉尼亚联邦大学 Frank Franzak；肯尼索州立大学 Keith Gerguson；加利福尼亚州立大学 Susan Geringe；中田纳西州立大学 Timothy Graeff；中央密苏里州立大学 Harry Harmon；阿肯色州立大学 Gail Hudson；凯特林大学 Beverly Jones；摩根州立大学 Karen Kolzow-Bowman；康考迪亚大学 Michel Laroche；墨尔本大学 Bryan Lukas；田纳西州立大学 Vaidotas Lukosius；英国曼彻斯特大学 Peter McGoldrick；威斯康星大学 Martin Meyers；亨利管理学院 Arthur Money；新奥尔良大学 Tom O'Connor；乔治华盛顿大学 Vanessa Gail Perry；延平大学 Ossi Pesamaa；迪肯大学 Michael Polonsky；托莱多大学 Charlie Ragland；阿肯色大学 Molly Rapert；西佐治亚大学 Mimi Richard；金州大学 John Rigney；波士顿学院 Jean Romeo；南佛罗里达大学 Lawrence E. Ross；金斯顿大学 Phillip Samouel；南印第安纳大学 Carl Saxby；瑞尔森大学 Donna Smith；肯尼索州立大学 Shane Smith；波特兰州立大学 Bruce Stern；奥斯陆大学 Goran Svensson；肯尼索州立大学 Armen Taschian；北佛罗里达大学 Drew Thoeni；加利福尼亚州立大学 Gail Tom；佛罗里达国际大学 John Tsalikis；中央得克萨斯大学 Steve Vitucci；肯尼索州立大学 David Williams。

我们也衷心感谢为我们第三版提出建议和审稿想法的专家，他们是：

南佛罗里达大学 Ali Besharat；蒙大拿大学 Emily J. Plant；加利福尼亚州立大学 Gail Tom；肯特州立大学 Tuo Wang。

我们还要感谢麦格劳–希尔/欧文（McGraw-Hill/Irwin）公司的编辑和顾问。感谢出版商 Paul Ducham，责任编辑 Sankha Basu，开发编辑 Sean M. Pankuch，营销经理助理 Donielle Xu 以及自由开发编辑 Jean Smith。另外，还要感谢我们的专业工作团队：项目经理 Mary Jane Lampe，设计师 Studio Montage，用户 Nicole Baumgartner 和协调媒体项目经理 Prashanthi Nadipalli。

小约瑟夫·F.海尔

玛丽·沃尔芬巴格·塞尔西

戴维·J.奥蒂诺

罗伯特·P.布什

目录

第 **1** 部分

营销调研信息的作用和重要性

第1章　营销调研在管理决策制定中的作用

【学习目标】

通过对本章的阅读，你将会做到以下几点：

1.描述营销调研对制定决策的影响。

2.说明营销调研应如何配合营销计划过程。

3.列举营销调研的案例。

4.了解营销调研行业的范围和热点。

5.解释与营销调研相关的伦理特征。

6.讨论营销调研的新技术和新趋势。

数据采集技术的扩张

Twitter（推特）能够成为营销调研者的工具吗？Twitter是一种"微博"服务，它能为用户提供至多140字的文字更新，该服务被称作"推特微博"（Tweets）。Twitter的使用主体是用户群，但是越来越多的企业正在寻找Twitter的以下几种用途。其中一种用途被称作"入站发信"（Inbound signaling），它以研究为目的在Twitter上进行信息采集。在站内信里，组织通过Twitter追踪针对其公司、品牌及产品的对话线索。这些公司能够使用搜索工具搜索twitter.com或TweetDeck实时观测用户对公司、品牌及产品的评价。有些业内观察者认为，由于太多的闲谈和无意义的聊天使得他们很难找到有价值的信息。但是越来越多类似Twitter附加组功能的调研工具正被开发出来，它能用数据挖掘的方法从凌乱的信息中找到相关性。[1]麦克斯·戈德堡（Max Goldberg）是激进清晰（Radical Clarity）集团公司的创始人之一，他说："Twitter是一个伟大的工具，因为它能通过用户的反馈使公司听到有关公司

---

[1]　Matt McGee, "OneRiot Offers Twitter Search with a Twist," April 2, 2009, www.searchengineland.com/oneriottwitter-search-with-a-twist-17180.

品牌的评价。Twitter能反馈很多有关客户服务问题及很多突出的问题。Twitter这一迅速的反馈机制使得公司可以快速解决产品或服务的问题。"①

1.1　日益复杂的营销调研

技术的发展和全球业务的增长加大了营销调研的难度。我们第一个营销调研指南就揭示了面向国际化市场调研的挑战，数字技术为营销调研带来巨大机会和挑战。互联网工具的使用从根本上改变了数据收集的方式，这些工具包括网络调查、脸谱网和Twitter这类互动和网络社交工具以及手机等。Market Truths公司（www.markettruths.com）是现实生活中一家营销调研公司，该公司为顾客在因特网虚拟世界或其他虚拟世界里提供定制和标准化的研究，它的研究涉及公司是否决定将公司品牌投放到虚拟的因特网上，来帮助公司检测人们对该公司品牌的态度。②一些新技术还未证明自己能不能为营销者提供有用的视角，例如神经学营销，这种营销会对研究对象展示广告，同时扫描他们的大脑。③像推特、点击流向追踪（Clickstream tracking）和GPS等一些新的数据收集工具会产生很严重的消费者隐私问题。当前各种可用的工具和技术使得特定研究项目的方法选择变得越来越困难。但对营销调研者来说，研究前景变得从未如此复杂且令人兴奋。

营销调研指南：进行国际化的营销调研

许多营销调研公司在很多国家存在。例如，捷孚凯市场咨询公司（www.gfk.com）宣称它可以在100多个国家内进行营销调研。然而，在世界各国进行的调研仍然面临很多挑战。到目前为止，大量的营销理论与实践在美国得到了发展。令人高兴的是，很多解释消费者行为的理论和概念可以应用到其他领域中去。例如对于消费者为反映他们的自我意识和身份而可能购买的物品可能适用于很多国家。抽样调查、数据收集、定性和定量技术以及统计分析方法等营销调研技术也得到了广泛的应用。

但是许多挑战依然存在。一些市场调查人员对一国的文化做了调研，并得出他们的研究成果具有广泛的适用性。第一，文化差异可能会强烈地影响到某些物品的消费，而有些却不受其影响。第二，由于一些目标群体和亚文化存在于不同国家，因此侧重在国家文化差异水平上的调研会使目标群体的界定更加狭隘。最后，约拉姆·温德（Yoram Wind）和苏珊·道格拉斯（Susan Douglas）认为尽管不同国家的消费者表现不尽相同，但是往往消费者行为在一个国家内的表现差异大于国家间的差异。因此，基于某个特定国家的消费文化所得到宽

---

①　Tim Ryan, "Gartner: Four Ways Companies Use Twitter for Business," March 30, 2009, www.retailwire.com/Discussions/Sigl_Discussion.cfm/13644.

②　See www.Markettruths.com for a research firm dedicated to using Web 2.0 and other Internet tools for research.

③　Mya Frazier, "Hidden Persuasion or Junk Science?" Advertising Age, September 10, 2007.

泛的研究结果未必是有用的。例如，当一个公司希望把一种特殊产品推销到特定目标群体的时候，针对特定的市场机遇和问题所进行的更具体的研究非常有必要。

随着市场的不断扩大，非洲和中东地区变得越来越重要。但是这些地区缺少辅助数据和对市场上供应商的研究，不利于全球企业更好地了解这些市场。由于没有可靠的人口统计数据，在这些地区进行营销调研是非常困难的，且确定有代表性的样本也非常困难。尽管使用反向翻译可以识别潜在的问题，将调查项目翻译成另一种语言可能会改变它们原来的意思。此外，在调研中建立等价的概念并不容易，例如，西方"真理"的概念在儒家哲学中并不适用。

假设一些国家的调研公司想要收集信息，要优先考虑与这些公司建立联系，因为它们已经拥有与调研相关的挑战和解决问题的知识。然而，营销调研并不总受到来自新兴市场管理者的高度重视。下面几点能证明这个问题，首先，消费者接受并参与调查的可能性较低。其次，用于商业决策的成本预算较少，认为需要进行调研最小化风险的思想被弱化。最后，研究人员使用定性和定量的技术常常不得不通过调整方法与新兴市场的消费者进行成功的交流。

在国际营销调研中新技术同时带来机遇和障碍。3Com公司委托Harris Interactive调研公司进行世界上最大的互联网调查，包括来自250个国家的140万名受访者参与到这个项目中。在很多国家，受访者通过网上调查给出他们的答案。在没有电话和电脑的偏远地区，访问人员被派去用便携式手提电脑收集数据。等访问人员从访问地回来后，收集到的数据会被上传到数据库。在本次调研工作中，3Com公司的调查范围甚至包括到了那些被剥夺权利的群体。尽管这一结果并非真正具有代表性，但是在完善全球跨文化信息的不完全性方面，它的努力非常重要。

未来将会怎样呢？那些能成功开发出新方法和概念的调研公司和企业能帮助它更好地理解并服务于充满竞争的全球市场。那些研究消费者行为理论的调研公司能够提供具有可操作性的信息，它们与当地的营销调研公司合作以健全营销调研的基础设施，它们应用新技术收集有效并可靠的数据。与此同时，这些调研公司通过开发复杂的分析系统理解国家内部和国家与国家之间的调研环节。

资料来源：Yoram Wind and Susan Douglas, "Some Issues in International Consumer Research," European Journal of Marketing, 2001, pp. 209-217; C. Samuel Craig and Susan P. Douglas, "Conducting International marketing Research in the 21st Century," 3rd Edition, John Wiley & Sons Ltd, Chichester, West Sussex, England 2005; B. Sebastian Reiche and Anne-Wil Harzing, "Key Issues in International Survey Research," Harzing.com, June 26, 2007, www.harzing.com/intresearch_keyissues.htm, accessed August 11, 2011; Fernando Fastoso and Jeryl Whitelock, "Why is so Little Marketing Research on Latin America Published in High Quality Journals and What Can We Do About It?" International Marketing Research, 2011, Vol. 28（4）, pp 435-439; Holmes, Paul "3Com's Planet Project: An Interactive Poll of the Human Race," http://www.holmesreport.com/casestudyinfo/581/3Coms-Planet-Project-An-Interactive-Poll-of-the-Human-Race.aspx, May 28, 2011, accessed August 13, 2011.

尽管新营销调研工具和概念得到了爆炸式的发展，建立如假设检验、定义构建、可靠性、有效性、抽样和数据分析等营销工具对评估使用用途和收集数据新方法的价值非常重要，像焦点小组（Focus groups）、秘密采购（Mystery shopping）及计算机辅助电话调查系统（CATI）等传统的数据收集方法仍然是相关且被广泛使用的工具。为了克服单一方法的固有缺点，越来越多的调研公司选择使用包含多种调研方法的混合调查技术。

　　美国市场营销协会将营销调研（Marketing research）定义为具有通过收集信息将组织机构与其所处的市场联系起来的职能。这些信息有助于识别和定义市场导向的机会和问题，还会促进营销活动的发展和变革。最后，它还使得监测营销的执行情况和深化理解营销成为一个商业过程。[①]组织使用营销调研信息识别新产业的机会，开发广告策略并实施新的数据收集方法以更好地了解客户。

　　营销调研是一个系统的过程。这个过程中的任务包括设计采集数据方法、管理信息收集过程、分析并解释结果以及与决策者交流调研结果。本章提供了一个营销调研及其与营销的关系。我们首先解释为什么公司使用营销调研，然后给出营销调研怎样帮助公司做出全面营销的一些例子。接下来我们讨论谁应该使用营销调研以及在什么时候使用。

　　本章对企业收集营销调研信息的活动进行了总体描述。为了阐明营销信息的提供者与使用者之间的关系，我们还描述了营销调研行业。在本章的最后部分，描述了道德在营销调研中的作用。紧随其后我们还在本章的附录中描述了营销调研职业。

1.2　营销调研的作用和重要性

　　不管是大型组织还是小型组织都会在市场、消费者、文化、亚文化以及营销组合变量方面产生问题。行业中很多有经验的管理者能基于他们的经验做出有根据的推测。但是市场和消费者的喜好会改变，且有些时候变得非常快。不管管理者对他们的市场有多少经验，他们也偶尔会发现他们有根据的推测并不准确。像丹·艾瑞里这样的行为决策者——《怪诞行为学》的作者，他曾证明即使一个经验丰富的人也可能做出错误预测，[②]并且他所做的决定会产生严重的后果。很多管理决策涉及新领域，这时决策就会缺少经验甚至产生误导。例如，组织可能会考虑新战略，包括对市场进行细分，使用新的或不断变化的媒体来吸引顾客或推出产品。同样，国际市场和消费者会带来机遇，但是在一些新兴市场，可用来为管理者提供信息以减少决策失误风险的间接调查和营销调研基础设施将受到限制。包括新兴市场在内的所有市场，实施良好的营销调研都会降低营销失败的风险。

　　营销调研很大程度上借鉴了社会科学的理论和方法。因此，营销调研的方法多种多样并涵盖广泛的定性和定量的技术，同时，它也借鉴例如心理学、社会学和人类学等学科。营销调研可以被认为是一个完整的工具箱，它能够完成各项任务，这些工具包括调查、焦点小组、实验以及人种学方法（Ethnogra-

---

　　① American Marketing Association, Official Definition of Marketing Research, 2009, www.marketingpower.com.

　　② Dan Ariely, Predictably Irrational: The Hidden Forces That Shape Our Decisions (New York: HarperCollins, 2009).

phy）等，本书只列出其中一些。近年来，随着社交媒体、网络调查和手机的出现，营销调研的工具箱规模不断扩大。国际营销问题和机遇带来了复杂的营销问题和机遇，随之而来的还有试图了解市场的营销调研者所面临的挑战。工具箱的规模和工具的多样性为营销调研人员的成长和开发创新方法提供了前所未有的机会，这些创新方法能帮助调研人员了解市场和消费者。

无论你在一个小的、中等的还是大的公司工作，你或你的公司迟早会花钱购买调研结果或者委任别的公司调研，甚至自己动手做调研。尽管一些技巧性的调研方法很难在一门课里掌握，但是通过一学期课程中基本知识的学习可以很大程度地帮助你成为一个好的调研客户，或者你自己可以做一些调研项目。

也许你已经知道并不是所有的调研工作都能被很好地执行，有些时候由于考虑不周会产生不能用于制定决策的信息。同样，一些二次调研可能最初与决策相关，但是经过调研公司使用样本或方法论进行复查之后，你可能会判断这个调研是不可用的。此外，即使是执行力好的调研也会有一些缺点，必须对其进行批判性的评估。发展知识并从批判性的角度来评价调研工作有助于你决定如何以及何时应用调研解决手头上的营销问题。

营销调研可以应用于各种各样的问题，包括4P问题：价格、渠道、促销和产品。此外，营销调研经常在生动的细节上被用于研究消费者和潜在消费者，包括他们的态度、行为、媒介消费和生活方式。由于很多产品被指定并用来支持参加亚文化，营销人员也对亚文化群的消费者感兴趣。最后，营销学者和顾问经常参与理论研究以帮助营销人员理解适用于各种营销领域中的问题。下面，我们将解释营销调研如何应用于传统4P问题，另外，我们还要研究消费者和消费者亚文化及调研理论在营销中的作用。

1.2.1　营销调研及营销组合变量

产品　产品决策是多种多样的，它包括新产品的开发、引进、品牌及产品定位。新产品的开发通常涉及大量的调研来识别可能的新产品机遇，设计产品使其得到消费者良好的反馈，然后为新产品开发一个合适的市场营销组合。概念或产品测试（Concept and product testing）及试销（Test marketing）提供有关产品改进和新产品推广的决策信息。产品测试试图回答以下两个基本问题："一种产品如何来为消费者服务？"和"如何改进某种产品以超过消费者的预期？"

品牌对新产品和现有产品来说都是一个重要的战略问题。一些营销公司（如Namestomers公司）专注于做品牌营销，它可以帮你确定品牌名称并且对消费者进行研究，以选择哪一个名称能最有效传递产品的属性和概念。即使对于既定的品牌，也必须定期进行调研来确保及早检测到品牌意义和人们对其态度的变化。

市场定位（Positioning）　是企业寻求理解现在或可能的产品怎样通过产品的相关属性被消费者认知的过程。**知觉映射**（Perceptual mapping）是一项技术，它经常用于描述二维或多维产品的相对位置，这对于消费者做出购买决策是非常重要的。为了产生这张认知图，要求受访者回答一组相关的品牌或产品各自之间的相似点和差异点。受访者的回应被用来制作品牌认知图，它将定位的数据转换成一张图，这张图上可以显示一个品牌与另一个有着怎样的相关性。知觉映射反映消费者用来评估品牌的标准，它通常代表对于消费者选择产品和服务十分重要的产品特点。

地点/分布 营销调研中的分销决策包括选择和评估方位、渠道和分销合作伙伴。包括在线零售商在内的所有零售商进行了广泛的研究，然而，零售商某些信息需求是独特的。针对零售商所展开的特有的调查包括区域贸易分析、商店形象研究、商店的交通便利情况分析和地理位置分析等。由于零售是一个消费者参与度较高的活动，很多**零售调查研究**（Retailing research）集中在数据的开发，这些数据是购物时通过光学扫描得到的。零售商将收集到的扫描数据与媒体中报道的信息进行匹配，这些信息包括消费者的消费、居住环境类型及其更愿意光顾的商店类型等。这些信息可以帮助零售商选择需要储备的货物和理解影响消费者购买的因素。

在线销售面临一些特殊的挑战，同时它也为数据收集提供机遇。网上零售商能判断出他的网站在什么时间被访问过、访问持续时间长度、被浏览的网页、被查看的产品以及最终被购买的产品是否被弃置在网上购物车内。参与营销搜索引擎的在线零售商能够获得搜索分析结果，这可以帮助他们从搜索引擎中选择购买关键词。在**行为定向**（Behavioral targeting）中，网上零售商通过挖掘用户在线的行为模式，找出潜在需求，从而有针对性地投放广告。例如，在Weather.com窗口中可能会显示出一双特定鞋子的广告，而这双鞋正是用户最近在Zappos.com网站上购物时浏览过的。

近年来，**购物者营销**（Shopper marketing）得到了广泛的关注，购物者营销是透过对购物者购物行为的了解，在不同渠道和方式下利用所得的购物行为信息为满足所有利益相关者而设计的营销活动。这些利益相关者包括品牌营销者、消费者、零售商和购物者。[①]购物者营销又包括类别管理、展示、销售、包装、推广、调研及营销。购物者营销的目的是帮助制造商和零售商了解消费者购物的全过程，包括从预存储到库存到点对点销售（POP）。[②]营销调研对支持购物者营销策略和战术是很有必要的。

促销 促销决策是影响企业销售额的重要因素。通常来说，每年各种促销活动的总花费会高达数十亿美元。考虑到促销活动的费用很高，企业了解如何从促销预算中获得最大限度的回报是十分必要的。除了传统的媒体外，数字媒体如谷歌、YouTube，社交媒体如脸谱网（Facebook）等，它们共同面对的特殊挑战是如何建立可靠的指标，以这个指标来准确衡量广告的投入产出比。营销调研人员必须建立有意义的指标并收集对应指标的数据。

---

① "Shopper Marketing," Wikipedia.org, accessed August 15, 2012.

② "Shopper Insights for Consumer Product Manufacturers and Retailers," www.msri.com/industryexpertise/retail.aspx, accessed March 23, 2012.

整合营销传播（Integrated marketing communications）中最常见的三个调研任务是广告有效性研究、态度研究和销售追踪。由于每一项工作都常常影响促销组合的其他工作，营销调研在检验某促销计划的绩效时必须考虑整个计划。

定价（Price） 定价决策包括新产品定价、试销定价和对现有产品的价格调整等。营销调研回答了以下问题：

1.目标市场在不同价格水平下的需求潜力有多大？什么是不同价格水平下的销售预测？

2.需求对价格水平的变化有多敏感？

3.相同的领域会存在不同的价格敏感度吗？

4.对不同的目标市场提供不同价格的情况会存在吗？

在营销调研仪表板中出现了一个旨在帮助亚马逊实现DVD最优定价的实验。

消费者与市场 市场细分研究（Segmentation studies） 建立客户档案和理解客户的行为特征是任何营销调研项目的重点。产品、品牌和媒体是大量市场研究的一个重要目标，决定了消费者的消费倾向。当决策者清楚地了解目标市场、人口统计、购物态度及生活方式时，包含以上四点的营销调研会更成功。

市场细分研究的一个主要组成部分是**效益和生活方式研究**（Benefit and lifestyle studies）。效益和生活方式研究检测消费者需求的异同。调研人员运用这些研究来判断某公司产品的市场份额。其目的是收集有关消费者特征、产品收益和品牌偏好的信息，然后把这些数据同消费者年龄、家庭规模、收入和生活方式的信息联系起来，并与某种特定产品（如汽车、食物、电子产品、金融服务）的消费模式进行比较，从而形成市场细分资料。

尽管市场细分研究非常有用，但企业需要寻求更多文化和亚文化的细节信息服务。调研人员可以使用**人种学方法**研究嵌入到文化领域的消费者行为，这种行为饱含着身份特征和其他象征意义。人种学方法需要扩展消费者的观测领域，研究消费文化和亚文化需要受到训练有素且经验丰富的观察者的洗礼。尽管人种学方法很耗时且昂贵，但它们能提供更深层次的见解，这也是它们被决策者采用的原因。研究人种学方法可以拓宽企业对消费者在日常生活中如何看待和使用产品的理解。

1.2.2 营销理论

有些读者一旦碰到理论便停止去阅读和聆听，但理论往往是相当有用的。库尔特·卢因是著名的社会学、组织学和应用心理学的先驱，他写道："没有什么比一个好的理论更具实践性。"[①]理论的目的是推广大量应用于各种商业概念和其他方面之间的关系。理论如此重要以至于很多著名的公司都是营销科学研究所（MSI.org）的成员，它们为研究所提供大量的资金用来研究营销问

---

① Kurt Lewin, Field Theory in Social Science: Select Theoretical Papers by Kurt Lewin (London: Tavistock, 1952).

题，这些营销问题是商业和行业正在试图理解的。

　　大多数营销专业的学生学习的一些实践理论案例很好地诠释了理论在营销领域中的重要性。例如，采集与扩散理论（摘自社会学）已经帮助营销者理解新产品如何被采集并通过市场传播，产品和采购员的特性对产品采集具有帮助还是抑制作用。另一个说明理论重要的例子来自服务营销调研，在这个调研中调研人员已经掌握五种消费者特性，他们分别是可靠性、共鸣性、响应性、保证性及有型性，这些消费者涵盖了各种各样的服务领域。信息过载理论解释了为什么消费者在24种调料中选择6种不同的调料后会增加消费倾向。①在销售调研中，可爱性、相似性及诚信等特点与销售人员的成功密切相关。在营销新技术产品时，调研人员已经了解到技术乐观主义（对技术带来利益持肯定的态度）可促进新产品的早期采购。这几个例子说明理论对思考公司的问题和机遇很有帮助。在第3章，你将学习如何开发概念模型。

营销调研指南：这是完美的定价实验吗？

　　网上销售为营销调研项目测试产品的价格弹性提供了近乎完美的机会。例如，亚马逊对其网站上销售的DVD进行了一项大规模的定价实验。消费者在浏览亚马逊网站时会收到68张DVD的随机价格（折扣在20%至40%之间）。尽管差价只有几美元，但在成套购买时差别就会变大。例如，消费者若购买《X档案》时，完整的第二季全套售价在89.99美元到104.99美元不等，但是若按清单上全部购买需要花费149.99美元。

　　亚马逊使用实验方法制定最优价格标准，该方法被广泛应用于在线销售与线下销售。消费者被提供随机的价格。然后，零售商收集销售数据并确定哪个价格下的销售情况最佳。亚马逊面临的问题是它的市场巨大并且线上的消费者可以非常容易地共享信息，消费者聚在一起且获知他们在同一天内对相同的DVD支付了不同的价格。例如，《电子商务时报》报道称他们检查了DVD《谍中谍》（Mission impossible）的价格是17.99美元，但几个小时之后价格却变为20.99美元。

　　消费者愤怒地指责亚马逊具有欺骗性质的定价策略。因此，亚马逊道歉并承认所犯的错误，而且同意对受到影响的DVD买家按照他们提供的最低价格计算进行补偿，最终亚马逊以3.10美元对6 896家消费者进行补偿。因此，即使是最周密的营销调研研究有时也会产生问题。

资料来源：Lori Enos，"Amazon Apologizes for Pricing Blunder." E-commerce Times，September 28，2000，www.ecommercetimes.com/story/4411. html；Keith Regan，"Amazon's Friendly Deception,"E-commerce Times，September 18，2000，www.eccomercetimes.com/story/4310.html，accessed August 13，2011；Troy Wolverton，"Amazon Backs Away from Test Prices，"September 12，2000，news.cnet.com/2100-1017-245631.html，accessed August 13，2011.

---

①　Sheena S. Iyangar and Mark R.Lepper，"When Choice Is Demotivating：Can One Desire Too Much of a Good Thing?，"Journal of Personality & Social Psychology 79，no. 6（December 2000），pp. 995-1006.

1.3   营销调研行业

近年来，营销调研行业得到了空前的发展。《广告时代》的一项调查显示，美国调研公司近年来的收入增长迅速。[①]事实上，国际调研公司的收入增长更加引人注目。营销调研公司将收入增长归因于对售后顾客所开展的满意度调查（约占调研公司收入的1/3）、零售导向产品扫描系统（也占1/3）、长期品牌管理数据库的开发和国际调研。

1.3.1   营销调研公司的类型

营销调研机构可以分为内部或外部调研机构、专项或标准调研机构（或经纪人/协调员）。内部调研机构通常是所有员工在一个公司内部工作有组织的配合工作，例如，IBM公司、宝洁公司、卡夫食品以及柯达公司等都有内部营销调研部门。卡夫食品和其他公司倾向于从内部营销调研的功能中获得利益。这些利益包括研究方法的一致性、全公司信息共享、低成本调研以及可以得到具有可行性的调研结果。

其他公司选择使用外部资源进行营销调研。外部资源通常被称为营销调研供给者，他们可以提供全方位的调研，包括研究设计、问卷调查、访谈、数据分析和报表准备。这些公司实行费用为主（Fee basis）的模式并为客户提供用于评估和决策的调研计划。在第2章的结尾有一个外部营销调研的例子。

很多公司利用外部调研机构。与公司内部调研机构相比，外部机构会更加客观地对待公司的经营管理与规章制度。同时，许多外部调研机构拥有专业调研人才，这是在花费相同资金的情况时内部调研无法做到的。最后，在逐步研究的基础上，公司选择外部营销调研机构使得公司研究安排更灵活，同时也可以将专业调研公司人才与特定调研项目进行匹配。

营销调研公司也提供专项或标准化的调研。专项调研公司为客户提供专业且高度量身定做的服务。很多专项调研公司集中在一个专业的领域内，如名牌测试、营销检测或新产品的开发。例如，风暴（Namestormers）公司协助企业进行品牌的选择与认知；艾斯艾国际调研公司（Survey Sampling Inc.）只提供样品开发业务；忧思通信（Uniscore）只研究零售扫描数据。相比之下，**标准化调研公司**（Standardized research firms）则提供更一般的服务，这些公司在调研中遵循一个既定且常规的调研方法，因此它们对一个客户进行研究的结果也可为其他客户使用。巴尔克营销调研公司（Burke Market Research）可作为一个例子，该公司对广告回忆度进行研究；AC尼尔森公司（从尼尔森媒体调研公司分离出去）负责为各个零售公司作存储审计；还有Arbitron Ratings公司专门提供收集主要的电视广告数据。

---

①   "Survey of Top Marketing Research Firms," Advertising Age, June 27, 1997.

很多标准化调研公司也提供**聚合业务服务**（Syndicated business services），这些服务包括日记追踪固定样板（Diary panels）、审计、广告回忆度或开发一个公共的数据池或数据库。聚合业务服务的一个典型例子是通过零售光学扫描法建立数据库，AC尼尔森公司的这个数据库可以追踪成千上万名牌产品的销售过程。各个行业（如零食、非处方药或汽车）的数据都可按规格改制来显示该行业购买和销售情况。

1.3.2　为充满变革的行业改变技能

营销调研行业的员工由不同文化层次、不同技术和不同个性的人组成。随着调研公司逐步向欧洲、亚洲及环太平洋地区扩展其业务的地理范围，成功执行营销调研计划的必要条件将发生剧烈变化。虽然许多基本技术仍占有一席之地，但新的革新调研需要以独特技术为基础，这比以往任何时候都复杂。

一项对100个营销调研执行官所展开的调查表明，调研执行官都很重视潜在员工的基本业务技能。沟通技能（口头的和书面的）、人际关系技能（与他人一同工作的能力）和统计技能是营销调研职业所需的最主要的技能。[1]具体来说，执行官希望从营销调研职位的求职者身上发现的5个最主要的技能是：（1）理解并解释二手数据的能力；（2）展示能力；（3）外语能力；（4）谈判技能；（5）熟练的计算机操作技能[2]。这次调查表明，营销调研行业所需技能正由分析技能转向执行技能。除了量化分析、团队合作和沟通能力外，美国劳工统计局强调市场和调研人员应注意细节、耐心和持久性的重要性。[3]将来，分析现有数据库、多文化相互作用以及谈判可能会成为营销调研人员的主要特征。本章末的附录将进一步讨论营销调研职业。

1.4　营销调研活动中的伦理

在调研过程中，伦理和非伦理行为时有发生。营销调研中的伦理困境主要来自如下3个主要群体之间的相互作用：（1）调研信息的提供者；（2）调研信息的使用者；（3）受访者。信息提供者面临诸多潜在的伦理挑战与犯错的机会。其中有些涉及一般的商业业务，而其他信息提供者则涉及进行低于专业标准的营销调研。像所有业务关系一样，用户也可能做出非伦理的行为。例如，近几年网络营销调研提出了关于滥用受访者隐私的新问题。我们将每种问题都放在图表1-1中，图表中列出了关键组的典型问题和非伦理行为。

---

① "Fostering Professionalism," *Marketing Research*, Spring 1997.

② Ibid.

③ Bureau of Labor Statistics, www.bls.gov/ooh/Business-and-Financial/Market-research-analysts.htm, Occupational Outlook Handbook, "Market Research Analysis," March 29, 2012.

图表 1-1　营销调研中的伦理问题

调研提供者
一般商业惯例
虚报花销
销售不必要的服务
不保守客户秘密
出售"黑箱"方法
进行低于专业标准的调研
调研方法不能回答调研问题
为证明已知的结论而做调研
因减少开支导致得不到结论
访员臆答
虐待受访者
不提供承诺过的激励
缩短采访时间
不为受访者保密
在未得到受访者同意时采取录像或录音等追踪（或其他）行为
隐私侵犯
在调研的幌子下进行销售
伪造调研赞助
欺骗受访者并使其受损
网络问题
网站未提供充足的信息
用户的点击流信息被跟踪或使用
向受访者发送其不需要的跟进邮箱
匿名化数据
客户/调研购买者
不购买却寻求调研建议
夸大调研成果描述商业前景
受访者的非伦理行为
提供不诚实的回答和行为

1.4.1 一般商业惯例中的伦理问题

定价问题、客户的保密问题以及"黑箱"方法等都是调研提供者可能碰到的潜在伦理问题。

首先，调研公司可能会参与非伦理的定价策略。例如，在对计划的调研项目报完总价后，调研人员可能会告知决策者交通费、对受访者的货币激励及计算机使用费等可变成本都是额外支出。事实上，这些"软"成本很容易被用来操纵计划总成本。另一种十分常见的非伦理行为是销售不必要的或没有保证的调研服务。虽然可以向决策制定者销售有利于企业的后续调研，但销售不必要的服务却是非伦理的。

调研公司需要为客户保密。这个要求对一些公司来讲是一个挑战，如一些特殊公司（如汽车公司）需要定期收集竞争者的信息和该行业数据。有些时候，一个新客户要求做的研究可能与最近一位客户的非常相似。这时，对调研者而言，使用之前的结果会变得简单且充满诱惑，但是那些结果却属于之前的客户。

一个调研公司常用的做法是出售**"黑箱"品牌方法**（Branded "black-box" methodologies）。这些冠以品牌的技术多种多样，包括专门的抽样比例、取样、样本校正、数据收集方法、市场划分及专业索引（例如，客户满意度、忠诚度及质量指标）。一些技术涉及的方法是充分透明的，因此一种方法不被称作黑箱方法是因为它都是有名称的。那些私有的方法就被称为黑箱，并且调研公司不会完全披露这些方法的用法。尽管保持一项技术的私有性可以被理解，但公司为了避免披露该技术的内部工作原理使得调研的购买者以及其他人无法评价调研的有效性。当然，没有人强迫客户选择黑箱方法。如果客户在购买之前无法对黑箱方法的优缺点进行有效的识别，他们可以选择其他调研提供者。

1.4.2 不符合专业标准的调研过程

调研提供者可能偶尔进行不符合专业标准的调研。例如，有的客户坚定地认为尽管调研公司察觉某种方法不能回答客户提出的问题，但是调研公司仍然使用了这种特殊的方法。由于害怕完全失去业务，一个公司可能会遵从客户的愿望，或者说营销调研提供者可能同意做客户所需要的研究，但是他们又没有专业知识来胜任这项研究。在这种情况下，客户应该使用其他调研提供商。

倘若客户为了证明一个预先确定的结论而对调研人员施加压力，则会导致另外一种非伦理的情况出现。如果调研人员只是为了迎合客户而有意操纵方法或调研报告，这样会使结果产生偏差，他们这种做法也是非伦理的。

导致调研工作不专业的另一个原因是削减成本，客户可能无法提供充足的预算来获取有用的调研信息。例如，削减成本会导致缩小样本范围。这会导致研究结果产生大的误差（例如，25%）。调研提供者在进行调研之前就应该告知客户调研可能不能提供合理的结果。

此外，为调研公司工作的面试官也可能从事非伦理的行为。**访员臆答**

（Curbstoning）或摇椅访问（Rocking-chair interviewing）是被很多调研者和现场面试官熟知的伪造数据的方法。当调研公司受过培训的访员或观察员自己完成访问或伪造"已观测"受访者的行为，而并非在调查中直接进行访问或直接观察受访者的行为时，便产生了访员臆答。其他伪造数据的做法包括让亲戚朋友完成调查，不使用指定样本中的受访者而是让方便接触到的人来完成调查，以及不执行调研程序中所设定的回访程序等。为了将伪造数据的可能性降到最低，调研公司一般会随机抽查10%~15%的调查。

1.4.3　虐待受访者

除了在专业标准下非伦理的一般商业惯例和研究，虐待受访者也可能是一个问题。在营销调研中有几种潜在的方式。第一种方式是调研公司可能不为受访者提供已经承诺的奖励（竞赛奖项、礼物或金钱），而这些是受访者完成采访或问卷应得的。第二种方式是宣称受访者的面试太短，并声称在现实中这些面试可能会持续一个小时或者更长时间。如果调研公司使用"虚假的"赞助商，受访者也会受到虐待，客户时常会担心赞助商的身份会影响对调研问题的回答。当调研公司不需要向受访者透露它的客户时，为研究而创造的假赞助商也是非伦理的。

有时，在研究过程中可能需要欺骗消费者。例如，一项诱导消费者购买各种产品的研究表明：增加不同护发产品的使用频率可以改善头发的健康和清洁程度。包括欺骗在内的任何研究的最后阶段，调研主题必须被审问而且欺骗行为也必须得到解释。重要的是，受访者无论如何都不能受到身体上或精神上的伤害。有一个关于伤害的案例令人震惊，一个研究员致函餐馆老板声称他和他的妻子在周年庆的时候食物中毒。餐厅老板们由于收到欺骗性质的信件而过分担心和焦虑。

调研人员通常鼓励匿名受访者在受访中要真诚合作。如果他们的名字被赞助公司在销售跟进时曝光，或者受访者的姓名或统计人口数据在未经同意时被给予其他公司，这时受访者的隐私就受到侵害。事实上，很多"调研"的目的是为了收集名字，这种做法被称为**假市调真推销**（Sugging）和**假市调真募钱**（Frugging），这种做法完全不符合伦理道德并对整个行业产生负面影响，因为这会导致消费者拒绝合法的研究调查。

营销调研人员不应该侵犯用户的隐私。尽管录音或录像等公共行为没有预先协议，但是包括调研访谈在内的私人行为在未经允许的情况下也不得录音。在网络环境下消费者的行为是被数字跟踪的（如点击流分析），并且有关公司和商品的交谈都被收集和分析，这使得问题变得更复杂、更有争议。尽管很多公共层面和所有标签在数据流中被移除，在未经客户同意的情况下追踪消费者的在线调研方法是非伦理的吗？网站上张贴的隐私权政策能够为消费者提供充足的信息来确定是否被跟踪吗？cookies调研技术的使用怎样呢，置于个人电脑中的数字识别文件可用来收集同消费者行为与利益有关的信息，这样就使广告和内容更加适合消费者的需求吗？尽管cookies调研技术经常被用来维护消费者隐私（至少是身份），它仍然只能收集和利用消费者数据。Doubleclick 公司在所有的互联网站上提供广告服务，这些年来它已经从隐私拥护者中受到大量的审查。Doubleclick 公司使用 cookies 调研技术收集所有网上冲浪者的信息，因此，它们能够收集个人消费者的大量信息。互联网站如何将其点击流跟踪活动透明化呢？《华尔街日报》的"一切数字化"专栏写道：

一些广告商和网络分析公司在使用本网站时可能会在电脑上设置"track-ing cookies"。我们将在一开始就告诉你，并且如果你愿意的话，我们希望你知道怎样摆脱这些垃圾文件……这个通知在任何电脑上仅在你第一次浏览该网址时出现。[1]

营销研究协会（MRA）已经为互联网营销调研制定了研究方针。MRA 表示网站通过发布隐私权政策来解释数据的使用途径。同样，在受访者要求下，调研人员必须停止电子邮件跟进服务。最近，研究人员已经表示实现"去匿名化"信息是可能的，它通过结合社会网络在互联网上已公开的可用数据来实现。[2]MRA 准则禁止营销调研人员**去匿名化数据**（De-anonymizing data），允许调研人员进行点击流追踪。与其他公共行为一样，在线行动可以被观测到，但是，任何可识别的信息必须从数据文件中移除。像 GPS 等其他数据技术也会导致很多隐私问题（参考下面的营销调研指南）。

1.4.4　客户/调研使用者的非伦理行为

客户或决策制定者的决策和活动为非伦理行为的发生提供了机会。当决策制定者要求许多相互竞争的调研提供者提供详细的调研计划，却又不打算从中选择一家公司进行调研时，便产生了一种非伦理行为。在这种情况下，企业征求建议的目的是为了使自身了解如何进行必要的营销调研。决策制定者可借此获得问卷的第一稿、抽样框和抽样程序及有关数据采集程序的资料。然后，他们便会不道德地实施调查计划，或者通过与对感兴趣的调研公司进行议价来获得更便宜的报价。

遗憾的是，决策制定者另一种常见的非伦理行为是与调研提供者承诺建立长期合作关系或向其提供附加调研计划，以在最初开展的调研计划中获得较低价格。然后，当调研人员完成最初的计划之后，决策制定者就不再履行当初的长期合作承诺。

客户可能也会夸大营销调研过程的结果。例如，他们可能会声称消费者在实际测试时会更喜欢他们的产品，即使对赞助公司的产品的满意度会更高一些，产品之间的差异在统计上也并不显著。

---

[1] Max Kalehoff,"A Note about Tracking Cookies,"Online Spin,MediaPost.com,April 3,2009,www.mediapost.com/publications/?fa=Articles.showArticle&art_aid=103459.

[2] Steve Smith,"You've Been De-Anonymized,"Behavioral Insider,MediaPost.com,April 3,2009,www.media-post.com/publications/?fa=Articles.showArticle&art_aid=103467.

1.4.5 受访者的非伦理行为

在所有的调研实践中，受访者或受访目标的非伦理行为主要是提供不诚实的回答。一般来说，当受访者在调研过程中乐意配合时，其回答往往比较真实。

调研受访者在必须回答与他们收入、饮酒及物质滥用等有关的敏感问题时往往会提供不真实的答案。

消费者可能通过参加营销调研或焦点小组赚钱。为了参加更多的调查或小组，受访者可能会为了迎合调研人员寻求的调研特征而撒谎。例如，潜在的参与者可能会说他们结婚了，而实际上并没有；或者可能说他们拥有一辆丰田车，而实际上也没有。但是，营销调研人员之所以支付给焦点小组或调研参与者费用，是因为调研要求他们跟一类特定的参与者交谈。营销调研中受访者为赚钱而撒谎是非伦理的。更糟糕的是，在调查人员看来，它使得调研失效。

营销调研指南：营销调研和数据隐私所面临的挑战

GPS作为一项调研工具存在伦理层面的问题吗？在康涅狄格州纽黑文市的Acme租车公司将所有出租的汽车都安装了GPS。因此，租车公司知道消费者到过的每个地方。它们不仅知道你停在哪，而且还知道你在路上行驶的速度。Acme公司开始基于GPS追踪来对超速的客户开罚单。最终，一个客户起诉并声称Acme公司侵犯了驾驶人员的隐私。到目前为止，法院已做出对客户有利的裁定。

保险公司也正在使用GPS技术。它们能发现什么呢？它们可以知道你是否在夜间或在州际公路上开车，二者都是非常危险的；知道你超速或遇到停止驾驶标志的频率；知道你是否在回家的路上将车停在酒吧，并且知道你在那里待了多久。因此，这不仅可以使驾驶行为调研做得更好，还能够解决相关问题的定价。例如，前进保险公司（Progressive Insurance）通过使用GPS系统大幅度降低了一些消费者的费用而大幅度提高了其他人的费用。如果你驾驶的里程少，GPS会有显示，这样你就支付得少。如果你不超速，你也会支付得少，这不是很公平的事情吗？但是一些消费者保护团体认为这侵害了人们的隐私权。

资料来源：Annette Cardwell，"Building a Better Speed Trap，"Smartbusiness.com，December/January 2002，p. 28；Ira Carnahan，"Insurance by the Minute，"Forbes，December 11，2000，p. 86；Will Wade，"Insurance Rates Driven by GPS，"Wired，October 3，2003.

1.4.6 营销调研的伦理守则

营销调研人员必须积极主动地营造一个伦理环境，而积极主动的第一步是建立伦理守则。许多调研公司都建立了公司内部伦理守则，这些守则均源自主导当今营销调研行业的大型调研公司。若想查看美国市场营销协会的伦理守则，则可访问www.marketingpower.com，该守则应用于包括调研在内的所有营销功能。欧洲民意和市场研究协会（ESOMAR）是一个能够更好地进行市场、客户和社会调研的世界组织，在其网站（www.esomar.org）上也公布了营销伦

理守则。营销调研协会将 ESOMAR 伦理守则的中心原则总结如下：①

1.营销调研人员要遵循所有相关的国内和国际法规。

2.营销调研人员的行为必须符合伦理规范，并且不能做任何有损营销调研声誉的事。

3.营销调研人员在对儿童或其他敏感人群进行调研时要尤其小心。

4.受访者的合作应是自愿的，并且受访者同意参与调查正是基于他们已了解充足的、未被误导的、与调研计划目的和本质相关的真实信息。

5.营销调研人员必须尊重受访者的隐私，并保证受访者参与营销调研计划不会受到伤害或产生不利后果。

6.不允许调研人员将在营销调研计划中所收集到的信息用于除营销调研以外的其他任何目的。

7.营销调研人员必须保证设计、实施、报告和记录调研计划和调研活动的准确性、透明性、客观性并使其达到一定的质量水平。

8.营销调研人员必须遵循可接受的公平竞争原则。

1.5　新趋势

营销调研行业一致认为，该行业有如下5个日益显著的主要趋势：（1）越来越重视二手数据的收集方式；（2）逐渐转向更具技术含量的数据管理（数据扫描、数据库技术、客户关系管理）；（3）进行信息获取和检索时，广泛使用数字技术；（4）不断扩大国际客户基础；（5）由数据分析转向信息管理环境。

本书的组织结构与这些新趋势保持一致。第一部分（第1章和第2章）从宏观角度探索了营销调研信息和技术，包括如何评估营销调研计划。第二部分（第3章至第5章）概述了二手数据和互联网搜索引擎的创新作用，强调设计和制订调研计划的技术导向方法。本章第二部分还讨论了传统营销调研计划的设计问题（调查方法和调研设计）及包括出现在社会媒体在内的定性和定量数据收集问题。另外，本部分提出了如何在工业中使用数据的实例，它有助于我们展开相关的讨论。尽管这些方法是营销调研过程中的基础，但是，像最近发展起来的在线数据收集等技术已经将问题的重心转移。

第三部分（第6章至第8章）包括抽样分析、态度测量、缩放比例和问卷设计。这些问题通过在线数据收集增加的影响可以得到解释。第四部分（第9章至第13章）为读者管理、分类和分析调研数据做准备，具体包括定性和定量数据。进行定性数据分析的那一章，解释了实施这种类型的数据分析的基本方法。计算机统计软件的应用为读者提供了进行定量数据分析的实际操作指

---

① ICC/ESOMAR International Code on Social and Market Research，April 3, 2009, http://www.esomar.org/index.php/codes-guidelines.html . Reprinted by permission of ESOMAR.

南。最后，第四部分描述了如何有效地演示营销调研结果。

　　本书的所有章节都包括一个"市场营销调研实践"的案例。营销调研中这些例子或者案例的目的在于帮助读者理解每章的主题，特别是可以为读者提供如何实施营销调研的方法。

连续案例分析：圣塔菲墨西哥烤肉餐厅

　　为解释教材中的营销调研原则和概念，我们准备了一个贯穿本书所有章节的连续案例分析，它是有关圣塔菲墨西哥烤肉餐厅的案例分析。圣塔菲是内布拉斯加大学林肯分校（the University of Nebraska，Lincoln）商务专业的两个毕业生在18个月前开的一家餐厅。大学期间他们曾是室友，并且他们都想成为企业家。毕业后他们都想创业，两人运用调研开始了他们的业务并获得成功。本章的"营销调研实践"练习提供了更多有关这个连续案例分析的细节。本书的每个章节也提供与圣塔菲烤肉餐厅连续案例相关的练习，不仅表现在章节内部而且表现在营销调研的行为特征中。例如，第3章有一个二手数据的作业；第6章讨论了抽样调查，我们为圣塔菲指出样本大小的问题、不同抽样方法的评估问题以及为什么调研公司推荐离职面谈；同样，第8章用问卷调查收集该连续案例的原始数据以说明测度和问卷设计原则。在所有的数据分析章节中，我们使用连续案例的研究数据来说明统计软件和各种分析数据的统计技术。在典型营销调研问题中专注于某一个案例的研究能让你更容易理解使用调研来促进企业决策制定的好处和缺陷。

市场营销调研实践：连续案例分析——圣塔菲烤肉餐厅

　　圣塔菲烤肉餐厅是内布拉斯加大学林肯分校的两个毕业生在18个月之前开始经营的。大学期间他们曾是室友，并且他们都想成为企业家，毕业后他们都想创业而不是为别人工作。他们在求学期间曾在餐馆工作，二人一个是服务员，另一个是经理助理，他们相信他们已经具备经营业务所需的知识和经验。

　　圣塔菲墨西哥烤肉餐厅的店主在大学里读高年级时，就曾在企业课上制订了一个关于一家新墨西哥餐厅的商业计划。他们最初打算把餐厅开在内布拉加斯州林肯市。然而，在对该市场进行人口统计分析后，发现林肯市的人口统计数据与他们最初认为的目标人口统计数据不符。

　　在研究了许多区域的人口统计数据和竞争情况之后，他们认为得克萨斯州达拉斯市是他们创业的最佳地点。在考察市场时，他们寻找与其目标市场最相符的城镇，其目标市场是在18~50岁之间的单身或家庭成员。达拉斯市有550万人口，50%的人的年龄介于25~60岁之间，这表明达拉斯市有许多目标市场所对应的人群。他们还发现，55%的人口的年收入介于35 000~75 000美元之间，而这表明该市场中的人有足够的收入定期外出用餐。最后，56%的人口是已婚的，并且许多家庭中都有孩子，这与他们的目标市场对家庭的要求相一致。

　　新的餐厅理念正是基于最新鲜的元素，再加上一种节日的气氛、友好的服务、前沿的广告宣传和营销战略作为补充。其理念的关键是能准备和提供最新鲜的墨西哥食物。所有的食物都是当天准备的。除了新鲜的理念之外，他们还希望提供有趣的、有节日气氛的并且快速、友好的服务。餐厅气氛应是开放的、灯火通明的、忙碌的。他们的目标市场主要是生育高峰期出生的人群和年轻的家庭。他们的营销计划是先进的,其广告设计旨在建立一种有吸引力的、有点儿独特的市场定位。

圣塔菲烤肉餐厅并不像其店主预期的那样迅速成功。为改善餐厅经营,其店主需要了解餐厅的哪些方面可以提高消费者满意度与忠诚度,哪些方面使得顾客满意度下降。因此他们决定进行三个调查。第一个是收集圣塔菲烤肉餐厅现有顾客的信息;第二个是收集主要竞争对手若泽西南咖啡馆的客户相关的信息;第三个是收集曾经为圣塔菲烤肉餐厅工作过的员工的信息。他们认为对员工的调查十分重要,这是因为员工的经验可能会影响顾客对餐厅的评价。

圣塔菲餐厅位于一个购物中心独立体的东侧并靠近坎伯兰商城的大门,坎伯兰商城有至少75层,坎伯兰商城在该地区被认为是非常成功的。商城里有一家营销调研公司,因此他们决定使用商城拦截方式收集客户数据。在该商城中还有一个墨西哥烤肉餐厅,这家餐厅营业时间更长且更成功,但是它的位置在商城的西面。我们的目标是采访刚刚在圣塔菲烤肉餐厅就餐的250位顾客和刚刚在若泽西南咖啡馆就餐的150位顾客。此外,圣塔菲的员工需要登录某个网站并完成员工调查。

在长达两周时间内,总共有405位顾客完成了访谈,其中有若泽餐厅的152位顾客和圣塔菲餐厅的253位顾客。共有77份问卷在员工调查中完成。业主认为该调查会帮助他们找到餐厅的优势和弱势,让他们通过与附近的竞争对手做比较并形成一个促进餐厅进步的计划。

选择地理区域内的人口统计(圣塔菲餐厅的10英里半径内)

家庭类型	数量	百分比(%)
总家庭数	452 000	100
家庭住户	267 000	59
有年龄低于18岁孩子的住户	137 000	30
非家庭住户	185 000	41
独立生活的住户	148 850	33
年龄在65岁及以上的住户	29 570	7
家庭中有18岁以下成员的住户	157 850	35
家庭中有65岁及以上成员的住户	74 250	16
平均住户规模	2.6人	
平均家庭规模	3.4人	

性别和年龄	数量	百分比（%）
男性	599 000	51
女性	589 000	49
总数	1 188 000	
20 岁以下	98 800	29
20 到 34 岁	342 000	29
35 到 44 岁	184 000	16
45 到 54 岁	132 500	11
55 到 59 岁	44 250	4
60 岁及以上	13 000	11
平均年龄	32	
18 岁及以上	873 000	73

实践练习

1.基于你对第1章的理解，你认为圣塔菲烤肉餐厅的店主应该考虑收集与产品、服务及顾客相关的何种类型的信息？

2.真的需要营销调研计划吗？调查客户是最好的方法吗？员工也应该接受调查吗？为什么或为什么不呢？

1.6　总结

1.描述营销调研对营销决策的影响

无论决策有多么复杂或重要，营销调研总是与所有营销决策相关的活动中心。营销调研为营销经理提供准确、相关、及时的信息，从而使营销经理能够做出高度可靠的营销决策。在战略计划中，营销调研提供了用于实施并指导其战略计划的任务、方法和程序。

2.说明营销调研应如何配合营销计划过程

计划成功的关键是信息的准确性，这些信息包括产品、促销、价格及分布。营销调研也有助于组织更好地理解客户和市场。最后，营销调研在拓宽营销调研问题的理论方面也非常有用。

3.列举营销调研分析的案例

营销调研为决策制定提供所有的营销组合变量及相关市场和文化的信息。调查研究的例子包括概念和产品测试；知觉映射；贸易区域分析；商店形象的研究；仓库内交通模式研究；位置分析；购物者营销调研；广告效果研究、态度研究及销售追踪；为新产品和现存产品的定价研究；市场划分和消费者文化研究；营销理论的发展。

4.理解营销调研行业的范围和重点

一般来说，营销调研项目既可以通过公司内部的营销调研人员进行，也可以通过独立的营销调研公司来执行。外部调研供应商通常归类为**自定义调研公司**（Customized research firms）和标准化调研公司，或者作为经纪人或服务性企业。

5.认识与营销调研相关的伦理问题

伦理决策制定是包括营销调研在内所有行业都面临的挑战。营销调研中的伦理困境可能发生在调研信息的使用者、调研信息的提供者和被选受访者之间。与调研信息的提供者有关的非伦理行为具体包括非伦理商业行为、进行低于专业标准的调研、滥用受访者信息以及特殊的网络问题如侵犯隐私等。客户的非伦理行为包括征集调研计划而又不打算采用，为获得低成本的调研服务而进行的非伦理行为，包括为实现低成本的调研服务及夸大调研结果等。受访者提供不诚实的答案或虚假行为也是非伦理的。

6.讨论与营销调研有关的新趋势和新技术

正如不断变化的商业环境使得企业需要及时地修改和调整策略一样，变化的环境也使得营销调研行业不断发生变化。具体来说，技术的变化将会影响营销调研未来的执行方式。适应这些变化所需的必要技能包括：（1）理解并解释二手数据的能力；（2）演示能力；（3）外语能力；（4）谈判技能；（5）熟练的计算机操作技能。

1.7　关键术语和概念

Behavioral targeting 行为定向

Benefit and lifestyle studies 效益和生活方式研究

Branded "black-box" methodologies "黑箱"品牌方法

Curbstoning 访员臆答

Customized research firms 自定义调研公司

De-anonymizing data 去匿名化数据

Marketing research 营销调研

Perceptual mapping 知觉映射

Retailing research 零售调查研究

Shopper marketing 购物者营销

Standardized research firms 标准化调研公司
Sugging/frugging 假市调真推销
Syndicated business services 聚合业务服务

1.8　复习题

1.营销调研在组织中扮演什么角色？

2.营销计划中哪些方面的改善可以归因于对购物者营销的调查？

3.讨论进行调研市场划分的重要性。它将如何影响某一具体公司营销计划的制订？

4.公司设立内部调研部门的优点和缺点各有哪些？雇佣外部营销调研供应商的优点和缺点各有哪些？

5.随着营销调研行业的扩展，未来的决策者需掌握哪些技能？这些技能与目前在营销调研领域中成功运作所需的技能有何区别？

6.识别参与营销调研过程的三个主要群体，然后每个小组给出一种非伦理行为的案例。

7.有时受访者会声称他们是或者不是（例如，是丰田公司的所有者或已婚人士），因此他们将被选在一个焦点小组。有时受访者不会准确地反映他们的个人收入信息。受访者在调研中撒谎总是非伦理的吗？为什么或为什么不呢？

1.9　讨论

1.网上作业。上网并使用你最喜欢的搜索引擎（雅虎、谷歌等）来搜索"营销调研"。从搜索结果中找到营销调研公司的通讯录。选择一家公司，评论其所执行的营销调研的类型。

2.网上作业。使用谷歌搜索引擎找到当地一家营销调研公司。给该公司发电子邮件，使其用电子邮件回复对该公司所有职位的工作描述。一旦你获得了有关该公司职位的工作描述，试讨论从事每项工作所需的具体技能。

3.假设你被麦当劳聘请来领导一个神秘的购物团队。你的研究目标是提高你所在区域麦当劳餐厅的服务质量。那么，你将测量服务质量的哪些属性？你将近距离观察哪些消费者或员工的行为？

4.与一家当地企业联系，访问其经营者或经理，了解该公司所执行的营销调研类型。确认该公司是有专门的营销调研部门，还是雇佣外部代理。同时，还应确认该公司是针对具体问题进行调研，还是进行长期的系统调研。

5.网上作业。随着网络日益成为营销调研的媒介，人们越来越关注伦理问题。识别并讨论与使用网络进行调研相关的三种伦理问题。

现在上网来证实上述你已识别的伦理问题。检查 ESOMAR 的网站（或 ESOMAR.org）并寻找与该网站相关的伦理问题。讨论哪些非伦理行为正在危害网络？

附录A 透过联邦快递公司看营销调研职业

营销调研的职业机会因行业、具体公司和公司规模的不同而有所不同。消费品公司、工业产品公司、内部营销调研部门和专业营销调研公司各自有着不同的职位。营销调研任务从十分简单的问卷制表到十分复杂的数据分析。图表A-1列举了一些常见的营销调研职位的名称、职能以及对应的工资范围。

大多数成功的营销调研人士都是聪明且富有创造力的，同时他们还拥有解决问题的能力、批判性思维、沟通和谈判技能。营销调研人员必须能在很短的时间内完成工作并善于处理大量数据。例如，联邦快递公司（Federal Express）需要有很强的分析能力并精通计算机的人。求职者应具备商务、市场营销或信息系统专业的大学学历。具有MBA学位的求职者常常更有竞争性优势。

与许多公司一样，联邦快递公司营销调研的入门职位是助理分析师。在了解该公司行业详细资料的同时，这些新员工还要接受调研分析师的在职培训。通常来说，其今后的职业道路包括先晋升为信息技术员，然后再成为调研主管或账户主管等。

图表A-1 营销调研职业摘要

职位*	职 责	工资范围 （年薪，单位：千美元）
账户主管 调研主管	负责公司的整个调研计划，是公司与客户进行联系的桥梁。雇佣员工并监督研究部门，向公司和客户报告研究结果	60~90
信息技术员 统计员	是应用统计技术来解决具体研究问题的专家顾问。很多时候需要负责研究设计和数据分析	40~70
调研分析师	计划研究项目并分配调研任务。与分析师一起设计问卷。分析数据、准备报告、制作计划时间表并安排预算	35~65
助理分析师	在分析师的指导下工作，负责协助问卷设计、预测试，并进行初步分析	30~45
项目协调人 项目经理 区域经理 实地调研主管	雇佣、培训并指导户外访员。提供项目进程表，并确保数据的准确性	25~35
图书管理员	建立并维护一个有着原始数据和二手数据的资料库，以满足研究部门的需要	35~45
助理文员	处理并加工统计数据。监督日常办公	22~35

注：*下述职位为通用的分类，并不是所有的公司都设有这些职位。

联邦快递公司的营销调研之所以有些特殊，是因为其隶属于信息技术部门。这也是其调研职能虽被整合于整个公司之中，却仍呈现出高科技导向的充分证据。联邦快递公司的营销调研主要在如下三个领域展开：

1.数据库的建立和更新。其职能是与联邦快递公司的当前客户建立关系，并将这些信息用于新产品计划。

2.时间周期研究。为有效运输货物、追踪航运、自动补足客户存货、加强电子数据交换，应提供更多的相关信息。

3.市场情报系统。主要是一个逻辑数据库和为目录零售商、直销公司和电子商务组织提供更多客户服务的研究工作。

调研和信息技术副总裁负责领导总的调研过程，四个职能部门应直接向其报告。这四个部门应负责营销决策支持系统的运作、追踪销售量、开发新业务和特殊项目管理等。

如果你有兴趣从事营销调研工作，一个好的开头即是访问 www.careers-in-marketing.com/mr.htm。

练习

1.访问联邦快递公司的主页，并确认成为该公司营销调研人员的必要条件。简要描述这些条件，并在课堂上展示你的发现。

2.如果你想在联邦快递公司找一个营销调研的职位，则你将如何通过培训和教育来为这个职位做准备？为获得联邦快递公司营销调研的职位，做一份一年计划，具体包括你应选修的大学课程、应参加的具体活动、兴趣爱好及所需的相关工作经验等。

第2章 营销调研过程和计划

【学习目标】

通过对本章的阅读，你将会做到以下几点：

1.描述影响营销调研的主要环境因素。

2.详述调研过程并解释各个步骤。

3.区分探索性、描述性和因果关系调研设计。

4.识别并解释调研计划的主要组成部分。

运用系统过程解决营销问题

卡罗来纳咨询公司是一家营销战略咨询公司，它的总部设在北卡罗来纳州罗利-达拉漠地区，Bill Shulby是这家公司的总裁。最近，Shulby与得克萨斯州的一家区域电信公司的所有者合作，研究如何提高公司的服务质量。当会议接近尾声时，这家电信公司的所有者之一Dan Carter询问有关顾客满意度和企业形象认知的问题，这些问题与服务质量以及如何留住顾客密切相关。Carter表示他并不清楚现有的或者潜在的客户对电信服务的评价如何。他说："就在上周，客户服务部接到了11位不同消费者的投诉电话，投诉内容五花八门，投诉包括从账单错误到安装数字用户专线（DSL）耗时过长。很明显，这些消费者并不对我们的服务感到满意。"然后，他问Shulby："我需要做些什么才能了解客户在总体上的满意度？又需要采取怎样的措施才能改善我们的企业形象呢？"

Shulby认为，进行一次营销调查研究就能回答Carter的问题。Dan Carter说公司以前从未做过调研，因此他并不知道可以从这样的研究中得到些什么。Shulby随后列举了几个卡罗来纳咨询公司为其他客户所做的调研项目，并向其解释在确保不泄露客户任何机密的前提下如何使用这些信息。然而，Carter接着又问："这项研究的费用是多少？多长时间能完成？"Shulby解释说，他要再问几个问题，以便更好地了解Carter的要求。这样他就能起草一份调研计划书，其中将包含调研方法、可交付研究成果、费用以及完成的时限等。计划书大约需要一周的时间来准备，届时他们将会面并讨论计划书的细节。

2.1　调研过程的价值

　　　　企业所有者和管理者经常要找出需要调研者帮助才能解决的问题。在这种情况下，通常就需要更多的补充信息以制定决策或解决问题。一种解决方案即是在科学调研过程的基础上进行市场营销调查研究。本章将概述调研过程，并预览本书中一些核心论题。

2.2　不断变化的营销调研过程

　　　　由于法律、政治、文化、技术和竞争等问题是不断变化的，无论是营利组织还是非营利组织都面临着新的、复杂的挑战和机会。互联网或许是最主要的影响因素（即其中一个因素）。科技的飞速发展和人们日益频繁的应用，使互联网成为市场营销调研领域当前和未来发展的推动力。因此，传统的调研体系正面临着前所未有的挑战。例如，人们越来越重视在收集、分析和解释二手资料的基础上制定商业决策。**二手资料**（Second data）是以前为解决一些其他问题或分歧而收集的信息。相对应地，**原始资料**（Primary data）则是针对当前的调研问题或机会而收集的信息。

　　　　许多大公司（如戴尔电脑公司、美国银行、万豪酒店、可口可乐、IBM公司、麦当劳、沃尔玛）将店内和在线收集的购买数据与公司数据库中已掌握的客户档案资料联系起来，从而增强了其对消费者购物行为的理解能力，并更好地满足消费者的需求。除此之外，即便是中小企业，也都在建立客户信息数据库，从而更有效地为客户提供服务并吸引新客户。

　　　　另外一个因素是增加对**网守技术**（Gatekeeper technology）（例如，主叫识别、自动筛选和应答装置）的应用。作为一种工具，其正被越来越多地应用于保护个人隐私不受诸如电话销售和非法诈骗等营销活动的侵扰。与其相类似，许多互联网用户为了防止销售人员跟踪，会阻止安装网络跟踪器，或者定期删除网络跟踪器。将网守装置与新的联邦及各州的数据隐私法规结合起来，极大地限制了营销调研人员采用传统方法（如邮寄调查和电话调查）收集消费者信息的能力。例如，如今，营销调研人员要完成一次访谈必须联系与5年前相比多出近4倍的访问人员。同样地，当在线营销商和调研人员在招揽业务和收集信息时，必须提供"选择加入/选择退出"的机会。网守技术的进步将继续挑战市场营销人员，使他们更有创造力地开发出可以联系到受访者的新方法。

　　　　营销决策者面临的第三方面的因素是全球市场的广泛扩张。全球扩张给营销决策者们带来了全新的文化差异问题，这使得调研人员不仅要着眼于资料收集，而且还要关注数据解释和信息管理活动。例如，位于康涅狄格州格林威治的NFO（National Family Opinion）提供有关市场营销信息的全面服务，它是该领域全球最大的公司之一，在北美、欧洲、澳大利亚、亚洲和中东都设有分公司。为了适应在全球市场中所遭遇的特定的文化和语言差异，NFO 已对其所提供的测量和品牌跟踪服务做了诸多调整。

第四方面的因素是市场营销调研正在被重新定位，它在企业的战略发展中发挥着更加重要的作用。营销调研正越来越多地被用于寻找新的商业机会，开发新的产品和服务，传播新的思想理念。而且营销调研不仅被视为更有效地执行客户关系管理战略的一个机制保障，还被视为推进竞争情报工作的一个决定性的要素。例如，索尼用它的游戏网站（www.playstation.com）来收集有关该网站游戏用户的信息，并与其建立起更紧密的联系。该游戏网站的设计目的是试图建立一个用户群，且该用户群的用户一旦加入这个网站就会感觉自己属于一个超级玩家的亚文化群。为达到这个目标，该网站提供在线购物，尝试新游戏的机会，客户支持及有关新闻、重大事件和促销的信息。互动专栏包括在线游戏、留言板及其他关系的建立方式等。

总之，这些主要影响会促使管理者和和调研人员将营销调研视为一个进行信息管理的职能部门。信息调研这个术语反映了发生在营销调研行业中，影响组织决策者的不断发展的变化。相对传统的营销调研过程而言，信息调研过程的确是一个更贴切的名称。**信息调研过程**（Information research process）是收集、分析、解释数据，并将数据转化为制定决策信息的系统方法。虽然营销调研所涉及的许多具体任务仍保持不变，但将数据从一个更宽泛的信息处理概念转化为有用的信息，并理解这个过程，这便增强了调研过程在解决组织机构所存在的问题和创造机会方面的适用性。

2.3 明确进行信息调研的必要性

在我们引入并讨论信息调研过程的各个阶段和具体步骤之前，必须了解何时进行调研才是必要的。为了确定企业的问题并寻找机会，调研人员与管理者之间的密切互动比以往任何时候都更有必要。

在识别和解决企业的问题、机会所采用的方法上，决策者和调研人员所受的培训不同，如"调查视点"所述。在决策者与营销调研人员的想法基本达成共识之前，初步确认存在的问题或机会应该是决策层而不是调研人员的首要责任。一个有效的经验法则是先提出问题，即决策的问题（或疑问）是否能够依据以往的经验和管理判断来解决。如果回答是否定的，那么就需要考虑是否有必要实施调研。

决策层经常开展调研项目，因为他们需要更多的信息来认清存在的问题和机遇，而后才能制订出好的行动计划。然而，多数情况下研究过程一旦开始，决策层在确定问题、收集和分析数据、解释数据方面都需要协助。

在如下几种情况下，决定开展营销调研项目可能是不必要的。[①]图表2-1列出并讨论了这些情况。

图表2-1   不需要进行营销调研的情况

不需要进行 营销调研的情况	情况描述
时间不够	发现了问题，形势却不允许用足够的时间来实施必要的调研活动，这时决策人就不得不依靠自身的经验判断。有时，竞争行为会突然发生，那么在这种情况下，营销调研就不是一个可行的选择
资源不足	当资金、人力及设备严重不足时，营销调研通常是不可行的
成本超过价值	当实施调研所得的收益无法显著地高于成本时，营销调研是不可行的

营销调研指南：决策者与调研者

管理决策者……	营销调研者……
他们是倾向于决策导向、凭着直觉进行思考的人。他们需要信息来确认他们的决策。事实上，他们需要更多当下的和过去的信息，以及有关未来市场要素行为的更多的信息（"明年的销量会怎么样？"）。同时，他们还对补充信息所耗费的成本持节约的态度。决策者往往是结果导向的，不喜欢发生意外，并且一旦感到意外发生时，他们往往会拒绝这个信息。他们最关心的是市场绩效（"我们难道不是第一吗？"）。他们需要有明确回答的信息（"是或否？"）。他们倡导主动精神，却常常因为问题所迫而采取被动反应的决策模式	他们常常是以科学的、技术的、解析的方式思考的人。他们喜欢探索新现象，为确保完整性他们宁愿延长调查时间。他们关注过去行为的信息（"我们的趋势已经是……"），而对补充信息没有成本意识（"一分钱一分货，你付出多少就得到多少"）。调研人员也是结果导向的，但喜欢意外。他们喜欢抽象的概念（"我们的指数收益……"）和事件发生的概率（"也许""可能"）。他们倾向于积极主动地持续调查市场要素的变化，但大多数时候他们会发现，由于在管理上缺乏远见和规划，限制了他们对市场变化做出及时的反应（"快且粗制滥造"）

当今决策者的首要职责是决定是否应该以调研的方式来收集所需要的信息。决策者最初一定要问，能否用自身已有的信息和管理上的经验判断来解决问题或抓住机会。事实上，关键是要确定回答调研问题究竟需要何种类型的信息（二手的还是原始的信息）。在大多数情况下，决策者只要有问题或心存疑虑，抑或确信存在市场机会，但又没有准确信息，又或者不愿意依赖手头上的信息来解决问题，即应该采用信息调研的方式来收集信息。事实上，进行二手调研和原始调研既费时、费力又费钱。另一个重要的管理问题是现有信息的有效性。在调研专家的协助下，决策者面对的下一个问题是，公司内部的记录系统是否能为解决问题提供足够的信息。如果公司内部过去的记录系统没有可用的、必要的营销信息，那么公司应该意识到为获取所需信息就应进行专项的营销调研。

---

① R. K. Wade, "The When/What Research Decision Guide," Marketing Research: A Magazine and Application 5, no. 3 (Summer 1993), pp. 24-27; and W. D. Perreault, "The Shifting Paradigm in Marketing Research," Journal of the Academy of Marketing Science 20, no. 4 (Fall 1992), p. 369.

在调研专家的协助下，决策者需就相关问题或机会来评估"时间限制"：在必须做出最终的管理决策之前，是否有足够的时间实施必要的调研？决策层常常需要实时信息，但在许多情况下，为提交高质量信息而进行的系统调研需要花费几个月的时间才能完成。如果决策者即刻就需要信息，那么很可能没有足够的时间来完成上述调研过程。另一个需要特别关注的基本问题是诸如资金、人员、技能及设施等营销资源能否满足调研的需要。事实上，许多小企业正因为缺少资金而无法考虑实施正规调研。

应进行成本-收益评估，将调研的价值与其成本进行比较：获得额外信息所带来的收益是否远大于收集这些信息所发生的成本？这类问题始终是当今决策层需要面对的一个难题。虽然实施营销调研会因项目各异而导致成本不同，但一般来说都可以准确估计成本。另外，如何确定期望信息的真实价值非常困难。

有些商业问题不能用营销调研来解决。这也暗示了一个问题：调研能够带来决策制定所需且有用的反馈吗？"真正新潮"这一领域的产品可以作为一个很好的例子。Charles Schwab 在 1996 年通过询问消费者是否对网上交易感兴趣进行了调研。调研反馈回来的结果是"不感兴趣"。在那个时期，大多数消费者还没有使用网络，他们更不可能想到会对网上交易感兴趣。Schwab 忽略了调研结果并开发他们网上交易的能力，结果可想而知。其实本来就不需要花费时间和金钱做这项调研。

做调研有可能会使你的竞争对手从中得利：这项调研会向竞争者泄露太多营销策略吗？举例来说，当一个公司在试销市场上展示出他们即将出售的新产品时，他们向竞争者泄露了太多关于新产品及新产品宣传相关的信息。另外，有些竞争者会搞乱试销市场的检测。竞争者也可能通过降价来阻止进行调研的公司收集到准确信息。这种做法被称为"干扰"（Jamming）。

2.4 调研过程概述

调研过程包括如下四个既相互区别又相互联系的阶段：（1）确定调研问题；（2）选择适当的调研设计；（3）实施调研计划；（4）沟通调研结果（见图表2-2）。为了获得制定决策所需的准确信息，必须圆满地完成调研过程的各个阶段，而每个阶段又都被视为包括若干步骤的一个独立的过程。

图表2-2 信息调研过程的四个阶段

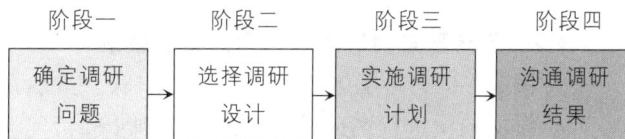

阶段一	阶段二	阶段三	阶段四
确定调研问题	选择调研设计	实施调研计划	沟通调研结果

这四个阶段是在科学方法（Scientific method）的指导下进行的。也就是说，调研过程应该是合乎逻辑的、客观的、系统的、可靠的且有效的。

2.4.1　将数据转化为重要信息

调研过程的主要目的即是为决策制定者提供解决问题或寻求机会的有价值的信息。当某人（无论是调研人员还是决策制定者）解释数据并赋予其意义时，数据便被转化为重要的信息（Knowledge）。下面，以马格南酒店（Magnum Hotel）为例来说明这个过程。该企业的管理层正在评估降低成本和增加收益的方法。财务副总裁建议降低客房内"毛巾和寝具的质量"。在做出最终决策之前，副总裁要求营销调研部门与商务客户进行访谈。

图表2-3概括了访谈的主要结果。受访者共有880位，要求他们标出在选择一家酒店时7个标准各自的重要程度。受访者使用的是6级重要程度量表，从非常重要（=6）到根本不重要（=1）。每个标准的平均重要程度都按新客户和老客户分别计算，并检验其统计上的显著差异。然而，这些结果并不能确定"降低毛巾和寝具的质量"能否减少经营成本。

图表2-3　酒店选择标准的差异汇总：新、老商务客户的比较

酒店选择标准	总体均值[1] （N=880）	新客户 （N=440）	老客户 （N=440）
客房洁净	5.6	5.7	5.5[2]
寝具和毛巾质量良好	5.6	5.5	5.6
客户优惠卡	5.5	5.4	5.7[2]
彬彬有礼的工作人员	5.1	4.8	5.4[2]
免费VIP服务	5.0	4.3	5.3[2]
商务活动交通便利	5.0	5.2	4.9[2]
客房内的电影娱乐	3.6	3.3	4.5[2]

注：[1]重要程度量表：6级量表，从6（非常重要）到1（根本不重要）。
[2]在$p<0.05$的水平上，两类消费群体评价重要程度的平均值差异显著。

当报告调查结果时，副总裁问了一个问题："我看到许多数字，但实际上它们告诉我什么了呢？"营销调研经理马上解释说："在我们的新、老客户中，当他们有过夜的住宿需求时，酒店的寝具和毛巾质量就会成为影响他们选择入住酒店的三个最重要的标准之一。此外，他们还认为，客房洁净和提供客户优惠卡与毛巾和寝具的质量一样重要。但在客房洁净的重要性评级上，新客户的评级显著高于老客户（57∶55）。此外，在对客户优惠卡的有效性评级上，老客户的重要性评级显著高于新客户（57∶54）"。基于这些考虑，管理层认为，他们不应该将降低毛巾和寝具的质量看作减少开支和提高盈利水平的一种手段。

2.4.2　各步骤与调研过程之间的相互联系

图表2-4列出了各个阶段的具体步骤。虽然在许多例子中，调研人员是按四个阶段依次进行调研的，但有时个别步骤可能会被调换位置甚至被省略。问题的复杂性、解决问题的紧迫性、其他可选方法的成本以及信息需求的说明都

对调研步骤及其顺序有着直接的影响。例如，有可能发现了二手数据或现成的调研报告，从而无须再去收集原始数据。类似地，问卷预调查（步骤7）可能会发现某些量表（步骤6）的缺陷，从而需进一步优化量表，甚至要重新选择一个新的调研设计（回到步骤4）。

图表 2-4　信息调研过程的阶段和步骤

阶段一：确定调研问题
步骤 1：识别并阐明信息需求
步骤 2：界定调研问题
步骤 3：明确调研目标并确定信息价值
阶段二：选择调研设计
步骤 4：确定调研设计和数据来源
步骤 5：确定抽样设计和样本容量
步骤 6：检查测量问题和量表
步骤 7：问卷设计和预调查
阶段三：实施调研设计
步骤 8：收集并准备数据
步骤 9：分析数据
步骤 10：解释数据，形成有用信息
阶段四：沟通调研结果
步骤 11：准备并提交最终报告

2.5　阶段一：确定调研问题

确定调研问题涉及如下三个相互联系的活动：（1）识别并阐明信息需求；（2）界定调研问题；（3）明确调研目标并确定信息价值。这些活动令调研人员和决策层在管理部门认可所需信息的基础上，共同改进决策。

2.5.1　步骤 1：识别并阐明信息需求

通常，在调研人员参与进来之前，决策方要就他们所认为的问题准备一份陈述书。然后，调研人员会协助决策方确定是否已正确界定问题或机会，以及是否已知晓所需的信息。

对调研人员而言，他们是用对一个问题的定义过程来了解这个问题的。虽然并不存在一个最好的问题定义过程，但所有执行的过程都应包括以下活动：（1）在决策者的调研目标方面达成一致意见；（2）了解整个问题；（3）确定可测量的现象；（4）选择分析的单位；（5）确定相关变量。正确定义问题是确定是否有必要实施调研的重要的第一步。被不恰当定义的问题可能会导致一个几乎没什么价值的调研结果。

调研请求的目的　对问题的定义始于确定调研目标。首先，决策方必须决定是否需要调研人员的服务。然后，调研人员通过询问决策方必须进行调研的原因来定义问题。通过询问，调研人员开始了解决策方所确认的问题到底是什么。在对为什么必须进行调研有了大体上的了解之后，调研人员将注意力集中在问题的周边环境上。运用图表2-5所示的冰山原则，有助于调研人员对现象和原因加以区别。

冰山原则表明，决策方认识到的问题只是真正问题的10%。通常来说，他们认识到的问题实际上只是一个表象，是某种类型的可观测的市场表现要素的一个表象，而问题的90%决策层都没有看到。例如，问题可能会被定义为"市场份额的流失"，而真实的问题却是无效的宣传或销售人员缺乏培训。也就是说，真正的问题往往是在可观测到的水平线以下。如果在定义问题及此后的调研设计中忽略了水平线以下的那一部分问题，那么基于调研所做的决策就可能是不正确的。根据冰山原则，图表2-5帮助研究者对原因和表象进行区分。

图表2-5　冰山原则

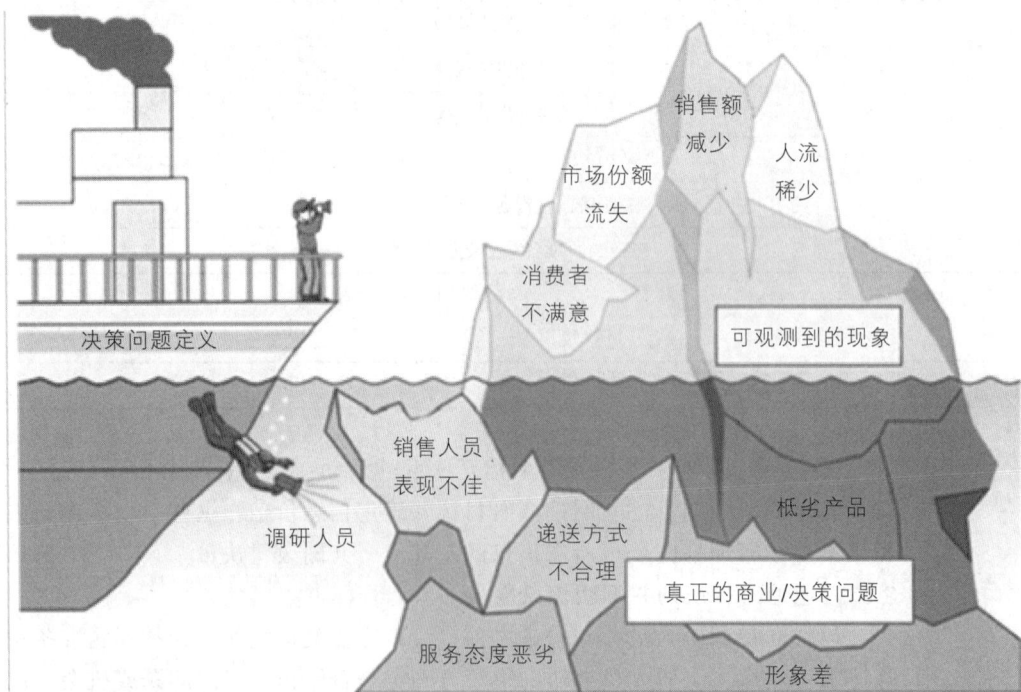

冰山原则表明，决策方认识到的只是真正问题的10%。他们认识到的问题实际上只是一个可观测到的现象（如某种类型的可观测的市场表现要素），而问题的90%都是决策层尚未看到的。例如，问题可能被定义为"市场份额的流失"，而事实上的问题却是无效的宣传或销售人员缺乏培训。真正的问题是在可观测的水平线以下。如果在定义问题及此后的调研设计中忽略了水平线以下的那一部分问题，那么基于调研所做的决策就可能是不正确的。

　　了解完整的问题境况　决策方和调研人员都必须了解整个问题。这一点说起来容易，但做起来常常相当困难。为了了解问题，调研人员和决策方应对问题进行境况分析。**境况分析**（Situation analysis）是通过收集并综合背景信息，来使调研人员熟悉问题的整体复杂程度。境况分析试图识别那些足以导致问题的现状和任何预期的未来结果。对整个问题境况的了解，能够使调研人员更准确地理解决策方的需求、问题的复杂程度及其所涉及的要素。境况分析加强了调研人员与决策方之间的沟通。调研人员必须了解委托方的业务，具体包括其所处的行业、竞争、生产线、市场等，有时候甚至还要了解生产设备。为了做到这一切，调研人员就不能只依赖委托方所提供的信息，因为许多决策方要么不知道，要么不愿透露所需信息。只有当调研人员客观地考察委托方的业务时，真正的问题才能得以明晰。

　　识别并区分现象　调研人员一旦了解了整个问题的境况，就必须同决策方一起努力，从可观察和可测量的现象中将可能发生的根本问题区分出来。可能在起初的时候这些现象就已经被看成问题了。例如，许多时候经理们会将销售量的下降或市场份额的流失视为问题。在考察过这些事情之后，调研人员可能才会明白其只是更具体的一些问题所导致的结果，如广告的实际效果差、销售队伍缺乏积极性或任务分配不当等。调研人员要面对的挑战之一就是将可能的原因从现象中区分出来，并以此来明确真正的问题。销售量下降是真正的问题，还是缺乏计划性、地理位置偏僻、销售管理不当所导致的一种现象？

　　确定分析单位　作为定义问题的一个基础部分，调研人员必须确定适当的调研分析单位（Unit of analysis）。调研人员必须能够明确解释所收集的数据究竟是关于个人、家庭、组织机构、部门、地理区域的还是关于某些联合体的。分析单位将为以后的活动（如规模的确立和抽样）提供方向。例如，在一项有关汽车的满意度调查中，调研人员必须确定数据收集的对象是个人还是代表驾车家庭的妻子或丈夫。

　　确定相关变量　调研人员和决策者应共同决定需要研究的变量。必须识别所需信息的类型（事实、预测、相关关系）。图表2-6列举了几个在营销调研中常被调查的变量。事实上，在调研中，研究者经常使用几个相关的问题来测量变量，在某些情况下，我们将这些变量称作架构。我们将在第3章和第7章详细讨论其具体概念。

图表2-6　在市场营销中被调查的变量或概念举例

变量或概念	描述
品牌意识	听说过某指定品牌的受访者比例。品牌意识可以是独立的，也可以是非独立的
品牌态度	对某具体品牌有积极和消极认知的受访者人数及他们的认知强度
满意度	人们如何评价他们过去购买或消费某一具体产品和服务的经历以及如何评价提供产品或服务的公司
购买意向	在指定时间范围内，打算购买某具体产品或服务的人数
因素重要性	某些具体因素影响某人进行购买选择的程度
人口统计资料	提供年龄、性别、职业、收入水平以及其他具备个人特征的信息

2.5.2　步骤2：界定调研问题

下一步，调研人员必须将具体问题界定为调研问题。在大多数情况下，这是调研人员的职责。为提供可能同样面对类似问题的其他公司的背景信息，调研人员做了一个文献回顾，文献回顾可能没有包括调研范围内相关的理论和变量。例如，一个关于采购新软件调研的文献表明实用性和易操作性是软件采购研究中的两个因素，这是因为这些变量可以对预测软件采购和使用情况有重要影响。尽管文献回顾通常不会通过数据来解答研究问题，但它能提供有价值的观点和想法，这些都有利于研究设计和结果的解释。第3章将对其进行详细介绍。

将问题分解为调研问题是营销调研过程中最重要的步骤之一，因为如何界定调研问题会对余下所有的调研步骤产生影响。调研人员的任务即是以关键问题的形式重述与问题相关的初始变量：如何（how）、什么（what）、在哪（where）、何时（when）、为什么（why）。例如，Lowe家具销售公司的管理部门关注的是，Lowe进行零售运营的整体形象及其在亚特兰大市区市场消费者心目中的形象。最初的调研问题是，是否需要调整营销策略以提高当前和未来消费者的满意度。在Lowe的管理部门会见企业通信与市场营销公司（Corporate Communications and Marketing，Inc.）的顾问，并向其说明Lowe的信息需求后，顾问将最初的问题转化为具体问题（见图表2-7）。然后，在管理部门的协助下，顾问识别了各个调研问题的性质。例如，能够影响顾客满意度的具体"商店或经营因素"包括便利的营业时间、友好或有礼貌的员工以及产品和服务类别的多样化。

图表2-7　Lowe家具销售公司初始和重新界定的调研问题

初始调研问题
是否需要调整营销战略以提高当前和未来消费者的满意度

重新界定的调研问题
• 在选择五金或木材的零售经销商时，人们认为重要的商店或经营因素有哪些
• 消费者如何评价Lowe零售经销商的商店或经营情况
• 消费者认为Lowe进行零售经营的优势和劣势各是什么
• 消费者和非消费者如何对比亚特兰大市区市场内的Lowe和其他五金或木材的零售经销商
• 光顾亚特兰大Lowe零售经销店的顾客的人口统计或心理特征是什么

在将问题重新界定为调研问题并识别了信息需求之后，调研人员必须明确能最好回答各调研问题的数据类型（二手或原始数据）。虽然最终确定数据类型是在步骤4（确定调研设计和数据来源），但事实上调研人员是从步骤2即开

始着手的。调研人员会询问如下问题，即现有数据是否能够说明具体的调研问题，是否需要新数据等。为回答上述问题，调研人员需要考虑数据的有效性、数据的质量、预算和时间限制等问题。

最后，在步骤 2，调研人员需确定所需信息是否必要，且应在进入步骤 3 之前将其完成。

2.5.3　步骤 3：明确调研目标并确定信息价值

调研目标应基于步骤 2 对调研问题的定义。表述正式的调研目标，为确定必须采取的其他步骤提供了指南。如果目标实现了，则决策制定者将获得回答问题所需的信息。

在进入调研过程的第二个阶段之前，决策制定者和调研人员必须评估信息的预期价值。这不是一项简单的任务，因为影响因素有很多。必须猜测以下几类问题最可能的答案："能够收集到所有的信息吗？""所收集的信息能告诉决策制定者一些未知的信息吗？""所收集的信息能提供重要的观点吗？""这些信息能带来哪些收益？"在大多数情况下，只有当所获信息的预期价值超过成本时才可进行调研。

2.6　阶段二：选择调研设计

为了实现调研目标，选择最恰当的调研设计是阶段二的主要关注点。这个阶段的步骤被概述如下：

2.6.1　步骤 4：确定调研设计和数据来源

调研设计被视为对收集和分析数据所采用方法的一种整体规划。最恰当的调研设计是根据调研目标和信息需求来确定的。调研人员必须考虑数据的类型、数据的收集方法（例如，调查法、观测法、深度访谈法等）、抽样方式、进度表和预算。调研设计被分为三大类：探索性调研设计、描述性调研设计和因果关系调研设计。为了实现调研目标，一个具体的调研项目有时可能需要将探索性、描述性以及因果关系三类调研设计相结合。

探索性调研（Exploratory research）包括如下两个目标中的一个：（1）通过探索性调研产生新的启示，将有助于调研人员定义问题；或（2）通过探索性调研来加深对消费者动机、态度和行为的理解，而采用其他调研方式时则很难了解这些信息。有关探索性调研设计的实例具体包括对现有可用信息的文献回顾、焦点小组访谈和深度访谈等定性方法，以及实验性调研等。文献回顾将在第 3 章进行介绍，而探索性调研将在第 4 章进行介绍。

描述性调研（Descriptive research）是收集数据资料来回答调研问题。描述性信息提供了有关谁（who）、什么（what）、何时（when）、何地（where）以及如何（how）等问题的答案。在营销中，描述性信息的实例具体包括消费者的态度、意愿、偏好、购买行为、对当前营销组合策略的评估以及人口统计数据等。在最近的营销调研分析报表中，我们重点强调 Lotame Solutions

公司，这家公司开发了一种被称为"花费时间"的调研方法，他们用这种方法测量每个消费者花费多少时间用于观看在线广告，从而可以为决策者提供信息。

　　描述性调研可提供有关竞争者、目标市场以及环境因素的信息。例如，许多连锁餐厅的年度研究报告都会描述消费者对该餐厅及其主要竞争对手的看法。这些研究被称作形象评价调查或顾客满意度调查，它描述了消费者如何评价不同餐厅的顾客服务、位置的便利性、食品的质量以及就餐氛围等。从提供了丰富的或"厚实的"叙述性现象描述的意义上来讲，一些定性调研会被看作描述性调研。然而，所谓"描述性调研"通常是指研究数字信息而非文本信息。第5章将详细讨论描述性调研设计。

营销调研指南：在线广告形式的测度效果

　　为了帮助公司更好地指定网络在线广告，Lotame Solutions公司发明了一项被称为"花费时间"（Tim spent）的调研技术，这项技术可测量每个消费者花费多少时间用于观看（毫无阻碍的）在线广告。该公司最近的研究发现了三种在线广告形式产生的效果与人们的传统认识不一致，这三种广告形式分别是：中矩形广告（Medium rectangle）、横幅置顶广告（Leaderboard）和摩天型广告（Skyscraper）。

　　Scott Hoffman是Lotame公司的市场总监，他说这三种广告形式经常被认为在网络市场上可以相互交换。但是，研究结果却表明它们是不等价的，至少观众花费在查看每种广告上的时间是不同的。在Lotame公司所研究的1.5亿份广告中，中矩形广告这种闻名于界内的广告形式采用300×250像素格式，每个用户的观看时间平均会有13秒。相比之下，每个用户会有5.4秒的时间用于观看长且细的横幅置顶广告，这种形式的在线广告像素是728×90，还有1.9秒的时间花费在瘦高的摩天型广告上。尽管研究结果对传统的认识带来挑战，他们却完全不以为奇。横幅置顶广告经常出现在网页的顶部，因此只要用户向下滚动页面该广告就超出了用户的可见范围。摩天型广告可能在用户向下滚动页面之前还未完全加载。而中矩形广告常常处在靠近页面中间的位置，这也是用户花费时间最多的地方。

　　Lotame公司同时也对在线显示广告（Online display ads）的效果进行了研究。研究结果显示：观看在线显示广告的互联网用户对其推荐产品的消费数量有显著增加的倾向。研究认为不管是在线出版商还是在线广告商，通过"花费时间"这种方法得到的时间（即通过用户观看不同形式在线广告的时间）和在线显示广告都是非常有意义的。三种形式的广告也是不等价的。

资料来源：Adapted from Joe Mandese, "Finding Yields New Angle on Rectangle, Reaps Far More User Time than Leaderboards, Skyscrapers," Mediapost.com, April 7, 2009, www.mediapost.com/publications/? fa=Articles.showArticle&art_aid103585&passFuseAction=Publications Search.showSearchResults&art_searched=Lotame&page_number=0# , accessed December 2011; "Lotame Research Finds 'Rectangle' Online Ads Provide Best Exposure, Beating 'Leaderboards' by Nearly Two and a Half to One," April 7, 2009, www.lotame.com/press/releases/23/ , accessed December 2011; and "Display Ads Lift Branding Metrics," www.lotame.com/ 2011/ 06/display-ads-lift-branding-metrics/ , accessed December2011.

　　因果关系调研（Causal research）收集能使决策者确定两个或两个以上变

量之间因果关系的数据。当调研目标涉及需要了解哪个变量（如广告、销售人员的数量、价格等）导致了某个因变量（如销售量、顾客满意度）的变化时，因果关系调研就是最适宜的方法。

了解市场业绩的影响要素之间的因果关系，能使决策者对这些变量做出"如果……，那么……"的表述。例如，由于采用了因果关系调研设计，芝加哥一家男装店老板能够预言："如果我的广告预算增加15%，那么总销量将会增加20%。"因果关系调研设计为我们提供了一个估计并解释市场要素之间的因果关系的机会，但往往过程复杂、费用昂贵又耗时。第5章将讨论因果关系调研设计。

二手数据和原始数据的来源　能够用来说明调研问题的数据可被分为二手数据和原始数据两类。正如前面所讨论的，如下两个基本问题决定了所用数据的来源：（1）数据是否已经存在；（2）如果存在，调研人员或决策者在多大程度上知道收集二手数据的原因。二手数据的来源包括公司的数据库、公共图书馆、大学、互联网或者向专门提供二手信息的公司购买的商业数据。第3章将会具体讨论二手数据及其来源。

原始数据是为解决当前的调研问题而直接收集的第一手资料。第4章至第8章将介绍原始数据的性质和收集。

2.6.2　步骤5：确定抽样设计和样本容量

当进行原始数据调研时，必须考虑抽样设计。如果进行的是二手数据调研，那么调研人员必须确定二手数据所代表的总体与当前的调研问题是否有关。第3章将介绍二手数据的相关内容。

如果所做的预测是有关市场现象的，则样本必须具有一定的代表性。在通常情况下，营销决策者最感兴趣的是查明并解决与其目标市场相关的问题。因此，调研人员需确定相关的**目标总体**（Target population）。在收集数据时，调研人员可选择普查或抽样调查。在**普查**（Census）中，调研人员要询问或观测所确定的目标总体中的所有个体。对于小容量的总体来说，普查可能是最好的方法。例如，如果你的营销调研教授希望收集学生对她的新讲座的反馈，她将调查整个班级的同学而不仅仅是从中选择一个样本。

可以使用的第二种方法即是，当总体很大时，从确定的目标总体中选择一个**样本**（Sample）进行调研。如果调研人员希望借此来推断总体，则必须使用一个能代表总体的样本来进行调研。为达到这个目的，调研人员需要制订一个抽样计划，事实上，它也是整个调研设计的组成部分。抽样计划具体包括确定恰当的目标总体、识别可能的受访者、建立样本选择程序以及确定合适的样本容量蓝图。抽样可被分为两大类：概率抽样和非概率抽样。在概率抽样中，总体中每个个体被选中的概率是已知的。例如，一个大学里市场营销专业的人数是500人且其中有100被选作样本，那么已知被选中的机会即为1/5或20%。

调研人员能够估计出概率抽样的抽样误差。相反，非概率抽样不能测量抽样误差，并且无法推断总体。由于定性调研设计经常使用小样本，因此其样本单位通常是手选的，以确保其与总体相关。例如，一项关于加利福尼亚居民对地震风险和防御看法的定性研究应该包括两类样本：一类是已经接触过大地震的人，另一类是未接触过的。除此之外，研究人员应试图将具有代表性的加利福尼亚主要人口都包含在抽样当中。

样本容量的大小影响研究结果的准确性和总体的代表性。因此，调研人员必须确定调研所包括的人数，或调查对象的个数。第 6 章将对其进行详细讨论。

2.6.3　步骤 6：检验测量问题和量表

对描述性调研和因果关系调研而言，步骤 6 也是设计过程的重要步骤，它涉及确定和测量与被调研问题相关的变量。调研人员必须回答如下问题：应如何定义和测量诸如顾客满意度或服务质量等变量？调研人员应使用单项测度还是多项测度来量化变量？第 7 章我们将讨论测量和量表。

虽然步骤 6 中的大多数活动均与原始数据的调研有关，但在有关二手数据的调研中了解这些活动同样也很重要。例如，依据数据库变量做数据挖掘的时候，调研人员必须了解构建数据库所使用的测量方法以及任何测量偏差。否则，二手数据就有可能被误解。

2.6.4　步骤 7：问卷设计和预调查

设计高质量的问卷很难，因为调研人员必须选择正确的问题类型，考虑问题的顺序和格式，并对问卷进行预调查。预调查中所获得的信息，来自于进行实际调查时将要被询问的那些人。在预调查中，应答者必须按要求完成问卷，并且还要对问卷中的说明和提问的清晰度、题目和问题的顺序以及所有可能的难点或令人费解之处进行评论。第 8 章将介绍问卷设计。

2.7　阶段三：实施调研设计

实施阶段的主要目标是最终完成所有必要的数据收集，收集和编辑数据，分析并解释数据，从而恰当地理解问题或机会。与前两个阶段一样，调研人员必须谨慎，以确保消除可能的偏差或误差。

2.7.1　步骤 8：收集并准备数据

收集数据的方法包括如下两种：一种是让访员就变量和市场现象提问或使用自己编制完成的问卷；另一种则是观测个人或市场现象。自我管理调查、个人访谈、计算机模拟、电话访谈及焦点小组访谈只是调研员用来收集数据的一些工具。

与观测相比，提问的主要优势在于，调研人员通过询问能收集到更加广泛的数据。采取提问的方式能够收集有关态度、意愿、动机及过去行为的信息，而这些在观测调研中通常是很难观测到的。总之，询问法不仅能回答一个人的行为是"怎样的（how）"，而且还能回答"为什么（why）"是这样的。

　　一旦收集到了原始数据，在进行数据分析之前，调研人员必须完成如下几项任务。调研人员通常要用数值型的描述符为所有的应答类型赋值（编码），以便将其输入计算机。然后，必须对数据进行检验，检验包括数据编码、数据录入错误、一致性及可用性等等。当数据来源于内部数据库时，数据的准备工作也是必需的。第10章将讨论数据准备。

2.7.2　步骤9：分析数据

　　在步骤9，研究员要分析数据。分析过程在深度和复杂程度上都有着很大的差异，从简单的频数分布（百分比）到描述性统计量（均值、中位数和众数）和多变量数据分析。在定性研究中，研究员要对文本和（或）视图信息进行检查、分类，有时甚至需要将其进行列表。不同的程序使调研人员能够对几个变量之间的显著差异和相关性做统计假设检验，并评价数据质量和检验因果关系模型。第9章到第12章将概述数据分析技术。

2.7.3　步骤10：解读数据并获取信息

　　步骤10——数据解读可以为决策层提炼有价值的信息。信息是在工作和对结果的细心解读中产生的。解读不仅仅是对调查结果的叙述性描述，它还包括将调查发现的各个方面整合为可以用来回答调研问题的结论。

2.8　阶段四：沟通调研结果

　　调研过程最后一个阶段是向管理部门报告调查结果。无论决策者有无营销调研的专业知识背景，总体目标常常是为决策制定者准备一份非技术性的报告。

2.8.1　步骤11：准备并提交最终报告

　　步骤11是编写并向管理部门提交最终的调研报告。这个步骤的重要性怎么强调都不为过。任何一份调研报告都应包括如下内容：执行性摘要、导言、对问题的定义和目标说明、方法论、调研结果和发现以及研究的局限性。在某些情况下，调研人员不仅需要提交书面报告，而且还要就主要的调研发现做一个口头报告。第13章将描述撰写和提交调研报告的方法。

2.9　编制调研计划书

　　在理解调研过程四个阶段的基础上，调研人员能够编制出一份调研计划书，并能够与决策者就调研框架进行沟通。**调研计划书**（Research proposal）是用来拟定决策者与调研者之间的书面合同的一份专门文件，该计划书应列出为获得所需信息将要采取的行动、调研交付、需要多长的调研时间以及调研成本是多少等。

　　调研计划书非常明显地与最终的调研报告不同。它们属于两个不同的过程，但有些部分还是比较相似的。编写调研计划书没有所谓最好的方法，如果一个客户要求两到三个不同的公司为一特定调研问题制订调研计划书，那么这几个公司很可能提出不同的方法和建议来解决这一问题。图表2-8列出了大多数调研计划书应该包括的内容。事实上，表中列出的仅是一个调研计划的大纲。在本章最后的营销调研实践中，我们可以找到一个调研计划书的实例。

图表2-8   调研计划书大纲

调研计划书的标题

1.所规划调研项目的目的

包括对问题和调研目标的描述

2.研究类型

解释调研设计的类型（探索性、描述性或因果关系调研），对原始数据或是二手数据的需求以及选择的理由

3.目标总体和样本容量的确定

对打算研究的整个调查对象的总体进行描述，确定适当的样本容量，并解释确定容量的理由

4.抽样设计和数据收集方法

描述所采用的抽样技术、数据收集方法（如观察法或调查法）、奖励计划及理由

5.具体的调研工具

介绍用来收集所需数据的方法，包括各种类型的量表

6.所提议的调研在管理上的潜在利益

说明信息对管理而言的预期价值，如何使初始问题得到解决以及调研的局限性

7.整个项目的预计成本

分项列出完成调研所需的预期成本，包括总成本和预计的期限

8.调研公司能力简介

简要介绍调研人员及其资质，以及调研公司的概况

9.可选择有关预期结果的空白表

给出例子以描述在最终报告中数据将会以何种形式呈现

市场营销调研实践：信息调研计划书是什么样的？

马格南酒店有关顾客优惠卡的调研计划

创建调研项目的目的在于收集有关态度、行为、动机和一般的人口统计等信息，并用来解决贝尼托广告和乔森物业公司（Benito Advertising and Jonhson Properties，Inc.）的管理部

门所提出的有关马格南（Magnum）酒店顾客优惠卡的一些关键调研问题。顾客优惠卡是马格南酒店最近实施的一项营销策略。相关的关键问题如下：

1.持卡人使用顾客优惠卡吗？

2.持卡人如何评价持卡权限？

3.这种卡的优缺点有哪些？为什么？

4.顾客优惠卡是顾客选择酒店的重要影响因素吗？

5.持卡人什么时候使用顾客优惠卡？多久使用一次？

6.对于使用过顾客优惠卡的人来说，他们会使用哪些特权？多久使用一次？

7.对顾客优惠卡或持卡权限来说，应做哪些改进？

8.持卡人是怎样得到该卡的？

9.顾客优惠卡的会员资格是应该免费赠送还是持卡人通过支付年费来获得？

10.如果有年费，则应设置为多少？持卡人愿意支付多少数额的年费？

11.持有马格南酒店顾客优惠卡的人具有哪些人口统计特征？

为了收集数据来回答这些问题，调研将是包括探索性调研和描述性调研在内的结构化的、真实的设计。之所以选择描述性研究，是因为上述问题均侧重于探明偏爱马格南酒店的持卡人的想法、态度和卡的使用模式及其人口统计特征。选择探索性研究则是因为正在对优惠卡及其权限、定价结构以及目前认知的优缺点寻找可能的改进途径。

调研的目标群体是马格南酒店顾客优惠卡项目已知的成年持卡人。该群体结构为大约17 000个遍布美国的个体。统计上保守的样本容量应为387人，但为了对样本的子群（细分组）进行检验，实际的样本容量为1 500人。样本容量是根据抽样方式和问卷设计的可能反馈率、预先设定的±5%的抽样误差、95%的置信水平、管理费用和权衡以及预先确定的完成调查所要求的最小样本量等来确定的。

采用概率抽样从中心持卡人数据库中抽取样本。采取邮寄调查法，即向随机选中的持卡人邮寄个性化的、自我管理的问卷，并随问卷附上对调查的解释以及参与调查有奖的说明信。考虑到调查的性质、持卡人的认知类型、成本和时间上的权衡、用奖励的办法鼓励被访者参与等，与其他调查方式相比，邮寄调查是最恰当的。

调查问卷采取自我管理的方式，也就是说，被访者将在他们自己的家中，在没有访员在场的情况下独立地完成调查。所有问题都将通过便利抽样进行预调查，以便对问卷的文字说明、问题、管理时间限度是否清楚等作出评价。问题的回答量表将符合问卷设计准则和行业判断。

考虑到计划项目的性质，调查结果将使马格南酒店的管理部门能够回答有关顾客优惠卡的问题及其他营销战略问题。具体的调研将有助于管理部门：

● 更好地了解使用顾客优惠卡的顾客类型及卡的使用程度。

● 识别对当前优惠卡及其权限的营销战略或策略提出评价（和可能调整）的问题。

● 加深向其他细分市场推广和分发顾客优惠卡的深刻认识。

此外，规划的调研项目将启用一个顾客数据库和信息系统，从而使管理部门能够更好地理解消费者对酒店服务的需求和愿望。顾客导向的数据库将有助于制定营销战略以及相关的定价和服务方法。

所规划项目的费用   单位：美元

问卷和封面信的设计及复印费用	3 800
设计、打印、预调查、复印（1 500份）	
信封（3 000份)）	
抽样设计	2 750
管理费用和数据收集费用	4 800
问卷包装	
邮票和邮政信箱	
地址标签	
编码和数据分析的预处理费用	4 000
编码和设定最终代码	
数据录入	
计算机编程	
数据分析与解释的费用	7 500
书面报告和陈述的费用	4 500
所规划项目的总费用的最大值①	27 350

注：①费用政策：有些项目的成本可能要多于（或少于）计划中所列的成本。如有成本节约，则将退还客户。此外，由于客户有可能改变最初的分析需求，因此数据收集和分析活动将会有±10%的成本变化空间。

计划项目的调研将由Marketing Resource Group（MRG）负责执行，该公司是位于佛罗里达州坦帕市的一家全面服务营销调研公司，它为许多财富排行榜上排名前1 000的企业做过调查。计划项目的主要调查者和项目协调者是Alex Smith博士，他是MRG的资深项目经理。Smith博士先后在南伊利诺大学获得了理学学士学位，在伊利诺伊州立大学获得了MBA学位，在路易斯安那州立大学获得了营销学博士学位。他有25年的营销调研经验，他设计并协调了许多消费包装产品、酒店或度假胜地、零售银行、汽车和保险行业的调研项目。他是顾客满意度、服务和产品质量、市场细分、顾客总体态度和行为模式以及互动式电子营销技术调研等方面的专家。此外，他还发表了许多有关理论和实际调研的文章。

实践练习

1.如果接受这项计划，能够实现管理目标吗？

2.访问的目标总体恰当吗？

3.项目中还应包括哪些其他问题？

2.10   总结

1.描述影响营销调研的主要环境因素

几个关键的环境因素对改变有关营销调研实践的任务、责任和成果具有重大的影响。营销调研人员所扮演的角色已经从组织机构内部的次要角色演变为进行战略规划所必不可少的重要角色。互联网、电子商务、网守技术、数据隐私法规以及新的全球市场结构扩张都迫使调研人员要平衡使用二手数据和原始数据，因为只有这样才能有助于决策层制定决策并抓住有利机会。调研人员必须提升其使用技术驱动型工具和数据库的能力。在全球市场的环境背景下，对更加快速地采集、检索、分析数据，并为各决策团队解释跨职能的数据和信息的需求也更大了。

2.讨论调研过程并解释各个步骤

信息调研过程有 4 个主要阶段：（1）确定调研问题；（2）选择恰当的调研设计；（3）实施调研；（4）沟通调研结果。为了实现每个阶段的总体目标，调研人员必须能够成功执行以下 11 个相互联系的任务步骤：（1）识别并明确信息需求；（2）定义调研问题；（3）明确调研目标并确定信息价值；（4）确定调研设计和数据来源；（5）确定抽样设计和样本容量；（6）检验测量问题和量表；（7）问卷设计和预调查；（8）收集和编辑数据；（9）分析数据；（10）解释数据，发现信息；（11）撰写并提交最终报告。

3.区分探索性、描述性和因果关系调研设计

探索性调研设计的主要目标是获取相关信息，使调研人员和决策者能够：（1）明确调研问题；（2）定义或重新定义初始问题，区分现象和原因；（3）确定问题和目标；（4）识别信息需求。探索性调研试图为后续定量调研提供初步信息。然而，由于调研题目需要对错综复杂的消费者文化、心理动机和行为有着深刻的了解，因此定性探索方法有时会被当作独立的技术来使用。对某些调研题目而言，如在探讨消费者的购买决策和购买行为时，定量调研方法可能过于肤浅，或者所得到的回答虽是理性的却不是真实的。

描述性调研设计会产生数字信息以描述所定义的目标总体的现存特征（如态度、意愿、偏好、购买行为、对当前的营销组合战略的评估）。调研人员会试图寻找关于如何、谁、何时以及何地等问题的答案。通过描述性调研所获得的信息可以使决策层能够对他们的消费者、竞争者、目标市场、环境要素或其他现象做出推断。

最后，当调研目标包括需要了解市场现象发生的原因时，因果关系调研设计是最有用的。因果关系调研的重点是所收集的数据能使决策者或调研人员创建有关两个或更多变量之间的因果关系的模型。

4.确定并解释调研方案的主要组成部分

一旦了解了信息调研过程的各个阶段和任务步骤，调研人员就可以制订调研方案了。调研方案相当于调研人员和决策者之间的合同。以下 9 个部分已被列入调研方案：（1）拟实施调研项目的目的；（2）研究的类型；（3）确定目标总体和样本容量；（4）抽样设计、技术和数据收集方法；（5）调研工具；（6）拟实施研究潜在的管理收益；（7）项目的预期成本结构；（8）调研人员和公司概况；（9）预期结果的空白表。

2.11　关键术语和概念

Causal research 因果关系调研

Census 普查

Descriptive research 描述性调研

Exploratory research 探索性调研

Gatekeeper technology 网守技术

Information research process 信息调研过程

Primary data 原始资料

Research proposal 调研计划书

Scientific method 科学方法

Secondary data 二手资料

2.12　复习题

1. 识别当今商业环境中所发生的重大变化，正是这些变化迫使管理决策者重新思考他们对营销调研的认识。同时，讨论这些变化对营销调研活动产生的潜在影响。

2. 在 21 世纪的商业界，能否不进行营销调研就做出重大营销决策？为什么？

3. 管理决策者和信息调研人员有何相似之处？又有哪些不同？如何减少这两类专业人士之间的分歧？

4. 评论以下陈述：

（1）对是否有必要开展营销调研活动做出决策是营销调研专家的主要职责。

（2）信息调研过程相当于降低营销决策风险的详细方案。

（3）选择最恰当的调研设计是调研过程中最关键的任务。

5. 设计能够用来解决以下决策问题的调研方案："宾夕法尼亚州匹兹堡的马里奥特酒店是否应通过降低毛巾和寝具的质量来提高经营酒店的盈利水平？"

2.13　讨论

1. 识别信息调研过程各个阶段所对应的步骤，并提出调研人员应回答的一系列问题。

2. 探索性、描述性和因果关系调研设计的区别是什么？说明哪种调研类型最适合以下问题："消费者对销售 2007 年新款宝马的代理商所提供的维修服务是否满意？"

3.何时调研人员应采取概率抽样方法而不采取非概率抽样方法？

4.网上作业。登录网站 www.gallup.com。

a.有些调查结果会放置于民意测验机构的主页上。在复查过调查结果之后，简述盖洛普网络民意测验可能使用的信息调研过程的各个阶段和步骤。

b.你认为该民意测验机构的调研报告使用描述性调研还是因果关系调研？解释一下你的观点。

第 2 部分

营销调研项目设计

第3章　二手数据、文献综述及假设检验

【学习目标】

通过对本章的阅读，你将会做到以下几点：

1. 了解二手资料在营销调研中的性质和作用。
2. 描述如何撰写文献综述。
3. 识别内部和外部二手资料的来源。
4. 讨论概念化及其在建模中的作用。
5. 理解假设检验与自变量和因变量的差别。

实体店最终会成为陈列馆吗？

最近，在假日购物节期间进行的营销调研为购物中的一个重要且不断增长的趋势提供了证据。在购物期间使用手机可以帮助消费者制定购买决策。Pew互联网与美国人生活研究项目（Pew Internet and American Life's Research）对1 000名美国成人在购物期间使用手机的情况进行了研究。研究显示，超过一半的消费者（52%）声称假期在实体店购物时，手机可以帮助他们制定购物决策。

手机的使用具体体现在三个方面。第一，38%的受访者声称会在商店给朋友打电话获取建议。第二，24%的受访者使用移动设备来搜索产品的在线评论。第三，25%的购物者使用手机来比较价格，例如，使用亚马逊的条形码扫描服务来搜索更优惠的价格。

某些类别的消费者更倾向使用手机来帮助他们在实体店购物。年轻人（18到49岁）、非白人以及男性会更有可能使用手机来搜索产品信息。但是，这种趋势在白人和女性购物人群中也很明显。这个研究结果表明：实体商店可能会由于消费者寻找更好或价格更优惠的产品而很容易失去业务。在线零售商则有机会增加销售额，特别是如果他们可以在消费者的移动设备上提供产品的及时信息和合适的价格。另一个与营销人员相关的调研也非常突出：尽管家人和朋友的建议在购买产品时非常重要，但是，移动设备在购物中的应用对消费者也产生

了很大的影响。企业和营销人员将制定更多的策略，帮助他们营造一个消费者可以轻松获得私人信息与在线资料的环境，从而影响消费者的购买决策。

　　Pew 互联网与美国人生活研究项目对购物中手机的使用调研结果可以从他们的网站上获取，并且该结果也在其他几个媒体网站上发表。他们的研究是一个二手数据的例子，在这种情况下，研究是免费的。然而，信息可能会与各种业务相关，包括离线和在线零售商、移动应用程序开发人员和无线运营商。为了更有效地使用该研究，大多数企业将不得不对该研究成果在特定行业的应用性进行评估。例如，为了更好地理解商店内使用手机购物的趋势，消费者在来源相似的信息中搜索其他免费的在线资源可能会使行业受益。企业会购买其他与其特定行业相关的二次调研，如果有必要，企业会进行初步调研。[①]

3.1　二手数据和文献综述的价值

　　本章将集中讨论可获得的二手资料的类型、怎样将二手资料应用于市场调研、二手资料的优势以及互联网对使用二手资料所产生的影响。我们也解释了进行背景研究如何作为文献综述的一部分，以及在完成文献综述时怎样报告信息的发现。文献综述是开发一个理解研究主题并支持假设的概念及行程过程中的重要步骤，这是本章的最后一个主题。

3.1.1　二手资料的性质和范围

　　营销调研的重要任务之一就是收集信息，使管理者尽可能做出最正确的决策。在调研开始之前，调研人员应确定有价值的资料信息是否已经存在，它们与研究的问题之间有着怎样的关系，以及如何得到这些信息。由于现存的信息资源比我们想象的要广泛得多，因此在收集原始资料之前，首先应该考虑能够收集到哪些二手资料。

　　二手资料（Secondary data）是指为其他问题而不是专门为当前研究所收集的信息资料。有时候被称作"室内调查"，而原始的调查被称作"田野调查"。二手资料被分为两种类型：内部二手资料和外部二手资料。**内部二手资料**（Internal secondary data）是公司为会计核算、市场营销和信贷管理等而收集的数据。

　　外部二手资料（External secondary data）是由诸如联邦和州政府、行业协会、非营利组织、营销调研服务公司，或者学术研究人员组织所收集的数据资料。大量的二手资料也可以从网络或者其他数据资源信息库中获得。这些二手数据资源包括信息供应商、联邦和政府网站以及商业网

---

　　①　Mark Walsh，"Pew：52% Use Mobile While Shopping，"Media-Post News，January 30，2012；Aaron Smith，"The Rise of In-Store Mobile Commerce，"Pew Internet & American Life，January 30，2012，http：//pewinternet.org/Reports/2012/In-store-mobile-commerce.aspx；Ned Potter，"'Showrooming'：People Shopping in Stores，Then Researching by Cell Phone，says Pew Survey，"ABC World News，January 31，2012，http：//abcnews.go.com/Technology/pew-internet-showrooming-half-cell-phoneusers-research/story?id=15480115#.Ty2tIlx5GSo.

站等。

近年来，二手资料在市场调研中的作用已今非昔比。传统观点认为，二手资料的价值有限，因此收集二手资料的工作通常都会被外包给公司的图书管理员、辛迪加数据收集公司或者资历较浅的市场调研分析员。随着社会对商业和竞争情报的日益重视以及调研人员从在线信息数据库中获取信息越来越便捷，二手资料在营销调研中的重要性已经不容置疑。

通过二手资料来获取数据不仅速度快而且经济划算，因此正被越来越多地用于市场营销问题的研究。二手资料分析师也被重新定义为与信息技术领域有关的信息专业人员或专家。他们可以创建销售网络数据库，撰写竞争趋势报告以及制定留住客户的策略。

3.2　撰写文献综述

文献回顾（Literature review）是对与研究主题相关的可获取的资料的一个综合考察。在文献综述中获得与调研相关的二手数据应该包含在最终结果的报告中。这部分的报告通常被标记为"背景研究"或"文献综述"。二次调研仅仅提供调研要回答的问题，它不要求做进一步的研究。但即使分析师计划进行最初的调研，文献回顾也非常重要，这是因为：它为当前的调研提供背景信息；为调研问题和正在研究的疑问理清思路；揭示出是否已经存在能使调研所关注的问题得以解决的信息；有助于定义对研究主题来说至关重要的概念；指出曾经成功应用于类似调研问题的抽样和其他调研方法。

回顾可利用的文献能够使研究人员始终站在所研究问题的最前沿。大多数行业都有一些为人熟知和广泛引用的研究成果。例如，美国互联网广告联合会（Internet Advertising Bureau，IAB）就是这样一个行业组织，其成员是著名的在线出版商和广告商。IAB做了一系列引人注目的研究，并报告了在在线广告中什么起作用，什么不起作用。这些研究结果为行业成员所熟知，并且可以从网站上获取。如果在线广告领域中从事研究的分析员对已经公开发布的诸如IAB所做的主要研究都不熟悉，恐怕就很难与了解这些研究成果的客户建立专业合作关系。

撰写文献综述的一个重要原因是文献综述有助于确认并定义调研问题。例如，假设一个在线广告商想了解在线广告的植入如何影响消费者对品牌的态度、网站的访问量和实际的消费行为，通过文献回顾，可以发掘其他出版物关于消费者参与的研究资料，同时还可以了解定义和测度消费者参与的不同方法。

文献回顾也可以启发我们提出调研假设。例如，文献回顾表明频繁在网上购物的消费者更有可能参与在线广告，消费者的参与能提高其对品牌的积极态度，年轻人参与在线广告的可能性更大，高卷入性商品（如汽车）比低卷入性商品（如纸巾）更能吸引更多的人参与。你所定位的研究也很可能无法给出某些具体问题的答案，但是却很可能提供一些可供调研的问题和关系。

尤为重要的是，文献回顾可以识别出变量的度量尺度以及成功用于分析类似问题的研究方法。例如，如果研究人员想评价一个网站的实用性，则文献综述能够定位到已公开的研究资料，且该研究资料列出了一份有关实用的网站所具有的重要特点的清单。研究综述可大大节省研究人员的时间和精力，因为不再需要重新确定所有新的概念。

3.2.1 评估二手数据来源

文献综述主要包括搜索普通资料、学术资料、政府资料以及在公司以外可获得的商业数据，公司内部也需要引入一个可以进行内部搜索的信息库。互联网的出现使得文献综述的撰写成了一件既简单又困难的事情。说它简单是因为大量的资料唾手可得，搜索相关的公开资料也比以前便捷很多。但与此同时，与研究主题相关的文献资料却浩如烟海，所以只有缩小查询范围才能集中精力搜索到相关信息。

随着对二手数据的重视，调研者已经开发出评估二手数据来源信息的标准，这些用来评估二手数据的标准是：

1.调研目的。因为大多数二手资料是为解决其他问题而收集的，不一定与当前的专题相关，所以必须认真评估这些资料与当前调研目标的相关程度。很多时候，最初收集的资料往往与营销调研目标不一致，而这种不一致通常是由使用的测度单位不同所导致的。例如，《编辑和出版商市场指南》（*Editors and Publishers Market Guide*）一书中的很多信息都是基于平均值的概念。由于环境和情境不同，数值会被赋予不同的权重。虽然结果能很好地代表平均水平，但是却无法精确地提供目标市场花在某一类特定产品上的实际费用。

2.精确性。评价二手资料时，调研人员要牢记实际度量的是什么。例如，如果在一个测试性的市场中测量消费者的实际购买行为，那么他们是第一次尝试购买还是进行重复购买？这些资料能代表所有受访者的回答吗？或者这些资料是通过年龄、性别、社会经济地位进行分类的吗？

调研者必须评价所收集到的二手资料。比如，调研人员跟踪美国市场进口日本汽车的销售量，他认为需要考虑的因素有消费者态度的转变、可能会限制进口的新增关税以及汇率的波动。为了保证二手资料的精确性，调查人员必须谨记这些资料是为不同的调研目的而收集的。

3.一致性。评价二手资料来源时，比较好的策略是找出相同资料的多种来源，以确保数据资料的一致性。例如，当评价一个外国市场的经济特征时，调研人员可能会尝试从不同的来源收集相同的信息，如政府来源、私人企业刊物（《财富》《商业周刊》）和专门的进出口贸易出版物等。

4.可靠性。调研人员应经常质疑二手资料来源的可靠性。公司的技术能力、服务质量、声誉、培训、专门技术人员等都可以用来评定其可靠性。

5.方法论。二手资料的质量依赖于数据收集方法。方法中的缺陷可能会导致调查结果的无效性和不可靠性，或者得到一个无法推广到一般情况的结论。所以，调研人员必须对样本的特征和大小、回答率，问卷以及数据收集的整个过程（电话访谈、互联网访谈或者个人面谈等）进行评价。

6.偏差。调研人员一定要知道发布二手数据的组织收集这些数据的动机和目的。一般而言，公开二手资料都是出于商业、政治或者其他群体的利益考虑。但有些时候，公开二手资料却是为了引发辩论或者驳斥其他的资料来源。调研人员必须考虑某机构公布资料是否出于某种特殊的目的。例如，在尚未被确认是无偏的信息来源之前，应该对国家硬木板材协会或者人道对待动物协会所发布的关于动物灭绝的统计数据的有效性进行检验。

3.2.2　二手数据和营销调研过程

在市场营销的很多领域中，二手资料调研总是辅助于原始资料调研。在产品和广告的概念测试、焦点小组访谈以及顾客的满意度调查中，只有原始资料调研能够发掘出营销问题的答案。但在有些情况下，二手资料也能解决问题。通常来说，二手资料是定义一个调研问题的起点。如果这些问题通过现有的二手资料就能够解决，则公司可以节省大量时间、财力和人力。如果二手数据不能解决现有问题，则应该考虑收集原始数据。

如果调研对象主要是潜在的新客户，则二手资料在调研过程中将发挥重要作用。例如，调研者利用公司内部文件即可基本了解目前的客户群，然后便能以现有客户为基础来识别潜在客户所具有的重要特征。二手资料调研的另外一个任务是出具需求分析报告，以识别特定消费群体的问题或要求。此外，二手资料调研还需要向公司提供内部数据支持，并重点支持原始资料的调研活动、产品推广以及决策的制定。营销部门想要依靠专业的产品推广活动来提高销售量或科学制定关于产品、价格、销售地点和促销的决策，而这些都离不开二手资料。最后，公司还需要明白成功的战略规划是怎样使市场发生变化的，而二手资料调研的主要任务就是设计规划工具。随着在营销调研中二手资料调研作用的日益显著和人们对获取新形式数据传输技术要求的不断提高，二手资料在调研中的重要性和价值将会逐渐增大。

二手资料浩如烟海，但是调研人员的信息需要往往会由于其共同的研究主题而互相联系起来。调研人员通常会通过人口统计特征、就业数据、经济统计、竞争力和供给能力评估、管理规定以及国际市场特征等来收集资料。图表3-1列示了这些分类的特定变量。

有几种二手资料是可用的，具体包括内部资料、大众资料、学术期刊以及商业资源。接下来我们对以上各种二手数据资料进行描述。

图表3-1　二手资料收集中寻找的主要变量

人口统计资料
人口增长：实际的和预测的
人口密度
人口迁入和迁出模式
由年龄、种族和家庭种族背景等体现出的人口发展趋势
就业特点
劳动力增长
就业水平
按职业划分的就业率
按产业划分的就业
经济统计资料
个人收入水平（人均收入和中位数）
制造业/服务业公司的类型
新开工住宅总量
建筑许可数
营业税率
竞争力特征
零售销售量和批发销售量
竞争性零售商的数量和类型
金融机构的可使用性
供给能力特征
销售设施的数量
发货成本
铁路、水路、空运和公路等交通运输水平
管理规定
税金
营业执照
工资
城市的区域划分
国际市场特征
运输和出口要求
贸易壁垒
商业哲学
法制体系
社会习惯
政治形势
文化模式
宗教和道德背景

3.3 内部二手资料和外部二手资料

二手数据在公司内部和外部都可用，本章节我们看一下主要的内部二手资料和外部二手资料。

3.3.1 内部二手资料的来源

最合理的二手资料收集方法应该是从公司内部的信息入手。很多组织机构还没有意识到内部资料中所蕴含的大量信息。此外，内部资料是最容易得到的，而且花费很少或者基本上不花钱。虽然这是使用内部二手资料很好的理由，但调研人员必须牢记很多信息是从企业过去的商业实践中获得的。然而，这并不意味着内部资料对未来的企业商业决策没有意义。内部二手资料资源可以有效地帮助决策者策划新产品的上市或者开拓新的销售市场等，在接下来的讨论中我们可以明显地感受到这一点。

一般而言，内部二手资料包括销售会计和成本类信息。图表3-2列示了每种内部二手资料来源的主要变量。

图表3-2 内部二手资料的一般来源

1.销售发票
a.客户姓名
b.客户地址
c.销售的产品或服务的级别
d.单价
e.销售人员
f.销售条件
g.起运地点
2.应收账款报告
a.客户姓名
b.购买的产品
c.销售量和销售额
d.顾客占销售量的比例
e.顾客占地区销售量的比例
f.边际收益
g.信用等级

| h.被退还的产品类别 |
| i.退还原因 |
| 3.季度销售报告 |
| a.以下部门的销售额和销售量: |
| 客户　　　大区市场　　　产品　　　　推销员 |
| 细分客户　　区域销售　　　产品细分市场 |
| b.总销售量的规划目标 |
| c.总销售量的预算目标 |
| d.以前各期的总销售量 |
| e.实际销售增长率或降低率 |
| f.贡献趋势 |
| 4.销售活动报告 |
| a.顾客账户分类　　巨大　　大　　中等　　小 |
| b.潜在的销售额 |
| c.目前的销售渗透率 |
| d.客户对现行产品定位的出价数目和合约 |

其他存在于公司资料中的二手资料可以用来补充现有的信息。图表3-3概括了其他潜在的内部二手资料来源。

图表3-3　内部二手资料的其他来源

来源	信息
客户来信	一般性的满意/不满意信息
客户意见卡	产品或服务整体表现的资料
邮购表格	顾客姓名、地址、购买的产品、产品质量、订货周期
信用证申请书	顾客的详细记录（人口统计特征、社会经济特征、信用证使用、信用度）
现金收据	交易量、商品类型、售货员、推销员、生产商
销售员费用报告	销售活动、市场中竞争对手的活动
雇员离职谈话	来自公司内部的满意/不满意信息、公司内部绩效资料
保单	销售量、姓名、地址、邮政编码、购买产品的种类、退还产品的原因
过去的市场调查研究	在市场调研背景下的资料
互联网提供的信息	客户登记信息、网络跟踪、网站访问量、电子邮件

在市场调研实践中可以获得大量公司内部信息。如果恰当地记录和分类，内部二手资料可被用于分析产品性能、消费者满意度、分配效率以及目标市场的策略等。这些二手资料在策划新产品上市、产品剔除、促销策略、竞争力及客户服务策略方面也非常有用。

3.3.2 外部二手资料来源

内部二手资料收集完成之后，下一步就是选择外部二手资料的来源。外部二手资料有如下的主要来源：（1）普通资料；（2）学术资源；（3）政府资源；（4）北美产业分类系统（NAICS）；（5）商业资源。

普通资料（Popular sources） 许多普通资料可以在图书馆和互联网上获得。比较流行的资料来源包括《彭博商业周刊》《福布斯》《哈佛商业评论》以及《商务2.0》等。报纸和期刊上的大多数优秀文章都由记者或自由撰稿人所写。这些文章通常时效性较强，而且比学术文章更通俗易懂。然而，这些文章所表达的观点或提供的信息往往也包括了很多二手资料。此外，人们更重视学术成果，新闻刊物上的研究则较少受到关注。[1]

很多学商科的学生应该对 ABI/Inform 或者 Lexus/Nexus 所提供的商业类文章和资源比较熟悉。在很多大学或学院的在线图书馆，都可以查询到这些数据库。这些数据库包含丰富的资源，但由于网络限制，大多数搜索引擎还无法搜索到这些资源。例如，在《纽约时报》和《华尔街日报》上都会刊登一些出色的商业文章。但是，搜索引擎目前尚无法进入包含这一类优秀报刊文章的资料库。虽然通过这些报刊的网站可以获得相关资料，但是下载这些文章都是要付费的。很多图书馆通过与 ABI/Inform 或 Lexus/Nexus 合作，购买并获得进入这些报刊和商业出版物的资料库的权利。

大量的信息都无须订阅就可以通过互联网来获取。搜索引擎汇总整理了大量的信息并编辑目录，最终列出与搜索项目最贴切和最流行的网站。谷歌、雅虎和MSN都很善于查找公开发表的资料。在开始在线搜索之前，遴选出若干个相关的关键词是十分有益的。例如，如果你对口碑相传的营销方式感兴趣，则诸如口碑式营销、地下营销和隐性营销等一些关键词或许会对你的在线搜索有帮助。

比较流行的资源还包括营销人员和市场分析员撰写的报告。例如，网站www.Clickz.com的投稿者发表了很多关于网络营销的文章，他们都是相关领域的专家。因此，他们的观点和分析不仅具有时效性，而且都是根据经验得来的。尽管如此，他们的观点难免会受自身经验和知识水平的影响，因此与学术出版物上的文章的观点相比还是不够深入。

---

① Sally Barr Ebest, Gerald J. Alred, Charles T. Brusaw, and Walter E. Oliu, Writing from A to Z: An Easy-to-Use Reference Handbook, 4th ed. (Boston: McGraw-Hill, 2002).

另一个可行的资料来源是市场营销博客。很多营销专家和分析员都有自己的博客。由于任何人都可以写博客，因此引用这些资料时需谨慎。只有那些权威专家写的文章才值得在文献综述中引用。MarketingSherpa.com 网站上列出了一份有关年度最佳营销博客的清单，有些内容可能与你的研究主题相关（见图表3-4）。好的博客是那些资深的营销专家和分析人员所写的，他们的观点虽然常常具有争议但却能够与时俱进，值得你在自己的设计和研究中借鉴和思考。博主有时候会对当前领域内的一些热门话题提出深刻的见解和评论，但即使是最资深的分析员，其观点也是推测性且未经证明的。因此，在撰写文献综述的时候，应该清楚这些观点很可能只是一家之言。

图表3-4 最佳营销博客

1.Ads of the World	9.I believe in ad
2.Chrisbrogan.com	10.Search Engine Land
3.ShoeMoney	11.ProBlogger
4.Seth's Blog	12.Marketing Pilgrim
5.PSFK	13.Joe La Pompe
6.Social Media Examiner	14.Search Engine Roundtable
7.Copyblogger	15.Digital Buzz
8.Brian Solis	

资料来源：Advertisig Age, "AdAge Power150: A Daily Ranking of Marketing Blogs," www.adage.com/power150/,accessed January 26,2012.

通过网络的普通搜索获取的所有资料都应对其进行仔细的评估。查看网站上"关于我们"的那一部分，通过了解发表这些文章或研究成果的作者来确定这些文献资料是否可信。还要考虑的一个问题是，网站上发表研究成果有时只是为了提高出版商的商业利益。例如，在美国互联网广告联合会上发表的研究方法必须经过详细审查，因为IAB是一个贸易组织，网络广告的蓬勃发展会提高它的商业利益。理想的情况是，应该查找由特定领域内的专家所提供的高质量的信息。通常来说，研究成果和博客文章被引用或被提到的次数越多，其可信度也就越高。[21]

学术资源（Scholarly sources） 你也许想从图书馆搜索一些与研究主题相关的学术文章，但利用在线搜索往往会更加便捷，而且与你以前所应用的搜索方法并不冲突。谷歌有一个特殊的搜索引擎——谷歌学术搜索（Google Scholar），专门用于搜索学术文章。使用谷歌主页的搜索功能也可以获得一些学术文章，但由于其他相关信息有时也会混杂其中，因此难以识别出其中的学术文章。从谷歌主页"更多"的链接中可以找到谷歌学术搜索。例如，如果登录网站www.Scholar.Google.com并键入关键字"在线购物"，则谷歌学术搜索就会列出一份符合要求的学术资料清单。搜索结果中还会列出该文章在网页上被其他文章引用的次数（即搜索结果中给出的"被引用"次数及网页上的引用次数）。参考被引用次数是衡量一篇文章在其领域内的重要性的方法之一。

谷歌学术搜索列表中的有些文章可以通过其他在线搜索获得，而另外一些文章就只能在学校或者通过图书馆的途径来获得。绝大多数学院或大学已经对一些学术论文网站付费。如果在校园里登录这些资源网站，则许多期刊发行商只需识别所用电脑的IP地址就会被允许登录访问。尤其是JSTOR数据库，收录了很多种权威的市场营销杂志，只要登录了学校的网络地址就可以下载其中的文章。然而，无论你是否在校园里，很多期刊需要你通过图书馆网关才能获取。

普通资料与学术资源都可以使用网络书签工具来跟踪，例如，Weave书签、美味（Delicious）书签、谷歌书签、X书签以及Diigo书签等，它们都会帮你组织文献资源。使用这些书签工具能为你追踪调研过程的链接，记录下每个网站，还能按照你的搜索条目附加链接使今后检索资源更加容易。书签工具也便于你跟一个社交网络交流，因此，在与多个研究小组成员共享资源时非常有用。

政府资源（Government sources）　美国政府文件信息翔实、内容完整且具有一致性，这也是调研人员多采用政府文件作为二手资料的主要原因。事实上，美国人口普查局的报告是大部分关于美国人口和经济活动信息的统计基础。图表3-5是一个政府公开二手资料来源的列表，其中包括特定的人口普查数据（如农业和建筑业普查）、人口普查报告（如农村和城镇数据手册）、美国商业部的数据和种类繁多的附加政府报告等。

关于人口普查数据和其他二手资料需要注意以下两点：第一，由于人口普查数据每十年收集一次并且定期更新，因此调研人员通常必须考虑人口普查数据的时效性。第二，普查数据只包括了有限的主题。和其他二手数据一样，预定义变量的类别如年龄、收入及职业等并不总是能够满足用户需求。

最后一个美国政府部门所提供的信息来源是《政府出版物分类》（http：//catalog.gpo.gov/F）。这本索引包括了国内和国际各个产业、市场和机构的主要市场调研报告。同时，它也为调研人员提供了从1976年7月至今的所有出版物的索引。

图表3-5 用作二手资料来源的公开政府文件

美国普查数据
Census of Agriculture
Census of Construction
Census of Government
Census of Manufacturing
Census of Mineral Industries
Census of Retail Trade
Census of Service Industries
Census of Transportation
Census of Wholesale Trade
Census of Housing
Census of Population
美国普查报告
Guide to Industrial Statistics
County and City Data Book
Statistical Abstract of the U.S.
Fact Finders for the Nation
Guide to Foreign Trade Statistics
美国商业部数据
U.S.Industrial Outlook
County Business Patterns
State and Metro Area Data Book
Business Statistics
Monthly Labor Review
Measuring Markets: Federal and State
Statistical Data
其他政府报告
Aging America；Trends and Population
Economic Indicators
Economic Report of the President
Federal Reserve Bulletin
Statistics of Income
Survey of Current Business

连续案例分析：在圣塔菲烤肉餐厅的案例中应用二手资料

圣塔菲墨西哥烤肉餐厅的店主相信二手资料有助于更好地理解如何经营一个餐厅。基于本章对二手资料的学习，这种想法绝对是正确的。

1.什么类型的二手资料可能是有用的？

2.从二手资料的资源中搜索能帮助圣塔菲烤肉餐厅的店主更好地理解所面对的问题和机会的资料。使用谷歌、雅虎或者其他搜索引擎来进行搜索。

3.在搜索时，你使用的关键词是什么？

4.总结一下在搜索的过程中你的发现。

北美产业分类系统（North American Industry Classification System，NAICS）　收集二手资料的第一步是使用北美产业分类系统代码中的数字化列表。北美产业分类系统代码是为保持联邦政府和私人企业数据报告的一致性而设计的。联邦政府为每一个产业指定了一个NAICS代码。每个产业的企业按照其代码报告它们的情况（销售、薪金总额、税金）。目前，NAICS代码中有99个两位数的产业代码，其代表着从农业生产到环境质量和住房等所有产业。在每个两位数的产业分类代码下面是四位数的产业群代码，其代表了特定的工业群体。产业中所有的企业都由一个四位数的代码来表示，以报告企业的详细信息。如图表3-6所示，NAICS代码12是指煤矿开采产业，而NAICS代码1221所对应的具体类别为沥青煤和褐煤及其表面的提取物。调研人员将在四位数的代码水平上收集大部分资料。北美产业分类系统数据可以从www.census.gov/eos/www/naics/上获取。

商业资源——辛迪加服务数据（Commercial sources—Syndicated data）市场调研的一个主要趋势即是越来越依赖辛迪加（或商业）服务数据来源，其根本原因是公司能够以相对低廉的价格从各种产业中获取真实的信息。

美国竞争情报从业者协会（Society of Competitive Intelligence Professionals）在报告中指出，超过80%的市场调研公司购买和使用商业供应商的二手调研报告。此外，公司每年在购买辛迪加服务数据上的花费已超过15 000美元，并且每周至少要花费10个小时来分析这些数据。[①]的确，可于互联网上获得的各种辛迪加报告正在迅速取代传统的纸制资料。

辛迪加数据（Syndicated data）或商业数据，它是指经过收集、整理并卖给许多不同公司的营销调研数据。为了满足特定调研客户的需求，辛迪加将收集好的信息以列表报告的形式给出，且这些信息会被编辑成不同的报告单元。例如，它可能包括的消费品种类如咖啡、洗涤剂、卫生纸及碳酸饮料等等。报告可以以地理区域、销售区域、细分市场、产品等级或品牌为线索来加以组织。

---

① The Wall Street Journal Index，www.wallstreetjournal.com ，accessed May 22，2009.

图表3-6　北美产业分类系统代码举例列表

数字列表
10.金属开采
1011铁矿
1021铜矿
1031铅&锌矿
1041金矿
1044银矿
1061除去铅的铁合金矿
1081金属开采服务业
1094铀、镭和钒矿石
1099金属矿产公司*
12.煤矿开采
1221沥青煤和褐煤——表面
1222沥青煤——地下
1231无烟煤开采
1241煤矿开采服务业
13.石油与天然气的提取
1311原油和天然气
1321天然气液态产物
1381钻井石油和气井
1382石油和天然气勘探服务业
1389石油和天然气领域服务业公司*
14.不包含燃料的非金属矿物
1411规格石料
1422粉碎和破碎石灰石
1423粉碎和破碎花岗岩
1429粉碎和破碎石料公司*
1442建筑砂和砾石
1446工业砂

注：*表示未分类。

资料来源：Ward Business Directory of U.S. Private and Public Companies，2007，Gale Cengage Learning.

　　为了使这些数据资源能够充分发挥作用，商业/辛迪加数据的供应商必须深入了解产业信息并及时提供数据。传统供应商所使用的两种数据收集方法为：消费者固定样本和存储审计（Consumer panels and store audits）。第三种方法是正在发展和普及的光学扫描技术，扫描数据通常是在超市、药店或者其他类型的零售网点采购时获得的。

消费者固定样本（Consumer panels）是指那些同意长期提供特定详细数据的大型住户样本。这些固定样本所提供的信息非常具有代表性，包括了产品购买信息或者媒体使用习惯，所关注的产品通常也都来自日用消费品行业。但是与此同时，对光学扫描信息的使用也在逐步增加。

市场调研公司选择有代表性的固定样本，并使用严格的数据收集方法。在填写结构缜密的调查问卷时，还要求受访者详细记录其具体行为。调查问卷包括大量与实际产品购买或者媒体报道直接相关的问题。通常这是一个连续进行的过程，受访者每周或每月向公司递交一次最新的数据。然后，调研公司针对客户的研究需求来制定不同的固定样本数据，并将这些数据出售给不同的客户。

消费者固定样本的方法有很多优点，其中包括：（1）与原始资料收集方法相比，其花费更低；（2）资料的迅速可获性和及时性；（3）能够准确报告社会的敏感性支出，如啤酒、白酒、香烟和大众品牌；（4）调查目的明确具体，如调查实际产品的购买情况或媒体的使用习惯，而不仅仅是调查购买意图或进行销售量预测。

固定样本的数据资源包括两类：一类反映产品或服务的实际购买情况，另一类反映媒体的使用习惯。下面的讨论列举了有关上述两种类型的实例。

很多公司都提供以固定样本为基础的数据购买业务。NPD集团（www.npd.com）为众多行业提供辛迪加服务调研，包括汽车、美容、技术、娱乐、时尚、食品、办公用品、软件、运动、玩具和无线等行业。NPD的在线消费者固定样本拥有超过200万同意参与调查的成年和青少年。消费者固定样本数据可以结合零售网点信息以提供更完整的市场信息。NPD还为客户提供选择进行自定义的"快速跟进"调查，这些简短的调查获得了关于特定主题下小组成员更详细的信息。

NPD最常用的两种数据来源是Consumer Report on Eating Share Trends（CREST）和National Eating Trends（NET）。CREST在法国、德国、日本、西班牙、英国、美国和加拿大对消费者进行追踪，包括消费者在餐厅的购买行为及消费零食和食物的方式。互联网也对美国和加拿大两国的家庭食品和饮料的消费模式提供了持续追踪。TSN Global公司提供了多种调研服务，包括产品测试、概念测试和态度、认知及品牌使用的研究。调研公司拥有一个管理访问面板，包括北美、欧洲和亚太地区。消费者可以通过Mysurvey.com报名参加在线调研。TSN Global公司的固定样本服务不仅迅速、价格低廉，而且能够高效地管理国际化的研究。

思纬市场资讯有限公司（Synovate ViewsNet）提供所有的数据收集方法的面板数据，包括网络、电话、邮件及面对面等方法。数据有很多种用途，包括预测模型、品牌价值/忠诚模型和品牌追踪信息等。

下面的名单描绘了其他的公司及它们所拥有的消费者固定样本。

● J.D.Power and Associates，主张建立轿车和轻型卡车的车主这样一个消费者固定样本，并提供关于产品质量、满意度和汽车可靠性的数据。

● 富凯罗普顾问公司（Gfk Roper）提供辛迪加服务的订阅。它们的报告可在美国及世界范围内应用，它们还提供关于人口、生活方式、价值观、态度和购买行为等信息。它们的面板数据涵盖了世界上90%的GDP。[①]

● Creative and Response Research Services 拥有一个叫作 Youthbeat（www.crresearch.com）的消费者固定样本，它按月提供儿童、吞世代（Tweens）及青少年对音乐、媒体使用、游戏、购物、手机及意识形态的数据。这项调研提供了一个"百科全书式的青年营销观点，涵盖了孩子从进入小学到高中毕业的整个时间段"。[②]Youthbeat 也有关于父母的固定样本。

传媒固定样本数据（Media panels）和消费者固定样本数据在步骤、构成和设计上大同小异。唯一不同的是，与产品和品牌消费相比，传媒固定样本数据主要测量媒体的消费习惯。在消费者固定样本中，存在着大量的传媒固定样本数据。下面将给出一些最常用的辛迪加传媒固定样本数据案例。

尼尔森（Nielsen）传媒调研公司是迄今为止最负盛名的、提供传媒固定样本数据来源的调研公司。尼尔森的旗舰服务曾用于全国电视收视率指数，但是，在最近几年，电视不再是一个出色的媒介，而更是一种传播信息和娱乐的形式，它连接多个平台并尽可能地将信息传递到每一个观众。[③]现在，尼尔森公司使用便携式设备追踪电视、互联网及数字视频等的观看记录，这一策略被他们称作跨平台的测量。

尼尔森公司通过一个设备来收集观看电视的习惯，该设备被称作人口计量器并与电视相连接。人口计量器连续监视和记录人们什么时候打开电视，人们正在观看哪个频道的节目，每个频道观看多长时间以及哪些人在看电视等。互联网也可用来测量人口计量器的样本，它使得尼尔森公司通过确定电视浏览、网站使用及流媒体视频（Streaming video viewing）的关系来收集数据。最后，尼尔森公司还测量便携设备上被下载、收听及观看的内容。尼尔森公司的数据被用来测算媒体有效性。媒体有效性用每千人的成本（CPM）来测算，即1 000个观众观看某个节目需要花费的成本。CPM衡量了一个节目使用最少的成本获得最多目标观众的能力。

Arbitron公司是一家为电子传媒收集连续数据的传媒调研公司，包括广

① 　GfK Custom Research North American,"GfK Roper Consulting,"www.gfkamerica.com/practice_areas/roper_consulting/index.en.html ,accessed April 14,2009.

② 　Youthbeat,www.crresearch.com,accessed April 24,2009.

③ 　Nielsen Media Research,"Anytime,Anywhere Media Measurement,"June 14,2006,p. 1,a2m2.nielsenmedia.com.

播、有线电视和无线电视，在广播听众测量方面也许它是最出名的。Arbitron公司使用收听日志和被称作便携式人口计量器（PPM）的电子测量设备来估计国家和地方的广播听众。PPM是一种便携式且被动的电子测量系统，用来追踪消费者所接触的媒体和娱乐活动，它的大小和手机相仿。参与调查的人携带PPM整整一天时间并追踪参与者观看电视和收听广播。调查数据被媒体规划师、广告机构和广告商使用。目前，报纸、广播电台、电视台和有线电视网是辛迪加数据资源的主要用户。

营销调研指南：对二次数据资源的三角测量

从多点数位录影机（DVR）到苹果手机（iPhone）到推特，估计新技术的市场渗透率对管理者是十分重要的，这是因为从促销到新产品的定价都会影响到商业决策。经理需要用于改进其战略和战术计划的精确测量结果和数据。然而，获得精确的测量结果可能出乎意料地困难。

多点数位录影机就是一个恰当的例子，DVR是使用一个硬盘驱动器录制电视节目的工具。DVR在2000年被引入美国市场，在引入几个月后，有研究估计DVR在美国家庭的使用率达到16%。这一惊人的增长使得很多调研人员宣告应该终止传统的广告，因为DVR的使用者会跳过广告。Knowledge Metrics或SRI是专门提供家用技术的公司，它们使用多种来源的信息来检查评估。最初，他们自己的调查研究结果也暗示DVR在美国的使用率增加。但是，一些事实对检查结果产生了质疑。调研公司回顾了两个主要销售DVR公司的年度报表（10-Kfiling）。结果显示这些公司仅仅出售了几十万台多点数位录影机，这说明多点数位录影机的市场占有率还不到1%。

基于这一信息，Knowledge Metrics公司意识到他们需要提高对DVR拥有者的调研。他们了解到当被问及有关DVR的概念时，消费者非常困惑。使用修正和改进的调查问卷，他们在随后的调研中发现DVR的实际拥有者不超过0.5%，而不是16%。[①]

存储审计（Store audits）是指正式检查和确认某一特定产品或品牌的零售量。对那些参加数据收集的零售商（折扣店、超市和杂货店零售商）而言，完成有关产品或品牌销售情况的审计之后，调研公司会用详细的零售报告和现金补偿来回报零售商。于是，审计成了一种可获得二手数据的来源。客户可以购买与产业、竞争力、产品或者特定品牌等相关的数据。存储审计独特的优点是精确性和时效性，能够避免在许多消费者固定样本中出现的偏差。通过设计，存储审计能直接针对销售量（通常是指零售的水平）来测量产品和品牌的市场

---

① Adapted from David C. Tice, "Accurate Measurement &Media Hype: Placing Consumer Media Technologies in Context, " www.knowledgenetworks.com/accuracy/spring2007/tice.html , accessed April 29, 2009; JacquiCheng, "Report: DVR Adoption to Surge Past 50 Percent by 2010, "www.arstechnica.com/gadgets/news/2007/report-dvr-adoptionto-surge-past-50-percent-by-2010.ars–, accessed April 29, 2009; Dinesh C. Sharma, "Study: DVR Adoption on the Rise, "CNETNews, http://news.cnet.com/Study-DVR-adoption-on-the-rise/2100-1041_3-5182035.html.

变化。与此同时，当审计完成时，销售和竞争报告也将随之完成，从而使数据具有时效性且易于被潜在用户所获取。

在存储审计中测量的变量包括存货的期初和期末水平、销售收入、价格水平、价格诱因、区域性广告和卖点展示等。总的来说，这些数据会使存储审计所服务的用户获得以下方面的信息：

- 竞争对手的产品/品牌销售量。
- 货架空间和产品卖点展示的有效性。
- 不同价格水平下的销售量。
- 店内促销和卖点优惠券的有效性。
- 商店类型、产品定位、产品销售的区域范围以及所在地区对销售的直接影响。

3.3.3　为文献回顾进行的辛迪加二次调研

文献综述中还应该包括有分歧的观点和结论。学术研究的结论有可能与观点不一致，这可能是因为用于估计的描述性数据不同。例如，依据营销目录购买商品的消费者的比例，花费在广告上的金额或者在线零售商的数目等。另外，也可能是由对变量之间的理论关系的假设不一样所导致的，这时就要深入研究变量定义和数据收集方法上的细节。举例来说，在线零售支出的估计值差异会受很多因素的影响。导致研究估计值差异的主要因素有三个：（1）是否包括邮寄支出，它是在线支出的一个重要类别；（2）调查方法不同，某些报告的估计值是基于对零售商的调查，其余的报告则是基于对消费者的调查；（3）一定程度的样本误差。因此，直接说研究报告的结论与观点不一致是不科学的，应该对不一致的具体原因进行正确的判断分析。

3.4　建立概念化模型

文献综述除了能给研究问题提供背景信息之外，还可以帮助建立反映变量之间相互关系的概念化模型。如果进行纯粹的探索性研究，就不需要建立模型了。一旦将研究目标转化为调研问题，就应该列出所需要的信息并设计数据的收集方法。然而，如果有一个或多个调研问题需要深入研究变量之间的关系，那么就需要将这些关系概念化。可以建立一个反映变量之间因果关系的模型图，以辅助实现模型的概念化过程。

3.4.1　变量、架构和关系

概念化（Conceptualization）并检验一个模型需要具备三个要素：变量、架构和关系。变量（Variable）是在问卷中被用作量表尺度的可观测的属性，变量的属性不仅具体而且可以直接测量。变量的例子包括性别、婚姻状况、公司名字、员工人数以及某品牌商品的购买率等。与之相反，架构（Construct）是不可直接观测的，但是能间接通过一系列相关变量予以度量的一个抽象概念。在市场营销中经常提到的架构的例子包括服务质量、价值观、顾客满意度及品牌态度。描述受访者特性的架构也需要度量，如创新性、意见领袖及处理问题时的倾向性。图表3-7给出了一系列测度"营销专家"这个架构的信息，营销专家是那些对产品了如指掌并愿意和别人一起分享产品信息的人。

图表3-7　度量营销专家的架构

---
1. 我喜欢向朋友介绍新的品牌和产品
2. 我乐于向人们提供不同种类产品的信息
3. 人们向我询问关于产品、购物地点或销售等信息
4. 如果有人问我哪里可以买到最划算的商品，我能告诉他或她应该去什么地方
5. 当谈到新的产品或销售时，我的朋友们总认为我是一个很好的信息源
6. 试想一下，一个人掌握了大量的产品信息并且愿意与别人分享。也就是说，这个人了解新产品、销售情况和商店等信息，但是他/她并不认为自己是某一特定产品领域的专家。那么，该如何判断这种描述是否符合你的情况呢

资料来源：Lawrence F.Feick and Linda L.Price, "The Marketing Maven: A Diffuser of Marketplace Information," Journal of Marketing 51 (1987), pp.83-97.

　　关系（Relationships）是两个或多个变量之间的联系。当建立因果关系时，变量和架构在关系式中可以是自变量或因变量。**自变量**（Independent variable）是用于预测或解释所关注的结果变量的变量或架构。**因变量**（Dependent variable）是研究人员要解释的变量或架构。例如，如果用技术的先进程度和家庭收入来预测老年人对互联网的认知度，那么技术的先进程度和家庭收入是自变量，老年人对互联网的认知度是因变量。

　　文献综述可以帮助你识别、定义和度量研究专题中的架构。虽然如此，整理完文献综述，并对二手资料进行分析之后，分析人员仍会觉得尚未收集到充分的信息去开展一项全面的调研。不确定性的来源有很多：一些重要架构的定义，度量架构的变量识别问题，对架构的识别可能会对结果变量或因变量产生重要影响。例如，一项关于在线零售业的早期研究认为，对架构的识别和所下的定义会影响在线消费者的满意度和再次消费行为。文献综述总结了现有的研究成果、顾客满意度和服务质量的度量方法以及有关零售业设置的一些条件等。尽管这些已公开发表的研究资料对在线零售业满意度的概念化很有用，但是与此同时，研究人员还发现在线零售环境可能会对消费者满意度有着更大的影响。所以，研究人员在对调研项目进行全面设计之前，通常先进行定性分析（见第4章）和先导性测试。

3.4.2　建立假设及概念化模型

　　建立假设（Formulating hypotheses）　很多学生最初会发现假设具有挑战性。然而，提出假设往往是相对简单的。有两种类型的假设：描述性假设和因果关系假设。描述性假设可以确定特定商业问题的答案。例如，假设我们的问题是"为什么这个零售店吸引的18~30岁的顾客少于我们的预期？"**描述性假设**（Descriptive hypotheses）仅仅回答这个具体应用的调研问题。因此，可能的假设是"年轻的顾客认为我们的价格太高了""我们没有对这部分年轻客户

进行宣传"或者"商店里的商品对年轻消费者没有吸引力"。形成描述假设包括三步：

1.回顾调研问题或机会（例如，我们的调研机会可能是我们有兴趣将产品营销到一个新的阶段）。

2.写下调研问题或机会（例如，是否有新市场对我们产品感兴趣，如果有的话，怎样开发该市场?）。

3.头脑风暴有可能回答调研问题（如果我们对该产品做一些修改并将产品在门店销售，潜在目标市场可能会对这一产品感兴趣）。

因果关系假设（Causal hypotheses）是有关阐明两个变量关系的理论。该理论的阐明建立在两方面基础之上：一方面是调研结果在之前另一种条件下被证实，另一方面是它也在新环境的应用中通过。例如，一个行业可能会对预测一些因子感兴趣，而这些因子会导致销售量增加。可能导致销售量增加的独立变量包括广告支出和价格，这两个假设可以被正式陈述如下：

假设1：广告支出越多销量越大。

假设2：售价越高销量越低。

因果关系假设帮助行业理解如何做出改变，例如，提高对新产品的认识、服务质量、顾客满意度、忠诚度及重购率。因此，描述性假设和因果关系假设在提高营销战术和策略方面都很有用。例如，研究人员想预测哪些人会接受技术革新。事实上，目前大量的调研和理论正在研究这个问题。这些研究表明，受教育程度越高、收入越高、越善于学习的人，接受新技术的可能性越大。于是，可将假设总结为：

● 受教育程度越高的人，接受技术革新的可能性越大。

● 越善于学习的人，接受技术革新的可能性越大。

● 收入越高的人，接受技术革新的可能性越大。

● 对技术感到不适的人，接受技术革新的可能性要小得多。

前三条假设预示着变量之间的正相关关系。**正相关关系**（Positive relationship）是两个变量之间同增或同减的关系。我们也可以假设负相关关系，**负相关关系**（Negative relationship）是两个变量之间此消彼长的关系。上述第四条假设表明，对技术感到不适的人不太可能接受技术革新。

文献回顾、二手数据以及探索性调研都可能为描述性假设与因果关系假设提供有用的信息。调研经验有助于决策者和研究人员提出合理的假设。顾客和调研公司能够拥有大量的经验，从而有助于其对以后研究中的概念化假设。例如，饭店老板和服装零售店的经理都非常了解他们的顾客，他们的经验是通过观察消费者的行为和倾听顾客所提出的问题来积累的。

好的假设具有以下几个特点。首先，假设应该遵循调研问题，要记住假设是一个声明而不是一个问题。其次，一个好假设应该是清楚和简单的。如果这个假设是因果关系假设，那么声明中必须要有自变量和因变量。最后，假设必须是可测的。假设中出现的结构必须是可定义和可测的。例如，为了测量与接受新技术有关的四个假设，研究人员会去测量收入水平、教育水平、学习开放度、技术不适以及接受新技术。

前文已经提到，为了有效地刻画变量和关系，研究人员要执行概念化的过程。概念化过程包括：（1）识别研究问题中的变量；（2）明确假设和关系；（3）绘制示意图（概念化模型）。概念化过程形象地展示了要研究的关系。概念化过程的最终结果就是运用方框图和箭头图得到假设关系的图形。这个图就叫作概念化模型。图表3-8就是依据前文所提到的关于新技术接受程度问题的四个假设而建立起来的概念化模型。

如果文献综述和收集的二手资料依旧无法充分解释研究主题的因变量，那么探索性研究（见第4章）就显得十分必要了。探索性研究使研究人员能够通过对受访者的逐个访谈，来了解他们的想法，观察他们的具体表现，并将这些信息用于之后的深入研究，然后再逐步实施调查。起初，研究人员应使用探索性调研来识别变量、架构和关系。

图表3-8　新技术接受程度的模型

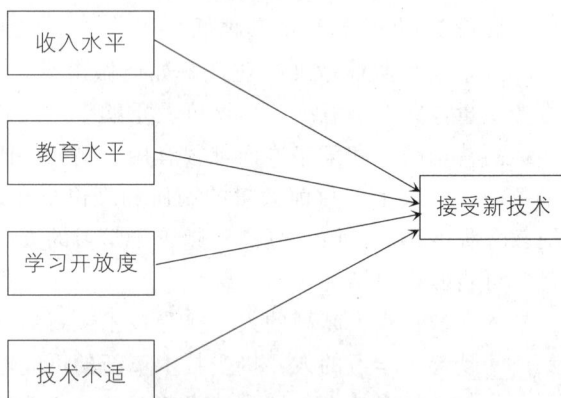

连续案例分析：圣塔菲烤肉餐厅——提出调研问题和假设

餐厅店主想了解更多关于顾客和目标市场的信息。为了更好地理解这些问题，他们登录雅虎和谷歌的网站，还花了一些时间阅读商业性文献。在整理文献的过程中，可以找到由"业内实践"总结出来的有关如何经营饭店的指导原则。以下是总结出的一些指导原则：

- 如果饭店里顾客很少，则应先检查食品的质量、菜单的内容以及饭店所提供的服务。
- 观察并比较吃午餐和吃晚餐的顾客有哪些不同，他们点的菜又有哪些差异。
- 饭店里的服务员应该与饭店的形象保持一致。雇员的言谈举止非常重要。他们必须穿戴整洁、有知识、有礼貌、表达清楚而且充满自信。
- 应该让顾客感到菜单的内容物有所值。
- 服务应该有效、及时、完美和热情。
- 饭店的洁净程度和外观设计会极大地影响饭店经营的成败。
- 遵守"信守承诺、超值服务"的营销信条。

● 授权给雇员，允许他们为使顾客满意而做出相应的决策。培训雇员，使他们能够解决顾客投诉的问题，而不是找经理处理。

● 创造舒适宜人的就餐环境，包括家具设施、装潢、光线照明、音乐和室内温度。

● 多了解女性顾客，因为大约有75%的家庭外出或特殊节日的就餐去处，是由女性所决定的。

掌握了以上信息之后，下一步店主就需要确定调研问题和假设了。

1.应该调查哪些问题？

2.应该检验哪些假设？

3.文献搜索的范围是否需要扩大？如果需要，应怎样扩大？

3.5　假设检验

一旦研究人员提出了假设，接下来就可以进行假设检验了。我们已经说明，**假设**（Hypotheses）暗示了变量之间的关系。比如，假设男性和女性一天消费不同数量的咖啡。在这个例子中，性别是自变量，消费的咖啡数量（杯数）是因变量。通过收集数据，可以发现女性一天平均消费咖啡6.1杯，而男性一天平均消费4.7杯。然而，这个发现有意义吗？结果似乎是显而易见的（毕竟6.1比4.7多），然而如果抽样误差过大，就有可能导致得出男性和女性在咖啡消费数量上并没有差别的结论。

直觉上，如果两个平均值的差异很大，则我们可以很有把握地说，两组样本的实际平均值不同。但是，另一个需要考虑的重要因素是用于计算平均值的样本容量的大小，因为样本容量和样本方差会影响抽样误差。考虑到抽样误差的存在，必须估计出平均值的置信区间。一旦这样做，根据上述两个均值就很可能无法得出在一天中男性和女性消费的咖啡数量不同的结论。

在假设检验中，**原假设**（Null hypothesis）认为两个变量之间不存在关系。在上述例子中，原假设是男性和女性在消费咖啡的数量上没有差别。原假设始终是统计学家和研究人员检验的对象。另一个假设是**备择假设**（Alternative hypothesis），认为两个变量之间存在关系。如果接受原假设，则得到的结论是两个变量不相关。如果拒绝原假设，支持备择假设，则会认为两个变量之间是相关的。

在原假设中提到的是总体参数，而不是样本统计量。**参数**（Parameter）是变量的真实值，只有收集总体（在本例中，总体是所有的大学生）中每个个体的数据才能得知参数的大小。**样本统计量**（Sample statistic）是总体参数的估计值。收集的数据要么拒绝原假设，认为两变量相关；要么考虑到抽样误差，没有充分把握说明两变量相关。对于后一种情况，研究人员未能发现两组咖啡消费者存在统计上的显著性差异。这里要说明的是，不能拒绝原假设并不意味着原假设是正确的。这是因为如果在同一个总体中抽取不同的样本数据，则所得到的结果很可能是不同的。

在营销调研中，应先提出原假设，因为拒绝原假设即意味着接受备择假设。通常将原假设记为 H_0，备择假设记为 H_1。如果拒绝原假设（H_0），就可以接受备择假设（H_1）。备择假设通常经受得起检验。

市场营销调研实践：圣塔菲烤肉餐厅

圣塔菲墨西哥烤肉餐厅的老板对餐厅缓慢的运营增长率很不满意，而且他们意识到需要理解三个重要概念：顾客满意度、餐厅形象和顾客忠诚度。他们利用自己的商业实践知识和从内布拉斯加大学林肯分校（University of Nebraska，Lincoln）学到的商业知识，提出以下几个关键问题：

1. 顾客满意度是由哪些要素组成的？
2. 如何建立餐厅形象？
3. 如何建立顾客忠诚度？
4. 顾客满意度、餐厅形象和顾客忠诚度之间存在什么关系？

由于不知道从哪里入手，他们联系到以前在大学里给他们讲授营销调研课程的教授，希望能得到一些指导。老教授建议他们从文献回顾入手，收集学术的和普通的公开资料。他们利用互联网的搜索功能，登录谷歌学术网站和商务2.0（www.Business2.com）网站，找到大量有关顾客满意度、餐厅形象和顾客忠诚度的资料，包括以前的学术研究和普通的报刊文章等。

参考了大量的文献之后，他们明白了顾客满意度与餐厅满足甚至超越顾客就餐期望的能力密切相关。顾客就餐期望包括很多与饭店有关的重要变量，如"食品质量"、"得到的服务"、"竞争价格"、"餐厅氛围"和"亲切的/礼貌的雇员"等。关于餐厅形象，他们了解到其是一个总体印象，以表达对餐厅经营情况的肯定或否定的评价。此外，顾客忠诚度会影响到顾客是否愿意把这家饭店推荐给他们的朋友、家人或邻居，以及在口碑相传时给这家饭店的正面评价。

实践练习

1. 基于你对第3章内容的理解和店主提出的上述关键问题，你认为圣塔菲墨西哥烤肉餐厅的店主需要重新定义调研问题吗？如果不需要，请说明理由；如果需要，也请说明理由，并提出如何重新定义调研问题的建议。

2. 考虑到该餐厅的店主想了解顾客满意度、餐厅形象和顾客忠诚度之间的相互关系，请根据所学内容提出用来研究三者之间关系的假设。

3.6　总结

1. 理解二手资料的作用

营销调研人员的任务是用最短的时间、最少的成本和最高的精确度来解决问题。因此，在开展任何营销调研项目之前，调研人员必须找出能够帮助公司制定决策的现有信息。现存的资料通常被称为二手资料。如果管理者利用二手资料来辅助其制定决策和解决问题，则应该按照以下六项基本原则来评估二手资料：（1）调研目的——二手资料与研究目标的相关程度如何；（2）精确性——数据是按照定性调研的方法收集、测量和报告的吗；（3）一致性——是否存在多重数据来源；（4）可靠性——数据资料是怎么得来的？资料来源于哪里；（5）方法论——用这种方法能收集到高质量的数据吗；（6）偏差——数据收集过程是否出于公众或私人的利益而被一些隐藏的原因或潜在的动机所影响。

2.描述如何撰写文献综述

文献综述是对与研究主题相关的现有资料的全面总结。在撰写文献综述的过程中，研究人员会找出与当前调研问题和调研专题相关的所有信息。撰写文献回顾的目的包括：为当前的调查研究提供背景信息，使正在研究的问题思路更加清晰，揭示已有信息是否反映了问题的关键，帮助研究人员定义与主题相关的重要概念，提出成功应用于类似问题的抽样调查和方法。

3.识别内部和外部二手资料的来源

内部二手资料是从公司内部获得的。公司内部的会计和财务信息是主要的信息来源，包括销售发票、应收账款报告和季度销售报告等。其他形式的内部二手资料包括过去的市场调查研究、客户信用申请、保单和员工离职谈话等。

外部二手资料是从公司外部获得的。由于外部二手资料浩如烟海，因此调研者必须制定一系列步骤，以确保能够找到并提取合适的资料。简单的指导方针包括：定义二手资料所必须达到的目标；进行二手资料调研背后的特殊动机；定义被提取的二手资料的特征；将所有活动整理成文档，以方便找到和提取数据资源；重点集中在可靠的数据资源上；将所有提取出来的资料列成表格。最常见的外部二手数据包括普通资料、学术资料、政府文件及商业资源。

4.描述如何撰写文献综述

撰写文献综述是一项乏味且费时的工作，花费的时间往往比事先预想的要多。撰写文献综述的目的是回顾与研究主题相关的现有研究资料。综述包括不同作者的调研结果，他们的研究方法以及异同的相互比较。如果你的研究发现与调研结果相一致，那么你要能解释出原因；如果与调研结果不同，那么你要能找出原因。在任何情况下都应该明白，别人的研究结果是怎样影响你的研究结论的。一个好的文献综述表明研究人员对前人的研究成果及其相关的关系有着较好的理解。参考文献引用过多并不一定是好事，而且还会带来风险。研究人员必须清楚地解释之前的研究并指出其相关关系。

5.理解假设、自变量及因变量的区别

变量是问卷中作为度量尺度的可观测的属性。架构是一个不能直接观测但能通过一系列相关变量来间接观测的抽象概念。通常在市场营销中有关架构的例子包括服务质量、价值观、顾客满意度及品牌态度。表现调查对象特征的架构也可以被测量，如创新性、意见领袖、处理问题时的倾向性等。有两种假设：描述性假设和因果关系假设。描述性假设是对特定应用调研问题的几种可能回答，而因果关系假设则是变量间关系的理论声明。关系是两个或多个变量之间的联系。变量之间的关系经常得通过概念化模型来形象地表示。建立关系式时，变量和架构可以是自变量也可以是因变量。自变量是用来预测或解释结果变量的其他变量或架构。因变量是研究者要解释的变量或架构。例如，如果用技术先进程度和家庭收入来预测老年人对互联网的认知度，那么技术先进程度和家庭收入是自变量，老年人对互联网的认知度是因变量。

3.7 关键术语和概念

Alternative hypothesis 备择假设

Causal hypotheses 因果关系假设

Conceptualization 概念化

Construct 架构

Consumer panels 消费者固定样本

Dependent variable 因变量

Descriptive hypothesis 描述性假设

External secondary data 外部二手资料

Independent variable 自变量

Internal secondary data 内部二手资料

Literature review 文献回顾

Media panels 媒体固定样本数据

Negative relationship 负相关关系

North American Industry Classification System （NAICS）北美产业分类系统

Null hypothesis 原假设

Parameter 参数

Positive relationship 正相关关系

Relationships 关系

Sample statistic 样本统计量

Secondary data 二手资料

Store audits 存储审计

Syndicated data 辛迪加数据

Variable 变量

3.8 复习题

1.二手资料有别于原始资料的特征是什么？二手资料的三种来源是什么？

2.解释公司在进入原始资料收集阶段之前应该先充分利用所有二手资料资源的原因。

3.列出用于评估二手资料有效性的六项基本原则。

4. 为什么要撰写文献综述?

5. 怎样鉴定网上资源的可信性?

6. 一位研究人员提出假设,在下面三种情况下顾客会更喜欢广告:(1)广告符合事实;(2)广告具有创造性;(3)广告展示了相关信息。描绘出可以体现这些关系的概念化模型,并指出哪些是因变量,哪些是自变量。

7. 什么是相关关系? 什么是正相关? 什么是负相关? 举例说明正相关和负相关的关系。

8. 总体参数和样本统计量有什么区别?

3.9　讨论

1. 不进行文献回顾,直接设计调研项目,收集分析数据,并撰写一个报告,这是完全有可能的。但这样做有什么危险和缺陷? 你认为缺点会多于优点吗? 为什么?

2. 网上作业。访问若干个图表3-4中所列出的市场营销博客。这些博客中的信息是否与从业者研究的领域相关? 为什么?

3. 网上作业。假设你要设计一个关于饭店服务质量的调研,使用谷歌学术搜索工具,找出10篇左右与服务质量相关的文献。从中筛选4~5篇你认为对你有帮助的文献。列出选择的文献,并解释为什么这些文献与你的设计有关。

4. 网上作业。上网找到你所在州的官方主页。例如,输入www.mississippi.com,你将会进入密西西比州的官方主页。登录后找到可以为你提供该州所有县区和当地统计资料信息的索引。选择你所在的县区,获得主要的人口和社会经济统计资料。根据这些资料,列出你所在社区的居民人口统计资料概况。

5. 网上作业。进入美国人口普查的主页(www.census.gov)。选择当前"经济指标"分类并浏览其所提供的数据。通过浏览这些数据你学到了什么?

6. 如果你正在考虑毕业后在校园里开一家新快速服务餐厅,那么为了帮助你了解目标市场,你会试图从二次调研中找到哪些关于潜在消费者的信息?

7. 假设你打算在当地社区开一家咖啡店,则现在有两个地方可供选择。利用关键变量开展二手资料搜索,从而使你能够合理决策哪个地方更适合开咖啡店。

8. 基于你在大学时的经历,建立一个概念化模型,并说明哪些因素会影响你对一门课程的满意度(或不满意度)?

第4章　探索性观察调研设计与数据收集方法

【学习目标】

通过对本章的阅读，你将会做到以下几点：

1.区分定性调研和定量调研的主要区别。

2.掌握深度访谈和焦点小组访谈的提问技巧。

3.理解焦点小组访谈的定义以及实施步骤。

4.讨论目标社区与营销调研网络社区（MROCs）。

5.解释人种志研究、案例分析、网络学研究、投射法和ZMET（萨尔特曼隐喻诱引法）等其他定性数据收集方法。

6.讨论并解释如何使用观察法收集原始资料。

7.讨论日益发展的社交媒体监测领域。

文化密码

克莱斯勒公司聘请Clotaire Rapaille帮助公司更好地为牧马人吉普车在美国市场进行定位。公司的管理人员已经采用了多种传统的市场调研方法，而且对Rapaille的方法持怀疑态度，但Rapaille确信他能帮助公司更好地理解客户与吉普车之间的情感联系。

该调研被分为三个阶段，且每个阶段需要一个小时的时间。在第一阶段，Rapaille告诉参与人员自己是一个外星来客，从未见过吉普车。他让小组参与成员向一个外星人解释什么是吉普车以及怎样驾驶吉普车。在第二阶段，他们剪下杂志上的图片用以制作吉普车的拼贴画。在最后一个阶段，房间里的灯光变暗了，柔和舒缓的音乐响了起来，参与人员拿着枕头舒服地躺在地板上。这时候，调研人员开始询问参与者对吉普车最初的记忆。

Rapaille采用分阶段定性调研方法，是想超越理性的、有意识的状态，进入参与者情感的、无意识的内心世界。通过参与者的配合，很多关于吉普车的精彩故事和美妙想象被表达出来："在户外广袤的土地上……可以到达普通的车所不能到达的地方……完全不受道路条件的限制。"与这些故事情节一样,很多参与者眼前浮现出了美国西部广袤原野的景象。

Rapaille将调研信息反馈给持怀疑态度的执行团队,并解释说在美国人的心目中吉普车的文化"密码"为"骏马"。也就是说,将吉普车设计和定位为运动型多功能车(SUV)是一项错误的决策。"运动型多功能车不是骏马,因为骏马没有豪华的装备。"但克莱斯勒的管理当局却不以为然,因为他们已经做了大量的调研,认为消费者还需要其他一些东西。然而,Rapaille坚持让他们把吉普车原先方形的前灯换成圆形的,以此来检验他的理论,他给出的理由是骏马长着圆形的眼睛而不是方形的眼睛。

当克莱斯勒改进了设计以后,消费者的热情立刻高涨起来,销售量不但飞速上涨而且牧马人的新形象也成为市场上最大的亮点。在新的广告设计中,公司将吉普车定位为骏马。在一则广告宣传中,有一只狗不慎跌落悬崖,悬挂在一棵树上。一个孩子看到后跑去求救,一路上碰到的很多机动车都没有停留,直到这个孩子跑到一辆牧马人吉普车的面前,它停了下来。在这个"像英雄一样的产品"广告中,吉普车能够在关键时刻解决难题并拯救生命。小孩还没来得及感谢司机,像西部英雄一样,吉普车已经向着日落的方向飞驰而去。这则吉普车广告获得了巨大的成功。[①]

4.1 定性调研的重要性

管理层经常面对这样的情形,即利用二手资料无法充分识别和解决重要的问题,他们只能通过收集原始资料来获得有意义的结论。回想一下,原始资料是专门应对目前的研究挑战而新收集的数据。在原始资料收集的系统性程序中,调研人员提问或观察被访者,并记录他们的发现。这些方法包括定性调研、定量调研或者两种方法的结合(我们将在本章研究二者的差异)。随着营销调研过程第二阶段的继续(选择适当的调研设计),注意力将从收集二手资料转向对原始资料的收集。从本章开始,接下来的一系列章节将讨论用于原始资料收集的调研设计。如前所述,调研目标和信息要求是决定该过程调研设计的关键。例如,定性调研法通常被用于探索性调研设计,此时调研目标是收集背景信息、确定调研问题、建立假设或者提出调研前提。定量调研法则适用于进一步研究并量化定性结果。

在某些情形下,定性调研结果对决策的制定是有效的。例如,如果调研的目的是评估客户对不同广告的反应,而广告仍然处于脚本发展阶段,定性调研法会非常有效。当通过焦点小组访谈或深度访谈所得到的回馈始终保持一致时,如特别喜欢(或不喜欢)某一产品概念,定性调研法也是非常有效的。最后,有一些题目更适合采用定性调研法进行研究,尤其是对复杂的消费者行为的研究。事实上,影响消费者行为的很多因素都不能被轻易地转化为数字。例

---

① Clotaire Rapaille,The Culture Code:An Ingenious Way to Understand Why People around the World Buy and Live as They Do(New York:Broadway Books,2006),pp. 1-11.

如，影响消费者选择和认知的文化、家庭和心理等因素，难以用定量调研法进行深入研究。

定性调研有时候会成为定量调研的补充。但是，只有当定量调研的结果是互相矛盾的或者模棱两可的，而且不能充分回答调研问题时，这种情况才会发生。本章首先对三大主要类型的调研设计进行概述。然后，我们介绍一些定性调研法在探索性调研设计中的应用。在本章最后讨论如何使用观察法进行定性或定量研究、分析，以及营销调研人员如何使用它。

4.2 调研设计概述

回想一下，探索性调研设计、描述性调研设计和因果性调研设计这三种主要类型的研究设计。不同的设计有不同的目标。探索性调研是为了形成想法和见解，以更好地理解该问题。如果苹果公司的iPhone销售量意外下降，他们可能会选择现有的和潜在的客户进行小样本探索性调研，或者在社交媒体网站和互联网博客上进行挖掘性交流，希望能找出一些可能的解释。这将帮助苹果公司更好地明确实际问题。描述性调研的目的是收集信息，以便提供调研问题的答案。例如，可口可乐公司可以使用描述性调研，以找出购买不同品牌软饮料的个体的年龄、性别、购买频率，以及在特定情况下，他们喜欢的软饮料品牌和原因，等等。这种类型的调研可以使公司识别趋势，检验变量间关系的假设，并最终确定方法解决先前提出的营销问题。它也被用于验证基于二手资料或焦点小组访谈的探索性调研的结果。

因果性调研的目的是检验具体定义的营销变量间的原因和结果这一关系。要做到这一点，调研人员必须能够明确地定义所研究的问题和变量。因果性调研项目可以用来检验诸如下面的假设："引入一种新的能量饮料不会降低目前可口可乐软饮料的销售量。""苹果公司针对其 Mac 电脑，使用幽默广告，对抗PC，可以从总体上提升苹果公司的产品形象。""耐克鞋的价格提高10%对销售量无显著影响。"

市场营销调研人员应根据研究目标使用三种类型的研究设计。在本章中，我们集中讨论探索性调研设计。在下面的章节中，我们将更详细地论述描述性和因果性调研设计。

4.3 定性调研法和定量调研法概述

定性调研法和定量调研法有很多不同之处，但所有的调研人员都可以针对他们自己的研究问题进行数据解释和说明。[1]在讨论进行探索性研究所使用的定性调研法的技巧之前，我们先概述定性调研法和定量调研法的主要区别。图表4-1列出了二者的主要区别。仔细阅读图表4-1。

图表4-1　定性调研法和定量调研法的主要区别

因素	定性调研	定量调研
目标	发现/识别新观点、想法、情感，对关系的初步理解，理解隐蔽的心理和社会过程	验证事实、看法、关系
调研类型 问题类型 执行时间	探索性的 开放式的、非结构化的、试探性的 相对较短的时间	描述性的和因果性的 大部分是结构化的 时间长
代表性	小样本，只代表抽样的个体	大样本，合理的样本能够代表总体
分析类型	(主观的)任务报告，(解释性的)内容分析	统计方面的、描述方面的、因果方面的预测
调研技能	人际沟通，观察，文本或可视资料的解释	统计分析，数据解读
普遍性	有限的	通常非常好，能够推断事实和关系

4.3.1　定量调研法

定量调研法（Quantitative research）在问卷中使用规范的封闭式问题，并选取足够大的样本进行调查。例如，J.D.电力联营公司（J.D.Power and Associ-ates）用邮寄调研法在全国对新车购买者进行满意度调查，美国运通公司（American Express）用电话访谈完成了全国性的旅游行为调查。在定量调研法中，调研问题明确、清晰，而且决策者和调研人员都需要信息准确。

定量调研法常被用于描述性和因果性调研设计，但偶尔也会被用于探索性调研设计。例如，调研者在调查中先进行小规模测试，以确定在大型调研开始之前需要考虑哪些架构。对定性资料（例如，文本、图像或视频）也可使用定量分析技术。在他们试图发现和衡量产品、服务、营销传播工作中出现的早期问题或取得的成功时，这些调研项目可能是探索性的。

定量调研的主要目标是获取信息，包括以下几个方面：（1）对市场因素和行为之间的关系进行精确预测；（2）深入分析这些关系以得到有意义的结论；（3）验证变量间的关系；（4）检验假设。定量调研的研究人员必须在架构建立、量表度量、问卷设计、抽样和统计数据分析等方面经过严格的训练。另外，营销调研人员要能够将从互联网上获得的叙述性信息从定性的转化成定量的。我们将在本章后面的观察法中讲解这一特殊类别的定量技巧。最后，定量调研的研究人员必须能够将数字资料转化为有价值的叙述性信息，并能够进行

① Yvonne Lincoln and Egon G.Guba,"Introduction:Entering the Field of Qualitative Research,"in Handbook of Qualitative Research,eds. Norman Denzin and Yvonne Lincoln(Thousand Oaks,CA:Sage,1994),pp. 1-17.

有数据支持且令人信服的阐述。定量调研法在统计上能够比较可靠地预测目标总体。

4.3.2　定性调研法

定性资料包括文本、图像、音频或视频资料。这些资料可能会比较容易获得（如从互联网博客和产品测评网站），或来自调研人员收集的开放式问题的答案。对定性资料可以进行定性分析或定量分析，但在本节中，我们侧重于定性分析。尽管定性调研的数据收集和分析同样需要认真严密的工作，但大多数从业者认为定性调研不如定量调研可靠。然而，**定性调研法**（Qualitative research）可以进行更深入的研究。定性调研可以更好地理解调研对象，而不是把他们的答案填在事先规定好的分类中，让他们没有机会描述和解释自己所做的选择。定性调研通常能够揭示意想不到的发现，而且它的一个基本目标就是对调研问题进行初步的了解和分析。之后通常会进行定量调研，以检验定性调研结果。

定性调研能够更加深入地探讨某些领域的问题，而如果使用定量调研的话，则对这些问题的探讨只能停留在表面，如潜意识的消费者动机。[①]与定量调研相比，定性调研能够使调研人员、委托方更加了解现有客户及潜在客户。例如，影像和文本的逐字解释可以将调查对象的原话反映在调研报告中。

定性调研通常以提问或直接观察被访者的行为的方式，在相对较小的样本中收集翔实的数据。调研人员在人际沟通和进行解释的技能方面经过严格培训，因此他们可以利用开放式问题和其他相关材料在深度访谈中挖掘受访者的想法。一些定性调研也包括对已收集到的数据或者现存文本所做的分析。例如，定性调查员想更好地理解青少年的消费文化，因此他们可能会将经常登录MySpace的青少年作为分析的样本。定性调研收集数据所花费的时间很少。数据分析包括内容分析和解释说明。为了提高解释的可靠性和可信度，调研人员一般会采用经过广泛印证的、可靠的方法。

调研问题的半结构化和小样本容量限制了调研人员由定性调查数据推断总体的能力。无论如何，定性调研在识别和理解商业调研问题时具有极其重要的使用价值。例如，定性调研数据非常有用，可以为调研人员提供有关特定问题、理论和关系、变量或量表度量设计的最初构想。最后，定性调研在研究心理动机等问题时也很有优势，因为这些题目很难被简化为结构化的、定量的分析。

定性调研法既有优点也有缺点。图表4-2总结了定性调研的主要优缺点。定性调研可以比较迅速地完成，尤其是在进行焦点小组访谈和深度访谈的情况下。由于样本容量较小，因此调研人员可以花费较少的时间和较低的成本完成

---

① Gerald Zaltman, How Customers Think: Essential Insights into the Mind of the Market (Boston: Harvard Business School, 2003).

调研。使用定性调研法可以收集到丰富的数据资源。另外，定性调研的非结构化特点使调研人员能够收集到关于应答者态度、信仰、情感和感受等方面的深入访谈信息，这些都会对他们的消费行为产生强烈的影响。

图表4-2　定性调研法的优点和缺点

优点	缺点
可以比较迅速地收集除人种志数据之外的数据或者已在互联网上发生的对话数据	缺乏普遍性
数据丰富	很难估计调研对象的规模
记录市场行为的精确性（有效性）	可信度低
建立模型和量表度量的初步见解	很难找到受过良好训练的调研人员、采访人员和观察者
是经过社会和行为科学培训的定性调研人员所得出的深刻见解	依靠定性调研人员主观的解释技能

丰富的定性调研资料可以作为对其他原始资料的补充。通过定性调研，决策者可以得到顾客的第一手资料，能够了解与调研相关的、有启迪作用的信息。例如，一项关于感恩节传统的调查在受访者的家中进行。该调查发现，所谓"自制的"节日菜肴也不是随便做的，其至少使用了一些现成的、有品牌的原料。[1]

使用定性调研法通常可以得到对问题的初步见解，因此在研究变量是如何关联的这方面十分有用。同样，定性调研法能够定义架构和变量，并提出测量这些架构的相关因素。例如，要成功地度量顾客对在线购物体验的认知，零售商必须首先了解影响顾客在线购物的重要因素和维度。定性调研资料在识别营销问题时也扮演着重要的角色。深入的信息提高了调研人员理解消费者行为的能力。最后，很多定性调研人员有社会科学方面的知识背景，如社会学、人类学或者心理学等，因此能够结合他们的理论知识来更好地解读数据资料。例如，人类学家开展关于年轻人打扮行为的研究，并将打扮行为称为"礼仪魔术"。[2]从对潜意识动机研究的重视，以及为揭示动机而设计的探测性技术的使用方面，能够看出心理学和精神病学在开发定性技巧方面遗留的问题。[3]

尽管定性调研能获取大量有用信息，但它也存在着很多潜在缺陷。比如，

---

① Melanie Wallendorf and Eric J. Arnould, "We Gather Together: The Consumption Rituals of Thanks-giving Day," *Journal of Consumer Research* 19, no. 1 (1991), pp. 13-31.

② Dennis W. Rook, "The Ritual Dimension of Consumer Behavior," *Journal of Consumer Research* 12, no. 3 (1985), pp. 251-64.

③ Alfred E. Goldman and Susan Schwartz Mc Donald, The Group Depth Interview: Principles and Practice (Englewood Cliffs, NJ: Prentice Hall, 1987), p. 161.

样本容量太小，以及需要训练有素的采访人员和观察者等。一项定性调研的样本容量可能少于 10 人（在深度访谈中的人数），事实上，很少有多于 60 人（5~6 个焦点小组的参与者人数）的样本容量。偶尔，公司会开展大规模的定性研究，包括数千个深度访谈和数百个小组访谈，像 Forrester 调查公司就采取这种做法来支持其电子商务咨询业务的发展，[①]但这仅是个特例，并不经常发生。即便调研人员会精心挑选受访者以代表目标总体，然而从统计学意义上来讲，这些样本还是无法代表总体。定性调研强调它们的样本是"恰当的"消费者，而不是有代表性的消费者。定性调研信息对所定义的目标总体而言缺乏代表性，限制了它在选择和执行最终决策时的应用。

4.4　定性调研资料的收集方法

定性调研资料有多种收集方法，焦点小组访谈是最常用的方法（见图表 4-3）。近年来，对投射法、人种志方法以及类似的其他方法的应用也越来越多。

图表 4-3　截止到 2011 年研究供应商和委托方已经使用的定性调研资料的收集方法所占百分比

方法	百分比（%）
传统的现场焦点小组访谈法	84
传统的现场焦点小组、深度访谈法（IDIs）	62
电话深度访谈法	48
人种志	43
店内观察法	37
公告栏研究	28
在线焦点小组聊天室	25
在线焦点小组视频	23
利用网络社区访问/焦点小组	22
博客监测	19
手机（例如，日志、图片、视频）	17
电话焦点小组	16
营销调研网络社区（MROCs）	16
在线视频深度访谈法	15
聊天室深度访谈法	15
其他定性调研法	5

资料来源：Greenbook Research Industry Trends 2011 Report, www.greenbook.org, accessed December 2011，p.17.

[①]　Mary Modahl, Now or Never: How Companies Must Change Today to Win the Battle for Inter-net Consumers (New York: HarperCollins, 2000).

4.4.1　深度访谈法

深度访谈法（In-depth interview）也称"深入"访谈或"一对一"访谈，通常适用于面对面的访问，是由一个受过良好训练的调研人员就某个题目提出一系列半结构化的、试探性的问题并对其展开访谈的过程。这种访谈对环境的要求比较高，一般是在受访者家中、办公室或者可以让受访者感觉舒适的访谈中心进行。一些调研公司采用混合的深度访谈法，将深度访谈与互联网和电话访谈结合起来使用。在这种情况下，谈话可以延长几天，从而给受访者足够多的时间来考虑他们的答案。[①]互联网访谈可以使消费者充分暴露于视觉和音频的刺激之下，从而克服了电话访谈的主要限制。近几年来出现了多种深度访谈法，其中包括在线视频深度访谈法和在线文本聊天。

深度访谈法所独有的特征是采访者在使用试探性问题时会得到更多与题目相关的详细信息。通过将应答者最初的答案转化为另一个问题，采访者可以鼓励应答者深入解释最初给出的答案，从而很自然地创造出更详细地讨论这个话题的机会。一般规则是受访者对一个主题谈论得越多，他/她越可能显现出潜在的态度、动机、情感和行为。

相对于焦点小组访谈来说，深度访谈最主要的优点包括：（1）一对一的交流可以得到丰富、详细的信息；（2）不受其他受访者的影响，通过亲切的、令人满意的方式，受访者的回答具有很低的相似性；（3）阻止受访者参与访谈的干扰很少。将深度访谈法结合投射法一起使用是非常好的方法。在本章的后面部分，我们将会详细讨论投射法。

深度访谈法所需技能　为了使深度访谈更有效，采访者必须具备良好的人际沟通和倾听技能。人际沟通技能是指采访者以直接而清楚的方式提出问题，从而使受访者明白他们要回答的是什么问题的能力。倾听技能包括准确地倾听、记录和解释受访者回答的能力。大多数采访者会事先询问受访者是否同意对访谈内容录音，而不会仅仅依赖手写进行记录。

如果没有精湛的试探性技能，在所有的潜在信息被揭示出来之前，采访者就可能结束了有关某一特定话题的讨论。大多数采访者必须致力于学习如何提出恰当的试探性问题。例如，一个深度访谈调查了商科学生想从课程中学到哪些知识，结果发现"现实世界中的项目"是其认为最重要的学习内容。但是，"现实世界中的项目"究竟指的是什么？这些项目为什么会成为他们最好的学习内容？哪些类型的项目更可能被称为"现实世界中的项目"？事实上，这需要花费时间和精力以诱导受访者给出答案。像我们的日常谈话那样迅速地结束一系列连续的问题，这在深度访谈中是无效的。

解释技能指的是采访者准确地理解受访者回答的能力。解释技能在将数据

---

① 　Power Decisions Group，"Market Research Tools：Qualitative Depth Interviews，" 2006，www.powerdecisions.com/qualitative-depth-interviews.cfm.

转化为有用的信息方面非常重要。最后，在提问/回答的过程中，采访者的性格在创立受访者"舒适带"方面扮演着至关重要的角色。采访者应该是随和的、灵活的、值得信赖的和专业的。与采访者在一起时受访者感到越自如，就越有可能表现出他们真实的态度、感受、动机和行为。

计划和实施一个深度访谈有很多步骤。图表4-4概括了这些具体步骤。在我们结束对深度访谈的概述时，仔细阅读图表4-4。

图表4-4　深度访谈的步骤

步骤	描述和解释
第一步	理解最初的问题 •定义要处理的问题和所处的情境 •参与同决策者的谈话，明确调研问题并深入理解
第二步	设计一套调研问题 •设计一套调研问题(采访者提纲)，重点集中在调研问题的主要元素上 •使用从一般到特殊的逻辑流程来安排调研问题
第三步	确定开展访谈最好的环境 •依据受访者的特征确定最合适的访谈地点，并选择轻松舒适的访谈环境 •访谈环境必须适合私人谈话并且没有外界干扰
第四步	选择和审查受访者 •根据研究背景使用特定的标准选择受访者 •审查受访者，确保他们符合特定的标准
第五步	问候受访者，介绍访谈的注意事项，使受访者感到放松 •采访者与参与者见面，对访谈过程做适度的介绍 •得到受访者的允许，对访谈过程进行录音或录像 •在最初几分钟使用热身性问题，为受访者创造一个"舒适带" •通过提出第一个问题开始访谈
第六步	进行深度访谈 •在转向下一个问题之前，使用试探性问题得到受访者对这个题目尽可能多的信息 •访谈结束的时候，感谢受访者的参与，如果有必要，对访谈保密，并给予激励
第七步	分析受访者叙述性的回答 •总结每次访谈的内容，尤其要写下题目和观点，以用于以后的编码记录——用来记录访谈的过程 •针对在某一访谈中出现的有意义的回答进行跟踪，并在将来的访谈中继续追加问题 •所有数据被收集完成之后，为每个受访者的记录编码，并对回答进行分类
第八步	撰写访谈结果的总结报告 •准备好总结报告 •报告的写法与焦点小组访谈报告的写法类似

4.4.2　焦点小组访谈法

焦点小组访谈法是营销调研中应用最为广泛的定性调研方法，有时也叫群体深度访谈法。焦点小组访谈是在行为科学的基础上逐渐发展起来的。**焦点小**

组调研（Focus group research）是把一组人集中起来，针对特定的题目或概念，展开互动的、自发的讨论。典型的焦点小组访谈包括8~12个参与者，由一个专业的主持人通过半结构化问题来引出讨论，一般会持续大约两个小时。通过鼓励小组成员对主题进行详尽的讨论，主持人可以得到关于这个题目尽可能多的观点、态度和体验。对于焦点小组访谈法来说，最重要的是一个人的回答会激发其他参与成员发表意见，也就是说，具有增效作用。

除了传统面对面的访谈方法，现在的焦点小组访谈也可以在互联网上进行。这些焦点小组访谈可以是基于文本的也可以是基于视频的。基于文本的焦点小组访谈的一个例子是具有更多功能的聊天室。例如，主持人可以使用视频演示，把一些网站"推到"参与者的浏览器。因此，互联网上焦点小组访谈特别适用于产品和服务的基于网络的广告，因为它们可以在自然的环境中进行测试。由于参与容易，而且访谈记录在访谈时自动产生，所以在线焦点小组访谈可以相对较快地进行。虽然基于文本的在线焦点小组访谈无法评价肢体语言，提出试探性问题也比在3D或者离线焦点小组访谈的情况下更为困难，但在线焦点小组访谈也有其独特的优点。它可以使用软件来放慢那些占优势的参与者的回答，从而使每个人都有机会参与。在线焦点小组访谈容易联系到很少露面的人，能够得到人口多样化的样本，以及由于参与者可以从任何地方登录，因此回答率得到了提高。此外，由于参与人员并不是进行面对面的座谈，因此其所面对的社会压力变小了，应答者所给出的回答也会更为坦白。[1]一项对离线焦点小组访谈和在线焦点小组访谈进行的研究表明，后者的回答更为简短，语言富有色彩和情趣，参与者更为放松。[2]

在线焦点小组访谈的一个变化是采用电子公告栏（Bulletin board）形式。在公告栏形式下，参与者同意在4~5天这样的一段时间内回应。版主贴出问题并管理在这几天内开展的讨论。这种形式可以使一些在其他形式下无法参与的人得以参与，特别适用于难以征招到的特定群体，如采购代理、行政人员或专业医务人员。

基于文本的在线焦点小组访谈的主要缺点是，人缺乏面对面的互动。因此，一些提供在线焦点小组访谈的服务商正在提供视频形式。一个例子是QualVu（www.qualvu.com）公司提供的被称为视频日志的形式。视频日志像个记录主持人和参与者的问题和答案的留言板，其结果呈现在扩展的可视化对话里。视频回答的平均长度为3.5分钟，且被描述为"丰富和坦诚"。[3]研究人员可以发布文字、图片或视频以便参与者观察。QualVu公司还提供从语音到文

[1] Harris Interactive，"Online Qualitative Research，"2006，www.harrisinteractive.com/services/qualitative.asp.

[2] M. F. Wolfinbarger，M. C. Gilly，and H. Schau，"Language Usage and Socioemotional Content in Online vs. Offline Focus Groups，"Winter American Marketing Association Conference，Austin，TX，February 17，2008.

[3] Online Focus Groups，"Video-Diary Qualitative Research Software，"www.qualvu.com/videodiary，accessed April 17，2009.

本的转录、视频剪辑创建、记笔记这些工具。使用QualVu公司的这些工具，研究人员可以很容易地创建一个视频剪辑播放列表，该列表可以被集成到一个PowerPoint报告中，并且可以当面或在线传送。

焦点小组访谈法可以分为三个阶段：准备焦点小组访谈，实施焦点小组讨论，分析和报告访谈结果（见图表4-5）。

图表4-5　实施焦点小组访谈的三个阶段

第一阶段　准备焦点小组访谈
• 调研人员必须理解调研的目的、所定义的问题，以及特定的数据要求
• 关键要决定谁是进行访谈的合适人选，怎样征招参与者，需要实施几个焦点小组访谈，以及实施访谈的地点等

第二阶段　实施焦点小组讨论
• 主持人的提纲概括了要讨论的主题和问题
• 主持人向参与者提出问题，包括追问试探性问题
• 主持人要确保所有的受访者都能参与到讨论中来

第三阶段　分析和报告访谈结果
• 调研人员向主要参与者汇报并与其交换意见
• 使用内容分析法分析从访谈中收集到的信息
• 提交一份正式的报告

4.4.3　第一阶段：准备焦点小组访谈

准备阶段对于成功实施焦点小组访谈来说是很重要的一个阶段。在这个阶段，调研人员和决策者必须对调研的目的、问题的定义以及特定的数据要求有明确的理解。面对面的焦点小组访谈和在线焦点小组访谈哪个最合适，最终是由焦点小组访谈的目的决定的。准备阶段需要考虑的其他重要因素包括确定访谈的合适人选，如何征招受访者，以及实施焦点小组访谈的地点。

焦点小组访谈的参与者

在确定焦点小组访谈的参与者时，调研人员必须考虑调研目的，以及哪些受访者最有可能提供必要的信息。首先，要考虑调研中可能出现的所有类型的参与者。在抽样设计中，诸如年龄、性别等人口统计特征，以及诸如购买和使用行为等消费者行为特征，通常都在考虑的范围之内，目的就是要挑选出能充分代表目标总体的人群。根据调研项目，目标总体可能包括主要用户、意见领袖或者最近正在考虑购买该产品的潜在消费者。

实施焦点小组访谈的小组数量通常会随着参与变量（例如，年龄和地理区域）的增加而增加。大多数调研包括4~8个访谈小组。10个以上的小组基本上已无法就同一主题发现大量新的信息。尽管调研人员希望参与者之间的观点不尽相同，这样就可以推动谈话不断地进行下去，但是当差异有可能导致观点被压抑或改变时，参与者就应该被分成不同的小组。例如，如果在一个员工焦点小组访谈中包括高层和中层管理者，则讨论的观点就有可能被压抑。类似地，可以通过多样化小组获得不同市场部门的信息。根据所讨论的话题，参与者可能具有职业、教育、收入、年龄或者性别等方面的共同特点。

征招参与者

征招合适的参与者对任何成功的焦点小组访谈来说都非常重要。焦点小组访谈的参与者应该体现目标总体的一般构成。

在选择焦点小组的参与者时，调研人员必须首先制定一个甄别方法，以明确受访者必须具备的特征。设置第一部分问题的目的是剔除那些在讨论中比较偏激或者可能将访谈结果提供给其他竞争者的个人。接下来的问题是确保受访者满足人口特征方面的条件，并且能够按照约定的时间参加访谈。最后一个开放式问题则是评估受访者就一个特定话题进行公开讨论（或者在线响应）的意愿和能力。这个问题与焦点小组访谈的主题有关，给潜在参与者一个展现其沟通技能的机会。

调研者也必须选择联系预期参与者的方法。他们可以通过潜在参与者的名单来获得联系方式，这些名单可能是由发起调研项目的公司提供的，或者是由专门从事焦点小组访谈的筛查公司提供的，或者是从销售名单的商家那里购买的。其他的方法包括滚雪球抽样法，随机电话筛选，以及在报纸上、公告栏上或者网站上刊登广告等。

由于小样本在本质上并没有代表性，因此使用定性调研法时通常不可能抽取随机样本。也就是说，调研者只能有目的地或者从理论上来选择样本。**目标抽样**（Purposive sampling）指的是选择具备某种特定特征的样本。例如，选择某些样本是因为其属于某种特殊类别，或者是因为他们是极端特殊的对象（例如，主要用户或意见领袖）。选择**分层目标抽样**（Stratified purposive sampling）样本则需要包括各种目标群体（例如，低收入的和高收入的消费者）或者在小组之间进行对比。当早期调查表明潜在的目标受访者并未被包含在最初的抽样计划内时，就可以使用**理论抽样**（Theoretical sampling）。例如，如果与其父母讨论时发现青少年会影响家庭高科技产品的购买计划，则调研计划中可能会增加一个关于青少年的焦点小组访谈。

焦点小组的规模

大多数专家认为，在焦点小组访谈中最优的参与者人数为8～12人。任何小于8个参与者的访谈都不可能引发群体效应。相反，太多的参与人员极易限制大家表达自身的见解。征招参与者时，一个焦点小组可以选择多于12个人，因为有人可能到时不会出现。但是如果到场的参与者超过了12人，则应付给某些参与者费用并送他们回家，以控制小组成员的数量。

焦点小组访谈地点

进行面对面的焦点小组访谈的地点可以是委托方的会议室、主持人的家里、教堂或民间组织的会议室、办公楼或酒店的会议室等。然而，最好的地点是专业的焦点小组测试室。这种测试室是专门为实施焦点小组访谈而设计的。房间里有一张大桌子和13把舒适的椅子（因为有12个参与者和1个主持人），其氛围是轻松的。另外，房间内还安装着录音设备和一扇单面镜，从而方便研究人员和委托方在不被看见的情况下观察和倾听小组讨论。同时，数码摄像机记录着参与者非语言沟通的行为。

4.4.4　第二阶段：实施焦点小组讨论

实施面对面的焦点小组讨论的成功与否在很大程度上取决于主持人在沟通、人际交往、深入探究、观察和解释等方面的技能。**焦点小组主持人**（Focus group moderator）必须能够恰当地提问，而且还应激发参与者的讨论并控制讨论的方向。主持人有责任激发积极的群体动力，构建主持人与访谈成员以及访谈成员之间的舒适带。

准备一份主持人访谈指南

为确保实际的焦点小组访谈讨论更有价值，必须准备好一份主持人访谈指南。**主持人访谈指南**（Moderator's guide）是用于引发参与者自发、互动地讨论话题或问题的详细提纲。在访谈指南上应该出现探究性或深入性问题，以便帮助主持人挖掘出更多信息。在面对面的焦点小组访谈和在线焦点小组访谈讨论会上，必须制定并使用主持人访谈指南。

另外，主持人还应考虑用不同的方式提问，以及在不同的层次上提问。通常主持人会询问参与者对一个品牌或产品的看法。例如，如果让一个焦点小组讨论奔驰车，则将会引起关于这种车的质量和款式的评论。但是，主持人可以用一种新颖的方式来提问，比如"你觉得奔驰公司会认为你是哪种类型的人？"这个问题会引发完全不同的信息。例如，汽车公司可能会认为参与者是那种愿意花很多钱拥有某种品牌以提高个人声誉的人。[①]

用富有想象力的方式提出关键性问题，可以获得重要的信息。在关于奥兹莫比尔汽车的焦点小组访谈中，参与者被问及"如果奥兹莫比尔汽车是动物，会是什么样的动物"这一问题，答案中有"忠实的猎犬"和"恐龙"，它揭示了奥兹莫比尔汽车作为一个品牌所面临的挑战。参与者还会被问到"什么样的人驾驶奥兹莫比尔汽车"。一个参与者回答"一个中年售货员"，当问及"售货员从哪里买西装"时，得到的答案是"西尔斯"。这些关于品牌形象的间接问题的答案有时候会揭示更多的信息。

当然，问题的层次性也很重要。例如，询问参与者对交通工具、汽车或者奢侈品牌汽车的想法，将会得到各种不同的回答，这比询问更多有关奔驰车的问题要有效得多。[②]事实上，问题的层次性是由调研目的决定的。

开始访谈讨论

在面对面焦点小组访谈中，参与者就座以后，先给大家一段时间来建立友好关系（约10分钟），并配送一些茶点。安排这些活动的目的是为了营造友

---

①　Zaltman, How Customers Think.

②　Ibid.

好、热情、舒适的环境，从而让参与者感到轻松自如。主持人应该简要地介绍一下进行访谈的基本规则，即每次只能有一个人发言，当然，其他人的观点也很有意义，没有谁的答案是错误的。如果使用了单面镜或者音频/录像设备，那么主持人应该告知参与者，并且说明委托方就坐在单面镜的后面。有时，还会要求小组参与成员用简短的话语介绍自己。这种方法打破了僵局，使每个参与者都开始参与谈话讨论，从而建立起积极的群体动力和"舒适带"。规则解释和自我介绍完成之后，主持人提出第一个问题，然后参与人员展开讨论。

主体讨论

主持人依据访谈指南，向参与人员提出第一类问题。这类问题应该非常有意思而且很容易回答。随着讨论的展开，主持人必须询问试探性问题以得到尽可能多的详细信息。如果主持人和小组成员相处和谐，就没有必要把时间浪费在一问一答上。在一个组织良好的焦点小组访谈中，参与者可以展开互动并且就彼此的回答展开评论。

没有经验的主持人存在的最常见的问题是提问不够深入。例如，在一个关于电子游戏的焦点小组访谈中，主持人问参与者"你为什么喜欢电子游戏"。一个可能的答案是"有趣"。如果提问在此时停止了，那就没获得多少信息。主持人必须深入询问究竟是什么让电子游戏如此有趣。为了得到所有参与者的相关信息，需要提出几个深入的问题。

主持人可以让参与者练习，以促进对话。例如，在主题是网上购物的焦点小组访谈中，参与者会按照索引卡的说明，写下他们最喜爱的网站及三个原因。索引卡上的答案，就成为进一步谈话的基础。词语联想也可以用来启动特定主题的对话。例如，当一个特定的公司、品牌或产品被提到时，参加者可以写下此时浮现在脑海中的所有词语。主持人可以使用画架或者白板写下词语或评论，以促进小组交流。

面对面焦点小组访谈的主持人必须具有良好的倾听技能。如果参与者认为自己被聆听而且他们的意见是重要的，就会更愿意表达。例如，主持人可以在参与者说话的时候看着他，并在适当的时候点点头，以表明自己对参与者的关注。如果主持人转移目光或看她的手表，参与者会感觉主持人对他们所说的内容并不真正感兴趣。同样，让所有的参与者都有机会表达，并保持一个或两个参与者主导谈话，是非常重要的。如果有人一直保持沉默，主持人应该问他一个问题，使其融入谈话中。主持人一般应避免中断正在进行的话题，并对该话题保持中立态度。因此，在关于电子游戏的焦点小组访谈中，主持人不应该表明自己对一般电子游戏、特定电子游戏或其他任何东西的观点，这些都会不恰当地影响从焦点小组访谈中获得的反馈信息的质量。

主持人应该尝试从参与者的角度来看讨论的话题。当参与者提供的反馈是有用的但可能会让其不舒服时，主持人应该说类似"非常感谢你提供这样的信息"或"这对我们的确很有帮助"这样的话，以支持参与者提供信息，为选择性的意见挪出空间。主持人可以随时问"有没有不同意见"，以确保一个特定的主题在结束之前重要的观点都能被表达出来。

结束讨论

所有设计好的问题都回答完以后，主持人应该问参与者一个结束性问题，以鼓励他们表达最终的看法或意见。主持人会对讨论做一个总结，然后问参与者："我们遗漏了什么问题吗？"或者"你认为在讨论中我们遗漏了什么内容？"参与者对这类结束性问题所作的回答可能会揭示出很多访谈人员预先所没有考虑到的想法。最后，要感谢参与者的参与并给予他们激励性的礼物或酬金。

4.4.5　第三阶段：分析和报告访谈结果

事后报告

焦点小组访谈成员离开会议室以后，调研人员和委托方代表应该尽快开展即时分析和报告的事后总结。**事后报告分析**（Debriefing analysis）为调研者、委托方和主持人提供了一个交换意见的机会。倾听讨论的人（委托方和观察者）需要知道他们所观察到的现象和主持人的观察之间有哪些差别。事后报告对面对面焦点小组访谈和在线焦点小组访谈都非常重要。

内容分析法

定性调研使用内容分析法从焦点小组访谈中得到了有意义的结论。**内容分析法**（Content analysis）要求调研人员系统地回顾对受访者回答所做的文字记录，并对回答结果进行分类。虽然进行事后报告分析能够得到"重要的信息"，但更多的规范分析将揭示其他重要细节，并识别出在事后报告分析中被遗忘的和已讨论的内容及其相互之间的关系。面对面焦点小组访谈需要将手写记录转换成电子版记录，而在线焦点小组访谈得到的结果已经是电子格式了。然后，可以运用软件和电子版记录明确和总结所有的议题和主题，以便进一步讨论。有关定性调研数据分析在第9章中还有更详细的讨论。

4.4.6　焦点小组访谈的优点

实施焦点小组访谈有如下五个优点：激发关于一个主题的新观点、新想法和新感觉，培养对消费者在特定市场环境下的表现和行为的理解，允许委托方参加，得到参与者广泛的回应，将很难接触到的受访者集中起来。因为焦点小组成员之间彼此互动，所以可以观察到影响消费者行为和态度的社会影响力。例如，可口可乐公司所做的一项有关新可乐（New Coke）的调查发现，对于新可乐推广失败将产生的社会影响，焦点小组访谈比个人访谈更具有预见性[①]。

与所有探索性调研设计一样，焦点小组访谈也不是完美的。与所有的定性调研方法相类似，焦点小组访谈的主要缺点包括：结论对目标总体来说缺乏普遍代表性，数据可靠性不足，解释的可靠性取决于调研人员的谨慎态度

---

① 　Robert M. Schindler,"The Real Lesson of New Coke：The Value of Focus Groups for Predicting the Effects of Social Influence,"Marketing Research：A Magazine of Management & Applications,December 1992,pp. 22-27.

和深刻的洞察力。同时，焦点小组访谈还有一个缺点，即群体动力可能会对结果产生误导。虽然群体互动是焦点小组访谈的一大优势，但是群体之间的互动也可能造成群体性思维。当焦点小组中的一个或两个成员表明同一种观点时，其他的成员就会附和这种观点，这时就产生了**群体性思维**（Group-think）。群体性思维经常发生在参与人员事先对所讨论的话题没有自己成形的观点的时候。

4.4.7 目标社区/营销调研网络社区

目标社区（Purposed communities）可能是针对营销调研的在线社交网络，或者是更为概括的品牌社区，其主要目的是营销，但也用来提供调研见解。[①]例如，MyStarbucksIdea.com是一个品牌社区，它专注于形成新理念，但该网站也被用于营销调研。

营销调研网络社区（Marketing research online communities，MROCs）是目标社区，其主要目的是营销调研。消费者和客户被征招过来回答问卷并在社区内相互交流。大多数人参与网络社区是因为他们认为自己可以提高产品的质量并改善对他们所关注的品牌或产品进行的营销传播。对于一些社区，如哈雷戴维森车主社区，个体可以免费加入并且觉得这样做很荣幸。[②]用内在激励推动参与，参与者会觉得自己是圈子中的一员。

通常从相关目标市场精心挑选具有代表性的参与者样本，或者挑选品牌的一些忠实粉丝。Communispace公司创建营销调研网络社区，目前它为委托方经营超过500个网络社区，如宝洁公司、卡夫食品、家得宝（Home Depot）、英国石油公司（BP）、诺华公司、威瑞森电信（Verizon）、沃尔玛、Godiva巧克力公司。百事可乐公司的购物者调研主管Bryan Jones，总结了营销调研网络社区的优点："由于技术进步，营销人员和调研人员能以前所未有的优势接近消费者，并能够实时地、快捷有效地与消费者沟通。过去需要花费几十万美元和几个星期甚至几个月的调研，现在可以在几天甚至几个小时内完成，用较少的成本提供类似的见解。"[③]

由于涉及启动成本，多数公司把社区发展外包给供应商，但是网站是标记客户品牌的。技巧也是随着科技进步而不断发展的。越来越要求营销调研网络社区的参与者使用智能手机来提供实时反馈，以及上传图片和视频到社区。营销调研网络社区可以是短期的，也可以是长期的；可以包括少量的参与者，也可以包括大量的参与者，从包括25人的小组到包括2 000人的较大组都可以。营销调研网络社区是否应该是长期的，以及涉及特定议题时它在短期内是否富有成效，一直存在着争议。长期营销调研网络社区的一个缺点是，过一段时间

[①] Ray Poynter,"Chatter Matters,"Marketing power.com,Fall 2011,pp. 23-28.

[②] Al Urbanski,"'Community'Research,"Shopper Marketing,November 2009,Communispace.com,January 7, 2011.

[③] Ibid.

后，社区成员可能因为他们对社区的参与而变得对品牌和产品更加积极，并可能只提供日益积极的反馈。

易捷航空（EasyJet），欧洲的一家低成本航空公司，自2008年来，一直利用一个拥有2 000名消费者的营销调研网络社区。该社区的成员被问及各种议题，包括概念筛选、产品开发和整体客户体验。易捷航空的客户研究经理Sophie Dekker说，他们已经能够"在更多的业务领域、更短的时间内，但在相同预算下，进行更多的研究"。[1]同样，Godiva巧克力使用由400名女性巧克力爱好者组成的样本，以帮助他们了解在艰难的经济环境下，什么样的产品和促销活动将帮助他们销售优质巧克力。营销调研网络社区帮助Godiva锁定一盒巧克力的售价在25美元或更少，并制定了情人节心形棒棒糖5.50美元的售价。Godiva的营销调研网络社区的参与者热爱巧克力，她们每天会登录社区网站，并去赢取价值10.19美元的月度礼品券。[2]

营销调研网络社区成员可能会被要求参与其他调研项目，如调查或实况人种志研究。实况人种志研究要求社区成员使用移动设备按时间顺序记录情绪（例如，什么让你烦恼？）、过程（例如，在一家杂货店购物），或风俗习惯（例如，感恩节晚餐）。尽管参与实况人种志研究要远比参与传统的人种志研究受到更多的限制，但实况人种志研究确实能够生成情境中的观察结果，而使用其他调研方法去记录这种情境中的观察结果是困难的或代价很高的。[3]

短期营销调研网络社区可能运行2周至3个月，通常包括25~300名成员。短期性质使得短期营销调研网络社区并不那么像社区，其往往更侧重特定问题。因为这类短期营销调研网络社区类似于传统的定性焦点小组和公告栏小组，尽管是全新的，但与传统的网络社区相比，这些短期营销调研网络社区越来越成功。[4]

4.5 其他定性资料收集方法

除了深度访谈法、焦点小组访谈法和观察法之外，营销调研中还有其他几种定性资料收集方法。现在我们就对这些方法做一个简要的概述。

4.5.1 人种志方法

大多数定性调研方法没有条件使调研人员了解消费者真实的生活环境。但是人种志（Ethnography）是一种独特的数据收集方法，旨在探讨社会和文化因素如何影响个人的行为和感受。由于其独一无二的优势，人种志方法正越来越多地被用于帮助调研人员更好地理解文化趋势对消费者选择的影响。人种志记

---

① Poynter, "Chatter Matters."
② Stephen Baker, "Following the Luxury Chocolate Lover," Bloomberg Businessweek, March 25, 2009.
③ Julie Wittes Schlack, "Taking a Good Look at Yourself," November 7, 2011, Research-live.com.
④ Poynter, "Chatter Matters."

录真实环境下的行为，通常将研究者置于文化背景或亚文化背景下的扩展性体验中（也被称为**参与观察**（Participant observation）），并给出对被研究对象来说可信的行为解释，在多种资料来源中使用三角测量法。[①]例如，一项关于高空跳伞行为的人种志研究应用了多种方法，对两个跳伞场地进行了长达两年的观察，包括研究者通过自身700余次的跳伞体验来实施的参与观察和对不同经验水平的跳伞爱好者进行深度访谈等。[②]

在人种志研究方法中，并没有固定的数据收集工具。参与观察法之所以会得到广泛应用，是因为置身于文化和亚文化环境可以使观察者得出新的见解，而这些见解是在进行访谈时受访者无法清楚表达出来的。然而，也有一些调研问题不要求参与者做出回答。在非参与观察法中，观察者不需要参与事件进行观察。例如，惠而浦（Whirlpool）公司的人类学家Donna Romero开展了一项关于豪华喷水浴缸的研究。她对15个家庭进行了访谈，并且录下了参与者穿着浴衣浸泡在浴缸里的情景。最后，Romero还让参与者创建了包含个人照片和杂志照片的图片日志。Romero从调研中得出结论："沐浴是一种创造性的体验……就像与神圣的牧师聊了15分钟一样。"[③]

4.5.2　案例分析法

案例分析法（Case study）深入研究一个或多个案例，而不是比较浅显地研究多个案例（像在调查研究中那样）。分析的案例或元素可能是一个过程（例如，金额巨大的组织购买决策）、一个家庭、一个组织、一个小组或者一个产业。[④]案例分析在研究B2B购买决策时尤其有用，因为B2B购买决策往往是由一个人或仅仅几个人制定的。案例分析研究采用多种访谈方法连续几周追踪同一个人、小组或者组织的想法，从而获得潜意识下的想法，并且随着时间的流逝，在定义或重新定义问题、项目、过程时研究小组互动。

4.5.3　投射法

投射法（Projective techniques）是通过间接提问来鼓励参与人员将他们的看法和情感投射到调研人员所提供的情景和刺激之中。调研人员会要求参与者谈论"别人"的感受、想法或者做法，解释或创作图画，或者将他们自己"置身于"一个进退两难的境地。间接提问法通常比直接提问法更能揭示参与者真实的想法，因为直接提问通常得到的是人们理性的、有意识的和令社会满意的回答。

---

①　Clifford Geertz, Interpretation of Cultures(New York:Basic Books,2000).

②　Richard L. Celsi, Randall L. Rose, and Thomas W. Leigh, "An Exploration of High-Risk Leisure Consumption through Skydiving,"The Journal of Consumer Research 20, no. 1(1993), pp. 1-23.

③　Jennifer McFarland, "Margaret Mead Meets Consumer Fieldwork:The Consumer Anthropologist,"Harvard Management Update, September 24, 2001, http://hbswk.hbs.edu/archive/2514.html.

④　Arch G. Woodside and Elizabeth J. Wilson, "Case Study Research Methods for Theory Building,"Journal of Business and Indus-trial Marketing 18, no. 6/7(2003), pp. 493-508.

投射法源自临床心理学，可以将其与焦点小组法或深度访谈法结合起来使用。这些方法包括词语联想测试法、句子完型测试法、图片测试法、主题评价测试法、卡通或气球测试法、角色扮演和萨尔特曼隐喻诱引法（ZMET）等。投射法所提供的刺激要足够模糊，以使参与者表明自己的想法，但仍然要确保其与题目相关。

投射法的主要缺点是解释上的复杂性。投射法对调研人员的技术水平要求很高，当然他们的薪酬也不菲。事实上，所有的定性调研分析都具有一定的主观性，而使用投射法时主观性更强。另外，调研人员的背景和经历容易影响其对数据资料的解释。

词语联想测试法　在这种类型的访谈中，调研人员先向受访者读出一个词或者预先选好的一组词，一次一个，然后让受访者说出听到这个词后他脑海中首先联想到的是什么。例如，当听到词语移动电话、iPad或者诸如Target或Nike等品牌名称时，受访者应回答脑海中首先想到的是什么。调研人员通过分析利用**词语联想测试法**（Word association test）所得到的回答来研究产品或品牌对消费者而言其所隐藏的含义。

在**句子完型测试法**（Sentence completion test）中，向受访者提供未完成的句子，并要求受访者用自己的话将其补充完整。如果进展顺利，句子完型测试法将会揭示出受访者关于研究主题的内心想法和情感。从收集的资料中，调研人员解释受访者完成的句子，并识别出有价值的主题或概念。例如，假设位于当地的红辣椒菜馆想知道如何改变目前的饭店形象才能吸引大学生消费群体，则调研人员可以对这个区的大学生进行访谈，并请他们完成以下的句子：

在红辣椒菜馆吃饭的人是＿＿＿＿＿＿＿＿＿＿＿。

红辣椒菜馆让我想起＿＿＿＿＿＿＿＿＿＿＿。

红辣椒菜馆是一个好去处，当＿＿＿＿＿＿＿＿＿＿。

得到红辣椒礼物券的人是＿＿＿＿＿＿＿＿＿＿。

大学生去红辣椒菜馆是为了＿＿＿＿＿＿＿＿＿。

我的朋友认为红辣椒菜馆＿＿＿＿＿＿＿＿＿＿。

萨尔特曼隐喻诱引法（Zaltman Metaphor Elicitation Technique，ZMET）是美国第一个获得专利的营销调研工具，它以投射假设为理论基础，包含了大量情感丰富的想法，是一个通过图像和暗喻而非语言方式来表达的过程。[①]在营销调研中应用最广泛的调查法和焦点小组访谈法主要依靠语言上的刺激，与此相比，ZMET则使用可视方法。Olson Zaltman Associates 公司的 Gerald Zaltman 解释说："消费者无法告诉你他们是怎么想的，因为连他们自己都不知道。他

---

①　Gerald Zaltman，"Rethinking Market Research：Putting People Back In，"Journal of Marketing Research 34，no. 4(1997)，pp. 424-37.

们内心深处的想法，能够解释其在市场中的消费行为，是无意识的……主要是可视的。"①

　　萨尔特曼隐喻诱引法（ZMET）包括如下步骤。在征招了参与者之后，告诉他们调研的题目，如可口可乐。要求参与人员花费一周的时间收集10～15张图片或图像来描述他们对这个话题（在本例中，为可口可乐）的反应，并将这些图片带到访谈中来。让每个参与人员比较和对照上述图片，并解释如果范围被扩大了图画中还应包含哪些内容。之后，参与人员将他们所讨论的形象组合在一起制作成"微型电影"，并描述他们的感受。当访谈结束时，他们创造出了一个数字影像，这也是他们对自身感受的一个总结。通过用ZMET来研究可口可乐，公司发现了他们已经知道的事实——这种饮料唤起了人们精力充沛和交际能力强的感觉。但同时，公司也发现了他们以前所不曾了解的事实——这种饮料能够带给人们超然和轻松的感觉。可口可乐给人带来的这种看似矛盾的感觉在一则广告中被突出地表现了出来。这个广告是讲一个和尚在一个拥挤热闹的足球场里冥想，而这一影像正是从ZMET访谈中得到的。②

连续案例分析：圣塔菲烤肉餐厅

　　圣塔菲烤肉餐厅的店主聘请了餐饮业一个经验丰富的商业顾问。进行了初步咨询之后，商业顾问建议从两个方面着手进行调研。

　　第一方面的重点是饭店运作。在调研中，商业顾问所建议的变量包括：

- 支付价格。
- 提供的菜单。
- 内部装饰和氛围。
- 午餐和晚餐时间顾客的数量。
- 每位顾客平均的消费金额。

第二方面是更多地了解餐厅的顾客在选择就餐地点时会考虑哪些因素。调研变量包括：

- 食品质量。
- 食品的多样性。
- 服务员和餐厅其他员工。
- 价格。
- 环境。
- 外出就餐的习惯。
- 顾客特征。

---

① Emily Eakin,"Penetrating the Mind by Metaphor,"The New York Times,February 23,2002,p. B11; also see Zaltman,How Consumers Think.

② Eakin,"Penetrating the Mind by Metaphor."

圣塔菲墨西哥烤肉餐厅的店主重视你对该调研项目的意见，并问你如下问题：

1.商业顾问所提出的这两个调研项目包括应进行调研的所有范围吗？如果没有，还有哪些方面需要研究？

2.仅使用定性调研能够充分解决这些问题吗？是否还需要进行定量研究？

4.6　观察法

不论研究设计的性质（例如，探索性的、描述性的，或者因果性的）如何，调研人员都可以使用观察法收集消费者行为和营销环境的原始资料。观察法既可被用来收集定性数据，也可被用来收集定量数据，并且对所收集的信息可以进行定性的或者定量的总结和分析。观察法的主要特征是调查人员必须依赖观察技巧，而不是依靠向调查对象提出预定的问题。也就是说，在实地或者视频观察法里，调研人员应观察和记录人或者物体的具体行为表现，而不是依赖于提问。调研人员偶尔会结合提问方法（例如，关键信息提供者深度访谈、调查、焦点小组访谈）和观察调研法，以帮助他们阐明和解释结果。

观察员可以观察到有关人或对象行为的信息，包括身体动作（例如消费者的购物模式或者驾驶汽车的习惯）、表达行为（例如说话语气和脸部表情）、语言行为（例如电话交谈）、短暂的行为方式（例如在线购物或访问一个特定网站所花费的时间）、空间关系和地点（例如从一个红绿灯下驶过的汽车数量或者在一个主题公园内游客的数量）、实物目标（例如人们在超市中购买什么品牌的产品或者驾驶什么品牌的跑车）等。这种类型的数据通过提供有关个人行为的直接信息，可以用来强化用其他调研方法所得到的数据。

观察调研法（Observation research）包括系统地观察和记录物体、人员、事件及其他现象的行为方式。观察法用来收集实际行为的资料，这与调查截然不同，因为在调查中受访者可能会不切实际地报告自己的行为。观察法必须具备两个要素：可观察的行为或事件、一个记录系统。被观察的行为方式由接受过训练的观察员或其他设备来记录。设备具体包括录像带、照相机、录音带、电脑等。观察法的主要缺陷是无法得到诸如态度、偏好、信仰、情感之类的信息。观察法的一种特殊形式——人种志方法，涉及长时间与自然环境接触，甚至调研人员需要参与其中。然而，考虑到时间和费用，真正的人种志方法很少有营销调研人员的参与。

4.6.1　观察法所独有的特征

观察法有以下四个特征：直接性、觉察性、结构性、观察方法的多样性。图表4-6概括了这四个特征以及它们的作用。仔细阅读图表4-6。

图表4-6　观察法所独有的特征

特征	描述
直接性	调研人员或者专业观察员对正在发生的行为或事件进行实际观察的程度。观察可以是直接的或者间接的
觉察性	个体有意识地知道他们的行为被观察和记录的程度。观察可以是隐蔽的或者非隐蔽的
结构性	在进行观察之前，调研者对要观察的行为、活动或者事件的了解程度。观察法可以是结构化的或者非结构化的
观察方法的多样性	行为、活动或事件是怎样被观察和记录下来的。可供选择的方法包括让经过训练的人员进行观察和使用机械和电子设备观察

4.6.2　观察法的种类

观察法的种类是指怎样去观察行为或事件。调研者可以在观察人员与技术设备之间进行选择。在人员观察中，观察者要么是调研者雇用或者培训的人员，要么是调研团队中的成员。为了更有效地观察，调查员必须深入理解调研目标，并具有优秀的观察和解释技巧。例如，一个讲授营销调研课程的教授，使用观察技巧不仅可以捕获学生的课堂行为，而且还能够观察学生在上课时所表现出来的非语言沟通信息（例如，脸部表情、身体姿势、在椅子上的移动和手势等）。进行这种观察能使教授及时地发现学生是否在全神贯注地倾听正在讨论的内容，以及什么时候学生对一个概念很迷惑，什么时候学生开始感到课程无聊。

在很多情况下，使用机械或电子设备收集数据比利用人员收集数据更合适。**技术媒介观察法**（Technology-mediated observation）是用技术捕捉人们的行为、事件或者市场现象。通常使用的仪器设备包括摄像机、交通流量计数器、光电扫描仪、眼睛追踪监视器、测瞳仪、音频高低分析器和心理电流反应检测器等。使用这些仪器通常可以降低成本并使数据收集工作变得更加灵活和精确。例如，交通部门开展了一项有关交通流量的研究，相关人员在路上设置气压线，并将其与测量仪相连，每当汽车轮胎压过气压线时，测量仪就会计数一次。虽然这些数据只记录了特定时间段内通过的汽车数量，具有一定的局限性，但是这种方法成本低，且其结果比人员观察法所记录的交通流量精确。其他更适合使用技术媒介观察法的情形包括，用自动取款机现场的安全摄像机来探测顾客在使用自动取款机时可能面临的问题，使用光学扫描仪和条形码技术（主要依赖普遍使用的产品代码和通用产品码（Universal product code，UPC））来记录在一个零售店里购买的产品数量和种类，使用旋转门来记录参加主要运动或娱乐节目的狂热爱好者的数量，以及使用计算机上的cookies来跟踪互联网使用行为（点击率分析）。

技术进步使观察技巧更加有用而且更加成本有效。例如，AC尼尔森公司通过将收视仪技术整合到美国收视指数（NTI）系统来升级它的美国收视指数

（NTI）系统。收视仪是以技术为基础的收视率系统，并用电子测量设备代替了手写记录。在打开电视的时候，一个信号就会出现在工作人员的屏幕上，以提示他使用一种类似于遥控器的设备来记录谁在收看这个节目。另外一个与电视机自动连接的仪器会将特定的信息（例如，观众的年龄、性别、节目频道、收看时间等）发送到 AC 尼尔森公司的电脑上。通过上述数据可以得到整晚的节目收视率以及不同节目观众的人口学特征等概况。

作为一种电子观察法，扫描技术正迅速地取代传统的消费者购买日志法。**基于扫描仪的固定样本小组**（Scanner-based panel）包括一组家庭，他们都有一个独特的条形码卡，向在收银台的店员出示。家庭代码的信息和扫描转化的信息相一致。扫描系统方便调研人员进行观察并建立有关每个家庭购买行为的数据库。调研者也可以将每个家庭的离线追踪信息和在线生成信息结合起来，以提供更完备的客户资料。例如，将在线和离线数据结合起来的研究可以表明，固定样本小组的成员在看到在线广告或者网页之后，是否会进行离线购买。扫描数据能够提供商店里每周的产品销售信息，并跟踪销售额随着价格变化所发生的变化，以及当地的广告或者促销活动等。这些都有助于长期进行纵向研究。

扫描技术也可用于观察和收集普通大众的信息。市场调研公司也可与杂货店、超市以及其他类型的零售店合作，在收银台收集信息。这些数据信息包括所购买的产品，在一天中的购买时间，以及是一周中的星期几等。广告、店内促销数据被整合到购买数据中，确定了各种市场营销战略的有效性。

或许，发展最快的观察法涉及互联网。网上商店、门户网站、搜索引擎等，都收集有关在线行为的定量信息。这些公司拥有消费者数据库，并能够预测可能的广告反应率，在一周中的哪一天或者一天中的什么时段广告最有效，在考虑购买一件产品或服务的过程中潜在购买者所经历的多个阶段，以及与网站所建立联系的类型和水平等。在互联网上可以越来越容易地获得来自社交媒体的大量定性资料。这些资料涉及关于产品、服务、品牌的在线对话内容，以及发生在社交媒体上的营销传播。

4.6.3 选择观察方法

选择观察方法的第一步是理解信息要求并考虑如何使用这些信息。若没有这个理解过程，则观察方法的选择将变得更加困难。首先，调研人员必须回答以下问题：

1. 什么类型的行为与这个调研的题目相关？
2. 需要记录有关这些行为的哪些细节？
3. 最适合观察这些行为的环境是什么（自然环境还是人为设计的环境）？

然后，必须对用于观察行为的各种方法进行评估。讨论的话题具体包括：

1. 用于观察行为或事件的环境可以实现吗？
2. 被观察的行为或事件反复出现的程度如何？
3. 观察行为或事件时需要何种程度的直接性和结构性？

4.观察对象是否意识到他们的行为已被观察？

5.哪种观察法最合适，现场观察还是技术辅助的观察法？

调研人员现在可以确定使用观察法观察和记录行为或表现时其所发挥的作用，同时也必须确定和评估时间、财力、人力等成本。最后，与观察法相关的潜在道德问题也应被考虑在内。

4.6.4　观察法的优势和劣势

观察法有优势也有劣势（见图表4-7）。最主要的优势是观察法能比报告收集到更多真实的行为或表现的信息，尤其是当使用伪装技术观察自然状态下的个体行为时，这个优势将会更加明显。此外，观察法还减少了回忆误差、应答误差、拒访率以及访谈误差。最后，通常使用观察法收集数据比使用其他方法所用的时间更少，花费的成本也更低。

图表4-7　观察法的优势和劣势

观察法的优势	观察法的劣势
准确记录真实行为	很难得出结论
减少了很多种类的数据收集	除非与其他方法结合在一起使用,否则很难解释行为或事件
提供详细的行为数据	观察或记录行为或事件时会产生一些问题

4.6.5　社交媒体监测和监听平台

社交媒体监测（Social media monitoring）是基于分析诸如Facebook、Twitter、博客和产品评论网站这些社交媒体交互内容的观察调研法。社交媒体监测为营销调研人员提供了大量现存的、真实可信的信息，这些信息来自社交网络上正被有序共享的"信息流"。[1]博客、社交网站和网络社区为消费者分享关于产品、品牌和机构的经验提供了天然平台。社交媒体监测和营销调研网络社区（前面已经介绍过）的区别是，社交媒体监测调研的资料（文本、图像、视频）已经存在，并且不是通过与调研人员互动获得。因此，社交媒体监测的一个优势是调研人员可以观察人与人之间的互动而不受调研人员和问题的潜在误差的影响。社交媒体监测的另一个优势是个体不需要填写调查表或者不参与焦点小组访谈也仍然可以在社交网络上分享他们的经验。

但是社交媒体监测也有一些劣势。第一，目前每个月仍需要花费数千美元，只是为了监测几个精心挑选好的关键词，尽管这种花费预计可以减少。[2]第二，很多分类文本数据的自动化技术是未经检验的，所以信息的精准度是未知的。第三，对品牌、产品或者广告宣传相互交流的人群样本是自我选择的样

---

① Paula Andruss,"When the Water Is Right,"Marketing News,September 30,2010,pp. 28-30.

② Poynter,"Chatter Matters."

本，对目标市场的消费者反应来说可能不具有代表性。事实上，不同的社交媒体监测工具通常会产生不同的结果。①第四，一些社交媒体网站并不对调研人员有效开放以方便其挖掘信息。例如，Facebook的大部分内容不向公众开放。鉴于这些因素，分析员建议在组织更大调研项目的背景下审视社交媒体监测项目的结果，也就不足为奇了。②一位业内观察员提醒说："传统的定量调研已经确立了评估可靠性和有效性的方法。（传统的）定性调研的可靠性的评估方法不够精确，但已被接受。相比之下，社交媒体调研的观点差别很大。"③

监听平台/位（Listening platform/post）是监测和分析媒体源、提供见解、支持营销决策的一种综合方法。过去，大公司经常为从报纸和杂志上阅读和剪辑文章而付费，监听平台则是这种旧式服务平台的技术增强版。开发监听平台的原因包括在线监测品牌形象，处理投诉，发现顾客想要什么，追踪趋势，确定竞争对手正在做什么。④监听平台正处在起步阶段，并为将来大量的调研创新做准备。对于收集、处理社交媒体资料和提供监听平台的调研公司来说，市场机会到2014年达到数十亿美元，因为几乎每家公司最终都需要某些种类的监听调研和参与工具。⑤一些调研公司通过网络监测平台把数据挖掘和附加的线上线下数据（例如，销售额、知名度、点击流及存货动态）联系起来。

对来自社交媒体监测的有用的定性资料可以做定性分析、定量分析，或两者兼可。当前，大多数社交媒体监测工具试图把定性分析和定量分析完美地结合起来。定量方法的早期运用是对所提及的关键词的简单计数。另一个新兴的但有争议的定量工具是**情感分析**（Sentiment analysis），也称**观点挖掘**（Opinion mining）。情感分析依赖于自然语言处理（NLP）这个新兴领域，可以使网上评论自动分成积极类或消极类。最初的调研把情感分析工具应用于产品、电影以及餐馆星级评价。⑥情感分析定量方法的使用仍然受到限制，因为大量数据当前不可归类或者被当前的自动化工具错误归类。但是更为先进的情感分析

① Poynter,"Chatter Matters."

② David Murphy and Didier Truchot,"Moving Research Forward,"RWConnect,December 22,2011,Esomar.org.

③ Poynter,"Chatter Matters,"p. 28.

④ Angela Hausman,"ListeningPosts in Social Media:Discussion from Ask a MarketingExpert,"January 16,2011,www.hausmanmarketresearch.org.

⑤ Surinder Siama,"Listening Posts for Word-of-Mouth Marketing,"RWConnect,January 16,2011,Esomar.org.

⑥ Peter Turney,"Thumbs Up or Thumbs Down? Semantic Orientation Applied to Unsupervised Classification of Reviews,"Proceedings of the Associationfor Computational Linguistics,2002,pp. 417-24; Bo Pang, Lillian Lee, and Shivakumar Vaithyanathan,"Thumbs Up?Sentiment Classification Using Machine Learning Techniques,"Proceedings of the Conference on Empirical Methods in Natural Language Processing,2002,pp. 79-86; Bo Pang, and Lillian Lee,"Seeing Stars:Exploiting Class Relationships for Sentiment Categorization with Respect to Rating Scales,"Proceedings of the Association for Computational Linguistics,2005,pp. 115-24; Benjamin Snyder and Regina Barzilay,"Multiple Aspect Ranking Using the Good Grief Algorithm,"Proceedings of the Joint Human Language Technology/North American Chapter of the ACL Conference,2007,pp. 300-07.

工具正在开发，已超出分组依据的范畴，并可以按照情绪——例如悲伤、高兴、生气——来分类。[1]因此，在未来几年中，情感分析方法可能会有实质性的提高，其使用也会越来越普遍。

除了定量指标，通常也对在线访谈进行挖掘从而得出定性见解。对目标话题的网络访谈可能数量太多而不能有效地进行手动分析。但定性调研人员可以取评论样本进行深入分析。抽样可以是随机的，也可以在特别活跃的相关帖子中密集抽样。对在线访谈进行的定性分析作为独立工具在提供深入的见解方面十分有用，此外，它还可以提供相关类别的议题并为自动化工具的跟踪和量化提供了机会。

尼尔森的 Buzzmetrics（网络口碑测评系统）、TNS Cymphony、Zeta Interactive、Radian6 和 Trackur 全都是公司提供社交媒体监测服务的例子。Zeta Interactive 可以扫描来自社交媒体网站、博客、视频共享网站的 2 亿多个网络帖子，使其可以迅速对特定话题产生的帖子进行计量和分类。为了突出它们的社交媒体监测服务，Zeta 会发布年报，公布最具网络轰动效应的广告活动。2011年，E*TradeFinancial 的广告以穿着定制服装的婴儿为特色，位居排行榜之首。[2]Buzzmetrics 为客户提供控制板，以显示其对关键的品牌指标及消费者定性评论的实时分析。Buzzmetrics 提供的服务之一是威胁追踪器（ThreatTracker），可以让公司识别和评估网络谣言和威胁。威胁追踪器曾经帮助一家制药公司在大规模产品投放阶段发现关于药物副作用的早期的谣言并做出回应。该公司曾通过沟通信息来向关键的网络意见领袖做出回应，这些信息是关于占绝大多数的使用者肯定的使用经验。[3]

4.6.6 网络志方法

网络志方法（Netnography）是一种观察调研法，需要一个或多个社交媒体社区的深入参与。与其他社交媒体调研法的不同之处在于，网络志方法需要与网络社区广泛联系并进行分析，并且需要利用参与观察法。这些网络社区通常是围绕关于产业、产品、品牌、球队或者音乐小组等的兴趣点建立的，这些社区还包括那些入迷的消费者，他们是重要的用户或创新者。发明网络志的 Rob Kozinets 使用这种方法研究了一个在线的"咖啡"社区。通过研究，Kozinets 得出结论，在社区成员当中，人们对咖啡的热爱几乎同对待宗教一样虔诚："咖啡是有情感的、人性化的、深刻的，而且是和个人密切相关的——不能够被'商品化'的……或者说不能和其他产品一样看待。"[4]

① Michelle de Haaff,"Sentiment Analysis,Hard But Worth It!"CustomerThink,March 11,2010.
② Tanzina Vega,"E*Trade's Baby Creates the Most Online Buzz,"The New York Times,December 28,2011.
③ "ThreatTracker," Nielsen-online.com，www.nielsen-online.com/include/jsp/us/threat_popup.jsp，accessed January 12,2010.
④ Robert V. Kozinets,"The Field behind the Screen:Using Netnography for Marketing Research in Online Communities,"Journal of Marketing Research 39(February2002),p. 69.

在网络志方法中，调研人员必须：（1）获得可以进入社区的许可；（2）收集和分析来自社区成员的数据；（3）确保数据解释可靠；（4）为社区人员提供对调研报告进行反馈的机会（参见第9章定性调研的解释和分析方法）。在进入社区之前，调研人员必须设计好调研问题，并使用搜索功能去鉴别能够提供答案的在线论坛。通常，调研者会从点击率很高、贴有大量会员不连续观点的论坛中收集数据。如果在这样的论坛中，会员彼此之间进行互动，则效果会更好。[1]

市场营销调研实践：对拉美裔美国人的定性调研

在美国，超过5 050万人口（占美国总人口的16%）被归为拉美裔美国人。拉美裔美国人口是多样性的，这是由于他们来自以不同程度的文化渗透为特征的说西班牙语的国家。当拉美裔美国人适应了美国的文化习俗后，他们往往强烈地认同美国的文化及其原籍国文化，这是一种跨代持续存在的效应。少数的拉美裔美国人使用西班牙语作为其主要语言，大多数拉美裔美国人则偏好讲西班牙语和英语。霍洛维茨联合公司跨文化商业开发的副总裁Adriana Waterston强调，开发拉美裔美国人市场"从来不是仅仅关注语言方面，文化相关性也很重要"。其他调研人员的结论是：不论原籍国在哪里，跟西班牙语系社会相关的7个[2]共同主题是家庭、道德价值观、宗教、音乐、烹饪、舞蹈和社交。

这些研究结果是如何影响营销调研的呢？拉美裔美国人调研有限公司的总裁Ricardo Lopez指出，定性调研法特别适合拉美裔美国人市场，并强调为使研究有用应该采用不同的方法接近拉美裔美国人。定量调研法的特点是结构化的、线性的和枯燥无趣的，是适合政府和学术研究采用的方法。相比较而言，拉美裔更喜欢涉及离题的、讲故事的定性调研法，这种表达过程的特点是生动活泼。这种互动风格不仅在不太适应新文化习俗的拉美裔人口中格外显著，即便在适应了美国文化的拉美裔人口中也同样显著。调研人员对待定性调研项目中的参与者的态度，就要同其对待家里客人的态度一样，这对增进双方的情感以促进交流而言很重要。面对面的焦点小组访谈法、深度访谈法和人种志方法都可以应用于拉美裔市场。当可以通过网络征招到相关的群体时，使用网络摄像头的深度访谈法、公告栏焦点小组访谈法和营销调研网络社区，也可以为委托方提供对拉美裔人口的高质量见解。

营销调研网络社区调研法被越来越多地应用于拉美裔人口中，其中包括那些偏好用西班牙语沟通的人，也包括那些偏好用英语沟通的人。Communispace[3]已经征招到不同年龄、国籍和文化水平的拉美裔人口加入西班牙语品牌社区。在这些社区中，调研服务商推荐一种与众不同的方法去吸引消费者。服务商允许社区成员去营造自己的空间，在那里参与者可以形成紧密的联系，提出交易建议和讲述个人故事。也应该允许参与者相互间以及在参与者与服务商之间建立人际关系，复制出家庭的感觉，这在拉美裔文化中是很重要的。最后，拉美裔

---

[1] Ibid.,pp. 61-72.
[2] 译者注：原文是5个，应该是笔误。
[3] 译者注：Communispace是一家帮助企业更注重顾客的市场调研和社交媒体公司，是创建网络社区作为市场推广者洞察消费者需求的先行者。

营销调研网络社区需要更多的服务商，不仅是因为这部分细分市场价值的连通性，而且也是因为技术问题需要更多的帮助。如果投入更多的努力，将会产生非同寻常的见解。

传统的对拉美裔人口的营销调研往往过分关注在依据语言、文化适应水平和代际的市场细分上。这也许是因为过分依赖定量调研方法。定性调研法的一个优势是能够更深层次地挖掘语境、心理和文化问题。由于拉美裔市场不断壮大，市场营销调研人员需要调整调研方法，不断地识别"与文化相关的互动方式"。

实践练习

分析本章内容和上面信息，回答下面问题：

1. 分析拉美裔人群的营销调研人员应该仅仅集中在定性调研法上吗？解释你的答案。

2. 能够用定性调研法来改善诸如调查法之类的定量调研法吗？解释你的答案。

3. 调研人员对拉美裔市场开展在线调研时面临的挑战是什么？怎样才能最大程度地减少这些困难的影响？

4. 设想一个或两个你至少熟悉一点儿的文化或亚文化。定性调研法对这些文化特别有用吗？为什么？

Sources：Sharon R. Ennis, Merarys Rios-Vargas, and Nora G. Albert, "The Hispanic Population：2010," United States Census Bureau, U.S. Department of Commerce, Economicsand Statistics Administration, May 2011；Manila Austin and Josué Jansen, "Me Entiende?：Revisiting Acculturation," Communispace.com/UploadedFiles/ResearchInsights/Research_Patterns/MacroTrends_MeEntiendes.pdf, accessed January 16, 2012；HorowitzAssociates, "Horowitz Associates Study Reveals That for Many U.S. Latinos Biculturalism Is Key to Self-Identity," July 7, 2011，www.horowitzassociates.com/press-releases/horowitz-associates-study-reveals-that-for-many-u-s-latinos-biculturalism-is-key-to-self-identity，accessed January 17, 2012；Ricardo Antonio Lopez, "U.S. Hispanic Market—Qualitative Research Practices and Suggestions," *QRCA Views*, Spring 2008, pp. 44-51；Hispanic Research, Inc., "Online Research," accessed January 16, 2012；Hispanic Research Inc., "Qualitative Research," accessed January 16, 2012；Katrina Lerman, "Spanish-language Facilitators Share Their Best Tips," *MediaPost Blogs*, February 12, 2009，www.mediapost.com/publications/article/100194/, accessed January 14, 2012；Thinknow Research, "Communities," Thinknowresearch.com/communities, accessed January 17, 2012.

参考文献

1. Horowitz Associates, "Horowitz Associates Study Reveals that for Many U.S. Latinos Biculturalism Is Key to Self-Identity," July 7, 2011，www.horowitzassociates.com/press-releases/horowitz-associates-study-reveals-that-for-many-u-s-latinos-biculturalism-is-key-to-self-identity，accessed January 17, 2012.

2. Manila Austin and Josué Jansen, "Me Entiende?：Revisiting Acculturation," Communispace.com/UploadedFiles/ResearchInsights/Research_Patterns/MacroTrends_MeEntiendes.pdf, accessed January 16, 2012, p. 34.

4.7 总结

1. 识别定性调研与定量调研之间的主要差别

在商业领域，仅有二手资料是不能解决管理问题的，应该收集原始资料并将其转化为重要信息。调研人员可以选择两种类型的数据收集方法：定性调研法或者定量调研法。事实上，两种方法有很多不同点，如调研目标和目的、调研类型、问题种类、执行时间、目标总体的代表性、分析类型和对调研者的技巧要求等。

定性调研法可被用于有关决策问题的探索性研究或者讨论使用定量调研法时很难研究的复杂的消费者动机。定性调研法也适用于理解在消费者决策中文化和亚文化所带来的影响，以及使用定量研究法时无法实现的、探测消费者潜意识或隐藏动机的调查。定性调研法通过问卷或者观察人们所作所为的方式来从相对较小的样本中收集详细的数据。上述方法要求调研者在人际沟通、观察和解释技能等方面受过良好的培训。通常使用开放式或半结构化、能够探查态度或行为方式的问卷形式收集数据，或者使用观察技巧来观察目前的行为或事件。在人种志研究中，定性调研者对通过在线交流得到的文本和图像进行分析。虽然使用定性调研法能够很快地收集到数据（人种志研究除外），但同时其要求优秀的解释技能以将这些数据转化为有用的信息。另外，较小的非随机样本能否代表研究总体这个问题仍值得怀疑。

相反，定量调研法强调使用规范、结构化的封闭性问题。设置这些问题的目的在于可以得到大量的应答。定量调研法与描述性研究项目和因果性研究项目直接相关，这些调研项目要么是对市场因素和行为之间的关系进行精确的预测，要么是判别这种关系是否存在。定量调研人员在量表测量、问卷设计、抽样和统计数据分析方面受过很好的培训。

2.理解深度访谈和焦点小组访谈的提问技巧

深度访谈是在面对面的环境中，就一个题目用一套半结构化的探索性问题向受访者提问的系统的过程。焦点小组访谈则是将一小组成员集中起来，并针对特定的话题或概念进行互动的、自发的讨论。深度访谈的成功与否主要取决于访谈者的人际沟通能力和试探技巧；而焦点小组访谈的成功与否则更取决于小组成员的群体动力、小组成员参与互动谈话的意愿以及主持人控制讨论顺利进行的能力。

深度访谈与焦点小组访谈的调研目标相类似：（1）为定义和重新定义市场调研问题提供数据；（2）为更好地理解先前的定量调研结果提供数据；（3）揭示和理解消费者关于服务、产品或者业务无意识的或隐藏的需求、态度、感受、行为、观点和动机等；（4）得到关于产品、服务或交货方式的新想法；（5）发现新的架构和测量方法。

3.定义焦点小组访谈并解释如何实施

面对面的焦点小组访谈是由一个小组（8~12人）进行的一场互动的、自发的讨论。焦点小组访谈也可以在互联网上进行。焦点小组访谈的三个阶段分别为准备访谈、实施焦点小组讨论以及分析报告结果。在准备焦点小组访谈时，研究人员需要确定如下几个关键问题，即是否应该采用面对面的或者在线焦点小组访谈、谁应当参加、怎样征招合适的参与者、小组应该有多少人、应该给参与者哪些激励和承诺以鼓励和增强他们的参与意愿，以及焦点小组访谈的举行地点在哪儿等。

4.讨论目标社区和市场营销调研网络社区

目标社区可能是针对营销调研的在线社交网络社区，或者是更为广泛的品牌社区，其主要目的是营销，但也用于提供调研发现。营销调研网络社区是目标社区，其主要目的是营销调研。消费者和客户被征招过来回答问卷并在社区内相互交流。通常从相关目标市场精心挑选具有代表性的参与者样本，或者挑选品牌的一些忠实粉丝。营销调研网络社区可能是短期的或长期的，可能包括少量的或者大量的参与者，从包括25人的小组到包括2 000人的更大的组。

5.讨论诸如人种志研究、案例分析、投射法和萨尔特曼隐喻诱引法（ZMET）等其他定性资料收集方法

除了深度访谈和焦点小组访谈以外，还有其他很多有用的定性调研数据收集方法，包括与调研背景有很大联系的人种志研究方法和案例分析法。另外，调研者还可以使用投射法，例如词语联想测试法、句子完型测试法和萨尔特曼隐喻诱引法（ZMET）等，使用这些方法都可以间接地了解消费者的感受、情感和无意识的动机。这些技术不及焦点小组访谈那么常用，但仍被视为非常有用的方法。

6.讨论什么是观察法，并解释如何用观察法收集原始资料

观察法可用于所有类型的调研设计（包括探索性的、描述性的和因果性的调研设计）。观察法的主要优点在于其进行真实行为数据收集的精确性，减少了混淆因素的影响以及可以记录大量详细的行为数据等。观察法有以下四个特征：（1）直接性；（2）觉察性；（3）结构性；（4）观察方法的多样性。观察法的局限性则在于使用其所收集的数据缺乏普遍意义，不能够解释目前的行为或事件以及观察行为本身的复杂性。

7.讨论日渐成长的社交媒体监测领域

社交媒体监测是基于分析诸如Facebook、Twitter、博客和产品评论网站这些社交媒体交互内容的调研法。社交媒体监测为营销调研人员提供了大量现存的、真实可信的信息和来自在线社交网络的原始对话。对这些对话资料可以进行定性和定量分析。社交媒体监测的一个优势是不受采访者面谈及所提问题的潜在误差的影响，调研人员可以观察人与人之间的互动。社交媒体监测的另一个优势是即使没填写调查表或不同意参与焦点小组访谈的人也仍然可以在社交网络上分享他们的经验。社交媒体监测的劣势包括：成本高，自动化分类精准度低，样本不具有代表性。但是，成本是有望减少的，分类工具的精准度和深度将来有望提高。

4.8　关键术语和概念

Bulletin board 公告栏

Case studiy 案例分析法

Content analysis 内容分析法

Debriefing analysis 事后报告分析

Ethnography 人种志

Focus group moderator 焦点小组主持人

Focus group research 焦点小组调研

Groupthink 群体性思维

In-depth interview 深度访谈法

Listening platform/post 监听平台/位

Marketing research online communities （MROCs） 营销调研网络社区

Sentiment analysis/opinion mining 情感分析/观点挖掘

Social media monitoring 社交媒体监测

Stratified purposive sampling 分层目标抽样

Technology-mediated observation 技术媒介观察法

Moderator's guide 主持人访谈指南

Netnography 网络志方法

Observation research 观察调研法

Participant observation 参与观察

Projective techniques 投射法

Purposed communities 目标社区

Purposive sampling 目标抽样

Qualitative research 定性调研法

Quantitative research 定量调研法

Scanner-based panel 基于扫描仪的固定样本小组

Sentence completion test 句子完型测试法

Theoretical sampling 理论抽样

Word association test 词语联想测试法

Zaltman Metaphor Elicitation Technique（ZMET）萨尔特曼隐喻诱引法

4.9 复习题

1.定量调研和定性调研的主要区别是什么？在实施调研的过程中，调研人员应该具备哪些技能？

2.比较深度访谈和焦点小组访谈的特征、主要调研目标以及优缺点。

3.在下面的情形中，使用定性调研法来解释赞成者和反对者的观点。

a.给运动功能型饮料 Gatorade 添加碳酸化合物，把它打造成真正的软饮料再进行销售。

b.发现了 Arm & Hammer 小苏打的新用法。

c.劝说已经不在 Sears 购物的人重新回来购物。

d.给想进入假期豪华游轮市场的旅行社提供相关的建议。

4.一个优秀的焦点小组主持人应具备哪些基本特征？编制主持人访谈指南的目的是什么？

5.为什么要在焦点小组访谈中选择8～12个参加者？若要满足这个目标存在哪些困难？

6.为什么筛选过程在选择焦点小组参与者时很重要？设计一个过滤性问题，以帮助你筛选焦点小组访谈的参与者，主题是出租新汽车的利润和成本。

7.与面对面焦点小组访谈相比，在线焦点小组访谈的优点和缺点各有哪些？

8.与其他定性方法相比，人种志方法的优点和缺点分别是什么？

9.建立一个词语联想测试法，为"大学生对其学校学生会的印象如何"这一调研问题提供观点或信息。

4.10 讨论

1.在以下情形中，你建议使用哪种类型的探索性调研设计（观察法、投射法、深度访谈法、焦点小组访谈法、案例分析、人种志、网络志和ZMET）？为什么？

a.一个珠宝零售商想更好地理解为什么男性要为女性买珠宝以及他们怎样选择珠宝。

b.一家麦当劳快餐店的店主打算建一个游乐场，于是想知道哪种游戏设施对孩子们来说是最有意思的。

c.维多利亚的秘密（Victoria's Secret）想更好地了解女性的形体特征。

d.福特汽车公司的高级设计师希望有价值的设计变化能与2014年福特的Taurus结合起来。

e.苹果公司想更好地理解青少年是如何发现和选择想要下载的流行音乐的。

f.Nike公司想更好地理解"定制化"和"个性化"的概念，以支持NikeID提供的在线产品定制化服务。

2.设计一个用于焦点小组访谈的主持人访谈指南，并使其包括如下调研问题：对青少年来说"酷"的含义是什么？他们如何决定哪件产品是"酷的"？

3.苹果公司雇你和你的大学同学在你们校园里调研苹果的品牌形象。设计出你将在焦点小组访谈中提问的10个问题的清单，确保你想到的提问是以可选择的方式进行，而不是简单直白地直接提问。

4.思考一下，焦点小组访谈中的大多数参与者是怎样被筛选出来的。当使用焦点小组调研设计收集原始数据和信息时，识别并讨论调研人员和决策者应该考虑的三个道德问题。

5.实施一个深度访谈，并撰写一份简短的报告提要，让你解决下面的决策问题："学生们想从他们的教育中得到什么？"

6.澳拜客牛排餐厅担心顾客对红肉的态度和感受发生转变。餐厅的经营者和创建者之一 Chris Sullivan 认为"红肉"问题并不是很严重，因为他们的饭店也提供由鱼和鸡做成的主菜。任选两种你认为适合上面情形的"投射法"来收集数据。一方面，解释你所选择的两种投射法面访技术的优越之处；另一方面，详述你选定的每种方法将怎样被应用到 Sullivan 即将开始的调研问题中。

7.互联网体验。访问 QualVu.com，查找视频日记技术的信息（那里有个视频，可以从网站上发现其他信息）。这项技术优于基于文本的在线焦点小组访谈吗？为什么？比较网络日志与面对面焦点小组访谈。

8.互联网体验。访问文本调研团队的网站 www.contextresearch.com，浏览他们任一在线调研。能否用调查法或焦点小组访谈法来处理该调研问题？如果可以，你的依据是什么？由于调研人员使用了人种志方法而不是调查法或焦点小组访谈法，他们会得到什么样的见解？

9.互联网体验。在线访问尼尔森（www.nielsen-online.com），在 Buzzmetrics 上寻找资料。有些分析人员认为在社交媒体挖掘信息与开展焦点小组访谈大同小异。在社交媒体挖掘信息与开展焦点小组访谈类似吗？为什么？

10.访问 Communispace（Communispace.com），通过该网站了解其以往所做的调研工作、过去的新闻或案例相关信息。浏览网站之后，评估营销调研网络社区能否以及在多大程度上有可能取代焦点小组访谈。

第5章　描述性和因果性调研设计

【学习目标】

通过对本章的阅读，你将会做到以下几点：

1.理解调研设计的目的和优势。

2.描述调查法的种类。

3.讨论影响选择调查法的因素。

4.解释试验法和因果性设计法的变量种类。

5.定义试销并评价它在营销调研中的有效性。

玛格南酒店的忠诚度项目

玛格南酒店的经营团队最近实施了一项旨在吸引并留住商务旅行者的忠诚度项目。这个项目的主要特点是开展一个适用于商务旅行客户的VIP酒店忠诚项目，且这个项目会给会员特殊优惠和待遇，而其他顾客则无缘享受。这个项目与航空公司的"飞行常客"项目有点类似。若商务旅行者想成为优先客户项目的成员，则必须先使用酒店网站的专属链接申请。参加这个项目不需要交纳任何费用而且也没有年费，但是享受的优惠随着入住酒店频率的增加而增加。玛格南酒店该项目数据库的记录表明，与这个项目相关的初始费用约为55 000美元，而年运营费用约为85 000美元。到第3年年末，加入这个项目的会员已经多达17 000人。

在最近的一次管理团队会议中，CEO就忠诚度项目提出了以下问题："这个忠诚度项目有效吗？给我们带来竞争优势了吗？这个项目提高本酒店在商务旅行者细分市场所占的份额了吗？酒店从这个项目中获利了吗？这个项目有利于酒店建立商务客户忠诚度吗？"这一系列问题让市场部的副总经理非常吃惊，虽然这些问题都很重要，但当时他却无法作答。在助手核对完公司记录之后，市场部副总经理才意识到有关该项目他只知道现有会员的名单和约

31万美元的项目总费用。除此之外，他并不知道关于持卡人态度和行为的信息，也不确定他之前曾估计的年收益大概为85 000美元等相关信息的准确性。

然后，该副总经理联系了嘉利公关有限公司（Marketing Resource Group）的高级项目经理Alex Smith。在会议结束之后，他们确定了如下两个主要问题：

1.玛格南酒店需要充分的信息来决定公司是否应该继续实施忠诚度项目。

2.尚需要有关态度、行为、动机和人口统计方面的信息来设计促销策略，以吸引新的顾客，保留现有的客户，提高玛格南酒店的入住率。

在开展调查之前，他们决定使用深度访谈法对玛格南酒店的一些普通经理进行定性探索性调研，同时还使用焦点小组访谈法对忠诚度项目的会员进行定性探索性调研。所收集到的信息被用于研究如下调研问题：

- 玛格南酒店忠诚度项目会员如何使用他们的客户卡？
- 商务旅行者如何看待忠诚度项目？
- 在出于商业目的选择酒店时，忠诚度项目所带来的影响重要吗？
- 忠诚度项目最有价值和最没价值的特点分别是什么？
- 玛格南酒店是否应该向会员收取年费？
- 忠诚度项目的主要使用者、一般使用者、较少使用者和未使用者之间有什么区别？

定性调研能充分回答这些问题吗？还需要定量调研吗？

5.1   描述性和因果性调研设计的价值

一些调研问题需要原始数据，而这些原始数据只能通过访问代表目标总体的大量受访者而获得。第4章介绍了基于小样本的定性调研法。本章将讨论涉及更大样本的收集原始数据的定量调研法，包括在描述性和因果性研究中使用的调研设计。

在这一章中，我们先来讨论描述性调研设计和调查法之间的关系。然后，我们对调查研究方法的主要目标进行概括。接下来，再分析不同种类的调查法和选择调查法的影响因素。本章的其余部分回顾因果性调研设计，包括试验法和试销。

5.2   描述性调研设计和调查法

首先解释一下描述性调研设计、定量调研和调查法之间的关系。对描述性调研设计的选择基于以下三个因素：（1）初始问题或机会的性质；（2）调研问题；（3）调研目标。当调研问题是描述现有市场环境的特征或者评价现有市场的综合策略时，描述性调研设计是最好的选择。如果有关目标总体或市场策略的调研问题是关于谁、什么事、什么地点、什么时间和怎么样等话题时，则描述性调研设计是最合适的方法。最后，如果调研任务是识别变量间的关系或者确定小组间的差异，则描述性调研设计通常是最好的选择。

描述性调研设计所使用的两种常用的数据收集方法是提问和观察。其中，使用频率比较高的方法是向受访者提出关于其所想、所感、所做的结构化问题。因此，描述性调研设计通常使用**调查研究方法**（Survey research methods），即通过提问/回答的过程，从大量受访者那里收集定量数据。但是，随着扫描数据的兴起和互联网行为跟踪技术的发展，观察法正越来越多地被用于描述性调研设计。

单词"描述性"主要用来描述定性调研，虽然也可以描述定量调研，但意义却完全不同。定性调研对消费者、消费内容和消费文化进行了生动而详细的文本描述，因此从这个角度来讲，定性调研是描述性的；而定量调研使用数据和统计知识来总结人口学特征、态度和行为，因此从这个角度来讲，定量研究也是描述性的。

调查研究方法是定量营销调研的主要支柱，通常与描述性和因果性调研设计密切相关。定量调研法的主要目标是从大量有代表性的受访者样本信息中揭示事实真相和评价结果。定量调研设计的优缺点见图表 5-1。

图表 5-1　定量调研设计的优缺点

优点
• 样本数量大，可以使用调查结果来推断目标总体
• 能够给出识别微小差异的精确估计
• 容易管理和记录结构化问题的答案
• 便于进行后期的统计分析
• 可以研究无法直接衡量的概念和关系

缺点
• 精确测量受访者态度和行为的问题很难设计
• 很难得到深度数据
• 应答率低

5.3　调查法中的误差类型

误差降低了调研人员收集数据的精确性和质量。调查法的误差可以被分成抽样误差和非抽样误差。

5.3.1　抽样误差

任何从样本中收集数据的调研设计都会产生误差。抽样误差是样本结果与总体的真实值之间的差异。抽样误差是由抽样方法和样本容量大小所导致的，因此可以通过增大样本容量、选择合适的抽样方法来减少抽样误差。在第6章中，我们将更详细地介绍抽样误差。

5.3.2　非抽样误差

调研设计中与抽样无关的误差叫非抽样误差。非抽样误差主要有以下四种类型：应答者误差、测量或问卷设计误差、不正确的问题定义、项目管理误差。在这里，我们主要讨论应答者误差，其他类型的误差我们将在后面章节讨论。

非抽样误差有若干特征。首先，易于造成数据的"系统性变异"或偏差。其次，非抽样误差是可以控制的。非抽样误差是调研人员在设计或执行调查的过程中产生的。再次，不像随机抽样误差可以进行统计测量，非抽样误差不能直接测量。最后，非抽样误差在本质上是互相影响的。也就是说，一种误差，如措辞不当的问题，就可能导致应答错误。因此，非抽样误差不仅降低了数据质量，也降低了提供给决策者的信息质量。

应答者误差　当无法联系到应答者，应答者不愿意参加调研或者有意无意地在回答中掩盖其真实答案时，应答者误差就产生了。**应答者误差**（Respondent error）可被分为无回答误差和回答误差。

无回答误差（Nonresponse error）是最终样本和计划样本不一致时产生的系统偏差。当样本中事先选好的一些预期受访者拒绝参加调查或者无法联系到时，就会产生无回答误差。无回答误差是由诸多原因引起的。例如，一些人不信任调研委托方或者认为没有义务回答，[1]而其他人则很生气地认为这是对他们个人隐私的侵犯。受访者回答问题和不回答问题的差别是显著的。例如，一些调查已经表明，在邮寄调查中，回答者往往比不回答者有着更高的受教育水平，且在相关变量如收入等方面也有较高的分数。此外，女性比男性回答的可能性更大。[2]提高回答率的方法包括多次回访（或在线联系）、跟进邮件、激励、提高调研委托方的可信度和缩短问卷长度等。[3]

当调研人员提出问题时，受访者会凭记忆来回答。有时，受访者会给出正确的答案；但是有时，受访者也会给出仅仅令社会满意的回答，从而使他们更受人喜欢，或者他们仅仅依靠猜测来回答问题。当叙述过去的行为时，受访者也可能已经忘记，因而人类的记忆曲线也是导致回答误差的一个来源。当受访者记忆力减退不能够准确地回答问题时，**回答误差**（Response error）或者也叫错误再现就产生了。记忆受选择性认知（注意并记住我们想要记住的事情）和

① Terry L. Childers and Steven J. Skinner, "Toward a Conceptualization of Mail Survey Response Behavior," Psychology and Marketing 13 (March 1996), pp. 185–225.

② Kathy E. Green, "Sociodemographic Factors and Mail Survey Response Rates," Psychology and Marketing 13 (March 1996), pp. 171–84.

③ M. G. Dalecki, T. W. Ilvento, and D. E. Moore, "The Effect of Multi-Wave Mailings on the External Validity of Mail Surveys," Journal of Community Development Society 19 (1988), pp. 51–70.

时间压缩（发生时间越近的事件记得越清楚）的影响。受访者有时用平均法来克服记忆回想问题。例如，告诉调研人员星期天正餐他们通常会吃什么，而不是上个星期天他们实际上吃了什么。

5.4　调查法的种类

随着信息技术和通信技术的进步，我们已经创造出很多新的调查方法。调查法可被分为人工操作调查、电话管理调查和自我管理调查。图表5-2概括了调查法的主要类型。

图表5-2　调查法的主要类型

调查法的类型	描述
人工操作调查	
入户访谈	在受访者家中或特定的环境中进行访谈，在受访者办公室进行的访谈叫作办公室访谈
购物中心拦截访谈	在顾客去商场购物时，拦截顾客回答问题
电话管理调查	
传统的电话访谈	通过电话进行访谈。访谈者可以在电话中心或者家中接受访谈
计算机辅助电话访谈（CATI）	使用计算机来辅助电话访谈
手机调查	用手机来收集数据。调查可以是基于文本的或者基于网络的
自我管理调查	
邮寄调查	通过邮局服务和隔夜快递将问卷分发给受访者并收回问卷
在线调查	应用互联网向受访者提问并记录答案
邮寄式固定样本调查	将调查问卷邮寄给事先同意参加调查的、有代表性的样本个体
留填问卷调查	将调查问卷留给受访者，由其以后完成。调查问卷由调研人员收回或者邮寄返回

5.4.1　人工操作调查

人工操作调查（Person-administered survey）方法是由一个受过训练的采访者提出问题并记录下受访者答案的调查过程。图表5-3强调了人工操作调查方法的优缺点。

入户访谈（In-home interview）是在受访者家中进行的、面对面的结构化提问-回答访谈。采访人员也可以偶尔在办公室里进行访谈。这种方法有很多优点。采访人员可以解释令人困惑的或者复杂的问题，还可以使用视觉工具帮忙。受访者可以试用新产品或观看广告并给予评价。此外，受访者还可以处在舒适和熟悉的环境中，从而增加了其回答调查问题的可能性。

图表 5-3　人工操作调查的优缺点

优点	
适应性	受过训练的采访人员能很快地适应不同的受访者
关系和睦	当要求受访者回答问卷问题时，并不是所有的人都愿意与陌生人谈话。在提问的过程中，采访人员可以建立一个"舒适带"，从而使与受访者的访谈过程更有意思
反馈	在提问的过程中，采访人员可以回答受访者的问题，从而增强受访者对问题的理解，并获得更多语言的、非语言的信息
答案质量	采访人员能够确保选择的受访者可以代表目标总体，在面对面进行访谈时，受访者的回答会更真实，不太可能导致社会取向偏差
缺点	
可能的记录误差	采访人员可能错误地记录了问题的答案
采访者和受访者互动误差	受访者可能会将采访人员的肢体语言、面部表情或者说话的音调理解为对怎样回答一个问题的提示
费用昂贵	使用这种访谈法收集数据所需的总费用要高于其他数据收集方法的费用

入户访谈可以按照地理区域挨家挨户地进行调查来完成。然而，这种彻底性的调查同时也是入户访谈的缺点。因为没有受到严格监督的采访人员可能会跳过其认为不容易访问的家庭或者伪造访谈记录。另外，家庭和办公室访谈不仅成本昂贵而且浪费时间。

购物中心拦截访谈　入户访谈的高昂成本和高难度迫使很多调研人员在一个中心场所开展调查，通常是在某区域内的购物中心进行调查。**购物中心拦截访谈**（Mall-intercept interview）是在购物中心发生的、面对面的个人访谈。采访人员会拦截商场购物者并请他们完成调查问卷。调查可能在购物中心的某个地方或者现场办公室完成。

除了受访者对环境不熟悉之外，购物中心拦截访谈有入户访谈和办公室访谈所具有的所有优点。购物中心拦截访谈成本较低，而且调研人员实施起来也很方便。因为是在公共场所，所以调研人员只需花费很少的时间和努力就可以获得受访者的同意。

除了购物中心拦截访谈能够减少采访人员的交通时间之外，购物中心拦截访谈的缺点也与入户访谈或办公室访谈类似。此外，即使购物中心的顾客是经过筛选而确定的调查对象，但仍然不可能代表目标总体。一般而言，购物中心拦截访谈必须使用一些非概率抽样方法，而这会对调查结果的准确性产生不利影响。

5.4.2　电话管理调查

电话访谈（Telephone interview）是获得营销调研信息的另一个来源。与面对面的访谈相比，电话访谈更廉价快捷，更适合从大量的受访者那里收集数据。采访人员可以在家或者在中心机房使用电话提问，并记录下受访者的答案。

与面对面的调查方法相比，电话调查方法有很多优点。一个优点是如果采访人员不在中心机房工作，他也可以被严密监督。督导可以记录下电话访谈的内容并在以后重新回顾，而且他们可以随时听电话。回顾和倾听采访人员谈话可以确保质量的控制并识别培训需求。

尽管电话访谈有一些附加费用，但仍比面对面访谈费用低。另外，电话访谈还能使采访人员在一个广泛的地理区域内调查受访者，数据收集的速度也很快。电话调查的另一个优点是采访人员可以回拨没有应答的电话或第一次不方便接受调查的受访者的电话。使用电话访谈可以方便受访者，也便于采访人员从不可能单独进行面访的受访者那里收集信息。最后一个优点是电话访谈的随机数字拨号系统可被用于选择一个随机调查样本。

当然，电话访谈方法也有一些缺陷。第一个缺点是图片或者其他非音频刺激不能够通过电话来接收。最近一些市场调研公司在电话访谈中使用互联网来展示视觉刺激以克服这个缺点。第二个缺点是电话访谈使一些问题变得更加复杂。例如，试想一个受访者要通过电话访谈来为 8～10 个产品排名将会有多烦琐，而这项任务在邮寄调研中就会容易得多。第三个缺点是电话调查比个人访谈时间短，因为如果访谈时间太长，一些受访者会挂掉电话。在实际操作中，电话访谈也具有一定的局限性，因为只能在国境范围内进行调研。因此，电话访谈很少被用于国际调研。第四个缺点是很多人都不愿意参与电话调查，所以拒访率很高并且最近几年大幅提高。

很多人对电话调查很反感，因为这种调研打扰了他们的生活、他们的午餐或者休闲时间。此外，随着电话推销、非法和不道德的"假市调、真推销"或者以调研为借口推销产品现象的日益泛滥，人们对电话访谈的印象也越来越坏。

计算机辅助电话访谈（CATI）　大多数调研公司都可以在计算机的总机连线中心进行电话访谈。由于计算机功能越来越强大，数据处理越来越迅速，软件的费用也不再那么高不可及，导致即使规模很小的市场调研公司也可以进行计算机辅助电话访谈。采访人员都配备了可以解放双手的头戴受话器，他们坐在配备键盘和触摸屏的计算机终端或者个人计算机前面进行工作。

在大多数**计算机辅助电话访谈**（Computer-assisted telephone interview，CATI）中，屏幕上只显示一个问题。由采访人员把问题读出来，并记录下受访者的答案。在这个系统中，计算机会自动跳到下一个适合向受访者提问的题目。计算机辅助电话访谈系统克服了人工电话访谈的很多问题，如回拨电话、复杂的配额样本、跳答逻辑、样本轮换和随机选择等。

CATI 最大的优点是访谈成本低，同时它还有很多其他的优点。有时，人们会在中途停止访谈，并愿意换个时间来完成访谈。计算机技术可以给实施访谈的采访人员发送呼入电话，以通知其在以后的某个时间再完成访谈。这样不仅提高了每次进行电话访谈的效率，而且还节省了费用。

CATI减少了对人工系统中单独编辑和数据输入工作的需要，而且降低了发生编码和数据输入错误的可能性，这是因为系统不可能从给定问题的回答列表中偶然记录下不正确的答案。

在调研过程中，调查结果可以随时用列表来显示。快速、初步的结果也非常有用，这些结果可以决定哪些问题会被删除，因为已经获得了足够的信息；而哪些问题需要被补充进来，因为出现了前期的访谈过程所没有揭示的出乎意料的情况。美国的CATI系统保持持续增长，是因为决策者已经觉察到了其节约成本、控制质量和节省时间的优点。

手机调查（Wireless phone survey）法是从手机用户中收集数据信息。手机调查法正受青睐，主要由于手机使用率很高、手机应用软件的有效性以及固定电话使用率的迅速下降。很多调研公司已经广泛使用这种方法，因为与互联网和电话访谈相比，手机调查法有两个显著的优点：直接性和便携性。直接性是指受访者可以在购物、决策或消费时完成调查问卷。例如，手机调查法可被用于：（1）调查冲动性消费；（2）在药理学测试中，及时从病人那里收集有关副作用的数据；（3）调查手机消费者。一家名为Kinesis的市场调研公司让调查者把条形码阅读器和手机连接起来，以方便收集和储存不连续购买产品的条形码信息。此外，在调查青少年、早期手机用户和冲动购物者时，手机固定样本调查也许是最合适的方法了。[①]

调研人员最初开展的调查是基于文本的格式或者网页的格式。在手机短消息服务（手机短信）模式中，受访者会配合完成调查并在手机上将其转化成文本信息。手机短信模式适用于简单的民意测验和非常小型的调查。在欧洲，手机的普及率很高，因此手机短信的使用率也比美国高。手机短信通常被用于手机调查。[②]

在美国，无线网络调查比手机短信的应用更加广泛。与手机短信相比，无线网络有利于进行持续的访谈，因为在无线网络调查中提出问题与得到回复之间几乎没有时间上的延迟。无线网络调查无论是对委托方还是对管理者来说，成本都比较低廉。另外，还可以将无线网络调查的一些功能与诸如条件转移和形象播放等CATI和互联网调查等方法结合起来应用。当CATI功能与无线网络调查结合使用时，就产生了CAMI，即计算机辅助手机访谈。[③]手机调查可以与来自受访者的图片、音频剪辑和视频相结合。可以收集这些图像并与调查回

---

① "Mobile Memoir: The Power of the Thumb," April 2004, MobileMemoir LLC 2004, www.kinesissurvey.com/phonesolutions.html.

② Leslie Townsend, "The Status of Wireless Survey Solutions: The Emerging Power of the Thumb," Journal of Interactive Advertising, Fall 2005, http://jiad.org/vol6/no1/townsend/index.htm.

③ "Mobile Memoir: The Power of the Thumb."

答联系起来。

营销调研人员通常不会拨打手机以请求用户参与调查，而会通过地上通讯线来联系受访者。原因包括如下几点：第一，这是因为联邦电信委员会（FCC）规定禁止使用自动拨号。也就是说，采访人员必须通过手动拨号来对每个潜在受访者进行调查。第二，因为接受调查时，手机受访者会花费电话费。第三，由于被呼叫时，受访者可以在任何地方接听电话，因此他们可能会被其他人打扰或访谈过程被打断。由于受访者在接到调查电话时可能正在开车，因此安全也是可能存在的一个问题。[1]一般来说，受访者是通过其他方式而不是通过手机调查被征招过来的，如地上通讯线、互联网、购物中心拦截或者在商店相遇等方式。无线固定样本是从事先选择好的或已同意的参与者中确定的。

如前所述，直接性是无线网络调查的一个优点。无线网络调查的第二个优点则是能够调查仍在不断增长的、目前只拥有手机的家庭。例如，最近的一项调查表明，到 2007 年末，美国几乎每六个家庭中差不多就有一个家庭（15.8%）拥有手机，而在 2004 年这一比例仅为 6.1%。此外，在诸如纽约和新泽西等州，固定电话的使用自 2000 年以来已经暴跌 50% 甚至更多。[2]因此，市场调研行业使用手机调查的动力是它们需要获得有代表性的样本。[3]只使用手机的家庭在性别、种族、收入和年龄上并不具有代表性，因此将手机调查和其他调查方法结合起来使用才能使调研公司找到有代表性的样本，否则有些消费者就未被包括在样本之中。

手机调查面临着诸多挑战。首先，因为手机屏幕有限，因此手机调查方法不适合对冗长的、复杂的问题或回复进行调查。其次，即使手机有能力处理一些表，但这种功能也是有限的。最后，无线固定样本目前只能提供相对较小的样本。然而，尽管存在这些挑战，预计未来几十年内这种调查方法仍会以很快的速度发展。

5.4.3　自我管理调查

自我管理调查（Self-administered survey）是没有受过训练的采访人员在场，由受访者自己阅读问卷并记录下答案的数据收集方法。图表 5-4 列示了自我管理调查的优缺点。我们主要讨论如下四种自我管理调查方法：邮寄调查、邮寄式固定样本调查、留填问卷调查和在线调查。

邮寄调查（Mail survey）是通过邮寄服务将问卷寄给受访者。另一种可以使用的方法是快递调研。例如，对样本比较小的企业进行调研时，可使用快递来发放问卷。但是，快递的成本会比较高。

---

[1] Townsend, "The Status of Wireless Survey Solutions."
[2] "Consumers Ditching Landline Phones," USA Today, May 14, 2008, p. 1B .
[3] Townsend, "The Status of Wireless Survey Solutions."

图表 5-4　自我管理调查的优缺点

优点	
调查成本低	不需要采访人员或者计算机辅助设备,目前自我管理调查是获得数据成本最低的方法
受访者自我控制	由受访者自己来控制调查的速度、时间和地点,因此受访者可以创造适合自己的"舒适带"
没有采访人员-受访者误差	不会引起采访人员误差或者由采访人员的肢体语言、面部表情或者语气所引起的解释误差
回答是匿名的	真实的身份是保密的,因此受访者可以提供更为诚实和有见解的答案

缺点	
灵活性最小	这种收集数据的方法对解决调查最初提出的特定问题具有一定的局限性。由于缺乏探测和观察条件,一次无法得到深度数据
无回答率很高	大多数受访者不能够完成并返回调查问卷
可能的回答误差	受访者会因为无法全面理解调研问题而做出错误的回答或者在调查中错误地跳答。受访者还会以为自己理解得正确而犯无意识的错误
收集数据时间长	从收集数据到将数据输入计算机进行分析,所用时间比使用其他方法要长
缺乏监督	没有采访人员在场,会增加对调查问题和问卷说明的误解

邮寄调查实施起来成本比较低。没有与采访人员相关的费用,如薪资、培训费、交通费或调查费用等。相关成本费用只包括邮资费、印刷费和激励费用。邮寄调查的另一个优点是可以调查很难面访到的人。

与面对面访谈或电话访谈相比,邮寄调查的主要缺点是回答率低,因此导致了无回答误差。另一个缺点是调研问题容易被误解或跳答。不太理解问卷的受访者可能会给出调研人员不希望看到或超出预期的答案。最后,邮寄调查时间会比较长,因为问卷邮寄和问卷回收之间有一段很长的时间间隔。

邮寄式固定样本调查　为了克服邮寄调查的缺点,调研者也许会选择使用邮寄式固定样本调查法。**邮寄式固定样本调查**(Mail panel survey)是将调查问卷邮寄给事先同意参加调查的小组成员。在进行调查之前,调研人员可以检验固定样本以确定其是否具有代表性。如果其之前已同意参加调研,则回答率通常会很高。此外,邮寄式固定样本调查法还可被用于进行纵向调查。也就是说,在一段相当长的时间内,同一个人可以被调查多次。这使调研人员能够观察固定样本成员的回答随时间推移而发生的变化。

邮寄式固定样本调查法的主要缺点是样本通常无法全面代表目标总体。例如,同意参加固定样本调查的个人,也许只是出于对调研话题有特殊的兴趣,或者仅仅是因为有很多空闲的时间。

留填问卷调查　一个时下比较流行的综合方法是**留填问卷调查**(Drop-off survey)。在调查中,调研人员代表会将问卷亲手发给受访者。完成的问卷会通过邮寄返回或者由调研代表取回。留填问卷调查的优点包括：增强了能回答调研问题的受访者的可获得性，筛选了潜在的受访者，提高了受访者完成问卷的兴趣。缺点则是比邮寄调查成本高。

在线调查　目前，在营销调研中最常用的方法即**在线调查**（Online survey）。在线调查方法在较短的时间内发展得如此迅速是有很多原因的。与其他调查方法相比，在线调查法的主要优点是人均受访者成本比较低。没有复印问卷或者邮寄的支出，也没有采访人员费用。调查是自我管理的，也不用编码，因此调查结果可以立即被用于统计分析。不同类型调查法的使用率见图表5-5。

图表5-5　不同类型调查法的使用率

方法	百分比（%）
在线调查	58
计算机辅助电话访谈	17
面对面访谈/拦截式访谈	11
计算机辅助个人访谈	4
社交媒体监测	3
手机调查	2
文本分析	2
邮寄调查	1
其他方法	2
总计	100

资料来源：Greenbook Research Industry Trends 2011 Report，p.16，www.greenbook.org，accessed December 2011.

在线调查能够联系到难以接触到的样本个体去收集资料，这也是其发展迅速的重要原因之一。一些市场调研公司拥有大量的受访者固定样本，从而可以利用其来识别诸如过敏患者或者医生等特定目标。哈里斯互动调研公司（Harris Interactive），拥有最大在线固定样本的公司之一，拥有数量超过百万的固定样本。这个公司有特殊的固定样本，包括执行官、青少年、男同性恋、女同性恋和变性人等。通过社区、博客或社交网站也可以调查到不易联系到的样本，因为其都具备特定的人口统计特征，或者拥有志趣相同的群体。例如，老年人、电影《辛普森一家》的影迷、咖啡爱好者或者德州仪器（Texas Instrument）的计算器爱好者等。[①]

与使用钢笔和铅笔开展的调查相比，在线调查的另一个优点是网站技术的进步所带来的新功能。新功能之一就是可以对小组问题进行随机排序，由此消除了问题顺序对受访者所产生的影响。另外，与其他调查形式相比，在线调查的另一个重要的改进是消除了缺失值。如果受访者跳过了问题，则计算机会提示他们先完成本页漏答的问题才能移动到下一页去。目前市场调研公司都在学习和使用如何利用改进的网页来绘制表格和制作动画。在线调查形式使以前难以使用的量表法变得容易得多。例如，Qualtrics 用滑动的刻度尺使图形等级量表法的使用远优于传统的李克特量表，而且受访者可以通过单击和拖动鼠标来给问题排序，从而使调查顺序更加合理。只要受访者点击一下屏幕上的单词，就可以把描述受访者个性、某个品牌、某件产品或者某零售商的这个单词灵活地从屏幕左边移动到屏幕右边。在线调查也可以使用图片和录像，因此有关商店内部、产品、广告或电影回顾的全彩三维图形和影像都可以在调查中展现出来。调查设计中图表技术的进步使调查任务对受访者来说更现实也更形象，但在线调查的设计者必须仔细测试图形，确保受访者的回应没有偏差或没有增加不必要的复杂性。

除了使用由市场调研公司提供的在线固定样本之外，公司也可以调查其现有的顾客，即通过向现有顾客发送电子邮件，来邀请他们参与调查。小公司可以使用在线调查创新软件来设计在线调查。在线调查创新软件是由诸如 www.qualtrics.com，www.surveygizmo.com，www.Zoomerang.com 和 www.Surveymonkey.com 等公司提供的，使用这种数据收集方法比较简便，而且成本也比较低。Qualtrics 被世界各地的许多大学和公司使用。Survey Gizmo 被诸如 Walgreens（沃尔格林——美国最大的连锁药店）、Skype 和 ING（一家植根于荷兰的全球化金融机构）这样的公司用来收集客户和员工资料。这两家公司为发展在线调查，都提供了大量的支持文件。一些在线零售商开展研究竞赛来收集信息，并提高顾客对公司业务的参与度。例如，图形的设计者们在网站 www.Threadless.com 上贴出了设计 T 恤的图片，而得到最多投票的设计将被印制到 T 恤上并在互联网上销售。

在线调查有很多优点，如完成访谈的成本较低，可以迅速收集数据，而且能够使用可视化的激励；但它同时也有一些缺点，如互联网样本的代表性较差，而且无回答误差也很高。事实上，大约70%的美国人能在家里上网，而这一点正限制了用样本调查结果推断总体的能力。**倾向得分**（Propensity scoring）可被用于调节调查结果，从而使样本更具有代表性，但是必须正确评估

① Kevin B. Wright, "Research Internet-Based Populations: Advantages and Disadvantages of Online Survey Research, Online Questionnaire Authoring Software Packages, and WebSurvey Services," Journal of Computer-Mediated Communication 10, article 11, 2005, http://jcmc.indiana.edu/vol10/issue3/wright.html.

这个过程的准确性。为了调整抽样结果的代表性不足的问题，倾向得分将在调查结果中给代表性不足的样本以更大的权重来修正抽样的不足。例如，如果在互联网上65岁及以上人口的受访样本比例仅及他们在总人口中的实际发生率的一半，那么样本中每个受访的老人应被计算两次。倾向得分的主要缺点是这些具有人口统计特征的受访者可能并不同于其他老人。

5.5 选择合适的调查方法

调研人员在选择调查方法时必须考虑环境、任务和受访者因素。下面的内容将更详细地描述影响调查方法选择的环境、任务和受访者特征。

5.5.1 环境特点

在一个理想的环境中，调研人员只需集中精力收集准确的数据就可以了。然而，我们生活在一个并不尽善尽美的世界里，因此调研人员必须平衡预算、时间和数据质量等这些相互矛盾的目标。在选择调查方法时，我们的目标是用尽可能短的时间、尽可能低的成本来收集可用的数据资料。但是，我们必须在如下两者之间做出权衡：如果不考虑数据的质量，那么很容易收集到大量的数据；如果要收集精确的数据，通常就需要采用成本较高且耗时较长的方法。在选择合适的调查方法时，调研人员通常需要综合考虑很多环境因素。

预算

预算通常会包括调研人员可用的所有资源。预算通常以货币来衡量，但诸如调研人员规模这类资源虽会限制调研工作的开展，却很难以货币来衡量。预算的确定经常是强制性的。然而，很少有人将预算看作选择调研方法的唯一决定因素。更为普遍的是，在选择调研方法时通常会综合考虑预算、数据质量和调研完成时间等因素。

完成调研的时间范围

较长的时间范围能够使调研人员有足够的时间去选择合适的调研方法，以提高收集数据的质量。但是，在很多情况下，可用的时间比所需的时间要短，因此调研人员不得不选择可能并非最理想的方法。诸如直接邮寄和个人访谈法等一些调研方法，需要相当长的时间才能完成；而诸如在线调查、电话调查或者购物中心拦截调查等其他方法，则可以在较短的时间内完成。

质量要求

数据质量是一个复杂的问题，包括量表的度量、问卷设计、样本设计、数据分析等。对这四个关键问题的简要总结有助于解释数据质量对选择调查方法的影响。

数据的**完整性**是指数据的深度和广度。完整的数据可以使调研人员绘制出一副完整的图，并详细地描述每个受访者的信息；不完整的数据则会因缺少一些细节信息，而导致总体调研模糊不清。个人访谈和在线调查基本上可以提供完整的数据，而邮寄调查却很可能提供并不完整的数据。在有些情况下，出于对信息深度的要求，调研人员选择个人访谈法可能比较合适。

数据的**可推广性**（Generalizable）是指所收集的数据能够准确地代表要研究的总体和可以精准地投射到目标总体。由于使用邮寄调查法的回答率很低，因此使用电话访谈或个人访谈法收集到的数据比使用邮寄调查法收集到的数据更具有可推广性。事实上，不管使用什么方法，小样本容量都会限制数据的可推广性。数据的可推广性也是在线调查所面临的难题。

数据的**精确性**是指相对于其他可能的回答，所收集回答的精准程度。例如，如果一家汽车制造厂想了解新款车使用哪种类型颜色会受欢迎，则受访者可以表明他们更倾向于明亮的颜色。相比之下，如果"红色"和"蓝色"是两种最受欢迎的颜色，那么汽车制造厂需要精确的了解。另外，如果偏好"红色"的受访者人数是偏好"蓝色"的受访者人数的两倍，那么准确（精准）数据是 2 : 1。这表明对受访者偏好"红色"超过偏好"蓝色"的精准测量是必需的，尽管两种颜色都受欢迎。进行邮寄和在线调查通常能得到比较精确的结果，但其通常来说并不是最具有普遍意义的结果，主要是因为很难得到具有代表性的样本。电话调查可能更具有推广性，但是由于问题比较简单，调查时间往往也比较短，因此可能会缺乏精确性。

5.5.2　任务特点

调研人员会邀请受访者参与到需要花费时间和精力的调研任务当中。任务因素具体包括：（1）任务难度；（2）需要的刺激；（3）访问受访者所获得的信息数量；（4）调研题目的敏感性。

任务难度

对受访者来说，回答调研问题有时是一件很困难的事情。例如，产品或品牌偏好测试可能包括对很多类似产品的比较和排序，因此对受访者来说会比较麻烦。通常来说，复杂的调查环境要求受过良好训练的采访人员进行访谈。不管调查任务有多么困难，调研人员都应该尽力使问题简单化，以方便受访者回答。

使受访者回答问题所需要的刺激

通常来说，调研人员需要将受访者暴露于不同类型的刺激之下，以期可以得到受访者更好的回答。有关刺激最常见的例子是产品（如口味测试）和用于促销的可视图像（如在进行广告调研时所看到的）。当受访者必须触摸或品尝一些产品时，就需要一个采访人员对其进行访谈。如果在调研中需要可视图像的刺激，则可以使用在线调查和个人访谈。

个人访谈的实际形式有很多种。通常来说，没有必要设计一对一的访谈。例如，人们可能会以小组的形式去一个中心场所进行口味测试。在购物中心拦截法中，调研人员会向受访者展示录像资料，以得到其对广告的意见和观点。

所需的源自受访者的信息量

通常，如果需要从受访者那里获得大量的详细信息，则由受过培训的采访人员主持的个人访谈的数量将会有所增加。事实上，对于任何调查方法来说，如果数据收集得太多，则不仅会降低回答率，而且还会导致受访者的厌倦情绪。调研人员的目标即是平衡调研方法与所需信息的数量。

调研题目的敏感性

在某些情况下，调研问题要求调研人员询问受访者有关社会或个人的敏感性问题。**话题敏感度**（Topic sensitivity）是指一个特定的调查问题引导受访者给出社会可接受的答案的程度。当被问及敏感性问题时，一些受访者会给出社会可接受的答案，即使他们的感受或行为与此完全不同。电话和面对面访谈提高了受访者回答社会所期望的态度或行为的可能性。诸如吸烟等不良行为在个人访谈中可能会被低估，而诸如回收利用等受欢迎的行为则可能会被高估。事实上，即便看上去良好的行为也可能会被高估或低估，因为这取决于社会对这种行为的满意程度。例如，桂格燕麦公司使用在线调查和购物中心拦截调查两种方法进行调研，发现在线样本调查报告了更多的吃零食行为。于是，该公司得出结论，在线受访者回答问题时更诚实。[①]此外，一些受访者拒绝回答他们认为太隐私或太敏感的问题，甚至有的人会因此而中断访谈。

5.5.3　受访者因素

由于大多数营销调研项目以预定的人群为目标，因此在选择合适的调研方法时，第三个主要因素是受访者特征。事实上，受访的目标群体各自特征的相似程度会影响调研方法的选择。

多样性

受访者的多样性反映了受访者具备共同特征的程度。事实上，受访者多样化程度越高，其具备的共同点就越少；受访者多样化程度越低，共同点就越多。例如，如果定义的目标总体能够使用互联网，则多样性程度就会很低，因此在线调查是一个可以有效节省成本的方法。然而，如果调研总体不方便使用互联网，则在线调查就无法使用了。

在很多实例中，调研人员会假设在所定义的目标总体中有一些人具备共同的特征或行为，而事实上只有很少的人具备这样的特征。例如，在不同的地区，未入册的电话号码比例明显不同。在一些地区（如位于伊利诺伊州的小镇），未入册的号码比例非常低（<10%）；而在其他地区（如纽约或洛杉矶之类的大城市），比例却非常高（>50%）。

发生率

发生率（Incidence rate）是指调研目标群体在总人口中的百分比。如果调研人员所关注的是总人口里相对较大的一部分群体，那么发生率就会很高。例如，在总人口里汽车司机的发生率很高。相比之下，如果定义的目标群体与总人口相比很少，那么发生率就很低。在总人口里，飞行员的发生率要远低于汽

---

①　Maryann Jones Thompson, "Market Researchers Embrace the Web," The Industry Standard, January 26, 1999, www.thestandard.com/article/0,1902,3274,00.html.

车司机的发生率。通常情况下，发生率以百分比表示。因此5%的发生率意味着总人口中的100人中只有5个人具有所要调研的特征。

使发生率变得复杂的因素是联系预期的受访者时可能会遇到困难。例如，调研人员可能非常谨慎地准备了预期受访者的清单进行电话调查。但是后来发现相当数量的拟受访者已经搬迁并换了电话号码，或者仅仅是无法联系（没有进一步信息），导致发生率甚至低于最初的预期。当发生率很低时，调研人员将要花费相当多的时间和成本去寻找并获得足够数量的受访者参与。在低发生率的情况下，须谨慎使用个人访谈调查法，因为它支付高成本，而找到的合格受访者却非常少。此时，直接邮寄调查法可能是最好的选择。在其他情况下，电话调查是筛选样本行之有效的方法。例如，对通过电话筛选后得到的个体，可以进行邮寄调查。在调研过程中，调研人员的目标是减少搜寻合格的拟受访者的时间和成本，同时增加真实的、有用数据的数量。

受访者参与

受访者参与涉及三个部分：受访者参与能力、受访者参与意愿、受访者认知水平。**参与能力**（Ability to participate）指采访人员和受访者在问-答互动模式中的融合。受访者把自己的感受告诉给采访人员的能力是选择受访者的一个重要因素。令人沮丧的是，找到了的愿意回答问题的合格受访者，却由于某些原因而无法参与这项调研。例如，个人访谈需要不间断的时间。而找到可以约访的繁忙的高管持续一个小时进行访谈，对调研人员和对高管来说都是一个现实的难题。同样，尽管一些购物者愿意参与购物中心拦截访谈，但他们中有些人可能急于到日托幼儿园或学校去接孩子。在下一位患者进来之前，一个验光师可能只有五分钟的空闲时间。干扰访谈的因素数不胜数。在这种情况下，邮寄调查法是个有吸引力的可选择方法，因为完成问卷的时间不需要是连续的。正如上述例子表明，无能力参与也是常见的难题。例如，为了解决这个问题，大多数电话调查允许受访者选择一个更方便的时间再接受回访。这阐明了营销调研人员要尽一切努力尊重受访者的时间限制的一般规则。

受访者参与调查的第二个组成要素是潜在受访者的**参与意愿**（Willingness to participate）或分享他们自己想法的倾向。一些人回答仅是因为他们对调研主题感兴趣。其他人不回答是由于他们不感兴趣，希望保留自己的隐私，太忙，或时间被占用，抑或由于某种原因发现话题令人反感。然而，一个自我选择过程是有效的。调查方法的类型影响自我选择过程。例如，人们发现忽略邮寄调查或挂断电话远比拒绝购物中心拦截调查或入户访谈容易。

认知水平（Knowledge level）是指被选中的受访者认为他们有知识或经验去回答相关调研问题的程度。受访者的认知水平对其是否同意参与访问起到至关重要的作用，并且直接影响所收集资料的质量。例如，一个大的计算机软件制造商想去识别这样的关键因素，即影响小批发商决定采用什么类型的电子库存追踪系统（EITS）去提高他们对零售商及时交货服务的关键因素。制造商决定在已选择的小组中进行一次电话调查，这个小组由100家目前尚未使用任何类型 EITS 的小批发商组成。在试图建立最初访问的过程中，采访人员注意到，80% 的回答是"不感兴趣"。在研究该回答时，采访人员发现大多数受访者认为对 EITS 的细节并不熟悉，以至于无法讨论调查问题。所需信息越详细，对受访者的认知水平的要求就越高。

市场营销调研人员已制定了提高受访者参与水平的"最佳实务"。一种策略是为受访者提供一些奖励。奖励不仅包括货币类的"礼物"，而且还包括非货币类的礼物，如一支钢笔、一张可兑换产品或服务的优惠券，或者一张精彩节目的门票等。另一个策略则是将问卷送到潜在受访者的手中。在包括小组情境在内的调查设计中，调研人员可通过社会影响来提高受访者的参与水平。例如，采访人员在进行调查之前即先提及受访者的邻居或者同事都已经参加了这次调查。但是奖励策略不应该被提升为受访者参与的"酬谢"，因为这经常是人们决定参与调查的错误激励因素。

综上所述，调研人员应该努力获得尽可能多的参与，以避免因问题无回答而产生的偏差。

5.6　因果性调研设计

因果性调研（Causal research）设计区别于探索性调研或者描述性调研主要体现在以下几个方面。第一个区别是，因果性调研重点是获取数据，使调研人员能够评估两个或者多个变量间的"因-果"关系。相比之下，来自于探索性调研和调查法的数据，可以使调研人员评估变量间的非因果关系。调研设计中几个**自变量**（Independent variables）（X）和一个**因变量**（Dependent variable）（Y）的因果关系的概念是指定的关系，这种关系是因果性调研中要被研究的，并表示为"如果 X，那么 Y。"

为了精确推断变量间的因果关系需要三个基本条件。一是，调研人员必须确立在自变量 X 和因变量 Y 之间存在时间顺序，即变量 X（或者 X 的变动）必须发生在观察到的或测量到的变量 Y（或者 Y 的变动）之前。二是，调研人员必须确立所收集的数据能够证实变量 X 和变量 Y 间存在某种有意义的关联。三是，调研人员必须考虑（或控制）除 X 以外，可能导致变量 Y 变化的其他所有可能的变量。

因果性调研和探索性调研及描述性调研的另一个区别是，因果性调研的调研人员需要用实验设计来收集数据。一个**实验(EXperiment)**包括精心设计的数据收集程序，在这一过程里调研人员控制提出的表示原因的自变量，并观察（测量）对因变量的影响，同时控制其他所有的影响变量。探索性调研设计和调查设计通常缺少因果性调研的"控制"机制。通常情况下，调研人员使用受控的实验室环境开展调研，在人工设定的环境里，把所有或几乎所有无法控制的变量的影响减到最小。在现场环境中，调研人员使用与调研背景相似的自然环境，在一个或多个自变量被控制的情况下，只要环境允许，就要谨慎控制。

最后，探索性调研设计和描述性调研设计几乎总是涉及使用调查法收集数据，而实验设计收集数据既使用调查法又使用观察法。事实上，最近几年最常用的实验设计是在线调查。通过在线调查，观察消费者的在线行为，以确定哪些营销组合变量有可能影响网站流量模型，并最终购买。

第三个区别是因果性调研设计的调研问题框架。在探索性调研设计和调查设计中，最初的调研问题通常是大致框架，并且假设的重点放在关联的大小和/或方向上，而不是因果关系。为了说明非因果假设，考虑如下案例：梅西百货公司的商品副总裁关心当前营销策略所带来的收入的减少。制定如下几个需要回答的问题："梅西百货公司当前的营销策略（商店、产品、服务等）应该改进以增加收入和提高市场占有率吗？""商品的质量、价格和服务质量显著地影响顾客满意度、店内流量模式和商店忠诚度吗？""梅西百货公司应该扩大营销力度而使用移动电子商务选项吗？"虽然这些问题表明对指定变量间的关联（或显著关系）的检验，却没有一个问题把重点放在决定变量间因果关系上。因此，调研人员要用探索性调研设计或描述性调研设计。

相比之下，制定检验变量间因果关系的问题，重点应放在一个变量对另一个变量的具体影响上。为了说明这个问题，梅西百货的商品副总裁可能会问如下类型的问题："售后服务策略A（例如，商品退回）与售后服务策略B交换，能显著提高目前客户的忠诚度吗？""能通过提价18%，来提高休闲女装生产线的盈利能力吗？""把当前鞋子品牌的数量从8减少到4，能显著降低部门的销售量吗？"以及"店内全部商品以'买一件，第二件半价'销售，与'八折'销售相比，能更显著提高商店的人流吗？"只有通过某种类型的受控因果性调研设计，才能得到这些问题的精确答案。

5.6.1 实验法的本质

探索性和描述性调研设计被广泛应用于各种研究。然而，它们无法检验市场营销变量之间的因果联系。实验法是因果性的调研设计，可以识别变量间的因果/构成的联系，并确定事件发生的原因。

营销调研通常包括对变量的测量。回想下，**变量**（Variable）是可观察的、可测量的元素，例如，产品的特征、服务、态度、行为。在市场营销中，变量包括诸如年龄和收入等人口统计特征，诸如品牌忠诚度和消费者满意度等态度特征，诸如销售和利润等产出特征，以及诸如传媒消费、网站浏览、购买、产品使用等行为特征。

在进行实验时，调研人员会努力确定调研变量之间的关系。例如，我们来思考以下的调研问题："在Wendy快餐店订购快餐时，如果开车前去购买需要多长时间？"事实上，拿到所订购食物的时间是一个变量，我们可以对其进行定量测量。也就是说，时间变量的取值是由某一特定的测量方法所决定的。但是，某个特定顾客拿到他订购的食物所花费的时间却会因为许多其他的因素而变得复杂起来。比如，有10辆车在排队等候，或者正值中午12点，或者正在下雨。还有其他的因素，如供开车进来订餐的客户所使用的窗口数、服务员的培训水平以及等待的顾客数量等也都是变量。结果，所有这些变量都会对订购时间变量产生影响。

其他变量包括驾驶车辆的品牌、车主兄弟姐妹的数量以及订购食品的数量等。事实上，前两个变量不可能对订餐时间产生影响。但是，订购食品的数量与等待的时间之间很可能有所关联。如果订购的食品数量越多，开车取餐等候的时间就越长，那么调研人员就可以得出结论，订购食品数量与等待时间具有相关性。因果性调研设计包括实验法，其重点在于确定一个变量的改变是否会系统性地导致另一个变量的改变。

实验性研究从根本上说是检验自变量与因变量之间假设关系的一种检验方法。调研人员首先会提出假设，然后再设计一个实验来检验它。要完成这个过程，调研人员必须确定可能使因变量发生变化的自变量。当调研人员想找出一些事件发生的原因，以及为什么这些事件是在特定环境下发生时，实验法和其他因果性设计就是最合适的方法。与探索性调研或描述性调研设计相比，实验法更能提供因果关系的强有力的证明，因为因果性调研设计使控制成为可能。

实验法能够使营销调研人员控制调研环境，以便检验变量间的因果关系。在一个典型的实验中，自变量是被控制的（可以改变的），且它对另一个变量（因变量）的影响是可以度量和评价的。调研人员努力去度量或者控制除自变量以外的可能影响因变量的其他变量，这些变量就叫做**控制变量**（Control variables）。例如，如果一个调研团队想去检验包装设计对销售的影响，他们就需要去控制影响销售的其他变量，包括价格和广告水平。可能影响实验结果却无法进行测量或控制的变量叫做**随机干扰变量**（Extraneous variables）。随机干扰变量包括受访者的情绪或情感，进行实验的房间温度，甚至是实验时一般天气状况。实验结束之后，调研人员会测量因变量是否已发生改变。如果已发生改变，则调研人员可以得出结论，因变量会由于自变量的变化而变化。图表5-6详细解释了这些概念。

图表5-6 实验调研设计中变量的类型

变量类型	解释
自变量	也叫做原因、预测或解释变量（x），其值可以由调研人员直接控制，表示对象、想法或事件的一种属性（或元素）。在含有因变量的函数关系中，自变量被假定为起因
因变量	也被称为结果、估计或被解释变量（y）。代表可观测的属性或元素，即特定的实验结果，由可控的自变量取值得到
控制变量	由调研人员控制的变量，它们不对实验里的自变量和因变量的函数关系产生影响
随机干扰变量	在一系列实验中使因变量偏离均值的不可控制的变量。如果它不能被解释，则会影响对因变量的正确测度，从而降低实验结果的准确性，或使实验结果失效

5.6.2　实验性研究的有效性

任何类型的调研设计，尤其是因果性调研设计，调研人员必须了解有效性，并采取措施确保他们已经做到了这一点。实验性调研设计通常包含大量不可控制的变量。由于这些变量存在，因此很难确定实验结果的有效性。也就是说，很难确定因变量的变化究竟是由自变量的变化引起的还是由其他变量的变化引起的。**有效性**（Validity）是指能从调查实验中得到真实结论的程度。有效性问题，尤其是外部有效性，在进行实验调研设计中变得非常重要，这是由于可控的环境、变量控制和测量等原因。

内部有效性（Internal validity）是指调研设计准确识别因果关系的程度。换句话说，当调研人员确实能消除有关因果关系相互矛盾的假设时，内部有效性就被构建起来了。下面的例子说明了消除相互矛盾的假设的重要性。位于威斯康星州白水市的一家面包店想了解顾客是否更喜欢在蛋糕上添加一层白糖霜。调研人员用实验法来检验顾客是否更喜欢添加白糖霜的蛋糕这个假设。当增加白糖霜的数量时，蛋糕会变得更加松软。顾客对这种改变的反应很好。但是，这种叫好的反应到底是蛋糕变得更松软所导致的还是增加了白糖霜所导致的呢？在这个例子中，松软就是个随机干扰变量。

外部有效性（External validity）是指可以将实验结果推广到目标总体的程度。例如，假设一家食品公司想知道其所生产的新甜食是否能够吸引18～35岁的消费者。如果让美国介于18～35岁的所有人都来品尝食品，那么耗资将过于巨大；而如果使用实验性设计方法，则公司可以随机选择目标总体（年龄介于18～35岁）中的个体，并将其分配到不同的实验组，而且每个组的甜食中都有一种成分与其他组不同。然后，让实验组中的受访者品尝这种新甜食。如果60%的受访者表示他们将购买这种产品，并且实际上当产品上市时，60%的目标总体确实购买了这种产品，则这项研究的结果被认为是外部有效的。外部有效性需要随机选择目标群体和随机分配处理条件，但不能充分证明结果可以推广。

5.6.3　实验室实验和现场实验的比较

通常，营销调研人员会使用两种实验法——实验室实验和现场实验。**实验室实验**（Laboratory experiment）是在一个人为环境中进行的。如果调研人员征招参与者参加一个实验，在实验中展示不同种类的广告，并让参与者通过调研设备来观看和评价电视广告，那么这就是一个实验室实验。由于实验场景并不同于家中自然观看电视广告的场景，因此被视为人工设计的环境。此外，由于实验室实验能使调研人员控制实验环境，因此能够达到较高的内部有效性。但是，实验室实验缺乏一定的外部有效性。

现场实验（Field experiment）是在自然或真实的环境中进行的。现场实验通常是在诸如购物中心或超市等环境中展开的。这些场景具有相当高的真实性。但是高度的真实性也意味着自变量和随机干扰变量将很难控制。实验控制也引发了一些问题。例如，在一个超市中对一种新产品进行现场实验时，需要得到零售商的允许把产品放在商店里。假定每年要引进大量的产品，则零售商在增加新产品的问题上会变得更加犹豫。而且，即使零售商同意合作了，现场实验也需要位置合理的摆放和零售商的支持。

除了真实性和可控性之外，是否进行现场实验至少还需要考虑如下三个要素：时间长短、实验成本和竞争性反应。与实验室实验相比，现场实验耗时更长。策划阶段用去的时间也应被包括在进行整个现场实验所需的时间里。策划阶段具体包括决定选择在哪些城市进行测试，哪些零售商将参与产品实验，固定的广告播放时间，调度实验产品的分发等。现场实验的成本要高于实验室实验，因为现场实验必须控制大量的自变量。例如，仅用于广告竞争的费用就提高了现场实验的成本。其他导致现场实验成本增加的项目有优惠券、产品包装、贸易促销和产品抽样。由于现场实验是在自然真实的环境中进行的，因此新产品一旦进入市场，竞争者就可以学习并模仿，并采用强劲的促销活动做出回应，要么导致实验结果无效，要么把竞争对手的类似产品也推向了市场。换句话说，如果要求保密，则实验室实验会更有效。

5.6.4　试销

现场实验最常见的形式是试销，它是一种特殊类型的实验设计，用来评估消费者对新产品创意、关于服务提供方式的其他选择、营销传播策略的态度。**试销**（Test marketing）是使用实验法得到关于市场营销业绩指标的信息。例如，营销组合变量（产品、价格、地点和促销）都是被控制的，并且因变量的变化，如销售量或网站流量都是可测量的。

试销，通常被称为控制的现场实验，在营销调研中有三个广泛的应用。第一，试销已经早被用于小规模试验新产品的引进或者产品改进。这种小规模的产品试验以实际市场情况为基础，从而确定产品是否能够在全国成功推出。第二，试销是用来探索对营销组合元素的不同选择。不同的营销策划，使用不同的营销组合元素，测试和评估相对于一个特定产品的成功可能。第三，试销经常能够检测到产品的缺点或优点，或营销策略的不一致。总之，试销的主要目标是预测销售，识别消费者可能的反应和预计营销方案的不良后果。试销衡量一种产品或者服务的销售潜力，并评估营销组合中的变量。

尽管试销实验的成本非常高，但由于新产品的失败率通常介于80%～90%之间，因此很多公司相信试销能够帮助它们避免失败产品正式上市所带来的更大的损失。阅读下面的营销调研指南，思考Lee服装有限公司是怎样用试销法建立起独一无二的消费者数据库，并成功地将女士牛仔裤投放到市场中的。

营销调研指南：为Riders品牌投放建立新数据库

Lee服装有限公司利用现场实验中的市场测试数据建立了一个消费者数据库，并成功地将牛仔裤的新品牌投放到市场。几年前，公司决定以Riders的品牌来销售新的牛仔服装系列。管理团队也趁此良机开始建立消费者数据库。不同于建立诸如可以让消费者受益的关于促销、销售以及广告投放等传统的消费者数据库，管理团队的项目目标是用营销资金树立品牌并建立相应的数据库。Riders 服装系列最初在公司的中西部和东南部地区市场中投放，并取得了良好的效果。公司最初的定位策略要求其产品定价要略高于其他竞争品牌，并通过诸如 Ames、Bradlee's、Caldor、Target 和 Venture 等多渠道零售商进行销售。在第一年，其产品宣传强调服装系列的"舒适合身"；而且在两年内，该公司的产品市场面向全国，并通过诸如沃尔玛等主要的零售渠道进行销售。

刚开始，Riders 借春季促销活动"Easy Money"进行产品实验，并收集了有关该服装系列第一批顾客的姓名、地址和人口特征等方面的信息。这些数据是从零售商的打折卡和购物凭证中收集来的。顾客填写打折卡并寄给 Riders，就会得到一张奖励的邮寄支票。这最初的市场测试提供了每一位顾客的有效数据，如所购产品的准确型号、产品价格、为谁购买，以及从什么渠道听说 Riders 品牌和他们所喜欢的生活方式等。作为市场测试的一部分，Riders 还在星期天的报纸上宣传零售点的产品展销和促销活动。此外，管理团队为促销提供资金，并在组织机构内部解决了所有有关项目发展、资金偿还和项目执行的问题。第一次市场测试的结果如下：为了分发购物凭证而投资的 150 万美元得到了 2.1% 的回复，或者说是获得了超过 31 000 个顾客的姓名。另外，大约有 20% 的购买者买了不止一件商品。

设计市场测试的另一个环节是，在最初阶段促销活动的 3 个月后，在新的顾客当中挑选一部分进行跟踪电话调查。对消费者的调查显示，62% 的消费者已经购买了 Riders 产品。这项调查还提供了有关销售员和顾客的详细信息。之后，Riders 又做了一次市场测试设计，并给现有数据库中的顾客邮寄了明信片。这种推销实验导致新增了超过 4 万名顾客的信息。这也证实了数据库客户的响应程度——在收到促销明信片的数据库客户中，有 3.8% 的客户来到店里购物消费，而其他客户对零售点促销和广告宣传的响应程度却只有 2.8%。

若想通过市场测试设计成功建立一个消费者数据库，则第一步关键是要确定收集消费者姓名最有效的方法。第二步则是决定如何使用有关消费者、市场前景和零售商的信息。第三步是，在开始试销的过程中，评估变量间的关系，并将所得到的信息用于建立消费者的忠诚。

聚焦零售合作关系

试销的主要目标是找到有价值的信息，并将其用于建立 Riders 的消费者和 Riders 的零售商之间的关系。Riders 品牌的管理团队越来越坚信，对消费者了解得越多，在与消费者和零售商打交道的过程中就越能做出更好的决策。此外，应与零售商分享，如每次促销所得到的信息和人口统计资料等方面的详细信息。例如，跟踪调查显示，在某一贸易区域，数据库消费者的购买意向是非数据库消费者购买意向的 2 倍。未提示品牌的认知度也很高（为 100%，而在非数据库中只占总体的 16%）；数据库消费者对 Riders 的广告认知度为 53%，非数据库消费者的广告认知度则只有 27%。

Riders 团队坚持将数据库信息和促销结合起来，同时他们还坚信数据库信息可被用于特定的连锁促销。管理层希望零售商建立自己的数据库，并共享它们的信息。例如，零售账户信息可被用于识别更多的产品和促销机会。Riders 相信，当生产商和销售商使用无论源于哪个渠道的数据来改进工作、吸引并保持客户时，都会产生真正的收益。Riders 必须确保零售商始终把它们的商品放在货架上，以吸引顾客光顾商店。从试销到创建完整的消费者数据库，Riders 团队已经逐步将大部分营销投资用在电视媒体形象塑造的广告策略上了。

例如，他们说："对消费者及其偏好了解得越多，我们就越能不断地改进广告宣传和媒体营销的效果，越能准确地选择最有效的促销形式，越能了解我们应该开发的新产品。随着竞争压力的持续增大，Riders认为在帮助品牌的清晰定位上，详细的消费者信息将变得更有价值。对我们自身及Riders产品独特之处的准确定位，将在吸引消费者方面变得越来越重要，因为消费者对销售Riders产品的商店也有很多种选择。虽然最初的试销导致一个完整消费者数据库程序的创立，但是现在，这个数据库却成为了进行试销调研的关键要素。Riders的最终目标是开发出一种能使其产品对零售商和消费者而言都更具吸引力的工具。"

实践练习

利用上述市场测试方面的知识，回答下列问题：

1.当对Riders品牌下的新牛仔系列开展广泛的市场测试时，Lee服装公司的总体目标是什么？你认为公司达到这个目标了吗？请解释原因。

2.识别并解释Lee服装公司试销过程的优缺点。

3.你认为这个公司应该考虑互联网试销策略的开发与实施吗？请解释原因。

5.7 总结

1.埋解调查研究设计的目的和优势

使用描述性调研设计从受访者那里收集原始数据，其主要优点是：可以创建较大的样本容量，调研结果具有可推广性，能够区分不同样本群体之间的细小差别，易于管理，能够识别和测量不能直接测量的因素（如消费者的满意度）。相反的，描述性调研设计的缺点包括：很难开发精确的调研工具，架构定义和量表测量并不准确，收集到的数据深度有限。

2.描述调查法的种类

调查方法一般被分为三类：第一类是人工操作调查，采访人员和受访者之间可以有一个面对面的互动。第二类是电话管理调查，这些调查是通过电话进行回答交流的。在电话管理调查中，计算机被广泛使用，尤其是在数据编码和电话号码的选择上。第三类是自我管理调查。在这种调查中，调研人员和潜在的应答者之间几乎没有任何面对面的接触。应答者只阅读问题并记录下他们的答案。在线调查是最常用的数据收集方法，近60%的数据收集通过在线调查完成。

3.讨论影响调查法选择的因素

影响调查法选择的三个主要因素有：环境特征、任务特征和受访者特征。环境因素必须考虑诸如可利用资源、完成时间范围和数据质量要求等因素。调研人员必须考虑总的任务要求并提出问题，如"任务难度如何？""需要哪些刺激（如广告或产品）来提高受访者的回答率？""需要从受访者那里获取多少信息？""这些问题在多大程度上是敏感性话题？"另外，调研人员还必须考虑预期受访者的多样性、可能的发生率及其参与调查的程度。数据质量和数量的最大化以及调查成本和时间的最小化，通常会要求调研者在两者之间做一个权衡。

4.解释实验法和因果性设计中的变量种类

实验法使市场调研人员能够控制调查环境，从而可以检验变量间的因果关系。在典型的实验法中，自变量是可以控制的（可以改变的），它对另一个变量（因变量）的影响也是可以测量和评价的。在实验法中，调研人员会努力减少或控制其他可能影响待测关系的变量。之后，研究人员还会测量因变量是否已发生变化。如果因变量已发生变化，则研究人员可以得出结论，因变量的变化是由自变量的变化而引起的。

进行因果性调研时，调研人员必须理解实验设计中的四种变量（自变量、因变量、随机干扰变量、控制变量），关键角色的随机选择及受试者的试验条件分配。实验设计中理论是重要的，因为调研人员必须尽可能清晰地从概念上分辨四种类型的变量。对于任何实验来说，其最重要的目标是确定不同变量（自变量、因变量）之间的关系。功能性的（因-果）关系要求测量一个变量的改变是否会引起另一个变量的系统性变化。

5.定义试销并评价它在营销调研中的有效性

试销是一种特殊的现场实验，通常是在自然真实的现场环境中进行的。试销所收集到的数据为调研者和从业者提供了有价值的信息，包括消费者态度、偏好、消费习惯和模式以及人口特征等信息。这些信息在预测消费者对新产品/服务的接受水平、广告和形象的有效性以及评价目前的市场混合策略方面非常有用。

5.8 关键术语和概念

Ability to participate 参与能力

Causal research 因果性调研

Computer-assisted telephone interview （CATI） 计算机辅助电话访谈

Control variables 控制变量

Dependent variable 因变量

Drop-off survey 留填问卷调查

Experiment 实验

External validity 外部有效性

Extraneous variables 随机干扰变量

Field experiment 现场实验

Generalizable 可推广性

Incidence rate 发生率

Independent variables 自变量

In-home interview 入户访谈

Internal validity 内部有效性

Knowledge level 认知水平

Laboratory（lab）experiment 实验室实验

Mall-intercept interview 购物中心拦截访谈

Mail panel survey 邮寄式固定样本调查

Mail survey 邮寄调查

Nonresponse error 无回答误差

Online survey 在线调查

Person-administered survey 人工操作调查

Propensity scoring 倾向得分

Respondent error 应答者误差

Response error 回答误差

Self-administered survey 自我管理调查

Survey research methods 调查研究方法

Telephone interviews 电话访谈

Test marketing 试销

Topic sensitivity 话题敏感度

Validity 有效性

Variable 变量

Willingness to participate 参与意愿

Wireless phone survey 手机调查

5.9　复习题

1.识别和讨论在市场调研中使用描述性调研方法收集原始资料的优缺点。

2.影响选择恰当的调研方法的三个因素是什么？这些因素在人工操作调查和个人管理调查中的区别是什么？

3.解释当任务难度很大、要求的刺激方式很广泛时，为什么有受过培训的采访人员参与的调查设计比计算机辅助调查设计更合适。

4.解释入户访谈和购物中心拦截访谈的主要区别，并总结它们各自的优缺点。

5.测量误差和设计误差是如何影响受访者误差的？

6.提出三条建议帮助调研人员提高邮寄调查和电话管理调查的回答率。

7.什么是"无回答"？识别调查中可能出现的四种无回答误差。

8.在线调查的优势和劣势各是什么？

9.一个错误问题的定义误差将如何影响邮寄调查的实施？

10.解释内部有效性和外部有效性的差别。

11.现场实验的优缺点分别是什么？

5.10　讨论

　　1.列出影响人工操作调查、电话管理调查、自我管理调查和计算机辅助调查设计选择的因素，并讨论在每种调查设计中这些因素的适合程度。

　　2.通信和计算机技术的发展是否会对调查研究实践产生影响？如果会，则应包括哪些具体影响？请说明理由。

　　3.互联网体验。登录 Gallup Poll 调查网站（www.gallup.com），查找关于 Gallup 世界选举的相关信息。在查阅资料后，制作一张列表，列出所有在代表全世界 60 亿居民进行的选举中所遇到的挑战。

　　4.互联网体验。登录 Kinesis 调研公司的网站（www.kinesissurvey.com），并观看手机调查示范的短片视频。手机调查的优缺点分别是什么？

　　5.评论以下情形的道德规范：

　　a.一个调研人员计划使用不可见的油墨标记来对直接邮寄的问卷进行编码，以用于识别返还了问卷的受访者。

　　b.一个电话采访人员晚上 10 点给受访者打电话进行访谈。

　　c.一个生产商从一个国家电子邮件分配中心购买了 10 万个电子邮件地址，并计划给每个邮箱发送一封简短的促销邮件，且邮件的题目为"我们期望了解您的意见"。

　　6.当地一个自营的食品杂货店经理思考这样一个问题，如果商店的内部通信系统播放舒缓轻松的音乐，那么顾客是否愿意在商店里多停留一段时间。思考再三，经理考虑是否应该聘请市场调研人员设计一个实验以验证音乐的节奏对购物者的影响。请回答下面的问题：

　　a.如何确定自变量？

　　b.你认为在这个实验中哪些因变量很重要。

　　c.为所有的因变量提出假设。

第**3**部分

收集准确的数据

第6章　抽样技术：理论与方法

【学习目标】

通过对本章的阅读，你将会做到以下几点：

1.解释抽样在调研中的作用。

2.区分概率抽样和非概率抽样。

3.了解在确定样本容量时需要考虑的因素。

4.了解制订抽样计划的步骤。

手机互联网交互性"爆炸"

全球移动通信业发展迅速，手机移动互联网呈爆炸性增长。两年前，仅约为5%的消费者使用手机互联网，其中不到一半的用户每月购买手机铃声。但是ComScore称使用移动互联网（包括利用手机搜索）的美国人的数量，从2008年1月的1 100万增长至2009年年初的近2 300万，增加了一倍多。用户利用手机访问各种各样的内容，包括新闻、信息、社交网站和博客、股票市场报告和娱乐新闻。位居手机互联网信息榜首的当属新闻和信息（如地图和导向），日访问量达数百万。不仅越来越多的用户利用手机访问互联网，而且越来越多的用户开始使用智能手机（如苹果的iPhone和谷歌基于Android的G1）的应用程序。Forrester的研究指出，约80%的市场营销人员已经开始或打算使用搜索引擎营销（SEM），而只有不到1/3的零售商和不到1/2的消费者及产品/商品营销人员打算将手机搜索运用于产品营销组合。实际上，传媒公司的接受力最强，约70%的传媒公司打算将手机搜索运用到促销组合。

智能手机性能的提升促使美国人更多使用移动互联网，但是大多数用户的使用习惯仍难以改变，依旧更愿意使用台式电脑和笔记本电脑。随着移动互联网日趋重要（安全性得到保障），固网接入和移动互联网接入将日趋融合。用户抵制手机搜索主要有两个原因：（1）在2英寸的手机屏幕上使用搜索功能相对不方便；（2）消费者误以为手机搜索和网络搜索是相同的这一观念误区。UpSNAP（一个为用户免费提供天气预报、体育新闻和订阅信息的搜索网站）的一项研究表明，手机搜索并不仅仅是利用手机上网，人们可以把手机搜索看成即时获取特定信息的另一种方式。

从营销调研的角度来看，对移动互联网使用的研究存在如下两个关键问题：第一，在消费者对手机搜索接受程度的研究中应包括哪些受访者？第二，在每项研究中应包含多少受访者？如果缺乏消费者的人口统计学资料、态度和偏好等行为数据，则很难对以上两个问题作出科学判断。但是可借助国际抽样调查公司（Survey Sampling International，SSI）这种专业的国际调研企业来解决上述问题。SSI（www.ssisamples.com）拥有足够的技术和实力，根据消费者的生活方式、兴趣，以及诸如年龄、子女数量、职业、婚姻状况、教育水平和收入水平等人口统计资料，选取目标消费者或公司样本。SSI因其出色的网络、RDD、电话、B2B和邮寄样本抽样设计而备受推崇。通过这一章的学习，可充分了解到抽样对象、样本的构成要素和可供选择的抽样方法对研究人员得到可靠而又高质量的样本来说有多么重要。[1]

6.1 抽样技术在营销调研中的作用

抽样是我们在日常生活中每天都要应用的一个概念。例如，去参加面试时，给面试官留下良好的第一印象非常重要，因为人们通常会根据最初的印象（相当于抽中的样本）来判断我们是什么样的人。类似的，当人们看电视时，他们会坐在电视前拿着遥控器，快速不停地切换频道，并在每个频道停留几秒（观看样本节目），直到发现满意的节目为止。下次有空时，去 Barnes & Noble 这样的大书店转转，便是观察抽样行为的最好时机。在买书之前，人们通常会将其拿起，并看看它的封面，然后随便读几页来感受一下作者的写作风格和内容。当人们去买车时，在决定购买之前通常会先试驾几英里来体验驾驶的感觉并测试车的性能。以上情况的共同点是人们在做决策时都会假设较小的比例或样本能够代表较大的总体。一般来说，**抽样**（Sampling）是指从既定的较大群体中选择相对较小的数量，并期望能够使用通过较小的群体所收集到的信息来准确判断较大群体所具有的特征。

6.1.1 抽样是调查过程的一部分

人们通常会在无法或很难实施普查的情况下使用抽样调查。**普查**（Census）的原始数据是通过收集目标总体中每个个体的信息而得到的。最有代表性的普查就是每十年进行一次的美国人口普查。

显而易见，与普查相比，抽样调查会节省大量的时间和费用。例如，美国航空公司想知道哪种类型的商务旅客喜欢搭乘他们的航班，而哪种类型不喜欢。无论是从花费的资金还是从消耗的时间方面来考虑，从 2 000 名商务旅客那里收集数据总比调查美国几百万的差旅人员要节约得多。无论使用哪种调查方式来获取数据，决策者都关心要花费的时间和费用，因此像抽样调查这种时

---

① Ian Paul, "Mobile Web Use Explodes," PC World, March 16, 2009.

间跨度较短的调查方式通常更符合决策者的时间安排。

抽样对问卷设计也有重要的间接作用。根据调查的问题和目标总体，抽样决策会影响到调查设计的类型、调研工具和实际问卷。比如说，通过大体了解目标总体和所抽取样本中受访者样本的主要特征，研究人员便可以设计出符合受访者兴趣的问卷，从而有助于其获得高质量的数据。

6.2　抽样理论基础

6.2.1　总体

总体（Population）是一个指定的群体，它由符合研究人员兴趣并与所调查问题相关的个体（如人口、产品、机构）构成。例如，马自达汽车公司聘请美国调研公司 J.D.Power and Associates 为其在车主中调查消费者满意度。该调研公司要研究的总体应该是所有拥有马自达汽车的车主。然而，J.D.Power and Associates 不可能抽取到完全能够代表这个宽泛异质总体的样本，而且所收集到的数据也无法概括所有马自达车主的消费者满意度。然而，样本缺乏代表性这种问题在营销调研中十分普遍，因此大部分公司在收集数据时所考虑的并不是整个总体，而是总体中特定的某一部分。在这一章中，我们使用了一个经过修正的总体概念：既定目标总体。**既定目标总体**（Defined target population）由群体中的全部个体（人或对象）所组成，这些个体是根据研究计划的目标而为调查指定的。目标总体的准确定义十分重要，通常是由个体、抽样单位和时间范围等所组成。**抽样单位**（Sampling units）是指在抽样的过程中，目标总体中实际可用的个体。图表6-1说明了几个抽样理论的术语。

图表6-1　个体、抽样单位和时间范围的例子

马自达汽车	
个体	购买马自达汽车的成年消费者
抽样单位	马自达汽车的新购买者
时间范围	2012年1月1日至2013年9月30日
指甲油	
个体	在过去30天内，至少购买过一种品牌指甲油，且年龄在18～34岁的女性
抽样单位	人口在10万和100万之间的美国城市
时间范围	2013年6月1日至2013年6月15日
零售银行服务	
个体	有活期存款账户的家庭
抽样单位	位于美国中心位置的北卡罗莱纳州夏洛特的银行方圆10英里的家庭
时间范围	2013年1月1日至2013年4月30日

6.2.2　抽样框

在定义了目标总体之后，研究人员就可得到符合条件的全部抽样单位，即所谓的**抽样框**（Sampling frame）。常见的抽样框来源一般为投票人登记表和从杂志出版商或信用卡公司那里得到的消费者名录等。另外，还有一些专门出售数据库的商业公司（如 Survey Sampling，Inc.；American Business Lists，Inc.；Scientific Telephone Samples），其数据库中包括目标总体中个体的姓名、住址以及电话号码等信息。虽然不同抽样名录的价格是不同的，但要购买包含 1 000 个名字的名录通常需要花费 150～300 美元。[①]

不管数据的来源是什么，想要得到准确、即时且有代表性的抽样框通常都会比较困难且价格不菲。例如，想要获得一份能够使用的、在过去 6 个月内、在某个城市的 Taco Bell 吃过墨西哥煎玉米卷的消费者名录，几乎是不可能的。在这个例子中，调研人员必须使用变通的方法，如随机拨号访问（如果进行的是电话调查）或购物中心拦截访谈，来得到预期的受访者样本。

6.2.3　抽样理论的基础因素

为理解抽样理论，我们必须先了解与抽样有关的概念。在讨论抽样的概念和方法时，研究人员通常会假设在调研实施前已经知道了总体的关键参数。但由于商业环境大都复杂多变，因此研究人员在调查实施前通常并不知道这些参数。例如，为消费者提供网上购物的零售商想识别和描述通过互联网而不是实体店进行购物的消费者群体。据专家估计，各国的上网者累计已超过 57 亿人，[②]但是实际在网上购物的消费者人数却仍然很难估计。研究既定目标总体中小部分有代表性的样本的主要目的之一，就是帮助研究人员在一定的置信区间内预测和估计总体的真实参数。

如果商业决策制定者对既定目标总体了如指掌，那么他们就会非常了解总体的真实信息，也就不需要再做具体调查了。然而，目前所存在的营销问题，95%以上都是由决策者对问题状况、目标消费者以及消费者的态度、偏好和市场行为等缺乏了解而导致的。因此，抽样调查仍然很有必要。

中心极限定理（Central limit theorem，CLT）描述了样本总体的理论特征。CLT是调查法的理论基石，且对理解抽样误差、统计显著性和样本容量的概念至关重要。简言之，中心极限定理表明，对几乎所有的既定目标总体，如果样本容量足够大（例如，当 $n \geqslant 30$ 时），则来自简单随机样本的均值（$\bar{X}$）或百分比值（$\bar{p}$）的抽样分布近似服从正态分布。此外，不管目标总体的概率分布如何，抽样误差估计值为·（$S_{\bar{x}}$）的随机样本的均值（$\bar{X}$）围绕着标准差为（$\frac{\sigma}{\sqrt{n}}$）的真实总体均值（μ）波动，并且近似服从正态分布。换句话

---

① http://www.ssisamples.com. Actual prices of lists will vary according to the number and complexity of characteristics needed to define the target population.

② Nielsen Online, www.nielsen-online.com/resources.jsp?section=pr_netv&nav=1, accessed July 27, 2009.

说，目标总体中任何一个样本的均值（$\bar{X}$），随着样本容量（n）的扩大，很可能无限接近真实目标总体的均值（μ）。

通过了解中心极限定理的基本常识后，调研人员可以做到以下几点：

1. 从任何目标总体中抽取代表性样本。
2. 从简单随机样本中获得能作为目标总体参数精确估计值的样本统计量。
3. 抽出一个随机样本，而不是很多，减少数据收集费用。
4. 更准确地评估结构和量表度量的可靠性和有效性。
5. 从统计学角度分析数据并将其转化成关于目标总体的有意义的信息。

6.2.4　样本质量评价工具

在任何调研中都很容易犯错，从而导致结果有偏。这些偏差可被分为抽样误差和非抽样误差两种。通过比较相同方法下实施的抽样调查和普查所得结果之间的差异，便会发现随机抽样误差。发现抽样误差的两大困难是：（1）在调查研究中很少实施普查；（2）只有在抽取了样本并完成了数据收集之后，才会出现抽样误差。

抽样误差（Sampling error）是指在目标抽样单位选择的过程中或样本容量的决定过程中出现错误而导致的偏差。随机抽样误差主要是由抽样单位被抽中的机会发生变化而造成的。即使抽取了合适的抽样单位，它们也很可能依然无法完全代表既定的目标总体，但通常能得到相对可信的估计。当抽样的统计估计值与总体的实际值之间存在差异时，抽样误差便产生了。事实上，增加样本容量可以降低抽样误差。虽然增加样本容量可以减少抽样误差，但如果只是为了降低标准误差而增加样本容量就不值得了。

非抽样误差（Nonsampling error）无论是在抽样调查中还是在普查中都会出现。该误差可能发生在调查过程中的任何阶段。例如，目标总体没有被准确定义可能会导致总体抽样框误差，不恰当的提问或测量方法会导致测量误差，糟糕的问卷设计会导致回答误差，在数据的收集录入过程中以及原始数据的编码与分析过程中也会存在很多误差。总之，研究范围越广，产生非抽样误差的可能性就越大。与抽样误差不同的是，没有任何统计方法能够评价非抽样误差对所收集数据质量的影响。然而，大多数调研人员都会意识到，不管采用何种数据收集方法，各种形式的非抽样误差都会降低数据的整体质量。非抽样误差一般与数据的准确性有关，而抽样误差则与样本对既定目标总体的代表性有关。

连续案例分析：圣塔菲烤肉餐厅

商业顾问已建议圣塔菲烤肉餐厅进行一次消费者调查，并提供了多种收集数据的方法。第一种方法是请消费者于就餐前或就餐后在餐桌上完成问卷；第二种方法是在消费者离开饭店时请他们稍作停留来回答问卷；第三种选择是将问卷发给消费者，请他们回家完成后再邮寄回来；第四种选择是在购物中心拦截消费者完成问卷；第五种选择是在电脑上下载一种软件并编制一个可以随机抽选消费者的程序，在消费者付完账时告诉他们如何到网站上完成调查。但最后一种选择成本较高，因为设计计算机程序在网上进行调查比在饭店发纸质问卷给消费者昂贵。

顾问和餐饮业专家已经集体讨论过采用哪种方式收集数据最好，但目前他们尚未给店主任何其认为合适的选择。

1.选择哪一种数据收集方式最好？为什么？

2.是否应该从竞争对手的消费者那里收集数据？如果可以，有哪些可行的方法可以帮助其收集数据？

6.3 概率抽样和非概率抽样

有两种基本的抽样设计：概率抽样和非概率抽样。图表6-2列出了两种抽样设计所各自包括的不同抽样方法。

图表6-2 概率抽样和非概率抽样法的种类

概率抽样法	非概率抽样法
简单随机抽样	便利抽样
系统随机抽样	判断抽样
分层随机抽样	配额抽样
整群抽样	滚雪球抽样

在**概率抽样**（Probability sampling）中，每个既定目标总体的抽样单位被选中成为样本的概率是已知的。也就是说，每个抽样单位实际被抽中的概率是否相等取决于选用哪种概率抽样方法。在进行调研之前，就应确定从总体中选择样本的具体规则，以确保（1）抽样单位无偏，以及（2）抽选的样本可以代表既定目标总体。概率抽样能使研究人员通过计算样本与总体间存在差异的概率来判断所抽取样本的可靠性和有效性。事实上，这种差异可能部分是由抽样误差所导致的。使用概率抽样设计得到的结果可以在给定的误差范围内推断目标总体。

在**非概率抽样**（Nonprobability sampling）中，每个抽样单位被抽中的概率是未知的。因此，抽样误差也是未知的。研究人员会根据直觉判断或认知水平来选取抽样单位。样本对既定目标总体的代表性，取决于抽样方法的选择和调研人员在抽样过程中的执行情况。

6.3.1 概率抽样设计

简单随机抽样（Simple random sampling）是一种概率抽样方法。在这种方法中，每个抽样单位被选中的概率是相等且已知的。例如，教师若想从参加营销调研课程学习的 30 名学生中抽取 10 名作为样本，便可以将每个学生的名字单独写在大小相同的纸片上，然后将其全部放进帽子里，则每名学生被抽中的概率都是相同且已知的。事实上，包括 SPSS 在内的许多软件程序都有抽取随机样本的选项。

简单随机抽样有许多优点。首先，这种方法容易理解，而且所得调查结果可以在指定的误差范围内推断既定目标总体。其次，进行简单随机抽样能得到对总体特征的无偏估计。最后，使用这种方法能确保每个抽样单位被抽中的机会是相同且已知的。也就是说，不论样本的实际容量怎样，抽中的样本都能有效代表既定目标总体。简单随机抽样的主要缺点则是难以获得目标总体中抽样单位准确完整的名录。简单随机抽样要求所有的抽样单位都是已知的，因此其更适合总体容量较小且可获得准确抽样单位名录这种情况。

系统随机抽样（Systematic random sampling）是与简单随机抽样相类似的一种随机抽样方法，但它要求既定目标总体以某种方式排序，且通常会以消费者列表、纳税人名录或者会员名册的形式给出。在调查实践中，系统随机抽样已成为一种常用的抽样方法。与简单随机抽样相比，系统随机抽样实施起来更加快捷，因此它的成本更低。如果实施得当，则用系统随机抽样抽取的对象或目标受访者的样本在数据质量上与简单随机抽样所得到的样本非常接近。

使用系统随机抽样时，研究人员必须确保有关组成既定目标总体的抽样单位的信息是完备的。但不同于简单随机抽样的是，系统随机抽样在进行抽样前并不需要给抽样单位具体编码，而是根据抽样单位的位置，利用抽样间隔来选择样本。抽样间隔等于既定目标总体中所有抽样单位的数量除以所需的抽样单位数。抽样间隔可以通过以下公式计算获得：

$$\text{抽样间隔} = \frac{\text{既定目标总体规模}}{\text{预期样本规模}}$$

例如，如果调研人员想要从容量为 1 000 的总体中抽取 100 个样本，则抽样间隔为 10（1 000/100）。而且，一旦确定了抽样间隔，调研人员便可以任选一个起点，每隔 10 个单位选取一个样本，直到完成对整个既定目标总体的抽样。图表 6-3 列示了调研人员实施系统随机抽样的步骤。

优缺点　人们之所以经常使用系统随机抽样，是因为在确保随机性的条件下，它是一种相对简单的抽样方法。在调研人员看来，系统随机抽样中样本名录的可获得性和实施的便捷性使其成为一种比简单随机抽样更有吸引力且更经济的抽样方法。系统随机抽样最大的缺点是数据中所隐含的规律性可能会导致偏差的产生。它的另一个缺点是必须知道目标总体中抽样单位的数量。当目标总体的容量很大或未知时，确定抽样单位的数量将变得非常困难，所估计的结果也可能不太准确。

图表6-3 实施系统随机抽样的步骤

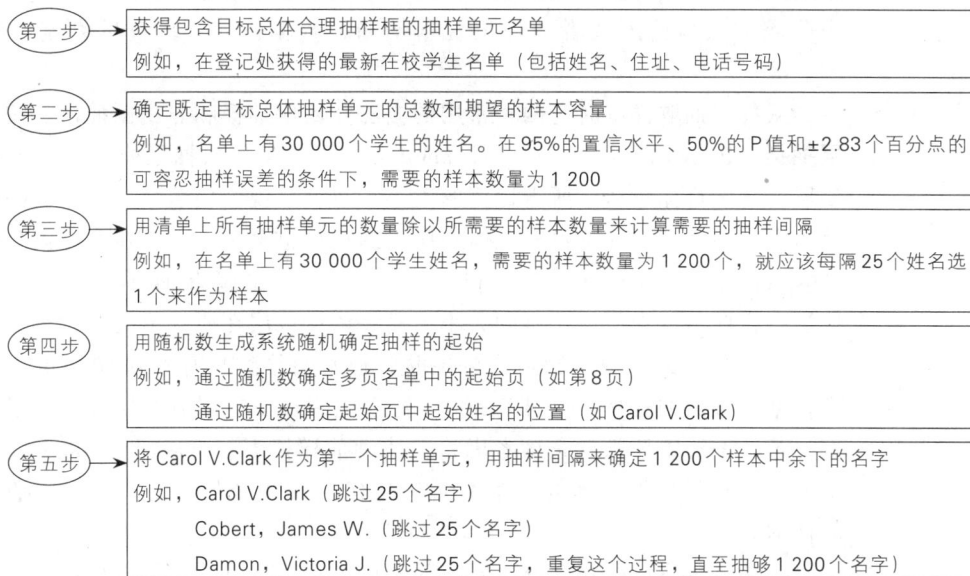

第一步 ▶ 获得包含目标总体合理抽样框的抽样单元名单
例如，在登记处获得的最新在校学生名单（包括姓名、住址、电话号码）

第二步 ▶ 确定既定目标总体抽样单元的总数和期望的样本容量
例如，名单上有30 000个学生的姓名。在95%的置信水平、50%的P值和±2.83个百分点的可容忍抽样误差的条件下，需要的样本数量为1 200

第三步 ▶ 用清单上所有抽样单元的数量除以所需要的样本数量来计算需要的抽样间隔
例如，在名单上有30 000个学生姓名，需要的样本数量为1 200个，就应该每隔25个姓名选1个来作为样本

第四步 ▶ 用随机数生成系统随机确定抽样的起始
例如，通过随机数确定多页名单中的起始页（如第8页）
通过随机数确定起始页中起始姓名的位置（如Carol V.Clark）

第五步 ▶ 将Carol V.Clark作为第一个抽样单元，用抽样间隔来确定1 200个样本中余下的名字
例如，Carol V.Clark（跳过25个名字）
Cobert，James W.（跳过25个名字）
Damon，Victoria J.（跳过25个名字，重复这个过程，直至抽够1 200个名字）

注：调研人员必须将总体名单看做连续的或"循环的"。也就是说，抽样过程中必须不断地出现以Z开头的名字，然后才是以A开头和以B开头的名字。这样，第1 200个被抽到的名字就会是第一个被抽到的名字前的第25个名字。

营销调研指南：为圣塔菲墨西哥烤肉餐厅选择系统随机样本

在过去三年里，圣塔菲墨西哥烤肉餐厅（Santa Fe Grill）的店主按字母顺序编制了一份包含1 030位顾客的名单。调研目标是获得系统样本里100位顾客的意见。在决定从1 030位顾客组成的抽样框中抽取100个样本之后，店主先计算了抽样间隔1 030/100。抽样间隔等于目标总体数（即样本框）除以预期样本容量（1 030/100 = 10.3）。当结果是小数而不是整数时，通常四舍五入取整数。因此，我们已经有效地把抽样框分割成100个区间，大小为10。从1到10的数字中，我们必须随机挑选一个数字去选取系统样本的第一个个体。例如，如果初始选中数字是4，那么将选取抽样框中的第4个个体，之后每隔10个个体被选中。最初的起点是第4个个体，样本里选择的其余个体是第14个，第24个，第34个，以此类推，直到所选择的最后一个个体是第1 024个。故此项调查中，将选中103位顾客进行调查。

分层随机抽样（Stratified random sampling）是将总体分为不同的子群，即所谓的"层"，再从各层选取所需样本。分层随机抽样相当于将既定目标总体分割为容量更小、个体间同质性更强的子群。

为了确保样本满足所要求的精度，应在每个小的总体（层）中抽取有代表性的样本。分层随机抽样包括如下三个基本步骤：

1.将目标总体分为几个同质的子群或层。

2.从各层中随机抽取样本。

3.将从各层中抽取的样本合并为目标总体的样本。

例如，如果调研人员要研究某地区家庭防盗系统的市场潜力，则他们会将该地区的住户划分为不同的层。分层所依据的变量包括对家庭财产的估价、家庭收入、人口密度或者地理位置（例如，根据犯罪率的高低划定的地区范围）等。

从各层抽取样本时有两种常用的方法：比例抽样和非比例抽样。**按比例分层抽样**（Proportionately stratified sampling）时，从每层抽取样本的容量取决于该层在既定目标总体中所占比例的大小。也就是说，层越大，所抽取的份额也就越大，因为它在既定目标总体中所占的比例也会越大。而在**非比例分层抽样**（Disproportionately stratified sampling）中，从每层抽取的样本容量并不依赖于该层在目标总体中所占比例的大小，而是依据该层在研究中的相对重要性。例如，依据员工的人数对制造商分层时，通常会导致只有不到10个员工的制造商占据了很大的比例，而拥有500个甚至更多员工的制造商却只占了很小的比例。若从经济重要性的角度考虑，与比例抽样相比，应从拥有500个或更多员工的公司那里抽取更多的样本，而从拥有不到10个员工的公司中应抽取较少的样本。

优缺点   将目标总体分成同质的子群有很多优点，具体包括：（1）确保样本的代表性；（2）可以分别研究每一层的样本，并在层与层之间进行比较；（3）能更准确地估计目标总体且误差更小。事实上，分层抽样所面临的最大困难是分层所产生的偏差。分层抽样依据所研究目标总体的特征来分层，但调研人员很难获得关于总体特征的二手信息，因此不得不使用稍差些的标准来为目标总体分层。在通常情况下，分层越多，结果的准确性越高。但如果分层没有意义，则只会浪费时间和经费，而不会带来任何有意义的结果。

整群抽样（Cluster sampling）类似于分层抽样，两者的不同之处在于整群抽样是将抽样单位分为相互独立且完备的子集，称做群。假定每个群都能代表目标总体的异质性，则可能会采用整群抽样来分组的例子包括：特定某天光顾某家商店的消费者，特定时间（如日场）看电影的观众，或者在特定某周内所发出的货物。群一经确定之后，在既定的群内，既可以采用简单随机抽样方法，也可以采用全面调查群内所有抽样单位（普查）的方法。

比较常用的整群抽样为**地区抽样**（Area sampling）。在地区抽样中，群是根据地理特征来划分的。在抽样中可以使用任何具有可确定边界的地理单元，如大都市统计区（MSAs）、城市、自治市区以及街区等。当使用地区抽样时，调研人员还有两个附加选择：一步法和两步法。在决定使用一步法时，研究人员必须充分掌握不同地理群的初始信息，从而确保最初依据特定因素划分的所有地理群基本上是相同的。由于假定所有群是相同的，因此调研人员就可以集中精力研究某个特定的群并概括总体特征。这种抽样方法的抽样概率就是随机抽取一个地理群的概率，然后再对该群的所有抽样单位进行普查。

优缺点   由于性价比较高且实施便捷，整群抽样的应用十分广泛。在很多情况下，调研人员可用的唯一有代表性的样本框就是根据一系列群（如州、国家、大都市统计区、普查手册等）而确定的。通常汇编上述地理区域、电话局或者住宅区信息的名录比较容易，从而不必再去汇编所有构成目标总体的抽样单位名录。

整群抽样也存在一些缺点，且其缺点主要来自于群内部的同质性。事实上，同质性越高，样本估计的准确性就越差。在理想的情况下，群内的个体应该与总体中的个体具有相同的异质性。

整群抽样的另一个问题是在群组间用于识别抽样单位的群组分类因子是否合适。当既定目标总体保持不变时，抽样单位在各群组间的划分会随着群组分类因子的改变而改变。因此，在地区抽样中选择划分群的变量时，一定要慎重。

营销调研指南：比例分层抽样与非比例分层抽样，哪个更好？

圣塔菲墨西哥烤肉餐厅的店主有一张按年龄分组且包含 3 000 个潜在顾客的名单。他们通过统计公式来确定，利用比例分层抽样方法抽取 200 名顾客便可为决策制定提供准确的信息。以年龄为分层标准，使用比例抽样从每层抽取的抽样单位的容量位于下表的第 4 列。但如果他们认为每层的样本容量应该与其在经济方面的重要性有关，而 18~49 岁的群体在外出就餐中是最主要的消费者群体且花费最多，那么就应如下表第 5 列中非比例抽样所示，每层抽取的样本数并不是由该层的容量所决定的，而是由该层的经济重要性所决定的。

应该使用比例抽样还是非比例抽样呢？这相当于在问经营者做决策则是以经济上的重要性为依据还是以其他准则为依据？

(1) 年龄组	(2) 每层的人数	(3) 每层人数的百分比	所抽取的抽样单位数	
			(4) 按比例抽取的样本容量	(5) 并非按比例抽取的样本容量
18~25 岁	600	20	40=20%	50=25%
26~34 岁	900	30	60=30%	50=25%
35~49 岁	270	9	18=9%	50=25%
50~59 岁	1 020	34	68=34%	30=15%
60 岁及以上	210	7	14=7%	20=10%
总计	3 000	100	200	200

6.3.2 非概率抽样设计

便利抽样（Convenience sampling）是一种单纯基于便利因素来抽取样本的抽样方法。例如，在商场和其他人员流动较大的地方实施调查时，便利抽样是一种常见的抽样方式。便利抽样会假定商场中的受访者与所研究的既定目标总体特征相似。事实上，很难准确评价样本的代表性。鉴于数据收集中的主观选择和自愿参与性，调研人员在只使用便利抽样时还应考虑到拒访误差的影响。

优缺点 便利抽样能够在相对较短的时间内访问大量的应答者，因此便利抽样常被用于调查的初始阶段，具体包括架构的形成、量表的设计和问卷在预调查中的使用等。但是，用便利抽样来设计架构和量表很可能存在风险。例如，假定一名调研人员设计服务质量的量表，在初始阶段将300名商科本科生作为便利样本。虽然大学生也是接受服务的消费者，但还是应考虑其能否代表一般性总体。当研究较大的目标总体时，用大学生便利抽样所建立的架构和量表将不再可靠。便利抽样的另外一个缺点是，其数据对既定目标总体而言不具有可推广性。由于无法计算样本误差的估计值，因此也就无法衡量样本的代表性。

判断抽样（Judgment sampling）有时被称为目的抽样，受访者被选中的原因是调研人员认为他们能够满足研究的需要。例如，如果想知道消费者的需求是否在发生改变，或者当评价公司的产品/服务业绩时，就应该访问销售代表而不是消费者。类似的，像宝洁这种日用消费品公司会选择一些关键客户作为样本以获取诸如佳洁士牙膏或洗好洗涤剂等产品的消费模式和需求变化信息。判断抽样通常假定专家所做出的选择能够代表目标总体。

优缺点 如果调研人员的判断是正确的，那么通过判断抽样生成的样本会比便利抽样样本更具有代表性。然而，与所有非概率抽样方法一样，判断抽样也无法衡量样本的代表性。因此，在解释用判断抽样所收集的数据时，一定要十分谨慎。

配额抽样（Quota sampling）是根据对人口统计特征（如年龄、种族、性别和收入等）、特定态度（如满意/不满意、喜欢/不喜欢、极好的/一般的/极差的质量）或者特定行为（如常客/偶然光顾/几乎不光顾的消费者、产品用户/非产品用户）的预定配额来选择目标调查对象的。配额抽样的目的是为了确保所期望的总体子群具有代表性。

优缺点 配额抽样主要的优点是样本所包含的子群符合调研人员的预期比例。事实上，配额抽样能保证调查中确定和包含合适的子群，并且配额抽样还降低了现场工作人员的选择偏差。配额抽样所固有的局限性则是研究的成功与否取决于研究人员的主观决策。由于其为非概率抽样，因此配额抽样也无法衡量样本的代表性。也就是说，根据配额抽样所得到的结论是令人质疑的。

滚雪球抽样（Snowball sampling）需要在实施过程中找到一组受访者，使其帮助调研人员找到更多的人来参与调查。这种抽样方法也叫做连环抽样，因为一个受访者会推荐其他的潜在受访者。通常在既定目标总体很小且十分罕见以及汇编完整的抽样单位名录很困难的条件下，才使用滚雪球抽样。例如，研究为儿童希望基金会等慈善机构服务的志愿者的态度和行为时，使用传统的抽样方法需要花费大量的时间和费用才能找到足够多的受访者，但滚雪球抽样可以用更低的成本得到更好的结果。调研人员会先访问一个合格的受访者，然后再请其帮忙以找到具有相似特征的其他人。由于某些社会群体成员的信息是不对外公开的，因此来自于这些群体内部的信息通常会更加准确。滚雪球抽样的内在逻辑是每个不常见的社会群体都趋向于形成其独特的社交圈。

　　优缺点　滚雪球抽样适合寻找来自于群体容量较小、难以接触的独特既定目标总体的受访者。作为一种非概率抽样方法，它对定性研究具有重要作用。但是，滚雪球抽样也很可能导致在研究中出现偏差。如果在某社会群体中熟悉和不熟悉的人之间存在显著差异，则采用这种抽样方法就会出现问题。与所有其他非概率抽样方法一样，滚雪球抽样对目标总体的推断能力也十分有限。

6.3.3　选择合适的抽样设计

　　选择合适的抽样设计需要考虑许多因素，图表6-4归纳了需要考虑的主要因素。仔细阅读图表6-4，并回顾你对这些因素的理解。

图表6-4　在选择抽样设计方案时需要考虑的因素

选择因素	问题
研究目标	研究目标要求使用定性研究设计还是定量研究设计？
精确度	研究要求预测或推断既定目标总体，还是只需初步的了解？
资源	对于可投入到调查项目中的人力和财力有没有明确的预算约束？
时间限制	调查计划必须在多长时间内完成？
对目标总体的了解	有没有既定目标总体中个体的完整名录？ 形成令人满意的计划调查对象或符合要求的抽样框的难易程度如何？
研究范围	调研范围是国际的、全国的、区域的还是地方的？
统计分析需要	数据要求的统计显著性的精确度是多少？做统计检验时，假设存在的差异有哪些？

连续案例分析：圣塔菲烤肉餐厅

　　商业顾问建议实施一次消费者调查。餐厅每周7天为消费者提供午餐和晚餐。顾问考虑用概率抽样和非概率抽样两种方式收集消费者调查的数据。

　　1.对于圣塔菲烤肉餐厅所进行的消费者调查，选择哪种抽样方式最好？为什么？

　　2.在很受欢迎的餐厅，有哪些可行的抽样方法可被用来收集消费者数据？

6.4 确定样本容量

确定样本容量并不容易。由于数据收集通常是调研中花费最多的部分，因此调研人员必须考虑估计值所能达到的精确度和收集数据所需花费的时间和费用。概率抽样设计和非概率抽样设计所确定的样本容量会有一些差异。

6.4.1 概率样本容量

在概率抽样设计中，影响样本容量的主要因素包括：

1.总体方差。它能够测度总体分布的分散程度，其平方根被称为总体标准差。方差变化越大，所需样本容量也越大。

2.估计的置信水平。置信是指真值的估计值落在我们所选择的精度范围内的可能性。例如，营销调研人员通常为他们的项目选择90%或者95%的置信水平。期望的置信水平越高，所需样本容量也就越大。

3.估计目标总体所需要的精度。**精度**（Precision）是指样本估计所能够接受的误差量。例如，如果我们想去估计成为圣塔菲墨西哥烤肉餐厅的回头客可能性（基于一个7分量表），在±1的波动范围内是否可以接受？所需样本结果的精度越高，期望的误差就越小，样本容量也就越大。

对于一个特定样本容量，对置信水平和精度的考虑有一个权衡，置信水平和精度的要求必须达到平衡。通常由委托方和调研人员根据调研现状确定以上两方面。

样本容量可通过统计理论推导的公式来计算。考虑到现实状况，诸如预算和时间的限制，经常会使用"特设"方法。例如，根据经验法则，考虑以前类似的研究、研究者的个人经验，或者仅仅根据预算来确定样本的容量。无论样本容量如何确定，所选的样本应该具备足够的样本容量且达到一定的质量，以保证该样本的精度和一致性。

当公式被用来确定样本容量时，根据调查目的的不同（预测总体均值或总体比例），确定样本容量的公式也不尽相同。这些公式可被用于估计简单随机抽样的样本容量。当需要估计总体均值时，样本容量的计算公式为：

$$n = \left(Z_{B,CL}^2\right)\left(\frac{\sigma^2}{e^2}\right)$$

其中，$Z_{B,CL}$=标准误差的置信水平；

σ_μ=根据先验信息得到的总体标准差σ的估计值；

e＝可接受的误差容忍水平（以百分点的形式表示）。

当需要估计总体比例时，计算所需样本容量的标准公式为：

$$n = \left(Z_{B,CL}^2\right)\left(\frac{[P \times Q]}{e^2}\right)$$

其中，$Z_{B,CL}$＝标准误差的置信水平；

P=根据直觉或先验信息对具有期望特征的预期总体比例的估计；

Q=-[1-P]，或者等于对不具有期望特征的预期总体比例的估计；

e = 可接受的误差容忍水平（以百分点的形式表示）。

在消费者调研中，若既定目标总体容量低于500，则研究人员应考虑进行普查而不是抽样调查。它背后的逻辑是，根据理论观点，大部分研究至少要包含384个抽样单位才能满足95%的置信水平和±5%的抽样误差。

在企业对企业的调研中，样本容量的问题不同于总体几乎都很大的消费者调研。在企业对企业的调研中，总体通常只有200~300个个体，这时多大的样本容量是可以接受的呢？在这种情况下，要尝试接触和完成对总体中所有个体的调研。虽然可接受的样本比例可能低至30%左右，但最终决策还是要在了解了调查对象的概况后才能做出。例如，可以查看职务名称以确定样本是否能合理代表所有相关的人员。调研人员还要确定公司不同业务规模的客户在样本中所占的比例，以避免样本只包含相对较小的公司或不能代表公司全部的客户。无论采用哪种方法，在进行最终的分析时一定要知道实际的受访者是谁才能准确地解释调查所得的结论。

6.4.2　从小群体中抽样

在前面描述的公式，总体大小对样本量的确定没有影响。对"大"的总体来说这总是正确的。然而，当研究小群体时，上述公式的使用可能会导致不必要的大样本量。例如，如果样本量比5%的总体规模还大，那么计算出来的样本容量应该乘以如下的修正因子：

$$N/(N+n-1)$$

其中，N = 总体规模；

n = 依据原始公式计算出来的样本量。

因此，调整的样本容量计算公式为：

$$样本容量 = (指定的置信水平 \times 方差/预期精度)^2 \times N/(N+n-1)$$

6.4.3　非概率样本容量

非概率抽样的样本容量不能通过公式来确定，通常是由调研人员根据过去的研究、行业标准或可用资源的数量做出主观、直觉的判断。无论采用哪一种方法，抽样结果都不能被用于对真实的总体参数进行统计推断。调研人员可以比较样本的具体特征，例如年龄、工资和教育，并注意到样本与总体相似，但最多只能用来提供对抽样结果的描述。

6.4.4　其他确定样本容量的方法

样本容量的确定经常使用不正规的方法。例如，几乎总会考虑预算，样本容量的确定要依据委托方的支付能力。一种相关的方法是基于以往同类研究的样本容量，该样本容量被认为是可比的，并且被视为能够产生可靠和可信的结果。通常也会考虑被调查的子群数量，以及为了得出每个子群的结论所需要的每个子群最小容量。一些调研人员认为最小子群的样本容量应该是100，然而很多人认为子群的样本容量为50是足够的。如果最小子群样本容量为50，并且有5个子群，那么总的样本容量将会是250。最后，有时候样本容量由问卷上问题的数量确定。例如，典型的经验法则是每个问题需要5个受访者。因此，如果那里有25个问题，那么建议样本容量为125。决定使用哪种方法或者方法组合，需要调研专家和管理者的判断，然后选择最好的。

营销调研指南：用SPSS抽取随机样本

我们的抽样目标是从被调研的两家墨西哥餐厅抽取一个由100位消费者组成的随机样本。405次访谈中的每一次代表一个抽样单位。抽样框是被调研的圣塔菲墨西哥烤肉餐厅和若泽西南咖啡厅的405位消费者的名单。用SPSS抽取随机样本的操作如下：DATA→SELECT CASES→RANDOM SAMPLE OF CASES→SAMPLE→EXACTLY→"100" CASES→FROM THE FIRST "405" CASES→CONTINUE→OK。在以上操作中，必须依次选择每个选项，注意在CASES中输入"100"，在FROM THE FIRST CASES的空白处输入"405"。未选中的受访对象（个案）在数据窗口中对应的ID列用斜线（/）标示出来。

任何的数据分析都是基于被选中的100人所组成的随机样本。下表展示了行驶不同的距离到两家餐厅就餐的消费者数量和相应的百分比。频数这列数据表示样本中有27位消费者行驶距离小于1英里，37位消费者行驶距离是1~5英里，36位消费者行驶距离大于5英里，一共有100位消费者。使用SPSS软件将会得到如下分析结果。

X30—行驶距离	频数	有效百分比（%）	累计百分比（%）
小于1英里	27	27	27
1~5英里	37	37	64
大于5英里	36	36	100
总计	100	100	

营销调研指南：抽样和在线调查

在线数据收集业务迅猛发展，现在几乎已占到全美国市场的60%。以下是使用在线数据收集方法与抽样相关的一些问题：

1.难以界定和获取总体。采用电子邮件选择调查对象可能会保证地域的广泛性，但是无法保证征集到有效调查者。例如，相对于电子邮件，使用手机短信更容易联系到年轻人。同样，使用电子邮件征集可能无法接触到潜在调查对象，因为有可能会被邮件系统自动列为垃圾邮件，或者因浏览器或其他的兼容性问题导致无法查阅邮件。

2.难以或无法选择随机样本。样本名录通常难以获取或不可信。

3.最近的一些研究表明，即使对一些特殊群体进行加权处理，从在线样本库（Online panels）抽取样本所得的调查数据依旧不准确。此外，尽管非概率在线调查法成本低，且可接触到满足复杂研究课题所需要的精度的子群体，但其代价是调查数据准确性的降低。一项研究表明，在线样本不应该是选择"志愿者"，而应该通过使用捆绑在固定电话和手机联系上的概率方法进行征招。[①]

4.如果无法使用随机样本，那么就无法对结果进行推广。

这些问题并不会阻碍调研人员使用在线数据收集方法。相反，这些问题需要在数据收集之前仔细评估。

6.5 制定抽样设计的步骤

学会如何确定样本容量和如何使用不同的抽样方法，便掌握了抽样理论的核心内容。此后，调研人员就可以制定抽样设计方案了。**抽样设计**（Sampling plan）是确保所收集的数据能够代表总体的蓝图。规范的抽样设计包括以下步骤：（1）确定目标总体；（2）选择数据收集方法；（3）确定所需要的抽样框；（4）选择合适的抽样方法；（5）确定必要的样本容量和整体接触率；（6）为选择抽样单位制订操作计划；（7）实施操作计划。

第一步：确定目标总体

在任何抽样设计中，研究人员的首要任务就是确定调查人群或对象。以研究问题和调研目的为指导，便可确定目标总体的特征。另外，对目标总体的了解，还可以帮助调研人员成功抽取到有代表性的样本。

第二步：选择数据收集方法

调研人员会根据问题的定义、对数据的要求以及调查目的来选择从总体中收集数据的方法，包括访谈法（例如，个人访谈或电话访谈）、自我管理问卷调查或者观察法等。事实上，收集数据的方法对调研人员选择抽样框具有一定的指导作用。

第三步：确定所需要的抽样框

调研人员一定要找到符合条件的抽样单位名录。具体来说，名录上应包括有关目标抽样单位（个人或对象）的信息，以便调查者与其保持联系。不完整的抽样框会降低获得有代表性样本的可能性。抽样名录的来源有很多（如公司内部数据库的消费者名录、随机数字拨号、某机构的会员花名册或从抽样供应商那里购买等）。

第四步：选择合适的抽样方法

调研人员通常会在概率抽样和非概率抽样中选择抽样方法。如果调查结果要被推广到总体，则与非概率抽样方法相比，概率抽样方法能提供更为准确的信息。如前所述，选择抽样方法时，研究人员一定要考虑以下7个因

---

① http://www.knowledgenetworks.com/accuracy/spring2009/Dennis-Osborne-Semans-spring09.html, accessed April 29, 2009.

素：（1）研究目的；（2）要求的精度；（3）可获得的资源；（4）时间限制；（5）对目标总体的了解；（6）研究范围；（7）统计分析需要。

第五步：确定必要的样本容量和整体接触率

在抽样设计的这一步，研究人员要确定样本估计值的准确度和收集数据所需花费的时间和费用。为了确定合适的样本容量，在做决策时一定要考虑：（1）所调查目标总体特征的方差；（2）估计中要求达到的置信水平；（3）所要求的精度。调研人员还要确定进行数据分析需要多少有效问卷。

在这一阶段，调研人员还必须考虑如果调查数量少于预期数量，则会对样本统计的准确性产生怎样的影响。另外，还有一个很重要的问题是："为达到估计的样本容量，必须找到多少个目标抽样单位并额外支付多少成本？"

第六步：为选择抽样单位制订操作计划

调研人员必须确定如何联系样本中的目标调查对象。另外，研究人员还应撰写访谈实施细则，从而使采访人员知道自己该做什么以及如何处理在接触目标受访者时所遇到的问题。例如，如果采用购物中心拦截访谈来收集调研数据，则必须指导采访人员应如何选择应答者以及如何进行访谈。

第七步：实施操作计划

这一步相当于从受访者那里收集数据，最重要的是在调查过程中保持一致性和控制力。

市场营销调研实践：为新菜单的初步调查制订抽样计划

为了保持在餐饮业的竞争力，圣塔菲烤肉餐厅的店主意识到，必须定期推出新的菜品为当前的消费者提供多样的选择并吸引新的消费者。意识到这一点后，圣塔菲烤肉餐厅的店主发现，要用营销调研来解决三个问题。第一个问题是，菜单中是否应包括一些除传统西南烹调风味以外的菜品？例如，是否应该添加一些标准美式烹调、意大利风味或者欧洲烹调风格的菜品？第二个问题是，不管开发哪种风格的菜品，调查中应包括多少种新菜品（如开胃菜、主菜和餐后甜点）？第三个问题是，选取受访者时应制订什么样的抽样计划？这些受访者是谁？他们是当前的消费者、新消费者还是过去的消费者？

实践练习

在理解了抽样的重要性及其将对调查结果的有效性和准确性产生的影响之后，店主到当地的一所大学询问了一个学习营销调研的班级能否协助他们开展这项调查。店主提出以下几个必要的问题：

1. 调查中应包含多少问题才能充分全面地讨论新菜单？具体包括评价新烹调风格是否可取等。具体地说，就是如何才能确定调查已包含了所有必要的菜品，从而避免了潜在消费者喜欢的菜品没有被考虑进来的风险？

2. 应该如何选择调查中的目标受访者？应该在消费者用餐时对其进行访问，还是应该在消费者离开餐厅时要求他们参与调查？或者是否应该以邮寄或电话访谈的方式从消费者或非消费者那里收集信息？

根据上述问题，你的任务是制定一个方案来讨论下列问题：

1.调查中可以包括多少种新菜品？记住，要评估所有可能的潜在菜品，但一定要控制问题的数量以使得调查能按时并以合理的方式进行。当调查中可列入菜单的菜品不计其数时，最佳的菜品数量应为多少？在决定调查中能够使用的最大菜品数量时，是否可以应用抽样调查？

2.确定恰当的抽样设计。为圣塔菲烤肉餐厅制定抽样设计方案，并讨论下列问题：应该使用概率抽样还是非概率抽样方法？根据你的答案，应该采用哪一种具体的抽样方法（简单随机抽样、分层抽样、便利抽样等）？鉴于所选择的抽样方法，怎样为调研选择目标受访对象？最后，确定必要的样本容量并给出抽取抽样单位的具体计划。

6.6 总结

1.解释抽样在调研过程中的作用

抽样是利用总体的一部分对总体进行估计。在日常生活中，我们经常应用抽样的基本原理。例如，在挑选要观看的电视节目时，会先选择一段节目看看；在决定是否要购买汽车时，要先试驾；在确定要吃的东西是否太热或者是否还需要加点调料时，要先尝尝。目标总体这个术语，是用来确认调查中所需要的全部个体（例如，人或对象）的集合。调研人员从目标总体中选取抽样单位，并据此得出有关目标总体的结论。若要给出对总体参数的精确估计，则样本就必须能够代表目标总体。

抽样调查通常是在营销调研而非普查中使用的，因为抽样可以大幅减少收集数据所需花费的时间和资金。

2.区分概率抽样和非概率抽样

在概率抽样中，既定目标总体中每个抽样单位被选中的概率都是已知的。所采用的概率抽样方法不同，每个抽样单位被抽中的实际概率也不一定相等。在非概率抽样中，抽取每个抽样单位的概率是未知的。抽样单位的选取是以调研人员的直觉判断或认知程度为基础的。

在概率抽样中，调研人员通过计算抽样调研结果与既定目标总体之间的差异来判断数据的可靠性和有效性。与总体之间存在差异，部分是因为抽样误差的存在。每一种概率抽样方法，简单随机抽样、系统随机抽样、分层抽样和整群抽样，都有其自身的优点和不足。

在非概率抽样中，抽取每个抽样单位的概率是未知的。因此，也无法准确确定潜在抽样误差。虽然将非概率抽样的结果推广到总体或许会有很多的好处，但是大部分结果都会受数据代表性和可靠性的限制。每种非概率抽样方法——便利抽样、判断抽样、配额抽样和滚雪球抽样——也都有其自身的优缺点。

3.了解在确定样本容量时需要考虑的因素

调研人员在确定样本容量时需要考虑若干因素。时间和经费上的限制常常会影响样本容量。总的来说，样本容量越大，收集数据所消耗的资源就会越多。在确定样本容量时，最重要的三个因素是：（1）所研究总体特征的方差；（2）估计中要求达到的置信水平；（3）估计总体特征所要求的精度。事实上，被调查总体特征的变异性越大，所需的置信水平就会越高。类似的，要求样本结果的精度越高，所需要的样本容量就越大。

在概率抽样中，可以用统计公式来确定样本容量。确定非概率抽样中的样本容量时，通常会采用主观方法，如行业标准、过去的研究或调研人员的主观判断等。既定目标总体的大小并不影响所需的样本容量，除非相对于样本容量而言，总体容量太小。

4.了解制定抽样设计的步骤

抽样设计是确保所收集的数据能够代表既定目标总体的蓝图或框架。进行规范的抽样设计至少应该包括以下几个步骤：（1）确定目标总体；（2）选择数据收集方法；（3）确定所需要的抽样框；（4）选择合适的抽样方法；（5）确定必要的样本容量和整体接触率；（6）为选择抽样单位制订操作计划；（7）实施操作计划。

6.7 关键术语和概念

Area sampling 地区抽样

Census 普查

Central limit theorem （CLT） 中心极限定理

Cluster sampling 整群抽样

Convenience sampling 便利抽样

Defined target population 既定目标总体

Disproportionately stratified sampling 非比例分层抽样

Judgment sampling 判断抽样

Nonprobability sampling 非概率抽样

Nonsampling error 非抽样误差

Population 总体

Precision 精度

Probability sampling 概率抽样

Proportionately stratified sampling 比例分层抽样

Quota sampling 配额抽样

Sampling 抽样

Sampling error 抽样误差

Sampling frame 抽样框

Sampling plan 抽样设计

Sampling units 抽样单位

Simple random sampling 简单随机抽样

Snowball sampling 滚雪球抽样

Stratified random sampling 分层随机抽样

Systematic random sampling 系统随机抽样

6.8　复习题

1.为什么在许多调研中均重点强调要正确定义既定目标总体而不是全部总体呢？

2.解释样本容量与抽样误差之间的关系。在调查研究中，抽样误差是如何出现的？

3.布希公园（Busch Gardens）的执行副总裁了解到有70%的消费者喜欢玩过山车，他希望能够在不超过±2%的可接受误差范围内和95%的置信水平下研究消费者对 Gwazi 云霄飞车的态度。对游乐园内观光者进行个人访谈调研，将需要多大的样本容量？

6.9　讨论

1.概述为什么电话号码簿不适合成为大部分调查研究抽样框的来源。

2.互联网体验。登录 www.surveysampling.com 网站，从菜单中选择"the frame"，在页面上点击"archive"并选择特定的年份（例如，2012 年），回顾有关抽样的文献。选择其中两篇文章阅读，并据此写一篇关于抽样如何影响开展精确营销调研的摘要。

第7章　测量和量表

【学习目标】

通过对本章的阅读，你将会做到以下几点：

1.理解测量在营销调研中的作用。

2.解释四类基本的测量尺度。

3.描述量表设计及其在原始数据收集过程中的重要性。

4.讨论比较量表和非比较量表。

圣塔菲烤肉餐厅：预测顾客的忠诚度

　　第一家圣塔菲烤肉餐厅（Santa Fe Grill Mexican Restaurant）位于得克萨斯州达拉斯市的坎伯兰购物中心，尽管附近已另有一家墨西哥主题餐厅竞争者（若泽西南咖啡厅），但经过18个月的营业后，该餐厅的所有者推断方圆3英里范围内仍会有很多休闲餐饮竞争者。其他竞争者如几个体系完善的全国连锁餐厅：辣椒餐厅（Chili's），苹果派餐厅（Applebee's），T.G.I.星期五餐厅（T.G.I.Friday's）和红宝石星期二餐厅（Ruby Tuesday）也提供一些墨西哥系食物。为了在激烈的餐饮业竞争中巩固顾客群，餐厅所有者最初把重点放在提供最好、最新鲜的"现做"墨西哥食物上，希望令顾客满意。但对当前顾客的几次满意度调查结果显示：尽管很多顾客对该餐厅很满意，但是打算定期来就餐的人却比较少。读过报纸上流行的关于顾客忠诚度的文章后，所有者想要进一步了解影响顾客忠诚度的因素，即什么因素会激励顾客更频繁地回访他们的餐厅？

　　为了更好地理解顾客忠诚度，圣塔菲烤肉餐厅求助于Burke公司（www.burke.com）的顾客满意部。他们评价了几个可相互替代的指标，包括评价顾客忠诚度、向别人推荐和再次就餐的意图，还有销量。Burke公司的代表指出顾客忠诚度直接影响销售量预测的准确性，与人口特征相比，交通密度是销售量预测时的更好指标。此外，顾客更喜欢多家休闲餐饮店聚集的区域，因为这样可以有更多的选择。会议的最后，圣塔菲烤肉餐厅的所有者意识到顾客忠诚度是需要预测的复杂行为。

圣塔菲烤肉餐厅的经验表明，架构和测量的设计十分重要。第一，如果不了解影响顾客忠诚度的关键因素，则会导致直觉猜测，并产生不可信的销量预测。第二，发展忠诚的顾客需要识别并精确定义预测忠诚度的架构（如态度、情感、行为因素）。阅读本章末尾的营销调研实践，以了解 Burke 公司是如何定义和测量顾客忠诚度的。

7.1　测量在信息调研中的重要性

测量是现代社会不可或缺的一部分，然而关于其起源却要追溯到遥远的过去。从前，农民在卖掉谷物、土豆或苹果之前，都必须先与买主确定一个共同的测量单位。之后，随着时间的推移，这个特定的测量单位就被规定为 1 蒲式耳或 4 配克，甚至被更精确地规定为 2 150.42 立方英寸。而且，早期是用被公认为标准 1 蒲式耳大小的篮子或容器来完成测量的。

从这些诸如标准蒲式耳篮子的简单日常测量开始，我们在物理学上也取得了长足的进步，可以测量遥远星体的自转、百万分之一英寸精度的卫星高度或者微秒（一万亿分之一秒）精度的时间。如今，精确的物理测量对航空飞行员穿过浓雾飞行或内科医生实施激光手术而言都是至关重要的。

然而，在大部分营销环境中，需要测量的东西远比高度和时间抽象。例如，大部分决策者都认为，在引进新产品和服务之前，了解顾客是否喜欢这个新产品或服务对公司而言是非常重要的。在许多案例中，这类信息会直接影响到生意的成功与否。然而，与高度和时间不同，要准确测度人们的偏好是十分困难的。可口可乐公司在引进新可乐时，由于没有完全的概念和测量顾客的偏好，结果蒙受了巨大的损失。

由于准确的测量对有效制定决策来说至关重要，因此，本章将提供对测量顾客态度、行为及其他市场现象重要性的一个基本的认识，描述测量的过程和量表设计的原则。本章的重点为测量问题、架构制定和量表测量，同时还讨论了测量态度和行为的一些常用量表。

7.2　测量过程概览

测量（Measurement）是用某种方法系统地描述或量化感兴趣的人物、事件、想法或者对象特性的过程。作为测量的一部分，调研人员先要为所测量的现象分配数字或标签。例如，当对网购汽车的消费者开展调研时，调研人员可能需要收集以下几方面的信息：消费者的态度、认知、过去的网购经历及相关的人口统计特征等。然后，再用数字来代表每个受访者对这些问题的回答。

测量过程包括两个任务：**架构**（Construct）选择/制定和量表测量。为了收集到准确的数据，调研人员在选择合适的量表进行测量之前，必须充分地理解想要测量的是什么。**架构制定**（Construct development）过程的目标就是准确地识别和定义需要测量的对象。反过来，量表测量过程又决定了如何才能准确地测量架构。例如，使用一张十项量表能得到比使用一张两项量表更为准确的测量结果。因此，我们从架构制定开始，然后再转向量表测量。

7.3   什么是架构?

架构是在人的脑海中形成的抽象的想法或概念。该想法是一些相似架构特征构成的组合。这些特征是用来共同定义概念的变量，使概念能被测量。例如，下面列出的这些变量曾被用来测量"客户互动"[①]的概念。

- 这个客户易于交流。
- 这个客户真心喜欢我帮助她/他。
- 这个客户喜欢与别人交谈。
- 这个客户对社交感兴趣。
- 这个客户是友好的。
- 这个客户试图建立人际关系。
- 这个客户似乎对我感兴趣，不仅仅把我看作销售人员，也把我视为一个普通人。

通过使用"同意–不同意"量表得到每个变量的分数，你就可以测量"客户互动"的整体概念。按照一组预定义的规则，每个人的得分可被合并成一个分数。合成后的分数通常被称作一个量表，一个指标，或者一个综合等级。在上面"客户互动"这个例子中，使用五项量表计算个体变量（项目）得分，即1=强烈反对，5=强烈赞同。

假如本项调研的目的是为了确定与餐馆满意度架构相关的特征（变量）。调研人员很可能会回顾与餐馆满意度架构相关的文献，与顾客进行正式和非正式的访谈，再结合他或她自己的经验，将诸如食物质量、服务质量和物有所值之类的变量作为餐馆满意度架构的重要组成部分。这些特征的逻辑组合构成代表满意度架构的理论框架，使调研人员能够对餐馆满意度的概念进行实证调研。

7.3.1   架构制定

必须准确地定义营销架构。回顾一下，架构是一个不可观测的概念，需要用一组相关变量来间接地测量。因此，架构是由若干个相关指标变量组成的，这些指标变量共同定义了需要测量的概念。每个单独的指标都有一个量表测度值。通过获得每个指标的量表测度值并将其加总在一起来获得架构的总得分，这样就可以间接地测量研究的架构。例如，顾客满意度就是一个架构，而在受访者的购物经历中，对某个方面如销售人员的态度，产生的正面（或负面）的

[①]   K. Williams and R. L. Spiro,"Communication Style in theSalesperson-Customer Dyad," Journal of Marketing Research 12(November 1985), pp. 434–442.

感觉就是一个指标变量。

架构制定中首先要准确地定义研究的问题和调研目的。如果最初不能清晰地理解研究的问题，调研人员就很可能收集不到相关的、准确的数据，导致浪费了大量的时间、精力和金钱。架构制定是研究人员识别和确定特性的过程，这些特性可以定义研究人员想要研究的概念。一旦识别了特性，研究人员就必须设计出一套间接地测量这些概念的方案。

架构制定的核心是准确地定义需要测量的对象。首先确定与研究问题相关的对象，然后明确地说明每个对象的主观和客观性质。如果仅需要某具体问题的数据，则调研重点就应放在测量研究对象的客观性质上；但如果需要收集理解对象主观（抽象）性质的数据时，调研人员就必须确定出一些可测量的子成分，并将这些子成分作为测量对象主观性质的指标变量。图表7-1给出了对象及其具体和抽象性质的几个例子。总之，一条简单的原则是：如果可以用物理特征直接测量对象，那么这些特征就应该是具体的变量而不是抽象的架构。抽象的架构一般不是物理特征，且需要间接地测度。下面的专栏"营销调研指南"表明：在架构制定过程中，选择合适的调研对象是很重要的。

图表7-1 对象的具体性质和抽象架构举例

对象	
顾客	具体性质：年龄、性别、婚姻状况、收入、最近购买的品牌、购买开销、购买产品的类型、眼睛和头发的颜色
	抽象性质：对某产品的态度、品牌忠诚度、高参与购买、情感(喜爱、害怕、焦虑)、智力、个性
组织机构	具体性质：公司名称、雇员数量、分店数量、总资产、《财富》500强中的排名、计算机容纳能力、提供产品和服务的种类及数量
	抽象性质：员工竞争力、质量控制、渠道权力、竞争优势、公司形象、消费导向实践
营销架构	
品牌忠诚度	具体性质：购买某品牌的次数、购买某品牌的频率、花销
	抽象性质：喜欢/不喜欢某品牌、对某品牌的满意程度、对该品牌的整体态度
顾客满意度	具体性质：产品、服务或体验的可识别特性
	抽象性质：喜欢/不喜欢某产品，对该产品的正面态度
服务质量	具体性质：接受某项服务的可识别特性，如交流的数量、个人交流、服务供应商的知识水平等
	抽象性质：对每种可识别特性的预期、对绩效的评价判断
广告回应	具体性质：广告(如信息、符号、动作、模型、文字)的实际性质、广告性质的辅助回应和独立回应
	抽象性质：喜爱/不喜爱的评价，对广告的态度

7.4 量表测量

任何问题的回答质量或观察技术都直接取决于调研人员所使用的量表测量

方法。**量表测量**（Scale measurement）是用一系列测量符号来代表受访者在回答特定对象、架构的相关问题时所可能做出的各种反应。测量符号是一些标签和数字的组合，如表示"非常同意"和"非常不同意"的标签，代表不同意义的数字1~7等。

量表测量为不同的应答分配不同的强度。通常将这个强度称作**标度点**（Scale points）。例如，零售商想了解预先选定的一组商店或服务的特性对顾客决定在哪购物这一问题的重要程度。调研人员就指定了不同的强度符号（标度点）来代表每种特性的重要程度，以测度每个商店或服务特性的重要水平。如果用标签作为回答某个问题的标度点，则可能包括：非常重要、比较重要、重要和根本不重要。如果用数字作为标度点，那么可以用10来代表非常重要，1来代表根本不重要。

所有量表测量可分为四类基本尺度：定类、定序、定距和定比。接下来我们将逐个讨论每种尺度。

营销调研指南：了解银行服务质量的测量因素

爱尔兰国家银行想要确定顾客在评价银行服务质量时可能会使用的测量标准。由于预算有限，再加上与当地大学营销学教授合作的意愿，所以本次调研计划对学习基本营销课程的大学生和学习营销管理课程的研究生进行重点调研。调研的目的是确定可代表服务质量的活动和产品。调研人员把这些学生作为调研对象的理由是：他们作为消费者，有着丰富的银行业务往来经验，而且让他们参与进来也是很容易的。调研结果显示同学们通过四个方面来评价银行的服务质量：（1）银行职员的人际交往能力；（2）银行报表的可信度；（3）自动取款机的便利度；（4）人性化的网上银行业务功能。

一个月之后，调研人员对一家大型银行的现有顾客进行了重点调研，这家大型银行是上次调研的大学所在区域的大型银行之一。调研结果显示，这些顾客通过以下六个方面来评价银行的服务质量：（1）银行人员的聆听能力；（2）对顾客业务需求的理解能力；（3）共鸣；（4）对客户问题的反应能力；（5）处理银行业务的技术竞争力；（6）与所接触人员的人际交往能力。

调研人员不确定顾客采用四个还是六个方面的标准来评价银行的服务质量，或者是全部采用？应该用哪一组调研对象才能更好地构建银行服务质量评价体系？怎样做才能更好地理解银行服务质量架构？如何定义银行服务质量？

7.4.1 定类尺度

定类尺度（Nominal scale）是最基本、最低级的量表设计。使用定类尺度时，仅要求受访者给出代表某种类型的描述符号作为对问题的答案即可。由于答案并不涉及对强度的区分，因此无法将答案按次序进行排列。定类尺度只允许调研人员将答案分为几个相互排斥的类别，而且在这些类别之间并没有可测度的距离。因此，唯一可行的数学计算就是数一下每类答案的数量，然后得出众数。图表7-2给出了定类尺度的一些例子。

图表 7-2 定类尺度举例

例 1:

请选择你的婚姻状况。

__已婚　__单身　__分居　__离婚　__丧偶

例 2:

你是否喜欢巧克力口味冰淇淋?

__喜欢　__不喜欢

例 3:

最近 30 天内, 去过以下哪些超市购物?请一一勾选出。

__Albertson's　__Winn-Dixie　__Publix　__Safeway　__Walmart

例 4:

你的性别:

__女　　__男　__变性人

7.4.2 定序尺度

定序尺度(Ordinal scale) 比定类尺度高级。这类测量尺度允许受访者将问题的答案按照重要程度分出等级, 并按顺序排列。因此, 可以确定答案之间的关系, 如"大于/小于""高于/低于""更经常/次经常""更重要/次重要""比较赞成/不太赞成"。适用于定序尺度的数学计算有众数、中位数、频率分布和极差。不能用定序尺度来确定不同等级之间的绝对差异。例如, 受访者可以说他喜欢可口可乐胜过百事可乐, 但是调研人员无法知道他偏好可口可乐的程度。图表 7-3 给出了定序尺度的一些例子。

图表 7-3 定序尺度举例

例 1:

我们想知道你对银行不同业务的喜好, 请在以下列出的业务中选出你最喜欢的三种方式, 用"1"代表你的第一选择, "2"代表你的第二偏好, "3"代表你的第三选择。把数字写在你选择的方式旁边。请不要把相同的数字写在两种不同的方式旁边。

__银行内业务　　　　　　　　　　　__邮寄银行业务

__免下车(供开车进来的客户使用的)窗口　__电话银行业务

__自动取款机业务　　　　　　　　　__网上银行业务

__借记卡业务

例 2:

以下哪种陈述能最好地描述你对英特尔个人电脑处理器质量的看法?(请选择一个合适的答案)

__比 AMD 公司的个人电脑处理器质量好

__和 AMD 公司的个人电脑处理器质量差不多

__比 AMD 公司的个人电脑处理器质量差

例 3:

在以下每对零售折扣店, 圈出你想去购物的那个店。

__卡玛特或塔吉特

__塔吉特或沃尔玛

__沃尔玛或卡玛特

7.4.3　定距尺度

定距尺度（Interval scale）可测度出各个标度点之间的绝对差距。也就是说，各个量表数字之间的距离代表了他们所测量的对象与一个特定对象的差异程度。例如，对圣塔菲烤肉餐厅和若泽西南咖啡厅顾客满意度的调研，使用的是7项定距量表，最小的数字1代表非常不满意，数字7代表非常满意。这种方法使我们能够比较两个餐厅客户满意度的相对差异。因此，通过使用一张定距量表，可以说圣塔菲烤肉餐厅的顾客满意度比若泽西南咖啡馆的顾客满意度要高。

因此，除了可以计算众数和中位数之外，定距尺度还可以计算受访者答案的平均数和标准差。这意味着调研人员的报告结果不仅可以给出定性的差异（更好还是更差），还能给出不同数据之间的绝对差异。图表7-4给出了定距尺度的一些例子。

图表7-4　定距尺度举例

例1：

你有多大的可能将圣塔菲烤肉餐厅推荐给朋友？

肯定不会推荐						肯定会推荐
1	2	3	4	5	6	7

例2：

用0~10的标度范围来表示你对最近接受的银行服务的满意程度，"10"代表非常满意，"0"代表非常不满意。

答案：＿＿＿＿＿＿

例3：

请指出你使用银行不同业务的频率，对于以下所列出的银行业务，圈出最能贴切描述你平时使用每种业务的频率数。

银行业务	从不使用									经常使用
银行内业务	0	1	2	3	4	5	6	7	8	9	10
免下车窗口	0	1	2	3	4	5	6	7	8	9	10
24小时自动取款机业务	0	1	2	3	4	5	6	7	8	9	10
借记卡业务	0	1	2	3	4	5	6	7	8	9	10
邮寄银行业务	0	1	2	3	4	5	6	7	8	9	10
电话银行业务	0	1	2	3	4	5	6	7	8	9	10
网上银行业务	0	1	2	3	4	5	6	7	8	9	10

7.4.4　定比尺度

定比尺度（Ratio scale）是最高级的测量尺度。它不仅可以反映各标度点之间的绝对差异，还可以对不同的答案进行绝对比较。例如，在调查佐治亚州的亚特兰大市有多少私家车时，调研人员知道拥有一辆车和拥有三辆车的差为二。而且，在比较拥有一辆车的家庭和拥有三辆车的家庭时，调研人员还可以推测出拥有三辆车的家庭比拥有一辆车的家庭承担更高的汽车保险费和维护费。

　　在定比尺度中,"绝对零度"或"绝对无关状态"都可作为某个问题的有效答案。一般来说,无论是否采用标度点,定比尺度都会要求受访者给出一个具体数值以作为对问题的回答。除了可以计算众数、中位数、平均数和标准差之外,定比尺度还可以比较不同水平的答案。因此,在测量体重(一个熟悉的定比尺度)时,可以说一个 200 磅的人是一个 100 磅的人的体重的两倍。图表 7-5 给出了定比尺度的一些例子。

图表 7-5　定比尺度举例

例 1:

请圈出目前你家中未满 18 岁的孩子有几个。

0　1　2　3　4　5　6　7　　　　　如果超过 7,请具体指明:

例 2:

过去的 7 天中,你一共去过几次零售商场进行购物?

__次

例 3:

你目前的年龄是:

__岁

7.5　评价测量量表

　　应该评价所有测量量表的可靠性和有效性。下面的内容将指明具体怎么测量这两种性质。

7.5.1　量表的可靠性

　　*量表的可靠性*是指在重复实验中,量表产生相同或相似测量结果的程度。因此,可靠性是对测量一致性问题的测度。事实上,随机误差造成量表测量结果不一致,降低了量表的可靠性。但是,调研人员可以通过谨慎地设计量表中的问题来提高可靠性。调研人员可利用重测信度法和等价形式法来评估量表的可靠性。

　　首先*重测信度法*指利用同一个受访者不同时间的受访结果或者两个不同受访者的受访结果重新进行量表测量,其中这两个不同的受访者属于尽可能在相同条件下定义的同一目标群体。这种方法背后的思想是:两个样本测量分数之间的差异能反映量表的随机变异。如果量表的第一次测量结果和第二次测量结果之间差异不大的话,则该测量量表可被看作是稳定的,因此也就是可靠的。例如,假设你在营销调研课程的教学有效性调研中使用的是包含 28 个问题的量表,这 28 个问题可测量受访者同意或不同意每个问题(陈述)的程度。为了收集教学有效性的数据,教授在这学期的第六周和第十二周分别将量表发给同学们。教授在测量过程中先使用均值分析方法,再对这些均值进行相关分析。如果两个评估时期的均值之间存在较强的相关性，教授就可以认为这个含有28个问题的量表的可靠性较高。

重测信度法存在几个潜在的问题。第一，完成第一次量表调研的学生可能会缺席第二次量表的调研。第二，学生们可能会对量表变得敏感而在第二次测量中改变他们的答案。第三，两次调研环节中环境或者个人因素可能会发生变化，进而导致第二次测量中学生答案发生变化。

一些调研人员认为可通过等价形式法来解决重测信度方法中存在的问题。在这种方法中，调研人员给架构（例如，教学有效性）制定两个相似但不相同的（例如，等价物）测量量表，同时使用这两个量表来测量同一个受访者样本或者同一个定义目标群体下的两个不同受访者样本。在营销调研课程"教学有效性"的例子中，教授将会构建两个含有28个问题的测量表，它们的主要区别是在项目说明的措辞上，而不是赞成/不赞成标度点。尽管项目的具体措辞会变化，但它们的含义是不变的。两个量表的测度都完成之后，教授计算每个问题的均值，然后对它们进行相关分析。通过度量两个测量量表得分之间的相关性来对等价量表的可靠性进行评估。相关系数高意味着量表测量的可靠性高。

等价形式量表存在两个潜在的缺陷。第一，可以制定一个量表的等价量表，但可能不值得花费这么多的时间、精力和财力使用两个相似但不相同的量表去测度同一个架构。第二，制定两个完全等价的量表是困难的，甚至是不可能的。那么，哪一个量表才能最准确地测度教学有效性呢？

先前用于检验测量结果可靠性的方法很难以及时、准确的方式完成。因此，营销调研人员经常使用内部一致可靠性概念。*内部一致性*是架构内每个问题的相关程度。也就是说，组成量表的每个问题之间必须是内部一致的。

用来评价内部一致性的两个常用方法是：折半信度法和α系数（也被称为克隆巴赫系数）。在*折半信度法*中，量表内的测量项目被分为两半（按奇偶项划分或随机划分），这两部分的分数是彼此相关的，强相关性意味着较好（可接受的）的内部一致性。对量表问题的划分方法不同，折半信度法的测量值也不同，α系数计算的就是折半信度法的平均测量值。该系数的变化范围是从0到1，在大多数情况下，该系数小于0.7时意味着测量结果的内部一致性较低（不满意的）。

调研人员需要意识到虽然他们的量表设计是可靠的，但是收集的数据并不一定是有效的，单独的效度评估必须建立在被测量的架构之上。

7.5.2 量表的效度

由于可靠的量表不一定有效，因此调研人员还需要考虑效度。*量表的效度*是评价量表测量的结果和实际结果是否一致。因此，效度是对测量结果准确性的评价。例如，如果你想知道一个家庭的可支配收入，它不同于家庭总收入。你可能刚开始会问家庭总收入的相关问题，进而了解到可支配收入，但是家庭总收入本身并不是家庭可支配收入的有效指标。一个具有效度的架构没有测量误差。测量效度的一个简单的方法是对比观察的测量值和真实测量值。但存在的问题是我们很难知道真实测量值是多少。

一般来说，效度测量过程包括确定代表架构的问题（陈述）的适宜性。评价量表效度的一种方法是检验表面效度。*表面效度*是调研人员凭借自身直觉评价量表中的问题能否测度所要测量的内容。量表的表面效度是对量表测试程度的系统而主观性的评价。调研人员凭自身的专业判断来确定表面效度。

效度的另一个方法是检验*内容效度*，内容效度是测验架构对所有相关测试内容的代表性。表面效度只需要调研人员的直觉判断，与此相比，内容效度则需要更严格的统计评估。我们可用工作满意度架构来解释内容效度。用来测量工作满意度架构的量表应该包括补偿待遇、工作条件、沟通、与同事的关系、监督的方式、授权、升迁的机会等。如果以上任何一方面没有被量表问题测量，就不能说这个量表具有内容效度。

为了确保架构（量表）内的问题能代表所有的测试内容，通常在数据收集之前评估内容效度。它一般是在制定或修订量表的过程中进行的。与之相反，表面效度是对现有量表条目能否代表被测架构的事后说明。检验效度的其他几种方法都是在数据收集之后进行检验，尤其是在使用多项量表时。例如，*聚合效度*就是用多项量表来进行评估的，在该评估中测量同一架构的多项条目之间共享一个高比例方差，通常超过50%。类似的，*区别效度*测度的是一个独特架构区别于其他架构的程度。可以通过两种方法来获得评估有效性的数据。在可利用的资源较多的情况下，可对代表目标人群的100到200个受访者进行试验性研究。在可利用的资源较少的情况下，调研人员可仅通过一个专家小组评估内容效度。

7.6　设计测量量表

设计测量量表要求：（1）理解调研问题；（2）确立详细的数据要求；（3）识别和制定架构；（4）选择合适的测量量表。理解了问题和数据的要求之后，调研人员必须制定架构，然后选择合适的测量形式（定类、定序、定距、定比）。如果研究问题需要采用定距尺度，而调研人员却使用了定类尺度，那么就会收集到错误的数据，所得的结果对理解和解释研究的问题就是无用的。

7.6.1　量表设计的准则

要获得准确的数据，必须谨慎地陈述问题。为了做到这一点，调研人员必须选用合适的量表描述符号作为标度点。

理解问题　必须考虑受访者的理解能力和语言能力。调研人员不应主观地假定受访者可以理解所有的问题和选项，而应该用恰当的语言说明问题和选项。事实上，简明易懂的用词、直截了当且简单的句式结构都可以使人更容易理解。有关量表的所有问题都应经过事先检验，以评估其理解的水平。具有高中或同等学历的人可以很容易地理解和作答 7 项量表，此外在大多数情况下，他们也能理解和作答10项量表和100项量表。

量表描述符号的区分能力   量表描述符号的区分能力（Discriminatory power）是标度点能够区分量表答案的能力。调研人员必须确定需要多少标度点来区别答案的相对程度。事实上，标度点越多，量表的区分能力也就越强。

没有明确的准则规定量表中应该使用多少个标度点。然而，对一些受访者来说，标度点不应该多于5，因为当标度点多于5时，受访者将很难做出选择。对教育水平较低和回答量表经验较少的受访者而言，这种情况尤为明显。调研人员所用的标度点越多，数据的效度就越大——效度是统计数据收集中需要考虑的一个重要因素。事实上，对教育程度较高的受访者而言，标度点为10甚至100时仍能取得较好的效果。为了提高受访者答案的效度，先前公布的5项量表几乎总是增加标度点。

平衡量表和非平衡量表   调研人员还要考虑应使用平衡量表还是非平衡量表。平衡量表中所包含的正面（喜欢的）选项和负面（不喜欢的）选项的数目相同。以下是平衡量表的一个例子：

当你购买并开始使用一辆新车后，根据你的亲身体验，指出你目前对该车整体性能的满意或不满意程度。请在下列选项中选择一个合适的答案。

_____完全满意（没有不满意）

_____基本满意

_____略微满意（有点满意）

_____略微不满意（有点不满意）

_____基本不满意

_____完全不满意（没有满意）

非平衡量表是指偏向正面或负面的选项较多。就大部分调研而言，推荐使用平衡量表，因为非平衡量表容易导致偏差。然而，有一种例外情况，即当受访者的态度明显偏向正面或负面时，调研人员通常应该使用非平衡量表。例如，为了决定是否和某公司开展商业合作，要求受访者列出一些评判准则的重要程度时，他们通常只会选择那些其认为比较重要的准则。以下是非平衡量表的一个例子：

当你购买并开始使用一辆新车后，根据你的亲身体验，指出目前你对该车整体性能的满意程度。请在下列选项中选择一个恰当的答案。

_____完全满意

_____十分满意

_____基本满意

_____略微满意

_____不满意

强迫选择量表和非强迫选择量表   强迫选择量表是指不存在中立的描述符号而将正面答案和负面答案分开的量表。之所以称之为强迫选择量表，是因为受访者只能选择正面或负面的答案，没有中立选项。与之相反，如果量表中存在中立选项就会被称为*非强迫选择量表*或*自由选择量表*。图表 7-6 列出了若干"偶数标度点、强迫选择"和"奇数标度点、非强迫选择"量表的例子。

图表 7-6 强迫选择量表和非强迫选择量表描述符号举例

偶数标度点、强迫选择等级量表描述符号

购买意向（不买-买）

_____肯定不买_____可能不买_____可能买_____肯定买

个人看法/意见（不同意-同意）

肯定不同意　　　有些不同意　　　有些同意　　　肯定同意

_____　　　_____　　　_____　　　_____

花费（便宜-贵）

极其便宜　　　便宜　　　有些便宜　　　有些贵　　　贵　　　极其贵

_____　　_____　　_____　　_____　　_____　　_____

奇数标度点、非强迫选择等级量表描述符号

购买意向（不买-买）

肯定不买　　　可能不买　　　中立　　　可能买　　　肯定买

_____　　_____　　_____　　_____　　_____

个人看法/意见（不同意-同意）

肯定不同意　　　有些同意　　　中立　　　有些同意　　　肯定同意

_____　　_____　　_____　　_____　　_____

花费（便宜-贵）

极其便宜　　　有些便宜　　　中立　　　有些贵　　　极其贵

_____　　_____　　_____　　_____　　_____

一些调研人员认为应该使用"奇数标度点、非强迫选择"量表[1]，因为并不是所有受访者都能对调研的问题有足够的认知和经验来准确地评估自己的想法或感觉。如果强迫受访者做出选择，所得数据的质量可能就会因此而下降；而如果使用非强迫选择量表，则中立标度点会使受访者更容易表达自己的想法。

还有许多调研人员认为，并不存在所谓的中立态度或想法——这种中立的观点本身也带有一定程度的正面或负面倾向。一个人对给定的对象要么持有看法，要么没有看法。同样，要么有感觉，要么没有感觉。当受访者对该对象缺乏常识或经验，又不愿表达出真实的想法和感觉时，很容易选择"没有合适的"选项。

负面声明 传统的量表设计指导原则指出，为了验证受访者已阅读了量表中的问题，问卷中应包括负面说明部分。笔者在设计量表问题的四十多年生涯中，发现在收集数据时，负面声明几乎总是给受访者带来难题。此外，试点研

① K. C. Schneider, "UninformedResponse Rate in SurveyResearch," Journal of Business Research, April 1985, pp. 153–162;also see Del I. Hawkins and K. A.Coney, "Uninformed ResponseError in Survey Research," Journal of Marketing Research18 (August 1981), pp. 370–374.

究证明在超过90%的情况下，负面声明都被从问卷中移除。因此，尽量减少包含负面声明的部分，即使这样，也应该谨慎考虑这部分内容。

集中趋势和离散程度的测度   运用哪种统计分析方法，主要取决于收集到的数据是定类、定序、定距还是定比尺度。在第11章和第12章中，将详细讲解收集数据的测量水平将如何影响统计分析方法的选择。本章将焦点集中于分析测量水平是如何影响集中趋势和离散程度的。*集中趋势的测度确定了数据分布的中心，是最基本的描述性统计量*。平均数、中位数和众数分别用不同的规则测度了分布的集中趋势。平均数是全部数据的算术平均值。中位数也是一种样本统计量，它将全部数据一分为二，每部分包含一半的数据，一部分数据比中位数大，另一部分数据则比中位数小。众数是在给定的所有应答中，出现次数最多、频率最高的应答。

离散程度的测度描述数据偏离其集中趋势的程度。调研人员可用离散程度报告某量表数据的变异性。常见的离散程度的测度指标包括：频数分布、极差和样本标准差。频数分布是所有受访者对每个量表问题/设定做出应答的次数。可以用百分比或柱状图来表示频数分布。极差反映所有答案中最大值和最小值之间的距离。标准差是反映所有答案变异程度的统计量。在第11章中将更加详细地描述这些测量值。

由于这些统计量在数据分析中都扮演着重要的角色，因此在量表设计中，理解不同水平的量表如何影响某一统计量的使用也是非常重要的。图表7-7列出了两者的具体关系。定类尺度只能用频数分布和众数进行分析。定序尺度除了可以使用众数和频率分布之外，还可以用中位数和极差进行分析。对于定距和定比尺度，最合适的统计量应该是平均数和标准差。此外，定距和定比数据也可以使用众数、中位数、频数分布和极差来分析。

图表7-7   量表水平和集中趋势、离散程度测量之间的关系

量表的基本测量水平				
测量	定类	定序	定距	定比
集中趋势				
众数	合适	合适	合适	合适
中位数	不合适	更合适	合适	合适
平均数	不合适	不合适	最合适	最合适
离散程度				
频数分布	合适	合适	合适	合适
极差	不合适	更合适	合适	合适
标准差	不合适	不合适	最合适	最合适

7.6.2 建立适当的量表

在营销方面有数百种已公布的量表。这些量表最相关的来源有：威廉·比尔登（William Bearden）、理查德·奈特梅耶（Richard Netemeyer）和凯利·霍斯（Kelly Haws）编写的《营销量表手册》，第三版，塞奇（Sage）出版社，2011出版；戈登·布鲁纳（Gordon Bruner）编写的《营销量表手册》，第三版，芝加哥，伊利诺伊州，美国市场营销协会，2006；美国管理协会的在线测量工具箱，它的网址是：http://measures.kammeyer-uf.com/wiki/Main_Page。上述这些量表中的一部分可以直接用它们发布的表格来收集数据。但是大部分量表需要根据当前心理测量学的标准进行调整。例如，许多量表包括多重目的的问题（在第8章中讨论）。在这种情况下，这些问题都需要进行调整，将一个问题分成两个独立的问题。除此之外，大部分量表的制定都早于在线数据收集过程和5项里克特量表的使用。如前所述，更多的测量点可以带来更大的有效性，在统计分析中这点是可取的。因此，几乎所有先前制定的量表都应该进行调整，将5项量表转换成7项、10项甚至是100项量表。此外，在许多情况下，里克特量表的格式应转换为图形的评分量表（见下一节），以更准确地对测量问题提供答案。

7.7 测量态度和行为的量表

我们已经介绍了架构制定的基础和量表设计的原则，接下来将讨论营销调研人员经常使用的态度和行为测度量表。

量表是测量顾客的态度、行为和意向的工具。设计良好的量表能够更好地测量市场现象，并为营销决策者提供更为准确的信息。不同类型的量表在不同情况下的使用效果也会有所不同。在本节中，将讨论3种形式的量表：*里克特量表、语义差别量表和行为意向量表*。图表7-8列示了架构/量表制定过程的一般步骤。事实上，大部分量表设计都遵循这几个步骤，包括下面要讨论的3种量表。

图表7-8 架构/量表制定过程

步骤	具体实施
1.识别和定义架构	确定架构的维度/因素
2.建立最初的特性陈述组合	进行定性调查，收集二手资料，识别理论
3.评价并简化该项目/陈述	采用定性判断和项目分析
4.设计量表和预测试	通过预测试收集数据
5.完成统计分析	评估可靠性和有效性
6.精炼和提纯量表	剔除设计不好的陈述
7.完成最后的量表评估	通常使用定性判断，但是可以进一步加入一些可靠性和有效性检验

7.7.1   里克特量表

里克特量表（Likert scale）询问受访者对有关某对象的一系列陈述的认可或不认可的程度。通常，这种量表采用同意/不同意的平衡量表描述符号。里克特量表以其最初的设计者 Rensis Likert 的名字命名，且最初包括 5 种标度描述符号："非常同意""同意""中立""不同意"和"非常不同意"。后来，许多研究人员将里克特量表由原来的 5 点标度扩展为 7 点标度，并将其视为定距量表。里克特量表经常被用于自填式问卷调查、个人访谈或网上调查。图表 7-9 列示了一个在自填式问卷调查中使用 6 点里克特量表的例子。

尽管里克特量表得到了广泛的利用，但解释量表结果时可能存在困难。如图表 7-9（我从不受广告的影响）中的最后一个陈述。这个陈述中的关键词是从不受影响。就算受访者选择"完全同意"，并不一定意味着受访者就完全不受广告的影响。

图表 7-9   里克特量表的例子

对每种陈述，请选择一个能最恰当地表达出你同意或不同意该陈述的程度的答案。

陈述	完全不同意	有些不同意	略微不同意	略微同意	有些同意	完全同意
我经常使用信用卡购物	____	____	____	____	____	____
我希望有更多的钱	____	____	____	____	____	____
我朋友经常来征求我的意见	____	____	____	____	____	____
我从不受广告的影响	____	____	____	____	____	____

7.7.2   语意差别量表

另一类在营销调研中经常使用的等级量表是**语义差别量表**（Semantic differential scale）。这种量表十分独特，它只使用几对极端的形容词（好/坏、喜欢/不喜欢、有竞争力/无竞争力、有帮助/没有帮助、高质量/低质量、可靠/不可靠）来标记量表连续区间的端点。而且，其只标记了量表的端点位置。通常，该量表会先选定一个对象及一组与其相关的特性，然后用一对极端的形容词来描述每个特性。在大部分案例中，语义差别量表使用 5 个或 7 个标度点。

使用该量表时，可以计算出每个特性的平均值，并将其绘在一张图表上，以建立该对象的"认知形象轮廓图"。也就是说，可以用语义差别量表来评价和比较不同公司、品牌或产品的形象，也可以询问受访者在语义差别量表上对一个理想产品的评价等级，然后调研人员可以通过比较理想产品和实际产品的差别来辅助决策的制定。

为了阐明语义差别量表，假定调研人员想了解老虎伍兹作为耐克个人美容产品代言人的可靠性。会用到的可靠性架构包括如下3个维度：（1）专业性；（2）可信赖度；（3）吸引力。每一个维度都可以用5标度的两极量表来测量（图表7-10列示了对其中两个维度的测量）。

图表7-10　老虎伍兹作为可靠代言人的语义差别量表示例[①]

我们想了解你如何看待老虎伍兹作为耐克广告代言人的专业性、可信赖度。以下每个维度都包含5个因素，它们可能代表也可能不能代表你的观点。对下面列出的每一项，请在最能表达你对该项目观点的空白处打钩。

专业性：

在行的	__	__	__	__	__	不在行的
专家	__	__	__	__	__	非专家
熟练的	__	__	__	__	__	不熟练的
有资格的	__	__	__	__	__	没资格的
富有经验的	__	__	__	__	__	没有经验的

可信赖度：

可靠的	__	__	__	__	__	不可靠的
真诚的	__	__	__	__	__	不真诚的
可信赖的	__	__	__	__	__	不值得信赖的
值得信任的	__	__	__	__	__	不值得信任的
诚实的	__	__	__	__	__	不诚实的

非两级描述符号　设计语义差别量表时经常遇到的一个问题是，量表描述符号无法恰当地描述对象的特性。在一份设计质量良好的语义差别量表中，对每个特征的测量都应该是真正两极的。有时，调研人员所使用的负极描述符号与正极描述符号并不是完全对立的。然而，这使得受访者很难正确地理解这张量表。例如，考虑"专业性"维度中的"专家/非专家"量表。由于这个量表是以二分法划分的，因此"非专家"这个词就不允许受访者将其他任何标度点理解为其相对值。除了被描述为"非专家"的端点，其他所有标度点都必须代表"专家"的一定强度，因此就建立了一个偏向正极的量表。

选择极端的描述符号时，调研人员必须谨慎，以确保这个词语或词组在本

[①]　Roobina Ohanian, "Construc-tion and Validation of a Scale to Measure Celebrity Endorsers' Perceived Exper-tise, Trustwor-thiness, and Attractiveness," Journal of Advertising 19, no. 3(1990), pp. 39-52; and Robert T. W. Wu and Susan M. Petroshius, "The Halo Effect in Store Image Management," Journal of Academy of Marketing Science 15(1987), pp. 44-51.

质上是属于两个极端的，因为这样才能建立对称的量表。例如，调研人员应该使用诸如"完全专家"和"完全新手"之类的描述符号来改正上述量表描述符号的问题。

图表7-11列示了迈达斯汽车系统（Midas Auto Systems）公司用于调查顾客对其汽车性能所持的态度的语义差别量表。事实上，也可以使用相同的量表来调查其他与其竞争的汽车服务供应商，并将各个语意差别形象绘在一张图中进行比较。

图表7-11　迈达斯汽车系统公司使用的语义差别量表示例

根据你与迈达斯汽车系统公司服务代理商的接触，请根据以下列出的特性对该公司的性能进行评级。每方面特性都有其介于1~6的评价标度点。请在能够最准确地表达你对该特性看法的数字处画圈，而对那些没有合适的选项能表达你的评价的特性，请在（NA）处画圈，（NA）是指"没有合适的选项"的编码。

修理/维护工作的费用	（NA）	非常高	6 5 4 3 2 1	非常低，几乎是免费
设备的外观	（NA）	非常专业	6 5 4 3 2 1	非常不专业
顾客满意度	（NA）	很不满意	6 5 4 3 2 1	很满意
提供服务的速度	（NA）	无法接受的慢	6 5 4 3 2 1	令人难忘的快
提供服务的质量	（NA）	非常差	6 5 4 3 2 1	非常好
理解顾客的需求	（NA）	非常理解	6 5 4 3 2 1	一无所知
Midas的可靠性	（NA）	非常可靠	6 5 4 3 2 1	非常不可靠
Midas信守诺言	（NA）	非常值得信赖	6 5 4 3 2 1	很值得怀疑
Midas服务种类	（NA）	非常齐全	6 5 4 3 2 1	仅有基本服务
服务价格/费用/收费	（NA）	太高	6 5 4 3 2 1	价位优惠
服务人员的胜任能力	（NA）	能够胜任	6 5 4 3 2 1	完全不能胜任
员工的个人沟通能力	（NA）	非常粗鲁	6 5 4 3 2 1	非常友好
Midas的工作时间	（NA）	非常灵活	6 5 4 3 2 1	非常死板
Midas位置的便利性	（NA）	很容易到达	6 5 4 3 2 1	很难到达

7.7.3　行为意向量表

行为意向量表（Behavioral intention scale）是营销调研中使用最为广泛的量表形式之一。这种量表的目的是评估人们对某种产品或服务做出某种行为的可能性。例如，营销调研人员可能要测量购买意向、参与意向、购物意向或使用意向。总之，在预测顾客对日常消费品和耐用消费品所做的选择时，行为意向量表是非常有用的。[①]

构建行为意向量表很容易，即要求消费者对其购买某产品、服务或实施某

---

①　Rajendar K. Garg, "The Influ-ence of Positive and NegativeWording and Issues Involve-ment on Response to LikertScales in Marketing Research,"Journal of the MarketingResearch Society 38, no. 3 (July1996), pp. 235-246.

特定行为的可能性做出主观回答即可。用在行为意向量表中的量表描述符号可能是"肯定会""可能会""不确定""可能不会"和"肯定不会"等。设计行为意向量表时，在给受访者的说明中应包括一个特定的时间范围。如果没有明确的时间范围，则受访者很可能将答案偏向"肯定会"或者"可能会"的量表选项。

行为意向通常是营销调研人员很感兴趣的一个重要变量。为了使标度点更加明确，调研人员可以使用一些表达受访者购买某项产品或从事某项感兴趣的行为的概率的描述符号。可以使用以下标度点：肯定会（90%~100%的几率）、可能会（50%~89%的几率）、可能不会（10%~49%的几率）和肯定不会（不到10%的几率）。图表7-12给出了购物意向量表可取的形式的例子。

图表7-12　零售商店：休闲服装的购物意向量表

当你给自己或他人选购休闲服装时，在以下各种类型的零售商店购物的可能性有多大?请在每类商店的选项中选择一个合适的答案。

零售商店类型	肯定会在那里购物（90%~100%）	可能会在那里购物（50%~89%）	可能不会在那里购物（10%~49%）	肯定不会在那里购物（小于10%）
百货公司（如 Macy's、Dillard's）	☐	☐	☐	☐
连锁商店（如 Wal-Mart、Kmart、Target）	☐	☐	☐	☐
服装专卖店（如 Wolf Brothers、Surrey's George Ltd.）	☐	☐	☐	☐
休闲服专卖店（如 The Gap、Banana Republic、Aca Joe's）	☐	☐	☐	☐

无论采用哪种量表形式来了解人们的态度和行为，通常都没有哪一种方法是最好的或者是最有保证的。尽管存在已建立的测量受访者态度和行为意向的量表，但利用这些量表收集得到的数据并不能完全预测受访者的行为。事实上，仅了解一个人的态度并不能预测其将要做出的实际行为。虽然意向能比态度更好地预测行为，但是对未来行为而言最好的预测应该是过去的行为。

7.8　比较等级量表和非比较等级量表

当调研的目标是要求受访者表达对某个具体对象（例如，人物或现象）或对象的属性的态度、行为或意向，而又不需要与其他对象或其属性做比较时，可使用**非比较等级量表**（Noncomparative rating scale）。相反，当调研的目标是要求受访者基于其他对象或属性来表达对某对象或属性的态度、想法或行为时，则要采用**比较等级量表**（Comparative rating scale）。图表7-13给出了图示等级量表的若干个例子，它是使用最为广泛的非比较等级量表之一。

图表7-13　图示等级量表举例

图示等级量表

1.使用（数量）的描述符号：

从不使用　　　　　　　　　　　　　　　　　　　　　　　　　一直使用

```
 ├────┼────┼────┼────┼────┼────┼────┼────┼────┼────┤
 0   10   20   30   40   50   60   70   80   90  100
```

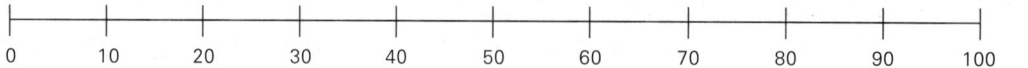

2.脸部表情描述符号：

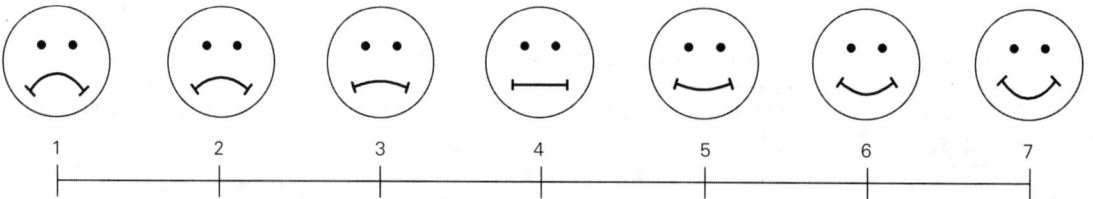

```
  1       2       3       4       5       6       7
 ├───────┼───────┼───────┼───────┼───────┼───────┼───────┤
```

图示等级量表（Graphic rating scales）采用这样一种描述符号格式，这种格式将呈现给受访者对某问题的备选答案是一系列连续的图示。例如，当调研人员想收集有关某对象的使用情况时，就可以使用图表7-13中所给出的第一个图示等级量表。又如，假设雅虎想确定互联网使用者在不参考谷歌等其他可用搜索引擎的情况下，对雅虎搜索引擎的满意程度。在这类量表中，有一条被标记了极端的叙述性描述符号和数字描述符号的图示线，在本例中，叙述性描述符号为"根本不满意"和"非常满意"，数字描述符号为0到100。使用这类量表时，受访者只需简单地沿着图示线在合适的位置标上一个"X"即可。这条线的其余部分可以用等数字间隔来划分。

另一个常用的图示等级量表描述符号是笑脸。将笑脸按顺序排列，描述了从"非常高兴"到"非常伤心"的连续变化过程，并不需要提供两端点的叙述性描述符号。这种可视化的图示等级量表可用来收集各种态度和情感方面的数据。在对儿童的调研中最常使用这种等级量表。构造图示等级量表十分容易，而且使用起来也非常简单。

现在来看比较等级量表，图表7-14举例说明了等级顺序量表和固定总和量表。比较等级量表的一个共同特点是它们都可以用来识别和直接比较产品/服务、品牌或产品特性的异同点。

等级顺序量表（Rank-order scales）通过某种形式使受访者按照从第一到最后的顺序排列他们的偏好或选择，并以此来比较这些对象。只要不要求受访者排列过多的项目，等级顺序量表就很容易实施。在传统的或者计算机辅助的电话访谈中，使用等级顺序量表可能会比较困难，但只要可以将比较的项目数量保持在4个或5个，使用这种方法也是可能的。当要求受访者排列对象或对象的属性，却没有列出受访者偏好的对象或属性时，问题就出现了。另一个局限性则是使用等级顺序量表只能收集到定序数据。

　　　　固定总和量表（Constant sum scales）要求受访者分配给定的分数。受访者将根据产品特性的重要程度来分配分数。需要受访者确定每个特性相对于其他特性的相对值。这个相对值反映了每个特性对受访者而言的相对重要程度。这种量表形式通常要求每个特性的得分总和为100。例如，考虑图表7-14中列出的固定总和量表，美国银行能够利用这个量表来确定哪些银行业务特性是影响顾客选择银行的更为重要的因素。分配分数的特性不应多于5~7个，因为如果超过这个数量，要使分数加总起来等于100就会变得很困难。

图表7-14　比较等级量表举例

等级顺序量表
在众多不同种类的音乐中，请排列出你最喜欢的3种音乐，并在下面的横线上按偏好程度写下你的3个选择。
第一偏好：＿＿＿
第二偏好：＿＿＿
第三偏好：＿＿＿

固定总和量表
以下列出了7项银行业务特性。请将100分分配给这些特性。你分配的分数应该能够代表你在选择银行时各个特性对你而言的重要程度。也就是说，你所给分数越高的特性在你的选择过程中对你而言越重要。如果某个特性在你的选择过程中"根本不重要"，则你应该给它0分。在你完成分配时，请再核对一遍，以确保总分等于100。

银行业务特性	分数
便利/位置	＿＿＿
银行营业时间	＿＿＿
合理的服务费用	＿＿＿
贷款利率	＿＿＿
银行的声誉	＿＿＿
存款利率	＿＿＿
促销广告	＿＿＿
	100分

配对比较量表
以下是与销售人员的在职活动相关的几对特性。对于每一对特性，请在你认为对一个销售人员的成功更重要的特性旁边的a或b上画圈。

a.信任	b.竞争力
a.沟通技巧	b.信任
a.信任	b.私人社交能力
a.沟通技巧	b.竞争力
a.竞争力	b.私人社交能力
a.个人的社交能力	b.沟通技巧

注：为了避免排序误差，调研人员随机列出这些成对比较数据。

7.9　量表测量的其他问题

　　　　关注量表测量问题可以提高调研结果的实用性。以下将回顾一些与量表测量设计有关的其他问题。

7.9.1　单项量表和多项量表

单项量表（Single-item scale）用于收集有关调查对象或架构的某一特性的数据。比如：年龄，询问受访者的年龄，并要求其对这个问题仅提供一个答案。相比之下，许多需要收集态度、情感和行为方面数据的营销调研项目都要使用多项量表。**多项量表**（Multiple-item scale）包含与所研究的对象或架构有关的若干陈述。每个陈述都有一个等级量表，调研人员通常会将每个陈述的评分加总起来以得到对该对象或架构的总评分。

在制定好架构时，也就确定了是使用单项量表还是多项量表。在这个过程中，有两个起重要作用的因素——架构包含的维度的数量、可靠性和效度。首先，调研人员必须评估研究中构成架构的各种因素和维度。例如，研究服务质量通常要测量五个维度：移情性、可靠性、反应快慢、担保性和可触摸性。如果一个架构包含若干不同、独特的维度，则调研人员必须分别测量每个子成分。其次，调研人员必须考虑可靠性和效度。一般而言，多项量表更可靠、更有效。因此，与单项量表相比，人们更喜欢使用多项量表。

7.9.2　明确的措辞

在陈述量表的问题时，应该使用明确的措辞，以避免出现模棱两可的情形。在量表测量问题中，应避免使用"引导性"词语或词组。不论使用哪种数据收集方法（个人、电话、计算机辅助访谈或网上调查），量表测量方案中均应包含给受访者和访员的所有必要的说明。说明应简单明确。在确定使用哪种恰当的标度点描述符号时，要确保描述符号与要收集的数据类型相对应。量表描述符号应有足够的区别力，相互排斥，并对受访者来说有意义。仅使用预测的量表描述符号就能评价量表的可靠性和有效性。图表7-15总结了评价量表设计是否恰当的一些原则。这些指导原则对设计和评价问卷中的问题仍然是有用的，第8章中将介绍这些内容。

图表7-15　量表充分性和问题设计评价指南

1.量表问题/构成应简单明了
2.量表问题/构成要表达清楚
3.量表问题/构成应避免限定性的短语或不相关的资料，除非他们被用来筛选特定类型的受访者
4.量表的问题/构成，特性陈述，以及回答的数据类别应使用简单的（或一维）的词语，除非需要一个含多项答案的量表问题/设置
5.答案的类别（标度点）应该是相互排斥的
6.量表问题/构成和答案类别对受访者应当是有意义的
7.量表问题/构成的测量形式应当避免含有对受访者回答有偏见的答案类别
8.量表问题/构成应当避免过分强调某些特定的词
9.量表问题/构成应当避免双重否定
10.量表问题/量表测度应当避免技术性的或复杂的语言
11.量表问题/构成应处在一个真实的环境中
12量表问题/构成和量表测量应具有逻辑性
13.量表问题/构成和量表测量不应该含有双重意思的项目

市场营销调研实践：你能从顾客忠诚度指数中学到什么？

忠诚的顾客极其重要，这种观点并不新颖。忠诚的顾客会重复购买一个品牌的产品或服务，将一个公司推荐给别人，并且一直坚持与这家公司打交道。因此，忠诚的顾客值得公司花费特殊的努力去维护。但是，如果不了解顾客，或者不明白如何才能赢得顾客的忠诚，那么又如何为其提供特殊的待遇呢？

为了更好地理解顾客忠诚这个概念，可以先定义顾客忠诚不是什么。顾客忠诚不是顾客满意。事实上，满意是构成顾客忠诚的必要要素，但是顾客对你的公司感到满意并不一定意味着他们会继续与你合作。

顾客忠诚不是对优惠或奖励措施所做的回应。事实上，那些回应优惠或奖励措施的顾客也会很快地回应你的竞争者。

顾客忠诚不是高市场占有率。许多商家对其销售量和市场占有率有着错误的看法，并认为"如果顾客不喜欢我们的产品，我们的产品就不会有这么高的市场占有率"。然而，这不一定是正确的。许多因素会导致市场占有率的上升，这些因素包括竞争者的不良表现或定价策略等。

顾客忠诚不是重复购买或者习惯性购买。许多顾客会因为便捷或习惯而重复选择你的产品或服务。然而，如果他们了解到另一个竞争产品的价格更低廉或其有着更好的质量，就可能很快地购买那个产品。

那么顾客忠诚到底意味着什么呢？事实上，顾客忠诚是一系列品质的组合体。它由顾客满意所驱动，当然它还涉及一部分顾客的承诺。承诺是对某品牌或公司进行持久的投资以维持持续的合作关系。最后，态度和行为的结合共同反映了顾客的忠诚。这些态度包括：

- 从同一家公司那里再次购买/购买附加产品或服务的意向。
- 愿意向他人推荐这家公司的意愿。
- 由保证不会转向该公司的竞争者而体现的承诺。

反映顾客忠诚的行为包括：

- 重复购买某种产品或服务。
- 从同一家公司那里购买更多以及不同的产品或服务。
- 把这家公司推荐给其他人。

Burke公司（www.burke.com）的顾客满意部使用顾客忠诚的三个构成要素的加总得分编制了安全顾客指数（SCI）。[①]例如，他们会问："总的来说，去这个餐厅用餐你感觉有多满意？"又如，为了检验推荐的可能性，他们会问："你把这个餐厅推荐给朋友或同事的可能性有多大？"再如，为了检验重复购买的可能性，他们会问："你再次来此餐厅就餐的可能性有多大？"

---

① See www.burke.com andAmanda Prus and D. RandallBrandt, "Understanding YourCustomers—What You Can-Learn from a Customer LoyaltyIndex," Marketing Tools, July/August 1995, pp. 10-14.

有了这三个构成要素以及每个要素的合适量表，则那些对三个构成要素都给出最积极答案的顾客就会被定义为"安全顾客"。其他顾客则被看作是脆弱的，都有转向其竞争对手的可能。

许多公司逐渐把顾客满意度和顾客忠诚度同利益底线联系起来。通过持续考察顾客的行为并比较SCI分数，可以看出安全顾客和重复购买产品或服务之间有着密切的联系。通过比较不同顾客和不同行业类型的情况，Burke公司还发现指数得分与公司财务状况或营销状况之间也存在着联系。

顾客忠诚度指数可以帮助公司更好地了解顾客。通过听取顾客意见、实施改革、持续地追踪结果，公司可以把努力的目标定位在赢得和维护更多的忠诚顾客上（见图表7-16）。

图表7-16   安全顾客指数（即顾客忠诚度指数）

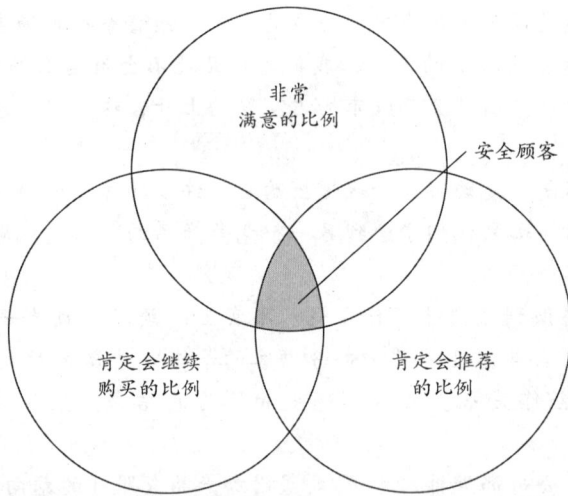

资料来源：From Burke.Inc Reprinted by permission.

实践练习

运用本章所学知识和以上信息，回答以下问题：

1.根据你的判断，在为每个架构收集原始数据构建必要的量表时，采用哪种水平的量表设计最合适？

2.为每个架构设计一个供Burke公司用来收集数据的实际测量量表。

3.Burke公司测量安全顾客指数（SCI）的方法可能存在哪些缺点？请确保准确识别出每个缺点，并解释你认为它可能是缺点的原因。

4.如果你是调研人员的领导者，则你会使用哪些量表测量方法来收集计算SCI的必要数据？为什么？写下一些你将用到的量表测量方法。

5.你是否认同Burke公司用顾客忠诚度指数来提供对客户的评价？说出支持你观点的理由。

资料来源：www.burke.com.Reprinted by permission.

7.10　总结

1.理解测量在营销调研中的作用

测量是用某种方法系统地描述或量化感兴趣的人物、事件、想法和对象的特性的过程。作为测量过程的一部分，调研人员要先为测量的现象分配数字或标签。测量过程主要包括两个任务：架构选择/制定和量表测量。架构是一个不可观测的概念，需要用一组相关变量来间接测量。因此，架构是由若干个相关指标变量构成的，这些指标变量共同定义了需要测量的概念。架构制定是调研人员识别出定义该概念的特性的过程。

制定架构时，调研人员必须考虑架构的抽象性和广延性以及可靠性和有效性。一旦识别了架构的各个特性，调研人员必须接着设计出一套方案以间接地测量这些概念。量表测量是指定一套描述符号以代表受访者在回答与特定对象、架构等相关的问题时可能给出的各种回答。

2.解释四类基本的量表

四类基本的量表分别是定类、定序、定距和定比。定类尺度是最基本的量表，提供的数据量最少。定类尺度给对象/答案分配标签，但并未显示它们之间的相对重要性。定类尺度的例子有：受访者的宗教背景、性别、住宅类型、职业以及最近购买的谷物品牌等。调研人员通常使用众数和频数分布来分析定类数据。定序尺度要求受访者说明某问题的相对重要程度。定序尺度使调研人员能够就答案（或标度点）建立分等级的模式，且这种模式表明了"大于/小于"的关系。除了众数和频数分布之外，定序尺度所测度的数据还可以计算中位数和极差。定序尺度的例子有："完全了解""比较了解""基本了解""很少了解"和"不了解"。定序尺度只能确定相对位置，且由于无法测量绝对差距，因此它无法确定绝对数量。定距尺度使调研人员能够测量出标度点之间的绝对差异。除了众数、中位数、频数分布和极差之外，定距数据还可以计算平均数和标准差。定比尺度不仅可以使调研人员确定各标度点间的绝对差异，还可以对受访者的回答做出绝对比较。定比尺度的问题设计中允许出现"绝对零度"或者"绝对无关状态"等备选答案。定比尺度可以计算平均数和标准差及其他集中趋势和离散程度。

3.描述量表设计在原始数据收集过程中的重要性

量表测量有三个重要的构成元素：（1）问题/构成；（2）对象、架构或行为的维度；（3）标度点的描述符号。有关量表设计的一些原则包括问题的可理解性、原始描述符号的恰当性和标度描述符号的区分能力等。里克特量表用同意/不同意标度符号来获得个人对给定对象或行为的态度。语义差别量表用于获得对对象或行为的感性的形象认知。这种量表的独特性在于它用一套极端的标度来测量给定对象或行为的不同特性。行为意向量表测量人们购买某一对象或服务或光顾一家商店的可能性。意向量表中经常使用的标度点描述符号包括

"肯定会""可能会""可能不会"和"肯定不会"等。

　　4.讨论比较等级量表和非比较等级量表

　　比较等级量表要求受访者直接比较两个产品或服务，非比较等级量表则是独立地评价产品或服务。可以把比较等级量表得到的数据理解为相对值。通常可将两种等级量表看作是定距或定比尺度，并且可以使用更高级的统计方法进行分析。比较等级量表的一个优点是能使调研人员确定特性、架构和对象之间的细微差别。此外，相对许多非比较等级量表而言，比较等级量表需要的理论假定较少，并且受访者更容易理解和回答。

7.11　关键术语和概念

Behavioral intention scale 行为意向量表

Comparative rating scale 比较等级量表

Constant sum scales 固定总和量表

Construct 架构

Construct development 架构制定

Discriminatory power 区分能力

Graphic rating scales 图示等级量表

Interval scale 定距尺度

Likert scale 里克特量表

Measurement 测量

Multiple-item scale 多项量表

Nominal scale 定类尺度

Noncomparative rating scale 非比较等级量表

Ordinal scale 定序尺度

Rank-order scales 等级顺序量表

Ratio scale 定比尺度

Scale measurement 量表测量

Scale points 标度点

Semantic differential scale 语义差别量表

Single-item scale 单项量表

7.12　复习题

　　1.什么是测量？

　　2.在四类基本的量表中，哪一种能为调研人员提供最多的信息？

　　3.解释定距尺度和定比尺度之间的主要区别。

　　4.定序尺度和定距尺度的主要区别是什么？在你的回答中分别对两种尺度

举一个实例。

5.解释"等级"量表和"顺序"量表间的主要区别。收集商务激光打印机销售员的业务态度数据时，用哪一种量表更好？为什么？

6.比较量表的优点和局限性分别是什么？设计一个成对比较量表，帮助你在 Bud Light、Miller Lite、Coors Light 和 Old Milwaukee Light Beers 等牌子中确定你所偏好的品牌。

7.13　讨论

1.设计一个语义差别量表来比较澳拜客（Outback）牛排餐厅和长角（Longhorn）牛排餐厅的认知形象轮廓图。

2.设计一个行为意向量表来回答以下调研问题："大学毕业生在毕业之后的六个月内能够购买一辆新车的可能性有多大？"讨论你的量表设计中可能存在的缺点。

3.就以下列出的三个量表（A. B. 和 C.），分别回答以下问题：

a.收集什么类型的数据？

b.用什么量表测量？

c.最恰当的集中趋势测度指标是什么？

d.最恰当的离散程度测度指标是什么？

e.如果存在缺点，那么这个量表的缺点有哪些？

A.你采用哪种方式来支付旅游费用？

_____现金　　　　_____公司支付

_____支票　　　　_____个人支付

_____信用卡　　　_____其他_____

B.你多久因公事或消遣外出旅游一次？

	公事		消遣
_____	每月 0~1 次	_____	每年 0~1 次
_____	每月 2~3 次	_____	每年 2~3 次
_____	每月 4~5 次	_____	每年 4~5 次
_____	每月 6 次及以上	_____	每年 6 次及以上

C.请选择最接近你家庭全年税前总收入的选项（请只选一项）。

____10 000 美元以下　　____30 001~40 000 美元　　____60 001~70 000 美元

____10 000~20 000 美元　____40 001~50 000 美元　　____70 001~100 000 美元

____20 001~30 000 美元　____50 001~60 000 美元　　____超过 100 000 美元

4.设计量表分别收集关于下列概念/对象的数据。

a.一位出色的长跑运动员。

b.一个人最喜爱的墨西哥餐馆。

c.热门国家和西方电台的听众数量。

d.消费者对科罗拉多州洛基山职业棒球队的态度。

e.一个人对其汽车的满意度。

f.对一个新网球拍的购买意向。

5.在选择测量消费者满意度的量表时,确定并讨论调研人员应该考虑的主要问题。

6.美国AT&T公司想获得消费者对其提供的新无线手机服务的反映。确定并证实有哪些可用于评价无线手机服务的服务性能。为AT&T公司设计两个量表以准确地收集数据。

7.当地的福特经销商想收集数据来回答以下调研问题:"大学生在毕业后一年内购买新车的可能性有多大?"分别设计定类、定序、定距和定比尺度的量表,使经销商可以收集所需的数据。在你看来,你设计的哪个量表对经销商而言最有用?为什么?

第8章 问卷设计

【学习目标】

阅读完本章之后，你将会做到以下几点：

1. 描述问卷设计的步骤。
2. 讨论问卷设计的过程。
3. 概述优质问卷的特征。
4. 理解介绍信的作用。
5. 解释与问卷配合使用的其他文件的重要性。

调查能用于开展大学生"住校生活"规划吗？

大学管理者实施了一项"住校生活"项目，意在发掘能够丰富在校生学习生活和社会经历的因素。这个项目的主要目标是确保学校能够为学生提供高质量的居住条件，并能够以便利的设施和完善的规划吸引新的生源，增加校内房屋的入住率，提高学生出租房的保有水平，从而可以使更多的学生愿意继续在校内租房。学校聘请了专门从事校内住宅规划的MPC咨询集团来执行这个项目。这家公司在业界很有名气，但是很少承接初级营销调研项目。

明确项目目标之后，MPC决定采用自我管理问卷调查的方式，来获取有关学生校内住宿方面的信息、态度和感受。MPC通过学校新启用的"黑板"（Blackboard）电子学习管理系统来实施这项调查。由于4.3万名学生都使用过这个系统，因此可以节省大量的时间和成本。MPC团队集思广益地设计了一份以分别住在校内和校外的学生为调查对象，包含59个问题的问卷。问卷首先询问了个人的人口统计特征，然后询问了学生当前的住房情况及其对现状的评价。接下来又询问了居住特征的重要程度，学生愿意住在校内还是校外的意向及其原因。在了解了婚姻状况和子女情况之后，还询问了他们所认为的理想的住宅结构和设施类型。最后，以个人对幼儿保健服务的需求总结结束了问卷调查。

当把问卷放进"黑板"电子邮件系统时，问卷共有24页，包括6个不同的过滤性问题，需要受访者根据他们对过滤性问题的回答在各页之间来回切换。3周以后，只有17位学生回答了问卷，且其中8个人的回答并不完整。大学管理人员对如此低的回答率感到非常失望，于是向MPC公司提出了三个看似简单却至关重要的问题：（1）"为什么回答率如此低？"（2）"本次问卷调查是获取所需信息的最好方式吗？"（3）"这些数据对实现原定目标而言有什么价值？"

根据你所学的知识和对调研实践的理解，回答上述三个问题，并回答上述的MPC调研过程会产生哪些潜在的问题（缺点）？

8.1　问卷在营销调研中的作用

本章重点讲解问卷设计的重要性和问卷设计的具体步骤。结合在前几章中已讨论过的一些概念，会更容易理解问卷设计的内容。

大多数问卷设计都是描述性或预测性的。描述性调查问卷所收集到的数据可以被转化为有关某个人、某个研究对象或者某个问题的信息。例如，美国人口普查局用描述性调查问卷收集特征和行为数据，这些数据可以反映出美国人口的现状（例如，收入水平、婚姻状况、年龄、职业、家庭规模、使用率、消费数量等）。相比之下，预测性调查问卷则需要调研人员收集更广泛的数据，来预测态度、行为的变化以及进行假设检验。

你也许从未真正设计过一份问卷，但很可能将来有一天你要去判断问卷设计的优劣。因此，了解问卷设计的过程和原则是很必要的。**问卷**（Question-naire）是为了收集原始数据而设计的一系列问题和量表。高质量的问卷可以使调研人员收集到可靠、有效的信息。事实上，通信系统、网络和软件的改进已极大地影响了提问和记录的方式。但问卷设计的原则在本质上并没有发生改变。不论使用网络调查还是非网络调查，调研人员设计问卷时所遵循的步骤都是类似的。

8.2　问卷设计

设计问卷时，调研人员会遵循系统的方法。图表8-1列出了设计调查问卷的步骤。我们以路易斯安那州首府巴吞鲁日市美国银行所做的一项研究为例，来阐述问卷设计的步骤。这家银行的目标是实现地域性扩张。为了改进决策，需要收集以下几方面信息：银行业务习惯和模式、满意度和忠诚度，以及当前和潜在客户的人口统计信息和生活方式特征等。

8.2.1　第一步：确定调查目标

在问卷设计的最初阶段，调研人员和银行管理人员首先要就调查目标达成共识。调查目标包括：

图表8-1　问卷设计的步骤

第一步：确定调查目标
第二步：选择合适的数据收集方法
第三步：设定问题和测量方式
第四步：确定问卷结构布局和评估问卷
第五步：获得最初的客户认可
第六步：预测试、修改以及最终问卷的确定
第七步：实施调查

1.收集人口统计特征方面的数据，以创建一份有关美国银行当前客户和潜在客户的简表。

2.收集美国银行当前客户生活方式维度方面的数据，以更好地了解他们及其银行业务习惯，以及潜在客户的相关信息。

3.确认顾客喜好的银行业务服务，以及顾客对这些服务的态度和感受。

4.识别细分市场的人口统计信息和生活方式特征以及对当前主要银行业务关系的满意度和忠诚度。

8.2.2　第二步：选择合适的数据收集方法

在选择数据收集方法之前，调研人员必须先明确调查目标的数据要求，以及合格受访者的人口统计信息类型。调研人员一般应遵循从一般到特殊的顺序。下面描述了美国银行进行调研的数据要求和研究流程。

第一部分：银行业务服务

a.顾客最常光顾的银行，即是其主要的银行业务关系。

b.顾客在选择银行时比较重视的银行特征（如便利度/位置、营业时间、合理的服务收费、储蓄利率、认识银行的工作人员、银行的声誉、银行的促销广告、贷款利率和网上银行服务等）。

c.家庭成员在各类金融机构中设置的个人储蓄账户。

d.顾客偏好或习惯使用的银行业务方式（如银行内业务、免下车窗口、24小时自动取款业务、电子银行业务、邮寄银行业务、电话银行业务等）。

第二部分：生活方式维度

这部分包括的划分银行客户生活方式的主要维度有：财务乐观者、财务不满者、信息交易者、信用卡或借记卡使用者、家庭导向型消费者、价格敏感者等。

第三部分：银行业务关系

这部分设计了一些问题来检验顾客对当前的主要银行业务关系的满意度和忠诚度。

第四部分：人口统计特征

这部分包括以下特征：性别、当前住所的居住时间、就业状况、婚姻状况、配偶的就业状况、抚养的子女数、教育、年龄、职业、收入、邮政编码等。

调研人员考虑了若干种收集数据的方法，包括随机电话调查和网络调查等。根据调查目标、信息要求和对当前银行客户样本的随机性要求，银行管理人员和调研人员决定先电话联系当前顾客，然后再邮寄问卷进行调查，事实上，这是较好的数据收集方法；而对于潜在顾客，则使用电话调查。

8.2.3　第三步：设计问题和测量方式

问卷设计是系统性的，包含一系列有逻辑性的活动。调研人员选择合适的量表，并以问卷的形式来满足数据收集要求。调研人员会确定问题的形式（非结构化的或结构化的）、问题的措辞、量表、对问题和量表答案的说明以及所需的数据类型（定类、定序、定距、定比）。在做这些选择时，调研人员必须考虑怎样收集数据。例如，网络调查、邮寄调查和电话调查的问题，还要注意量表之间往往存在差异。架构和量表测量，已在前面的章节讨论过。接下来，我们将讨论其他问题。

问卷形式　非结构化问题（Unstructured questions）是使受访者能够自己组织语言来回答的开放式问题。非结构化问题并没有固定的选项来帮助或限制受访者的回答。然而，对开放式问题进行编码比较困难。更重要的是，这些问题需要受访者在回答时尽可能考虑周全。因此，问卷调查中一般只设置几个开放式问题。而且，除非受访者可能对这些问题感兴趣，否则开放式问题是可以被跳过的。

结构化问题（Structured questions）也称封闭式问题，要求受访者从已列出的有限个答案或标度点中做出选择。结构化问题不需要调查对象进行过多的思考，因此回答过程会更加快捷。在问卷调查中，结构化问题比非结构化问题应用得更频繁，这是因为结构化问题对于受访者来说更容易填写，而且调研人员对其进行编码也更加容易。有关结构化问题的例子见图表8-2。

图表8-2　结构化问题举例

个人访谈

把这张卡片递交给受访者。请看这张卡片并告诉我相应配料的字母，你在必胜客吃披萨时，除奶酪外，会特别添加哪些配料。访员：在受访者所提到的配料字母上画圈，并务必询问是否还有一些未包括在选项内的其他配料。

【a】凤尾鱼	【b】腌猪肉	【c】烤牛肉
【d】黑橄榄	【e】更多奶酪	【f】绿橄榄
【g】青椒	【h】碎牛肉	【i】火腿
【j】辣椒	【k】蘑菇	【l】洋葱
【m】意大利辣味香肠	【n】香肠	【o】其他配料

电话访谈(传统电话访谈或计算机辅助电话访谈)

我将给你读一张有关比披萨配料的清单。每读完一种配料，请告诉我你去必胜客吃披萨时通常会不会把该种配料加在披萨上。访员：缓慢地读出每种配料，在受访者所提到的配料的字母上画圈，并务必询问是否还有一些未包括在选项内的其他配料。

【a】凤尾鱼	【b】腌猪肉	【c】烤牛肉
【d】黑橄榄	【e】更多奶酪	【f】绿橄榄
【g】青椒	【h】碎牛肉	【i】火腿
【j】辣椒	【k】蘑菇	【l】洋葱
【m】意大利辣味香肠	【n】香肠	【o】其他配料

自我管理问卷调查(在线的或非在线的)

在以下所列出的披萨配料中，哪些配料是你在必胜客吃披萨时，除奶酪外会特别添加到披萨上的?请将你的答案标记在选项框内。

□凤尾鱼	□腌猪肉	□烤牛肉
□黑橄榄	□更多奶酪	□绿橄榄
□青椒	□碎牛肉	□火腿
□辣椒	□蘑菇	□洋葱
□意大利辣味香肠	□香肠	□其他配料

措辞 调研人员必须仔细考虑问题和量表的用词，并避免使用有歧义和难以理解的单词和短语。例如，在调研中，对于"你多久吃一次米诺披萨?"这样的问题，使用从"去的很频繁"到"去的不频繁"共7个标度点的量表，很可能会产生不准确的答案。因为"很频繁是多久?"这个问题的答案因人而异。同样的，对调研人员来说很明白的词，受访者可能并不熟悉。例如，问卷经常询问受访者的种族并列出一个选项"Caucasian"。但是很多人并不知道"Caucasian"的意思是白人。调研人员必须认真地选词，以确保受访者熟悉这些词，当不能确保时，应该提前测验问卷的措辞。

单词和短语都有可能会影响到受访者对问题的回答。例如，措辞上很小的变化也会得到完全迥异的答案。下面我们举例来说明这一点：

1.在你的大学或者学院里，为了更加方便学生注册选修课程，你认为"可以"做些什么?

2.在你的大学或者学院里，为了更加方便学生注册选修课程，你认为"应该"做些什么?

3.在你的大学或者学院里，为了更加方便学生注册选修课程，你认为"将会"做些什么？

对于一些敏感性问题，应该认真进行设计以提高作答率。**敏感性问题**（Sensitive questions）包括：收入、性观念或性行为、医疗条件、经济困难、饮酒等。人们经常会有这些行为，但是它们可能并不为社会所接受。举一个例子，考虑下面问题：

你曾经一顿饭喝过五杯或者更多的饮料吗？根据本研究的目的，一杯饮料可以是一瓶啤酒、一杯葡萄酒、一杯冰镇的葡萄酒、一杯白酒、一杯混合饮料或者其他含有酒精的类似饮料。

_____有　　_____没有

调研人员可能会获得一个高的作答率。但是答案的准确性如何呢？"一顿饭"是如何被定义的？此外，一杯饮料是多少盎司也不清楚。而且，下面的询问方法将使这些问题变得更加糟糕。

"酗酒"被定义为一顿饭喝五杯或者更多的饮料。你曾有过该行为吗？

_____有　　_____没有

"酗酒"的上述定义是由哈佛大学公共卫生学院制定的。但是按照这种定义引导问题将会导致很少有人回答"有"，尽管很多观看体育节目或其他活动的人实际上已经喝掉了五杯饮料。

敏感性问题的指导原则就是刚开始不去询问受访者，除非为了达到你的调研目标要求他们这样做。如果受访者需要这样做，必须向其保证他们的答案是完全保密的。另一个指导原则是指明这些行为是正常的。例如，如果问到经济问题，在开始调研之前，先说一些类似于"很多人都有经济问题"这样的话，这样受访者就不会感觉只有他们才遇到这样的问题。另一种方法是对问题重新措辞，使他们回答的是关于别人的问题，这样可以得到与具体答案相对应的一般性答案。例如，"你认为大学生大部分都吸毒吗？解释你的答案。"受访者对其他人行为的回答通常是受访者本人行为的反映。

问题和量表测量　问题和量表形式会直接影响调查设计。为了收集准确的数据，调研人员必须精心设计问题并选择正确的量表类型。在前面的章节中，我们已经讨论过若干种类型的量表。只要有可能的话，应尽量使用定量量表。而且，调研人员必须保持所用量表和编码的一致性，以尽量减少受访者在回答问题时的困惑。

一旦确定了某个问题或量表，调研人员必须确保有关问卷的调研说明恰当清楚，使受访者易于给出准确的答案。**不好的问题**（Bad questions）会妨碍或扭曲调查对象与调研人员之间的沟通。如果受访者不能给出有意义的答案，这就是不好的问题。有关不好的问题，现举例如下：

1.*无法回答的问题*，出现这种情况可能是因为受访者无法获得所需的信息，也可能是因为受访者无法找到适合自己的答案选项。例如，"去年你父母的税后年收入是多少？"或者"你上个月在饮食上花费了多少钱？"一般来说，受访者并不知道这些问题的答案但仍试图去回答它。他们给出一个自己认为正确的"猜想"。一些调研人员认为提供替代答案也是一种解决方法，但是这样做会产生偏差。当给定选择范围时，受访者倾向于选择平均值，在200美元到500美元范围内选择的值将比在400美元到600美元范围内的值低。这种情况下最好使用开放式问题。

2. *引导性问题*，引导受访者选择一个答案。在通常情况下，如果调研已提供了所有可能的应答种类或概念，或者提供了有关该情况的所有真相，则受访者将不会做出选择。例如，"我们很在意我们公司已提供给你的客户服务，而你将如何评价你所得到服务的质量呢？"另一个例子是询问时先说："大多数美国人都反对提高税收，你支持提高税收吗？"

3. *多重目的问题*，要求受访者一次解决多个问题。例如，"你在早餐、午餐和晚餐时饮用百事可乐吗？"或者"你同意还是不同意家得宝公司的员工是友好的和有帮助的？"

当设计具体问题和量表时，研究人员要扮演两个不同的角色：一个是专业、有条理的调研人员的角色；另一个则是受访者的角色。问题和量表必须符合逻辑顺序。在选择了问卷的标题之后，且在调研人员提出第一个问题之前，通常要进行包括导言及问卷说明在内的简要介绍。一般会按照从一般到特殊的顺序来问问题，以减少可能产生的偏差。此外，敏感性的问题和难以回答的问题应该放在问卷的后面，在受访者融入回答问题的过程之后再做回答。

一些问卷有跳答问题或者分支问题。**跳答问题**（Skip questions）可以出现在问卷的任何地方，当下一个问题（或下一系列问题）需要由一些符合先前条件的受访者来回答时，就需要使用跳答问题。一个简单的跳答指令是："如果第五道题你回答'是'，则请跳到第九道题。"采用跳答问题可以确保仅由符合特定条件的受访者来回答问题。如果需要使用跳答问题，则必须向受访者和访员明确说明。如果采用网络调查，跳答问题很容易使用并可自动完成。

受访人员肯定会在意完成问卷将会花费多长时间，他们已完成了多少。尽管在导言部分受访者已被告知将会花多长时间完成问卷，但这种询问意识将存在于问卷调查的整个过程中。对网络调查来说这个问题很容易解决，大多数调查都有一个图表或者其他标示来显示还有多少道题没作答。另一个方法是在开始人口统计部分之前，用类似于这样的陈述："调查马上就要结束了，只剩下几个问题。"这是"过渡语"，设置其有两个目的。第一，告诉受访者，他们的思维将发生改变。在回答个人信息之前，他们可以清理一下思路。第二，它会暗示受访者调查任务已经基本结束。图表8-3是银行业务调查中使用的问卷。

在编排调查问卷之前，调研人员应该估计量表的可靠性和有效性，如图表8-3中"第二部分：普遍观点"里的各项。一旦完成了这一步，就可以将重点放在准备问卷的说明上，并做一些需要的修订。评价可靠性和有效性的方法已经在第7章中讨论了。

图表8-3　银行客户意见调查

感谢你参与此项调查。你的参与将帮助我们了解客户对银行产品和服务的看法，以提高银行的客户服务水平。你的态度和意见对我们的调查来说非常重要。你的回答我们将严格保密。

说明：请仔细阅读下列问题。将符合你的答案填写在对应的选项框内。

第一部分：一般银行的业务习惯

1.你最常在以下哪家银行办理银行或金融业务？请选出一个答案。

☐美国银行　　　　　☐首都银行　　　☐爱尔兰国家银行

☐巴吞鲁日银行　　　☐花旗银行　　　☐路易斯安那州国家银行

☐其他银行，请具体说明：____

2.下面各个因素对你选择问题1中所提到的银行来说有多重要？

请就每个因素选出一个答案

因素	非常重要	重要	有点重要	根本不重要
便利的位置	☐	☐	☐	☐
营业时间	☐	☐	☐	☐
合理的服务收费	☐	☐	☐	☐
储蓄利率	☐	☐	☐	☐
认识银行的工作人员	☐	☐	☐	☐
银行的声誉	☐	☐	☐	☐
银行的促销广告	☐	☐	☐	☐
贷款利率	☐	☐	☐	☐
网上银行业务服务	☐	☐	☐	☐

如果你认为还有其他因素对你选择问题1中所提到的银行来说非常重要，请在下栏具体说明：

_____

3.你或你的亲属在下面哪个金融机构有个人储蓄账户？请根据实际情况选择答案，答案可多选。

金融机构	你和其他家庭成员	其他家庭成员	你自己
信用合作社	☐	☐	☐
美国银行	☐	☐	☐
巴吞鲁日银行	☐	☐	☐
花旗银行	☐	☐	☐
爱尔兰国家银行	☐	☐	☐
路易斯安那州国家银行	☐	☐	☐

其他机构（请具体说明）：_____

4.我们想了解你对以下每种银行业务方式的态度。对于下列银行业务方式,选择能最好地描述你的偏好程度的答案。对每种业务方式只能选择一种答案。

银行业务方式	非常喜欢用	有点喜欢用	有点不喜欢用	非常不喜欢用
银行内业务	☐	☐	☐	☐
免下车（供开车进来的客户使用的）窗口	☐	☐	☐	☐
自动取款机业务	☐	☐	☐	☐
电话银行业务	☐	☐	☐	☐
邮寄银行业务	☐	☐	☐	☐
网上银行业务	☐	☐	☐	☐

5.现在我们想了解你实际使用以下银行业务方式的频率。请在每种银行业务方式下选择一个合适的答案。

银行业务方式	经常	偶尔	很少	从不
银行内业务	☐	☐	☐	☐
免下车(供开车进来的客户使用的)窗口	☐	☐	☐	☐
自动取款机业务	☐	☐	☐	☐
电话银行业务	☐	☐	☐	☐
邮寄银行业务	☐	☐	☐	☐
网上银行业务	☐	☐	☐	☐

第二部分:普遍观点

这部分列出一些普遍观点。对于下列陈述而言,并没有正确或错误的答案,我们感兴趣的只是你的观点。

6.请在每个观点旁边,选择一个能够最好表达你同意或不同意该观点的程度的答案。需要提醒你的是,并没有正确或错误的答案——我们只是想了解你的看法。

观点	非常同意	有点同意	中立	有点不同意	非常不同意
对于新鲜事物,我通常会征求朋友的意见	☐	☐	☐	☐	☐
我经常用信用卡买东西	☐	☐	☐	☐	☐
我希望有更多的钱	☐	☐	☐	☐	☐

观点	非常同意	有点同意	中立	有点不同意	非常不同意
安全对我来说最重要	☐	☐	☐	☐	☐
我很容易受广告的影响	☐	☐	☐	☐	☐
我喜欢用现金购物	☐	☐	☐	☐	☐
对于新鲜事物，我的邻居或朋友通常喜欢征求我的意见	☐	☐	☐	☐	☐
持有记账户头是件好事	☐	☐	☐	☐	☐
明年我的花销可能比今年更大	☐	☐	☐	☐	☐
逐店选购特价商品的人能省很多钱	☐	☐	☐	☐	☐
我喜欢尝试最流行的产品或服务	☐	☐	☐	☐	☐
我缺钱的时候，往往会发生意想不到的状况	☐	☐	☐	☐	☐
5年后，我的收入可能比现在高很多	☐	☐	☐	☐	☐

第三部分：银行业务关系

请给出你对以下各个问题所持的观点。选出最符合你感受的答案。

	不是很满意				很满意
7.你对与你有大部分业务合作的银行有多满意？（如你主要的银行业务关系）	☐	☐	☐	☐	☐
	不是很可能				很可能
8.你继续与你目前主要合作的银行进行业务往来的可能性有多大？	☐	☐	☐	☐	☐
9.你将与你进行主要合作的银行推荐给朋友的可能性有多大？	☐	☐	☐	☐	☐

第四部分：分类资料

接下来是几个人口统计信息方面的问题。通过这些问题，我们能够合理地利用调查结果来推断总体。你的答案将有助于我们确保受访者样本的多样性。

10. 你的性别是？　□女　　　□男

11. 你居住在目前的所在地大概有多久？

□不到 1 年　　　□4~6 年　　　□11~20 年

□1~3 年　　　　□7~10 年　　　□超过 20 年

12. 你目前的就业状况怎样？

□全职　□兼职　□目前未就业　□退休

13. 你目前的婚姻状况如何？

□已婚　　□单身（未婚）　□单身（丧偶、离婚或分居）

14. 如果已婚，请说明你配偶目前的就业状况。

□全职　□兼职　□目前未就业　□退休

15. 如果你有孩子，请指出你家庭中未满 18 岁的子女个数。

0　1　2　3　4　5　6　7　8　　　若超过 8，请具体说明：＿＿＿

□　□　□　□　□　□　□　□　□

16. 下列哪个选项是你的最高学历？

□研究生或高等学位　　　　　　□高中毕业

□研究生学习阶段　　　　　　　□高中阶段

□大学毕业（4 年本科学位）　　□中学毕业

□大学或技术学校学习阶段　　　□中学阶段

17. 你今年多大年纪？

□不到 18 岁　□26~35 岁　□46~55 岁　□66~70 岁

□18~25 岁　　□36~45 岁　□56~65 岁　□超过 70 岁

18. 下面哪个选项能恰当地描述你所从事的行业？

□政府（国家、州、城市）　　□法律　　　□金融　　　□保险

□石化　　　　　　　　　　　□制造业　　□运输业　　□咨询业

□教育　　　　　　　　　　　□医疗　　　□零售　　　□批发

□其他领域，请具体说明：＿＿＿＿＿＿＿＿＿＿＿＿＿＿＿

19. 你的家庭全年税后总收入是多少？

□不到 10 000 美元　　　　　□30 001~50 000 美元

□10 000~15 000 美元　　　　□50 001~75 000 美元

□15 001~20 000 美元　　　　□75 001~100 000 美元

□20 001~30 000 美元　　　　□超过 100 000 美元

20. 你居住地 5 位数的邮政编码是多少？　□　□　□　□　□

非常感谢你参与此次调查！

再次为你花费宝贵时间给我们提供的信息而表示感谢。

营销调研指南：问题的"构造"可能会产生偏差

春天的一个星期六早上，本书的一位作者在院子里干活。一群年轻人从面包车里走出来，开始敲门请求作者参与一项与运动相关的主题的调查。他们是当地一所大学的学生，正在为一家健康俱乐部做课程项目。学生们欢快又有礼貌地请求作者参与，经作者同意后，他们便开始询问调查中的问题。调查进行到大概一半的时候，其中一个访员问了下面的问题：

"先前被问到这个问题时，大概90%的人都回答'是'，那么你认为一家健康俱乐部是激励人们进行锻炼的原因吗？是或者不是？"

作者拒绝回答这个问题，并告诉学生访员如果他认为健康俱乐部是激励人们进行锻炼的原因的话，这个问题就不该问。实质上，他们是在问"你给出与以往90%受访者答案不一样的意愿是多大"。学生们对作者的反应感到吃惊，但仍是有礼貌的。作者告诉他们，如果他们想要学习怎样设计有效的问卷，应该去当地的州立大学学习他的调查方法课程。

8.2.4　第四步：确定问卷结构布局和评估问卷

在好的问卷设计中，问题排列会从一般信息到特殊信息，最后以人口统计信息结束。问卷从**导言部分**（Introductory section）开始，向受访者介绍本次调查的概况。该部分首先会声明问卷的合法性。例如，调研公司是合法成立的，并保证受访者的答案是匿名的。接下来，通常是过滤性问题。大多数问卷都使用**过滤性问题**（Screening questions）（也被称作安检员问题）。设置过滤性问题的目的是识别出符合条件的受访者，避免不符合条件的受访者出现在问卷调查中。除了电脑辅助调查，在很多自我管理问卷中很难使用过滤性问题。在问卷中主要问题开始之前要完成过滤性问题的回答。导言部分还包括填写问卷的一般说明。

问卷的第二部分重点在调查问题上。这部分称作**调查问题部分**（Research questions section），基于调查目标，将调查问题按照从一般到特殊的顺序进行排列。如果一项调查有多个调查目标，这些包含每个调查目标信息的问题也将按照从一般到特殊的顺序进行排列。当一个问卷的两部分之间有相关问题时除外。在这种情况下，调研人员通常将这两部分分开（通过导入一系列不相关的问题），尽可能减小第一部分答案对第二部分答案的影响力。最后，难以作答的或者敏感性问题都应该放在每一部分的最后面。

最后一部分是有关问答者的人口统计信息。人口统计问题之所以被放在问卷的最后，是因为这些问题一般都是询问个人信息的，而部分人都不愿意向陌生人提供此类信息。如果在访员和受访者之间相互信任的"舒适带"还没有建立起来就询问个人信息，很容易造成访问过程的中断。问卷以致谢语结尾。

问卷设计应该消除或者尽量减小答案排序偏差。当问题的排序或者某一特定问题的封闭式答案影响受访者的答案时会产生**答案排序偏差**（Response order bias）。受访者会经常选择第一个或最后一个答案。用数字替代具体答案内容（价格或数量）时，受访者倾向于选择中间值。网络调查问卷的问题可以随机排列，所以不会出现这个问题。由于邮寄调查中受访者可以看到所有的答案，所以问题也不大。在邮寄调查和自我管理调查中还有一个方法可减小答案排序偏差：准备几个不同形式的问卷，每个问卷中问题的排序各不相同，然后对所有问卷的答案取平均值。电话调查中答案排序偏差出现的概率最大。

最近一些调研人员担心问卷设计可能会导致调研结果数据出现共同方法变异。**共同方法变异**（Common methods variance，CMV）不是由获取数据的量表产生的，而是由问卷中的测量方法产生的偏差变异。当受访者给出的自变量和因变量问题的答案并不是真正相关时就会出现共同方法变异。当受访者同时回答认知型的自变量和因变量问题，并意识到它们之间有相关关系时，最可能出现由共同方法变异导致的偏差。可能会产生共同方法变异的一个情形是：在一个餐馆问卷的前一部分要求受访者估计"他们有多喜欢这里的食物"或者"他们有多喜欢这里的就餐氛围"（自变量和一个认知型问题）。然后，在这个问卷的后一部分，这个受访者又被问到"你对在圣塔菲烤肉店的用餐经历满意程度如何"（因变量和一个认知型问题）。

许多调研人员认为调查中共同方法变异的普遍性被夸大了。如果调研人员在意共同方法变异的话，可以通过以下方法减小数据中共同方法变异存在的可能性：收集不同时点或者不同来源的因变量和自变量数据（如在调查工作环境和工作表现之间的关系时，采用来自雇员的工作环境感性评价数据和来自管理者的工作表现评价数据）。不幸的是，在营销调研中这通常是不可能的。降低共同方法变异存在的可能性的其他方法包括：在问卷中使用不止一种类型的量表（如同时使用语意差别量表和图示等级量表），或使用标度点数目不同的量表。例如，一个问卷可以这样设计：用10项量表回答自变量问题，用100项量表回答自变量问题。

问卷格式和布局结构应该方便受访者阅读和作答。如果调研人员不考虑问卷布局结构，则会导致数据质量的大幅下降。设计完美的问卷，其价值是难以估量的。问卷的主要作用即是获取人们对调研问题或调研目标的真实想法和感受。因此，用问卷收集数据首先应该提高受访者对调研问题或机会的理解。相反，糟糕的问卷会在时间、人力和经费上付出昂贵的代价却没能得到好的结果。

在完成问卷设计但尚未交给客户之前，研究人员应再仔细检查一遍整个问卷，确定是否每个问题都是必要的，以及问卷整体的长度是否合适。此外，研究人员还要审核问卷以确保调查符合研究目的，而且量表形式和问卷说明等都没有问题，并且是按从一般到特殊的顺序来编排问题的。如果是网络调查，应该在受访者作答之前，事先在电脑上察看一遍问卷。如果是邮寄调查或者留填问卷调查，应该亲自检查一遍问卷。所有形式的自我管理问卷看起来应该是专业的和有视觉吸引力的。图表8-4概述了问卷设计中应该考虑的主要事项。

图表8-4　问卷设计的注意事项

1.在问卷设计之前要确定调查目标

2.确定完成每个调查目标的数据要求

3.问卷介绍部分应该包括对调查总体的描述

4.问卷说明要清楚明了

5.问卷和量表测量应该遵循一定的逻辑顺序——应该符合受访者的逻辑,而不是调研人员或访员的逻辑

6.访谈或问卷应从容易回答的问题开始,然后逐渐引入较难的问题。按照从一般到特殊的顺序编排问题

7.在访问或调查的最后询问个人信息

8.将涉及个人看法、态度和信仰的问题放在访问或调查的后面、人口统计问题的前面

9.避免问卷中同一部分的问题采用不同的测量形式

10.用致谢语结束访问或调查

营销调研指南：智能问卷是革命性的调查

在营销调研中"智能问卷"是最先进的问卷。该问卷是使用数学逻辑来设计的,在访问过程中可以用计算机为每个受访者定制个性化问卷。通过互动软件的使用,电脑能不断评估新的信息并使调查问题个性化。在答案的基础上,可以提出更详细的问题来探讨和识别受访者原始答案背后的原因。因此,在智能问卷调查中,不同的受访者可在同一问卷中回答不同系列的问题,对每一个定制的问卷都提供了最相关的数据。

对于提供多样化产品系列的跨国公司来说,网上问卷可以提供和每个产品系列相关的信息。在网上问卷产生之前,公司不得不依赖脚本问题的调查数据,尽管它们与公司需求的相关性不大。使用智能问卷则可获得与组织具体需求相关的信息。

与传统结构的调查相比,智能问卷的重要优势包括：参与的便利性提高了,问卷所需的时间减少了,调查所需的资源减少了,因此减少了调查管理过程的总体成本。对很多公司来说,采用智能问卷是收集数据的明智选择。

在线调查的思考　在线调查需要做额外的规划。传统数据收集方法的一个主要指标是受访率。为了确定效率,调研人员必须知道试图联系的受访者的数量和待完成问卷的数量。对邮寄调查和电话调查来说这项任务是简单的。但在在线调查中,调研人员必须使用在线数据采集服务系统来计划怎样邀请受访者。如果数据采集服务系统发出一个"整体"邀请,就没有办法去测量受访率了。即使只给一个有组织的受访者小组发送调查邀请,计算受访率仍可能是一个问题。这是因为受访者小组中包括数百万个用广泛标准描述的个体。因此,针对18至35岁之间的男性的一个调查可能会包括一组具有更广泛的人口统计特征的受访者。另一个问题是招募参与者,如果一些人被要求参与调查但他们拒绝了,他们应该包括在受访率指标里吗?还是受访率应该以那些自称有受访资格并且愿意受访的人为基础来计算,他们是否真的会回应?为了克服这些问

题，调研人员必须与数据收集供应商紧密合作，确定具体目标并请求他们的参与，这样才能计算准确的受访率。而且，在开始数据收集之前，必须明确怎样招募在线调查的受访者。

在计算在线受访率指标时存在的一个问题是：计算在官方网站数据收集供应商邀请之外的人参与的概率。例如，一个被官方邀请参加调查的人邀请并建议网友参加调查，这种现象是常见的。被邀请的朋友去收集数据的官方网站回答问卷，因为他们对调查主题感兴趣。针对这种情况，在接受调查之前必须采取有效的措施，如使用独特标识符号来避免这类主动回答的现象的发生。

在线调查的另一个问题是一些受访者完成问卷所花的时间长短。一些受访者用不到5分钟的时间完成原本应该花费15分钟才能完成的问卷是常见的现象。同时，一些人用一两个小时完成同样只需要15分钟的调查问卷也是常见的现象。为了解决在线数据收集供应商面临的这类问题，首先应该把"完成时间"作为一个测量指标。如果你不收集这些信息就没办法解决这些问题。当完成数据收集后，你在回顾这个测量指标时，我们建议调研人员采用计算均值这个经常用来处理异常值的方法，即"截尾均数"方法，将任一边（很短和很长的回答时间）5%的尾部值从样本中移除。这将删除极端异常的观察值，减小数据分析中包括答案偏差的可能性。

调研公司刚刚开始分析在线问卷设计问题。至今有三个问题已经得到了解决：（1）答案框的长度对开放性问题答案的影响。（2）作答中单选按钮和下拉菜单的使用。（3）图形的恰当运用。关于第一个问题，当答案框的长度更长时受访者将会写更多的答案。一些调研公司解决这些问题的方法是让受访者自行选择小、中等或大的答案框，这样答案框的大小才不会影响受访者的答案。关于第二个问题，下拉菜单的使用，如果位于下拉菜单顶部的答案是直接可见的，该答案被选的可能性会比其他答案大很多。因此，如果使用下拉菜单时，最上面的选项应该是"选择一个答案"。一般来说，应尽可能使用单选按钮。关于第三个问题，图形的使用可能会影响受访者。例如，问卷为参加棒球比赛问题设计了两个情景图形版本，一个情景版本是坐满了观众的棒球场，另一个是只有几个观众的小棒球场。与寥无几人的小棒球场情景相比，当在坐满观众的棒球场情景假设下，受访者更倾向于说他们在前一年参加了更多的运动项目。[1]

在线调查形式促进了等级量表、图形和动画的使用。例如，Qualtrics公司使用滑动量表——图示等级量表来提高受访者答案的准确性。例如，滑动量表是对受访者答案的真实测量，也促进了10项量表和100项量表的使用。在线环

① Mario Callegaro, "Web Ques-tionnaires: Tested Approachesfrom Knowledge Networks forthe Online World," Spring 2008,www.knowledge networks.

境下的调查为图示和量表新的使用方法的出现提供了机会，其中有些使用方法是有用的，另一些则是无用的。对传统的数据采集方法和问卷设计来说，最好的指导原则是KISS原则——让它既简又短！复杂的设计可能产生有偏差的结果，应当避免这种情况。

8.2.5　第五步：获得最初的客户认可

问卷的复印件应该被分发到与项目有关的各个部门。这是为客户提供信息的机会，使其对已忽略的问题给出建议或提出其他问题。调研人员必须在进行预测试之前得到客户对问卷的最终认可。问卷需要修改的地方也都应该在本阶段完成。如果留到以后再修改，则成本将会十分高昂，甚至再也无法更改。

8.2.6　第六步：预测试、修改以及最终问卷的确定

预测试可以获得对问卷的最终评估。预测试是把问卷发给少数的、有代表性的受访者，让他们填写问卷，并让其向访员反馈意见。预测试中受访者的数量一般是20至30人。通常会要求预测试中的受访者重点关注问卷中用词、习语、说明和问题的顺序，并要求他们指出任何难以回答或不容易理解的地方。认真审核收回的问卷，查看是否有让受访者觉得枯燥和无聊的情况，包括漏答问题或者所有的问题都选择相同的答案。

预测试有助于调研人员确定受访者完成问卷需要多长时间、是否需要添加或修改说明、介绍信中应该说些什么。如果预测试中出现问题，一定要尽快修改，并在得到客户认可之后再进行下一步调研活动。

8.2.7　第七步：实施调查

这一步的重点是用已定稿的问卷来收集数据。可以采用自我管理问卷调查或访员完成问卷调查，实施调查的过程会因调查的方式不同而有所不同。例如，自我管理问卷必须分发给受访者，并且必须采用能提高回答率的方式。类似地，进行网络调查时，问卷上传到网上之前，必须彻底地审查问卷的形式、顺序、跳答类型和说明。因此，问卷设计的最后一步就是要将前面的决策执行到底，并确保恰当地实施每一步。

8.3　介绍信的作用

自我管理问卷中会经常用到**介绍信**（Cover letter）。介绍信的主要作用即是想获得受访者的合作，使其愿意参与调查。在个人或电话访谈中，访员一般口头陈述邮寄问卷和留填式问卷介绍信中的要点。自我管理问卷调查的回答率通常比较低（25%或更低），而好的介绍信可以提高回答率。图表8-5列出了有关介绍信的撰写原则。

图表8-5　撰写介绍信的原则

要素	描述
1. 名称	应该告诉调查对象这是一封介绍信。应该使用印有调研公司名字的专用信纸
2. 机构的身份证明	应该有实施调查或访谈的调研公司的身份证明。可以直接介绍委托方，但在多数情况下并不会透露委托方的信息
3. 清晰陈述研究目的和研究意义	描述调研目的，强调调研对受访者来说的重要性
4. 匿名性和保密性	保证不会泄露调查对象的姓名。解释调查对象是如何被选中的，强调其回答对研究的成功开展十分重要
5. 调查完成的时间范围	说明完成调查或研究的时间范围
6. 强调调查对象参与的重要性	说明调查对象参与的重要性
7. 确认不参与调查或访谈的原因	确认没有参与调查的原因，如 "没有时间" "调查问卷被视为垃圾邮件" "忘了完成问卷"。采取相应的解决措施
8. 时间要求和奖励	说明完成问卷大概所需要的时间。如果有奖励，则应一并说明
9. 明确结束时间以及完成问卷后应把问卷送归到何处，如何送还	向调查对象说明问卷完成后与归还问卷有关的所有事项
10. 对其愿意参与调研表示感谢	感谢调查对象的合作

8.4　数据收集中的其他注意事项

　　使用访谈法收集数据时，必须编写督导说明、访员指南、过滤性问题和访问记录表等一系列文件。这些机制能确保数据得以成功收集。一些是访问所需要的，另一些是自我管理问卷所需要的。本节将对这些文件进行简要的说明。

8.4.1　督导说明

　　采用访谈法收集数据时，研究人员通常会委托调研公司来实施访谈工作。**督导说明表**（Supervisor instruction form）是培训访员如何规范地执行访谈计划的指导性纲要。它概述了调研的执行过程，对采用个人访谈和电话访谈的调查来说非常重要。此外，督导说明还包括研究性质、开始和完成日期、抽样说明、需要的访员人数、装备和设施、报告形式、配额和批准过程等方面的详尽信息。图表8-6是一项有关餐厅调查的简单的督导说明。

图表8-6   一份有关餐厅调查（使用个人访谈法）的督导说明

调查目的	确定学生们外出就餐的类型及其对选择餐厅所持的态度，这些餐厅在学校附近1英里的范围内
访员数量	共有90名受过培训的学生访员（被分为3个不同的小组，每组30名访员）
访问地点	访问将持续两周的时间，即从2013年3月10日开始，到2013年3月24日结束。每天早上8:00开始，晚上9:00结束。每周从周一工作到周五。访谈地点是在校园里4个学院的学生宿舍楼、图书馆和大学生活动大楼的外面。一共有3个小组，每个小组有30名访员，轮班工作，且工作时间安排为:从早上8:00到中午12:00，从中午12:01到下午5:00，从下午5:01到晚上9:00
配额	每个访员要完成30份访谈，在 Mellow Mushroom、Pizza Hut、Domino's Pizza、Chili's 和 Outback Steakhouse 这5家餐厅中，每家最多完成5份调查；而在其他任意一家"当地餐厅"中，至少要完成5份调查。所有调查都应在指定的地点和时间内完成。 由30名访员所组成的调研小组，在列出的5家餐厅中，每家餐厅至多可完成150份调查，在代表"当地餐厅"的任意一家餐厅中最少可完成150份调查
项目资料	提供以下项目资料:2 701份个人问卷；91份访员指南、过滤性问题和配额规则；91套"评比卡"，且每套都包含6张不同的评比卡；91份"访问核实"表；一张访员时间安排表
准备	在使用项目资料之前，应理解所有资料的内容。拿出2个小时的时间来培训90名学生访员，以指导他们应该如何选取预期受访者、筛选合格的受访者并实施访谈。确保每个访员都能理解调查中每个问题所附带的"访员说明"。此外，指定每个访员进行访问的地点和时间。确保调查包括所有的地点和时间。另外，还要为预先考虑到可能出现的问题做好准备

8.4.2　访员指南

访员指南（Interviewer instructions）被用来培训访员，以指导其如何挑选潜在受访者、筛选合格受访者以及实施访谈。指南包括研究性质、起止时间、抽样说明、筛选程序、配额、需要的访员人数、提问的原则、评比卡的使用、答案的记录、报告形式和核实表等。

8.4.3　过滤性问题

设置过滤性问题的目的是为了确保研究中被访问的调查对象能够代表既定目标总体。事实上，过滤性问题是用来确定潜在调查对象是否合格，确保某些类型的受访者不被包含在调查中。通常，如果一个人或其家庭成员在某特定行业工作，则应该将此人排除在研究范围之外。例如，福特汽车公司对其汽车质量开展调查时，就把在福特汽车公司工作的员工或销售福特汽车的经销商排除在调查对象的范围之外。另外，营销调研公司的员工或广告代理商也不能被包括在研究对象之中。

8.4.4　配额

配额（Quotas）是用来确定调查人员选取合格的调查对象来收集数据。一旦某类受访者的配额已满，就不应该再让该类调查对象回答问卷。访员记录配额信息并将它们制成表，以确定目标群体问卷结束的时间。如果是在线调查，应使用电脑追踪已完成的问卷的方法来确定目标群体的配额。在有关零售银行业务调查的案例中，每个访员要完成 30 次访谈，受访者会从 6 家不同的银行里选取，且在每家银行访谈 5 名顾客。这 6 家银行分别是：美国银行、太阳信托银行、花旗银行、大通银行、美国美联银行和"其他银行"。一旦大通银行的配额已满，任何表示大通银行是自己的主要业务银行的潜在顾客都会被排除在调查之外了。

8.4.5 访问记录

访问记录（Call records），既是报告方法也是追踪方法，用来评估访员的工作效率。该记录表通常能反映出每个访员对潜在受访者开展访谈的次数和访谈的结果，因此主要被用在有访员参与的数据收集方法之中，也可用在在线调查中。从访问记录中收集到的信息包括：每小时拨打的电话次数或接触受访者的次数、每完成一次访谈接触受访者的次数、访谈的时间长度、配额的完成情况、被中断的访谈次数、中断的原因以及回访的次数等。

你已经完成了对调查过程的第三个阶段的学习，收集准确数据，并且准备进入最后一个阶段的学习，即数据准备和数据分析。第 9 章将讲述数据编码、编辑和数据准备。

市场营销调研实践：为圣塔菲烤肉餐厅设计一份顾客调查问卷

这个案例是本章学习目标中对问卷设计的扩展。通读案例，并用实际的过滤性问题（图表 8-7）和问卷（图表 8-8）来回答最后的问题。

在 2013 年初，两个刚毕业的商学院大学生（一个主修金融专业，另一个主修管理专业）走到了一起，他们对西南的休闲餐饮有了一个新的构想，即希望以墨西哥风格为主题来布置餐厅，提供品种齐全的菜品，并营造家庭般的温馨氛围。他们用几个月的时间制订了详细的商业计划和市场策略，得到了资金支持，成立并开始经营他们自己的餐厅——圣塔菲烤肉墨西哥菜餐厅。

最初的 6 个月非常成功，但之后他们注意到餐厅的收入、客流量和销售量都在下降，而且他们对自己的顾客知之甚少。除了大学里曾学过的一些基本的营销课程，两位店主都没有学过其他任何营销调研方面的知识，因此他们征求一个朋友的意见，朋友建议他们聘请一家营销调研公司以收集一些关于人们外出用餐习惯和类型的原始数据。一家营销调研公司位于他们餐馆所在的商业圈内，他们就联系这家公司设计一个自我管理问卷调查来收集所需要的数据。如图表 8-8 中所显示的用来指导问卷设计的六个调查目标如下：

1. 识别人们在选择休闲美食餐厅时认为比较重要的因素。
2. 确定顾客所描述的圣塔菲烤肉餐厅和它的竞争者若泽西南咖啡厅的特征。
3. 描绘圣塔菲烤肉餐厅顾客群的心理学和人口统计学特征。
4. 确定餐厅顾客的惠顾情况和正面口碑相传的广告模式。
5. 评估顾客会再次前往圣塔菲烤肉餐厅用餐的意愿。
6. 评估顾客在圣塔菲烤肉餐厅就餐后的满意程度。

图表8-7　对墨西哥餐厅进行调查时所使用的过滤性问题

你好，我叫_____，是DSS调研公司的访员。今天(今晚)想了解一下你的外出用餐习惯。

1．"你经常在休闲美食餐厅用餐吗？"　　　　　　　　__是__否

2．"最近6个月你在其他墨西哥餐厅用过餐吗？"　　　__是__否

3．"你的家庭全年总收入是2万美元或者更多吗？"　　__是__否

4．你最近最常在下面哪家墨西哥风格餐厅吃饭？

a．第一选择是圣塔菲烤肉餐厅——是的，继续。

b．第一选择是若泽西南咖啡厅——是的，继续。

c．第一选择是其他餐厅——谢谢他们，结束访问。

如果受访者对上面3个问题的回答都是"是"，并且是在圣塔菲烤肉餐厅或若泽西南咖啡厅，就可以说：

我们想了解一下你今天(今晚)在____餐厅用餐的感受，并且希望得到你的回答。这项调查仅需要花费你几分钟的时间，但你的回答对我们更好地管理顾客服务而言非常有帮助。

图表8-8　墨西哥风格餐厅外出用餐调查

　　请仔细阅读下面所有的问题。如果遇到不太清楚的问题，则可以请访员帮忙。问卷的第一部分是关于兴趣和观点的描述。使用取值范围为1~7的量表，其中7表示"非常同意"，1表示"非常不同意"。请描述你同意和不同意的程度，然后圈选适合你的选项。

第一部分：生活方式类问题

1.我经常尝试新鲜的事物	非常不同意						非常同意
	1	2	3	4	5	6	7
2.我喜欢有音乐和交流的聚会	非常不同意						非常同意
	1	2	3	4	5	6	7
3.别人经常给我推荐产品信息	非常不同意						非常同意
	1	2	3	4	5	6	7
4.我很少吃油炸食品	非常不同意						非常同意
	1	2	3	4	5	6	7
5.我喜欢户外活动和社交	非常不同意						非常同意
	1	2	3	4	5	6	7
6.朋友和邻居经常向我咨询有关产品和品牌的意见	非常不同意						非常同意
	1	2	3	4	5	6	7
7.我对自己和未来很有信心	非常不同意						非常同意
	1	2	3	4	5	6	7
8.通常我饮食均衡、讲究营养	非常不同意						非常同意
	1	2	3	4	5	6	7
9.当商店推出新产品时，我经常会买	非常不同意						非常同意
	1	2	3	4	5	6	7
10.我非常重视饮食	非常不同意						非常同意
	1	2	3	4	5	6	7
11.与朋友和邻居相比，我经常率先使用新品牌	非常不同意						非常同意
	1	2	3	4	5	6	7

第二部分：认知测量

下面列举了你经常光顾的墨西哥餐厅的一些特征，使用取值范围为1~7的量表，其中7表示"非常同意"，1表示非常不同意，描述你同意和不同意的程度：

12.服务员很友好	非常不同意						非常同意
	1	2	3	4	5	6	7
13.就餐环境愉悦	非常不同意						非常同意
	1	2	3	4	5	6	7
14.食品分量足	非常不同意						非常同意
	1	2	3	4	5	6	7
15.食品新鲜	非常不同意						非常同意
	1	2	3	4	5	6	7
16.价格合理	非常不同意						非常同意
	1	2	3	4	5	6	7
17.内部装修很有吸引力	非常不同意						非常同意
	1	2	3	4	5	6	7
18.食品风味出色	非常不同意						非常同意
	1	2	3	4	5	6	7
19.雇员专业	非常不同意						非常同意
	1	2	3	4	5	6	7
20.食品温度适中	非常不同意						非常同意
	1	2	3	4	5	6	7
21.服务快捷	非常不同意						非常同意
	1	2	3	4	5	6	7

第三部分：关系测量

请指出你对下面这些问题所持的观点：

22.你对____的服务满意吗？	一点儿也不满意						非常满意
	1	2	3	4	5	6	7
23.以后还会再来_____用餐吗？	肯定不会再来						肯定会再来
	1	2	3	4	5	6	7
24.你会向朋友推荐____吗？	肯定不推荐						肯定推荐
	1	2	3	4	5	6	7
25.你会经常惠顾____吗？	1=不频繁 2=有些不频繁 3=偶尔 4=有些频繁 5=非常频繁						

第四部分：选择因素

下面列出的是大多数顾客在选择餐厅时都会考虑的因素。回忆最近3个月内你去休闲美食餐厅用餐的情况，请将这些因素按1～4排序，其中1代表选择餐厅时最重要的因素，4代表最不重要的因素。这些因素之间没有并列的情况，因此必须使用不同的数字对所有的因素排序。

因素	等级
26.价格	
27.食品质量	
28.气氛	
29.服务	

第五部分：分类问题

请圈选最适合你的选项。

30.驱车距离	1	1英里以下
	2	1～5英里
	3	5英里以上
31.最近60天内，你看到过有关_____的广告吗？	0	没有
	1	有
32.你的性别？	0	男性
	1	女性
33.你家里有几个孩子？	1	没有
	2	1～2个
	3	2个以上
34.你的年龄？	1	18～25
	2	26～34
	3	35～49
	4	50～59
	5	60及以上
35.你的家庭年总收入？		请具体写下来____

非常感谢你的合作，请将你的问卷交给访员。

访员：检查22、23、24题的回答，如果受访者的回答为1、2或3，则接着提问下面的问题：

22题表明你对圣塔菲烤肉餐厅感到不满意，能告诉我具体原因吗？

在这里记录答案：

23题表明你以后可能不会再来圣塔菲烤肉餐厅用餐了，能告诉我具体原因吗？

在这里记录答案：

24题表明你可能不会向朋友推荐圣塔菲烤肉餐厅，能告诉我具体原因吗？

在这里记录答案：

为了方便我们进行后期核查，请告诉我你的姓名和电话好吗？

姓名　　　　　　　电话
_____　　　_____

我在此声明，这是我竭尽全力完成的一次真实可靠的访问调查。我承诺所有与这次访谈相关的信息将会被严格保密。

访员签字　　　　　完成的时间和日期
_____　　　_____

实践练习

1.根据调查目标，店主会采用自我管理问卷形式进行调查，那么这种调查形式是否符合问卷设计原则？请解释原因。

2.总之，目前的问卷设计是否能够获取满足所有调查目标的数据？原因是什么？如果需要修改，应该如何修改问卷设计？

3.评价用来筛选合格受访者的"过滤性问题"。有需要修改的地方吗？原因是什么？

4.用评比量表来重新设计第26~29题。顾客选择餐厅用餐时可能会考虑这4个特征，评比量表能够帮助你了解每个特征的重要程度。

8.5　总结

1.描述问卷设计的步骤

调研人员会按照系统性的方法来设计问卷。步骤具体包括：确定调查目标，选择合适的数据收集方法，设定问题和测量方式，确定问卷结构布局和评估问卷，获得最初的客户认可，预测试、修改以及最终问卷的确定，实施调查。

2.讨论问卷设计过程

设计中考虑的因素和逻辑规则都适用于问卷设计过程。这个过程需要了解抽样计划、架构制定、量表测量和数据类型。问卷是一系列设计好的问题和量表，用来收集数据和信息，从而帮助决策者解决经营问题。好的问卷能够使调研人员获得关于受访者态度、信仰、情感、行为意向和行动的真实信息。通过用词严谨的提问和清楚的说明，调研人员可以使受访者思想集中，保证作答能如实地代表受访者的态度、信仰、意向和认识。掌握了如何与调查对象进行有效沟通的原则，调研人员就能够避免提问不当的问题。提问不当可能会导致所获得的信息不真实、问题无法回答，或者导致诱导性问题阻碍或扭曲受访者的回答。

3.概述优质问卷的特征

对调研信息的要求在问卷设计中起着至关重要的作用。对于每个调研目标而言，调研人员都必须选择量表形式的类别（定类、定序、定距、定比）、问题形式（开放式还是封闭式）和合适的量表测度。另外，调研人员还必须了解不同的数据收集方式（个人、电话、自填式、计算机辅助电话访谈）对问题和选项措辞的影响。优质问卷中的问题通常比较简单、表达也比较清晰、有逻辑性、有意义，且顺序安排也是从一般到特殊。

4.理解介绍信的作用

撰写介绍信的主要目的就是为了获得受访者的合作，使他们愿意参与调查。撰写介绍信时应该包括10个要素。遵守这些原则可以提高访问的回答率。

5.解释与问卷配合使用的其他文件的重要性

使用访谈法收集数据时，必须制定好督导说明和访员指南、过滤性问题和访问记录表，因为这些文件能保证成功地收集数据。督导说明是培训调查员如何规范地执行访谈计划的指导性纲要。它概述了调研的执行过程，对采用个人访谈和电话访谈的调查来说非常重要。访员指南常被用来培训访员，以指导其如何挑选潜在受访者、筛选合格受访者，并实施访谈。过滤性问题是用来确定调查中潜在调查对象是否合格的预备问题。配额表是一种样本追踪表，有助于调查人员选取合适类型的受访者以收集数据。所有这些文件都有助于完善数据的收集工作和提高准确性。

8.6 关键术语和概念

Bad questions 不好的问题

Call records 访问记录

Common methods variance （CMV）共同方法变异

Cover letter 介绍信

Interviewer instructions 访员指南

Introductory section 导言部分

Questionnaire 问卷

Quotas 配额

Research questions section 调研问题部分

Response order bias 答案排序偏差

Screening questions 过滤性问题

Sensitive questions 敏感性问题

Skip questions 跳答问题

Structured questions 结构化问题

Supervisor instruction form 督导说明表

Unstructured questions 非结构化问题

8.7 复习题

1.设计网上自我管理调查问卷时，讨论使用非结构化（开放式）问题和结构化（封闭式）问题的优缺点。

2.解释问卷在调查过程中的作用。在问卷设计过程中，顾客的作用是什么？

3.确定问卷形式和编排的原则包括哪些？

4.什么原因会导致不好的问题？举出3个有关不好的问题的例子。将你举出的不好的问题修改为好的问题。

5.讨论优质问卷设计的价值。

6.讨论问卷中包含简要的导言部分的好处主要是什么？

7.除非是为了筛选合格的受访者，否则为什么不应该在问卷前面提出人口统计问题？

8.8 讨论

1.假设你在做探索性的研究，探求学生对新的数码音乐播放器的购买意见。你需要收集哪些信息？你将会使用哪些类型的问题？给出六到八个你将会问的问题和你问问题的顺序。从你的同学里选出一些作为样本进行预测试。

2.假设你正在进行一项研究，确定手机品牌名称和手机功能的重要性。你将会使用哪种类型的数据——开放性，封闭性还是量表性？为什么？给出六到八个你将会问的问题和你问问题的顺序。从你的同学里选出一些作为样本进行预测试。

3.讨论撰写介绍信的指导原则。一封优质介绍信的好处是什么？不好的介绍信的成本是什么？

4.使用在评价问卷设计（见图表8-4）中所问到的问题，评价圣塔菲烤肉餐厅问卷。写一个一页的评论。

5.问卷预测试过程包括的关键问题是什么？

第 4 部分

数据准备分析与结果报告

第9章　定性资料分析

【学习目标】

通过对本章的阅读，你将会做到以下几点：

1. 对比定性分析和定量分析。
2. 阐述定性分析的步骤。
3. 描述资料分类、编码以及理论形成的过程。
4. 阐明在定性分析中如何得到可信的结论。
5. 讨论定性研究报告的写作步骤。

手机对社会行为的影响

虽然手机曾仅用在商务活动中，但时至今日它已被广泛应用于家庭生活中。美国新泽西州克兰福德有一家名为 Knowledge Networks 的营销调研公司，其对18至64岁的美国人所做的一项调查显示：大部分受访者都把"重视家庭"作为他们使用手机的首要原因。相比于年纪较大的人，更多的年轻人把"联络朋友"作为他们选择手机的第二大原因，而"与工作有关的通话"则是其使用手机的第三大原因。这次调查还报告了一些有趣的描述性信息。例如，男性每天用手机打电话的次数（8.3次）要多于女性（5.5次）。尽管不论男女都把家庭放在了首位，但女性更喜欢打给朋友，而男性将手机用于工作的次数是女性的3倍。另外，65%的非裔美国人拥有手机，62%的美国白人拥有手机，而拉美裔美国人在手机的使用上比较落后，仅有54%的人拥有手机。

尽管描述的是采用传统调查方法所得到的信息，但这些发现只是总体意义上的描述性信息。相比较而言，针对手机使用情况所开展的定性调研则能帮助我们更多地理解描述性数据背后更深层次的内容。以美国超过1.9亿的手机用户为例，手机已融入人们的生活，并在美国人的内心打下深深的烙印。Robbie Blinkoof是马里兰州巴尔的摩市 Context-Based 调查小组的首席人类学家和执行合伙人。他和其他一些人类学家都认为，手机正在显著地影响美国人的社会行为，而这种社会行为可能会对人们周围的社会和世界产生长远的影响。例如，最近所进行的人类学研究已经掌握了有关手机用户通信习惯的重要线索。总体上，所观察到的变化与手机消费者们如何建立联系以及如何确定时间与空间感有关。在一项研究中，通过观察新的手机用户在工作和娱乐中的行为，调研人员发现，其中一个最大的不同点是：这些用户更容易形成他们的社交圈子。手机可以使人们在社交网络中不断地交流。手机用户能更灵活地安排他们的日程，并且渐渐地习惯于在公开场合打电话。事实上，他们纯粹是为了心理和情感价值而进行社交联系。在另外一项人类学研究中，项目调研人员观察了手机使用动机的变化情况。被观察者更多地把手机当作工具而不是玩具。他们学会使用所需要的那些手机功能，而忽略掉那些不为他们所需的功能。

其他推理性的发现还有，手机能让人们更随心所欲地做事，因为人们更容易在最后一刻改变计划，或者更容易打电话给朋友和同事说他要晚到一会儿。由于手机放松了时间上的约束，增加了灵活性，因此人们只需约定见面的时间和大概地点，然后当约会临近时再确定具体的地点。

9.1　定性资料分析的本质

在这一章中，你将学习到研究人员是如何解释定性数据并得出相应的结论的。研究人员常常将资料分析视为和数字打交道，但是，定性研究人员所分析的资料都是由文本（有时候甚至是图形）而不是由数字所组成的。有些研究人员批评定性研究，认为定性研究是"软"的，不够严谨而且质量低劣。但是，使用测量法和统计分析法也不能确保研究是有用的或者精确的。不管是定性方法还是定量方法，只要经过深思熟虑、认真佐证，都是很好的研究方法。定量分析的可靠性和有效性可以用数字来评估，而定性分析的可信性则依赖于资料收集过程和分析过程的严谨性。

正如第4章中所介绍的，当反应的强度和统计投射力很重要时，就应该使用定量研究来验证和扩展定性研究的结果。但是，当项目的研究目的是更好地理解心理或文化现象时，定量研究恐怕就无法提供有洞察力或有深度的解释了。在为决策者提供信息的可用性方面，定性研究与分析常常优于定量研究。

遵循本章所阐述的过程，就可以确保定性分析是细致的和严谨的。在这一章中，我们首先来对比定性分析和定量分析；然后描述有关定性资料分析的步骤，并对诸如分类、编码、评估可信度等主题进行解释；最后给出撰写定性调研报告的写作规范。

9.2　定性分析与定量分析的比较

所有营销调研人员都是根据他们所收集的资料来构思研究过程的。这些构思无论是基于定性分析还是基于定量分析，其目标都是为所研究的问题提供切实可行的建议。然而，分析和解释定性资料与定量资料的过程却有着很大的差别。最显著的差别来自资料格式。定性资料是文本式的（偶尔是视图式的），而不是数字。另外，进行定量分析的首要目的是量化变量间的关系或解释因果关系，而进行定性分析的目的则是更深入地理解这些关系。这两类分析的第二个差别是定性分析往往是持续的和反复的。这意味着资料收集和分析过程需同时进行，并通过筛选样本和不断修正问卷问题来影响后面的资料收集过程。两类方法的第三个差别是，定量分析完全是由研究人员所控制的，而优秀的定性研究人员则会使用成员检查法来保证结论的准确性。**成员检查**（Member checking）法要求关键的被调查者阅读调研人员的报告，以核实他们对焦点问题或情形的描述是否准确。

定性分析大体上是归纳性的。研究人员在其报告中所描述的类别、主题以及模式都是通过调查资料来显现的，而不像定量分析那样在数据采集之前就已经规定好了。由于使用了归纳法，因此所得出的理论通常被称为扎根理论。[1]当研究人员研究文本、图像并发掘出其含义时，他们会整理出类别并制定与类别相对应的编码。当然，有关类别的整理和理论的建立完全靠归纳是极其罕见的情况。事实上，研究人员会运用他们的知识、理论和训练来构建那些可能存在于他们所收集的资料中的类别、主题和理论。

尽管本章所描述的三步研究过程对很多定性研究人员来说都非常实用，但并不存在任何定性资料分析都能够遵循的研究步骤。一些研究人员喜欢采用一种近乎印象派的方法来进行定性分析，而没有以我们在此所建议的严谨态度来仔细研究记录文本及其他文件。尽管如此，"对于定性研究来说，细致谨慎的分析依然是至关重要的"[2]。

定性研究人员对于是否应定量化定性数据持有不同的观点。一些人认为，定量化毫无用处，甚至会产生误导；而另外一些人则认为，定量化不论是在计算应答数时还是在模型的构建中，都是比较有用的。[3]我们将在本章的后面部分讨论表格（计数）。

定性研究人员运用不同的技术来收集资料，这些不同的技术会影响资料分析过程中所使用的方法。分析人员利用收集和转录的文本数据来构建主题、类别和变量之间的关系。类别通常是在研究人员复查记录文本（和图像）的时候形成的。编码附属于类别，通常被标记在文本（或图像）提及类

① Barney G. Glaser and Anselm Strauss, The Discovery of Grounded Theory: Strategies for Qualitative Research (Chicago, IL: Aldine, 1967); also see Anselm Strauss and Juliet M.Corbin, Basics of Qualitative Research: Grounded Theory Procedures and Techniques (Newbury Park, CA: Sage, 1990).

② Alfred E. Goldman and Susan Schwartz McDonald, The Group Depth Interview: Principles and Practice (Englewood Cliffs, NJ: Prentice Hall, 1987), p. 161.

③ Matthew B. Miles and A.Michael Huberman, Qualitative Data Analysis: An Expanded Sourcebook (Thousand Oaks, CA: Sage, 1994).

别的地方。

在本章中，我们将回顾定性资料的分析过程，说明资料整理、资料显示以及提出与验证结论等过程。我们还会解释定性研究人员应如何确保分析的可靠性，可靠意味着分析是真实可信的。最后，我们将解释如何撰写定性研究报告。

9.3 定性资料分析的步骤

当数据收集好以后，研究人员将按三个步骤进行分析：资料整理、资料显示、结论提出/验证。①这三个步骤与资料收集工作之间的关系如图表9-1所示。

图表9-1　数据分析的构成：一个交互式的模型

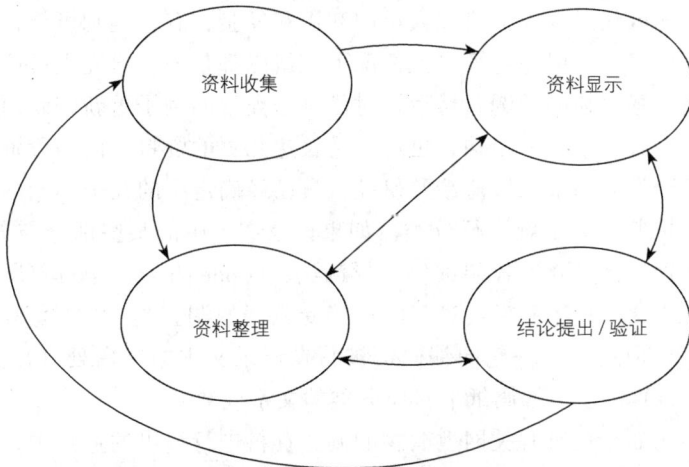

资料来源：Matthew B. Miles and A. Michael Huberman，Qualitative Data Analysis：An Expanded Sourcebook (Thousand Oaks，CA：Sage Publications，1994)，p. 12. Reprinted with permission from Sage Publications via Copyright Clearance Center.

9.3.1　资料收集过程的管理

焦点小组和深度访谈的资料只有转录以后才能进行下一步分析。为了便于分析，在线焦点小组、在线营销调研组织（MROCs）和社交媒体网站的资料都收集在一个资料集中。偶尔会要求参与者写出开放式问题的答案，他们的书面答案将被转化成资料集。本章最后的营销调研实践项目就利用了这项技术。

定性研究人员经常陷入对数据库的暂时思考。他们在资料收集过程中写下来的野外记录也会作为资料集的一部分。最后，主要参与者可能会被要求评价研究人员最初的研究草案，他们的反馈也将成为官方资料集的一部分。

---

① Miles and Huberman，Qualitative Data Analysis.

9.3.2　第一步：资料整理

在定性研究中，会收集到大量的资料。调研人员必须决定如何对这些资料进行分类和归纳。这就是**资料整理**（Data reduction）。最系统的分析方法是通过仔细阅读记录文本来对资料进行分类和归纳。遇到相似的主题时，就以相似的形式进行编码。研究人员可能只是简单地把编码写在他们记录文本的空白处，诸如 QSR NVIVO 和 Atlas/ti 等软件正越来越多地被用来跟踪编码过程。计算机编码使得研究人员能够同时阅读记录文本中编码相似的章节，并有助于其比较和进一步细化编码。计算机编码也使研究人员更加容易研究资料中的各种关系。资料整理包含几个相互关联的步骤：分类和编码、理论构建、迭代和反例分析。

资料整理：分类和编码　资料整理的第一步是**分类**（Categorization）。研究人员对记录文本的各个部分进行分类，然后贴上标签，写上名称，有时还会写上地区代码。根据研究人员的知识和经验，有些类别可能在研究进行之前就已经决定了。但在绝大多数情况下，编码都是随着研究人员研究记录文本、发现新的感兴趣的问题，然后才对已有分类中的例子重新编码而归纳出来的。编码的对象可以是一个词，也可以是长达几页的资料。同一段资料也可以用多种方式分类。如果某段落涉及研究人员已经确定了的几个不同的主题，则该段落就要按照相关主题进行分类。如果记录文本中的某些部分与分析的问题无关，那么这些部分就不需要编码。[①]**编码表**（Code sheet）是写着所有编码的纸（见图表9-2，来自老年人对互联网接受程度的调查）。经过编码的资料可以输入电脑，但通常第一轮的编码都被写在记录文本的空白处（见图表9-3）。**编码**（Codes）可以是编码纸上对应分类的文字或数字。

比如，在对有关网上购物的调查资料进行编码的过程中，所收集的资料来自在线和离线的焦点小组访谈。研究人员根据资料归纳出的一个主题是：在网上购物时自由感和控制感对顾客满意度的重要性。[②]下列段落都被赋予了反映自由和控制问题的编码：

- "（在线购物时）你不会被束缚。你无需驱车前往那里，然后停车到处走走逛逛，你会多一点儿灵活性，因此你可以逛得更快些。"

- "当我走进一家商店时，售货员会一直伴随在我左右，这并不是我真正喜欢的……如果不买东西，我会感到愧疚，因为他们在我身上花了这么长时间……但是……网上购物时，我知道我能直接去找我要的东西，准备好下订单，而且我并非一定要购买，我可以在我愿意的任何时候再回来。"

- "你可以坐着，边吃东西边购物。你甚至可以什么都不穿地购物！"

① Susan Spiggle,"Analysis and Interpretation of Qualitative Data in Consumer Research,"Journal of Consumer Research 21,no. 3(1994),pp. 491-503.

② Mary Wolfinbarger and Mary Gilly,"Shopping Online for Freedom,Control and Fun," California Management Review 43,no. 2(Winter 2001),pp. 34-55.

图表9-2　最初的编码表，老年人对互联网接受程度的调查

Ⅰ.前提

A.观察

1.看见其他人在使用互联网

2.有一次发现"噢，原来如此"的经历

3.营销的影响

B.选择依据

1.家庭

2.社区活动中心

3.朋友

4.工作

C.复杂性

1.对身体的挑战

2.对学习的挑战

3.不了解互联网之前对它的畏惧

D.相对优点

1.文化交流

2.培养业余爱好

3.查询信息

4.社交

5.创造力

E.适应性

1.乐于接受新事物/被迫接受

2.技术偏好

3.积极应对

4.财力

5.退休时间

6.曾有过与计算机相关的经历

Ⅱ.过程

A.参加正规培训

B.求助公共资源

C.找人指导

D.喜欢自己动手 （在实践中学习）

E.辅助系统 （如手写的笔记）

F.流程

G.联机工作

Ⅲ.用途

A.社交 （电子邮件、开玩笑、团队支持）

B.收集信息

1.健康

2.爱好

3.地点

4.新闻

5.经济

6.产品

7.旅游

C.银行业务

D.选择性购物

E.今后生活的需要 （让生活有意义、有创造性和充实感）

F.还未具体想好

G.作为中间商/代理商

H.娱乐

I.文字处理等

J.创造

Ⅳ.结果

1.联络性

a.交往

b.社会支持

c.与曾去过和生活过的地方联系

2.自信/独立

3.文化潮流

a.电脑技能

b.知识积累

4.刺激

5.福音传道者般的热情

6.有趣

7.自我发展

Ⅴ.应对策略

A.个人信息安全

B.隐私保护

C.流量/限制流量

D.降低使用

E.最低限度的满意方案

具有老年人特征的编码

B=宽带

M=调制解调器

OO=非常老 75+

Y=不太老 65 ~ 74

S=自食其力

O=他人赡养

SA=自助

图表9-3   为文本空白处的记录编码

主持人：典型的会议像什么?你坐在电脑前……

Ⅲ 1

Nisreen：我坐在电脑前，然后打开我的电子邮箱，查收邮件并回复，接着，我想找些特定的信息，
Ⅲ 2D
随后我找到了它们，又去看了看世界新闻。我看了一些我所感兴趣的不同国家，然后又去看了看报纸，
Ⅲ 2C
我马上找到了关于巴基斯坦的新闻。

我翻到亚洲板块，然后进入巴基斯坦部分并查看新闻，

我认为我比周围的朋友更早地知道了关于巴基斯坦的新闻。这难道不是很奇妙吗?

ⅣD

主持人：是的，这确实很神奇。

ⅣA 1

ⅣD   Nisreen：我的堂兄在澳大利亚……当他还在考虑从悉尼离开澳大利亚时，我就已经知道了，比电报
还快。可真奇妙。我几乎觉得自己就像坐在了一张魔毯上，
ⅣF   我按下了按钮，隆隆声过后，我就已经到那儿了。

ⅣC

主持人：真有意思。光是读报纸就能让你感觉到仿佛身临其境。

Ⅲ 2C   Ⅲ 2D

Nisreen：然后我希望读到提供不同观点的报纸，于是我去了不同的国家和地区，如印度、孟加拉、
ⅣA   巴基斯坦、中东等。在中东，我曾是一本名为"Perspective"杂志的志愿助理，这是中东仅有的一本女性
ⅣC2   杂志。那时，约旦是个非常安宁的地方，而世界上的其他地方则充斥着武器等诸如此类的东西。所以我
感觉自己在与整个世界保持着联系。

能在我这样的年龄就与世界保持着联系真是一种美妙无比的感觉。我希望……

越来越……因为我认为在不远的将来，这将蔚然成风。

- "对我来说，网上购物与逛街购物差不多，但在网上购物时我有更多的自由感。我可以逛那些我在逛街时根本不会走进去的店……'维多利亚的秘密'会进入我的脑海……我还会走进逛街时让我有压迫感的诗韵高级服装店……当你成为一个51岁的胖老太太时，在网上逛'维多利亚的秘密'店会感觉稍微舒服点。"

随着资料分析的继续，研究人员可能会对资料进行修正与合并。在分析资料期间，研究人员的理解会逐渐深入，而且经常要重新查阅相关资料，并对它们重新编码与分类。

资料整理：比较   异同点的比较（Comparison）是进行定性资料分析的一个基础步骤。可以将它比作一个实验设计，且该实验设计会对各种情况或者因素（如价格水平、广告效应）进行比较，或者与控制组进行比较。最初的比较是在研究人员确定分类的时候。类别中每个潜在的新事例或问题都要同已经编码的事例进行对比，以确定这个新的事例是否属于已有的类别。当所有的记录文本都被编码，重要的类别和问题都被确定下来之后，为了更具体地定义和描述这个主题，需要细查该类别中的案例。例如，在一项关于员工对其雇主的广告反应的研究中，类别"广告对于消费者的作用"是反复出现的主题。由于广告的有效性在决定员工对广告的反应中至关重要，因此就要对员工认为影响广

告有效性的因素进行比较和对照。员工们经常将以下特性同对消费者有效的公司广告联系在一起：（1）容易导致短期销售；（2）吸引目标群体；（3）吸引眼球；（4）易于理解；（5）真实地描述公司和产品情况。[1]

比较过程还能使研究人员更好地理解感兴趣的两个架构间的差异和相似之处。在网络购物的案例中，通过对记录文本所做的分析，研究人员发现了两类购物动机：目标导向行为（为购买特定的商品或寻找具体的商品信息而购物）和体验导向行为（为逛而逛）。事实上，通过比较每种类型购物者的购物动机、购物行为描述与预期结果可知：消费者不同的网络购物行为取决于其购物过程属于目标导向型还是体验导向型。[2]同类型的受访者之间也可以进行相互比较。在一项有关高危休闲活动的研究中，调研人员访问了不同经验水平的跳伞爱好者。通过比较，研究人员发现随着不断地参与这项运动，跳伞爱好者对跳伞的感觉会不断地变化和发展，如从紧张到愉悦再到平和。[3]类似地，在一项有关东欧女性对于化妆品和化妆品品牌接受程度的研究中，研究人员将喜欢用化妆品的女性与不太喜欢用化妆品或完全不用化妆品的女性进行了比较。[4]

资料整理：理论构建 整合（Integration）是研究人员基于已收集到的资料或其他背景建立理论的过程。研究人员的任务已从对主题的识别与分类过渡到对理论的构建上来。

在定性研究中，关系可能不会像定量研究中传统的因果模型那样被概念化和具体化。例如，关系可能会被描述成循环的或者**递归的**（Recursive）。在递归关系中，变量间能相互影响。比如，工作满意度和劳动报酬之间的关系。工作满意度较高会提高员工的绩效并使员工获得更多的报酬，而较高的报酬又会反过来提高他们对工作的满意度。

定性研究人员要寻找一个核心的类别或问题以构建其研究的主线，这一过程被称作**选择性编码**（Selective coding）。所有其他的类别要么与核心类别或问题相关，要么从属于它们。选择性编码的作用在下述具有核心观点或框架的研究中尤为突出：

- 一项有关个人网站的研究发现，发布个人网站是发布者自身虚拟的数字化延伸。

- 一项有关在线牛顿（一款被废弃的苹果掌上电脑）用户群的研究发现，

[1] Mary C. Gilly and Mary Wolfinbarger, "Advertising's Internal Audience," Journal of Marketing 62 (January 1998), pp. 69-88.

[2] Wolfinbarger and Gilly, "Shopping Online for Freedom, Control and Fun."

[3] Richard L. Celsi, Randall L.Rose, and Thomas W. Leigh, "An Exploration of High-Risk Leisure Consumption through Skydiving," Journal of Consumer Research 20, no. 1(1993), pp. 1-23.

[4] Robin A. Coulter, Linda L.Price, and Lawrence Feick, "Rethinking the Origins of Involvement and Brand Commitment: Insights from Post-Socialist Central Europe," Journal of Consumer Research 31, no. 2(2003), pp. 151-69.

在这个群体中有一些宗教狂热分子。

● 一项有关西班牙人在美国的消费行为的研究使用了隐喻诱导技术来反映西班牙人的跨境购买和消费行为。[①]

由于选择性编码的作用是整合概念，因此它总是出现在资料分析的后期就不足为奇了。一旦确定了中心问题，研究人员就要重新查看全部资料中的编码和案例，以更好地理解它们是怎样和资料中更高级别的分类或中心主线联系在一起的。

资料整理：迭代和反例分析   迭代（Iteration）分析要通过选择资料中的案例和问题来修正之前的观点和分析，从而使对资料的分析能够不断地深入。迭代过程会揭示已收集的资料中并没有讨论的问题。在这种情况下，研究人员将会从更多的受访者那里收集资料，或者选择指定类型的受访者。研究人员相信，这些受访者会回答迭代过程中已出现的问题。迭代过程还可能发生在第一次概念整合之后。研究人员会复查每次访谈（或文本或图像）以检验它们是否支持所构建的更深层的理论。这种迭代过程可能会修正和深化已有的架构和基于这些架构之间关系而构建的更深层的理论。

迭代分析中的一个重要因素就是注释或**备忘**（Memoing）。只要时间允许，研究人员就应在每次的焦点小组访谈或者现场采访后尽快记录下自己的想法和反应。研究人员不仅要记录其对参与者所述内容的感觉，还要记录其对这些内容是否可信所做的判断。

在迭代过程中最重要的方法是研究人员所使用的**反例分析**（Negative case analysis）。反例分析是指研究人员刻意去寻找与现有想法和理论相矛盾的案例和情况。反例分析有助于定性研究人员确定所构建理论的使用范围和成立条件。定性研究人员通常要对基于现有资料而形成的想法和理论持怀疑态度。[②]否则，研究人员就会去寻找那些能巩固他们既有成见或支持其之前分析结论的证据。然而，这种做法会导致资料中原本合理存在（可能被发现）的重要概念却被完全忽略了。

迭代和反例分析开始于资料整理阶段，在资料显示和结论提取/验证阶段仍会出现。随着对项目分析的深入，资料显示会发生变化。在项目后期，迭代分析和反例分析验证了资料整理阶段所提出主题和所构建理论的真伪。

---

① Hope Jensen Schau and Mary C.Gilly, "We Are What We Post?Self-Presentation in Personal Web Space," Journal of Consumer Research 30, no. 3(2003), pp. 385–404; Albert M. Munizand Hope Jensen Schau, "Religiosity in the Abandoned Apple Newton Brand Community," Journal of Consumer Research 31, no. 4(2005), pp. 737–47; Mary Wolfinbarger, Mary Gilly, and Hope Schau, "A Portrait of Venturesomeness in a Later Adopting Segment," working paper 2006; Lisa Penaloza, "Atravesando Fronteras/Border Crossings: A Critical Ethnographic Exploration of the Consumer Acculturation of Mexican Immigrants," Journal of Consumer Research 21, no. 1(1993), pp. 32–54.

② Anselm Strauss and Juliet Corbin, Basics of Qualitative Research: Grounded Theory Procedures and Techniques(Beverly Hills, CA: Sage, 1990).

资料整理：列表的作用 列表在定性研究中的使用一直备受争议。有些研究人员认为，任何列表都会引起误解。毕竟定性调研收集的资料不同于调查数据，收集调查数据时，调研人员会以完全相同的方式向所有的受访者提问；而在焦点小组访谈或深度访谈中，调查人员的提问多少都会有些差异。此外，对某问题提及的频率并不能完全反映该问题在研究中的重要性。在访谈中，往往几乎不发言的受访者所给出的那些独特的回答最值得研究人员注意，因为这些回答可能与其他解释和分析相一致，也可能提供了理论和结论的应用条件。[①]

图表9-4展示了来自有关老年人对互联网接受程度的研究的一个列表。在已编码的回答中，出现最频繁的是"社交"，其次是"自我指导的价值观/行为"。尽管上述结果看起来很有意义，但若想更好地测度在使用互联网时社交对老年人的重要程度，还是应通过调查来度量。定性研究的结果还是提供了一些线索。研究中所有27名参与者都提到使用互联网的目的之一是社交，因此研究人员很可能要研究这个主题，即使最终的报告中并不包括这个列表。请注意，定性研究人员实际上从来不报告百分比。比如，他们很少将"有4/10的人对产品概念持积极态度"说成"40%的人对一个产品概念持积极态度"。事实上，使用百分比会错误地暗示所得结果可以在统计意义上推广到一个更大的消费者总体。

图表9-4 在老年人对互联网接受程度的研究中出现最频繁的分类列表

主题	出现次数	文档（参与者）
社交——用途	149	27
自我导向价值和行为	107	23
商业购物/合作——用途	66	24
收集信息——用途	65	25
学习了解互联网	64	22
还未具体想好	63	20
指导者/老师帮助学习	55	20
学习上的困难	50	20
自信/积极应对——结果	46	16
在以后的生命周期中使用（如家谱）	45	19
娱乐——用途	43	24
对互联网感到兴奋	40	14
培养业余爱好	40	15
技术偏好	40	18
积极应对	38	19
搜索互联网上的健康知识——用途	34	19
使用手头现成工具摆弄修理（从互联网上学习）	34	20

---

① Goldman and McDonald, The Group Depth Interview; also see Miles and Huberman, Qualitative Data Analysis.

列表也能够令研究人员保持实事求是的态度。以老年人对互联网接受程度的研究为例，研究人员最初对一些受访者印象深刻，当别人向这些受访者展示互联网能为他们以前的兴趣爱好（被编码为"原来如此"）提供帮助这种功能时，他们便能够很快地接受互联网。但是在研究中的27名参与者中，编码"原来如此"只出现了3次，因此尽管研究人员认为这个问题可以在报告中提及，但他们并不认为"原来如此"是导致老年人决定接受互联网的关键因素。对受访者的回答计数有助于研究人员保持实事求是的态度，从而有效地减少分析偏差。[①]

列表的另一个用途是观察研究中同时出现的主题。图表9-5列示了在相同编码的章节中各个概念被同时提及的次数。图表9-5中，经常与好奇心一起被提及的分类是技术偏好、积极应对技巧（"我能把它解决，即使有时它会令我觉得自己很笨"）、文化潮流（用来与时代保持同步）。与好奇心同时被提及，表明定性研究人员可能会认为好奇心强的人更有可能具有技术偏好，更愿意与时俱进并且有更强的积极应对能力。但是，完全按照字面来解释这些数字是有风险的，需要进一步利用迭代分析来完善这些概念性的想法并检验其可信性。无论何时，研究所得结果对决策者都十分重要，因为设计严谨的定量研究通常会比定性研究提供更准确的度量。

图表9-5　分类间的关系：在老年人对互联网接受程度的研究中，与选定架构同时被提及的概念

	好奇心	技术偏好	积极应对	文化交流
好奇心	107*			
技术偏好	16	40		
积极应对	19	10	38	
文化交流	12	8	7	26

注：*对角线上包括每个概念被提及的全部次数。

一些研究人员建议用一种折中的方法来填写定性资料中的列表。他们建议在报告中使用如"经常""通常"或者"很少"等"模糊数值修饰语"[②]。研究人员通常会在报告中说明研究的局限性。在这部分中，通常都会包括对基于定性研究所得估计结果合理性的担忧。因此，在阅读定性研究报告时，如果出现了用数值表示的结果，则应注意不要完全按字面意思来解读。

9.3.3　第二步：资料显示

定性研究人员一般都用直观的图表来总结资料。资料的显示很重要，因为

---

① Miles and Huberman, Qualitative Data Analysis.
② Goldman and McDonald, The Group Depth Interview.

它能够帮助研究人员总结和归纳研究中所收集到的大量文本资料，并以简洁的方式表达研究的主要观点。事实上，定性分析显示资料的方法并不唯一。熟读定性分析报告就会发现，报告的形式多种多样，且每种形式都与研究问题、研究方法（如人种学、案例研究、焦点小组访谈或深度访谈等）和分析的重点相匹配。提出有用的（新的）资料显示方法是一项具有创造性的工作，既能从中感受到乐趣，又能获得成就感。有些资料显示是有关中间过程的分析，因此不会出现在最终的报告中。在任何情况下，在研究人员解释或重读他们的资料、修改或检验其初始结论的过程中，资料显示都可能发生变化。另外，资料显示也会随着研究人员找到能更好地显示研究结果的方法而得以改进。

资料显示可以是表也可以是图。表格按行或行列交叉的形式来列示研究的主题和/或被访者。图形包括流程图，由传统的方框和箭头所组成的表示因果关系的图形（通常伴随着定量分析），表示循环或递归关系的图表，表示消费者对于产品、品牌或其他概念分类的树形图，描绘受访者在概念或观点间形成共同联系的一致性图谱，以及显示所有受访者的名录（该名录中还列示了每个受访者的态度、价值观、行为、意识形态和在访问中发挥的作用）。尽管有关定性研究结论的显示方式种类繁多，但其彼此之间仍有共同之处：

● 解释研究中核心问题的表格。例如，一项有关技术产品的研究揭示了技术创新与应用方面的八个悖论（见图表9-6）。

图表9-6 技术产品的八个主要悖论

自相矛盾的论点	描述
控制/混乱	技术能促进社会的安定有序，也能导致剧烈的变化和混乱
自由/强制	技术能促进人的独立或减少对人的束缚，但也会导致更强的依赖性和更多的束缚
新/旧	新技术能让使用者体验到最新的科技成果所带来的好处，但其也可能在面世之前就已经或者将要过时
有能力/无能	科技能让人感到自己更聪明和更有能力，也能让人感到更无知和更愚笨
高效/低效	科技能节省从事某些活动的时间和精力，但也能使从事某些活动花费更多的时间和精力
实现需求/创造需求	科技能够实现人们的需求和欲望，但也会让人们发现和认识到先前从未意识到的需求和欲望
同化/孤立	科技能促进人们团聚，但也会让人们分离
热衷/冷淡	科技能够促进互动性、流动性、乐观性，但也能导致分离、分裂、消极

资料来源: David Glen Mick and Susan Fournier, "Paradoxes of Technology: Consumer Cognizance, Emotions and CopingStrategies," Journal of Consumer Research 25（September 1998），p. 126. ©1998 by JOURNAL OF CONSUMER RESEARCH，Inc.Reprinted with permission.

● 说明变量间关系的图表。有关变量间关系的图表可参考前面提到的跳伞运动研究（见图表9-7）。这个图表刻画了随着跳伞经验的积累，三类跳伞者心理的演变过程。图表9-7中箭头方向之所以是双向的，是因为向高层次心理感受转移有时并不是彻底的，跳伞者有时还会重新回到和体验低层次的心理感受。

图表9-7　与风险适应和经验有关的高危活动消费动机演变图

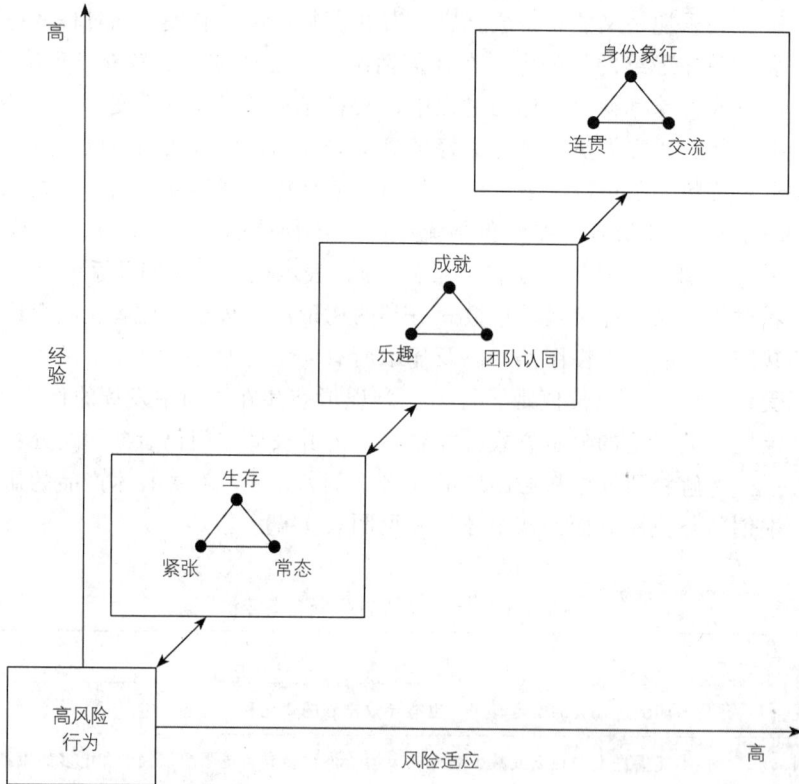

● 从有代表性的受访者那里引述由不同主题所组成的集合。例如，先前提到的有关东欧女性对于化妆品和品牌认知度的研究中涉及的一张表格，它显示了东欧女性对于化妆品的矛盾态度（见图表9-8）。有关这项研究的其他表格是热爱化妆品的女性与拒绝化妆品的女性间的详细对照。

9.3.4　第三步：结论提出/验证

在项目的验证阶段，迭代过程和反例分析依然存在。验证过程包括核查影响分析结论的常见原因是否存在。图表9-9列示了应注意的常见原因。研究人员除了充分考虑分析中可能出现的偏差外，还必须为研究成果建立可信度。下面，我们将解释可信度。

图表9-8　东欧女性的品牌需求和品牌忠诚度：来自对化妆品有着矛盾心理的受访人群

	Alexandra	Laura
化妆品使用及需求	3.1：我通常一周洗两次头发。但是……我知道我们会见面，所以我昨天洗了头。这主要取决于我的心情。当今天我脸色很差的时候，我会使用修复霜和乳霜，但是在夏天……那些东西有点腻。如果是去看电影的话，我也不会用这些。所以，我总是说："好吧，你不得不每天早上都化妆，但并不需要像参加选美一样精雕细琢。"	3.8：除非发生了什么糟糕的事情，比如一场灾难，我才会不顾自己的形象。我一直在用睫毛膏，并且每天都会在脸上扑粉。我喜欢它……我可以自己涂睫毛膏，但是我不会自己化妆。我可以指导你怎么化妆，但是我不知道怎样给自己化。可能是我太紧张了，总达不到我想要的效果。不化妆时我感觉会好一些
顾客的解释	3.2：当我成为祖父母的时候，它对于父母来说就合适了，因为到那时我会改变思维方式。我会把它给我的孩子们	3.9：我总是买我并不需要的东西。我知道我不需要它，然后我就会后悔……那些东西可以等等再买
文化意识形态和中间形态	3.3：我是说，人们对化妆品并没有太多的意识。更重要的事情是有个工作的地方以及可以满足其他需要	3.10：罗马尼亚的女性比5年前更迷人了，因为她们有机会从电视和杂志上发现新东西——如何化妆以及如何着装。例如，我母亲并不关注自己的穿衣打扮……所以，你知道我们从她身上学不到如何使用化妆品。我们只能通过看电视和读书来学习。我母亲没有教给我们任何这方面的事情
当地环境和社会关系	3.4：有匈牙利文版的《时尚》杂志，但是不如英文版的好。匈牙利文版的要薄一些，而且里面全是广告。我很幸运，因为我们在大学有英文老师，他们订阅了这本杂志，所以我有机会借来阅读。里面既有前卫的时装款式，也有烹调技巧等。所以，这样会更好些	3.11：他们通过外表来评判你。即使在工作中，女人也讨论……然后你就不得不买下它，因为你想成为同一层次的人。我看到了这些，她们买完化妆品后，就会炫耀。看看我有什么。那些买不起的人则会很难过，即使他们不承认。这很痛苦……我猜这种现象是和穿牛仔裤一样始于大革命之后
意识形态的地位	3.5：我们必须改变我们的思维方式，但是要改变整个国家的思维方式的话则是非常难的	3.12：如果你长得漂亮，你就能找到一个好男人、一份好工作，即便你并不是很聪明。但是这会引起许多问题……打扮漂亮是有风险的。所有人都想比别人更漂亮。他们会认为如果你穿着很时尚，那么你一定很有钱而且生活幸福

续图表

	Alexandra	Laura
名牌产品需求	3.6：如果我有钱，我就在专卖店里买化妆品;如果我没钱，我就在小药店里买。通常，(药剂师)有他们自己用的那种面霜。那些面霜很好，因为药剂师知道那里面的成分，但是这些面霜没有牌子，而且它们都很便宜……牌子对我来说并不重要，质量才是最重要的。如果我发现一种不知名的产品，但它对我非常有用，我就会买下来……我不相信这些"产品"……它们可能非常便宜，但是我没听说过它们，所以我不相信它们	3.13：我见过很多想用名牌产品的女性，并非是因为那些产品适合她们，而是因为她们看到了一则广告或者出于炫耀的心理。她们不去考虑名牌产品可能并不适合自己。有时，我们使用潘婷洗发水。所有广告时间都会播放潘婷的广告。我不想买。有人作为礼物送给我，我就用了，我并不觉得它有什么好。我不喜欢。可能它是个好牌子，但是并不适合我，所以品牌也不能代表一切
品牌忠诚度和品牌测试	3.7：这是我最喜欢的。我刚找到它……它是全新的品牌。我试过 Wash & Go。它经常做广告，每个人都跑去商店购买，但是我说，"好吧，它是很流行，但是对我来说并不好(它让我的头发缠成一团)"	3.14：我喜欢欧莱雅和雅芳，欧瑞莲也有着很好的沐浴乳。我还喜欢尝试其他东西。我喜欢尝试我听说过的东西

资料来源：Robin A. Coulter, Linda L. Price, and Lawrence Feick, "Rethinking the Origins of involvement and Brand Commitment: Insights from Postsocialist Europe," Journal of Consumer Research 30 (September 2003), p.159.

图表9-9　对定性分析中提出可靠性结论的威胁

- 对第一印象或者生动具体的观察的印象过于深刻
- 研究人员的选择会导致对某些资料的过分信任，特别是当试图去证明关键结论的时候
- 认为共现事件间存在相关关系甚至因果关系
- 从已观测到的结果来推断总体的相关比例
- 没有考虑到资料来源的可靠性问题

资料来源：Adapted from Matthew B. Miles and A. Michael Huberman, Handbook of Qualitative Research, An Expanded Sourcebook (Thousand Oaks, CA: Sage Publications, 1994), p.438.

结论的验证/提出：定性研究中的可信度　定量研究人员通过阐述其结果的信度（测量和结论是稳定的、可重复的和可推广的）和效度（该研究测量了应该测量的数据）来为数据分析建立可信度；而定性资料分析的可信度则是基于"创建理论时用于收集、编码、分析和展示资料所使用的实际策略"的严格规定。[1]在定性分析中，建立可信度的本质问题是："（研究人员）如何说服观众以使其相信调查研究的发现是值得关注的？"[2]

---

[1]　Glaser and Strauss, The Discovery of Grounded Theory; also see Strauss and Corbin, Basics of Qualitative Research.

[2]　Yvonne S. Lincoln and Egon G.Guba, Naturalistic Inquiry(Beverly Hills, CA: Sage, 1985), p. 290.

定性分析中的效度和信度这两个术语必须被重新定义。例如，在定性分析中，**主观有效性**（Emic validity）是一种通过查看研究所处社会的人们的认知来建立效度的方式，它是指报告中所做的分析同人们文化或亚文化中的认知是一致的。类似地，**交叉研究的可靠性**（Cross-researcher reliability）即是指不同研究人员对文本或图像的编码是相似的。但是相对于传统定量研究中的术语"效度"和"信度"，很多定性研究人员更倾向于使用诸如"质量""严格""可靠性""可转移性"和"可信赖"等术语。此外，还有一些定性研究人员完全反对使用效度和信度两个术语，因为他们相信对定性研究的解释不存在唯一的"标准答案"[①]。在本章中，我们用**可信度**（Credibility）这个术语来描述定性分析的严谨性和可信性。

三角测量法（Triangulation）是定性研究中与可信度联系最紧密的方法。[②]它要求调查研究要从多个角度展开。几种常见的三角测量法有：

- 多种收集和分析资料的方法。
- 多个资料集。
- 多个分析数据的研究人员，尤其是来自不同背景或不同研究领域的研究人员。
- 多个时期收集的资料。
- 提供受访者的选择范围，这样会使研究中包含持有不同或者相关看法的多个小组。

当主要受访者和其他定性研究的参与者被要求重新检查分析结果时，可信度会有所增加。正如前文所提到的，从主要受访者或核查人员那里获得的反馈能够增强定性分析的可信度。**同行审查**（Peer review）是指从外部专家那里寻求反馈，也可以增强可信度。主要受访者、客观定性研究方法和相关领域的专家经常会对分析结果提出质疑，从而促使研究人员更好地理清思路，有时甚至会改变其对主要研究结论所做的解释。当定性研究中使用了成员检查和同行审查时，在报告的研究方法部分需要做相关说明。

9.4 撰写报告

研究人员应该牢记，研究报告的读者是公司中那些对研究并不熟悉的人。此外，几年后报告还会被查阅，而查阅研究报告的员工当年可能还未到公司工作。因此，报告中应详细阐述研究的目的和过程，以方便当前和未来的决策者

[①] Caroline Stenbecka, "Qualitative Research Requires Quality Concepts of Its Own," Management Decision 39, no. 7(2001), pp. 551-55.

[②] Glaser and Strauss, The Discovery of Grounded Theory; also see Strauss and Corbin, Basics of Qualitative Research.

阅读。定性分析报告通常包括三部分：[1]

1. 引言
a. 研究目的
b. 研究问题
c. 对研究方法的描述
2. 资料/结果的分析
a. 对文献回顾与相关二手数据的检索
b. 数据展示
c. 对研究结论的解释和总结
3. 结论和建议

报告的引言部分应该阐述研究问题、研究目的以及运用的研究方法。与定量研究人员一样，定性研究人员需要写明他们收集和分析资料的过程。定性研究报告的方法论部分通常包括：

- 访谈中涉及的主题以及使用的设备。
- 如果使用了观察法，要写清观察的地点、日期、时间和内容。
- 研究人员的数量以及他们在研究中的参与程度。特别要阐明研究人员之间背景和教育经历的差异，因为分析中来自不同视角的观点会对研究起到正面的促进作用。
- 选择受访者的过程。
- 受访者的数量和特征，如年龄、性别、所在地、对于产品/服务的熟悉程度。上述信息通常被总结在表格中。
- 焦点小组、访谈或记录文本的数量。
- 记录文本的总页数，图片、视频的数量，研究人员备忘录的数量和页数。
- 用来确保收集和分析资料系统性的过程，如编码、记录文本的迭代分析、成员检查和同行审查等。
- 反例分析的过程以及对结论的修改。
- 定性研究方法所共有的局限性以及具体应用的定性研究方法所特有的局限性。

以下是两例关于定性研究方法中所共有的局限性的表述：

"读者需注意，报告中的结论是定性的，而非定量的。研究设计的目的是发现受访者是如何感知和行动的，而不是确定受访者以某种具体方式思考或行动的程度。"

"受访者群体仅包含相关消费者中少量的非随机样本，因此所得结论对于

---

① Goldman and McDonald, The Group Depth Interview.

总体而言，不具有统计意义上的代表性。"[①]

9.4.1 资料/调查结果分析

报告中的研究结论应按照逻辑顺序或让人易于接受的顺序来陈述。分析中引入二手资料有助于支撑研究结论。例如，在有关老年人对互联网接受程度的调查中，报告中恰当地运用了老年接受者的人口统计特征来支持所得结论。另外，一般性问题要优先于具体问题。例如，有关老年人对科学技术所持有的态度和接受程度的讨论，应先于老年人对互联网接受程度的讨论。

报告中应包括用来总结、阐明或为结论提供证据的资料。在文本报告和资料显示中，经常使用**全文记录**（Verbatims）或研究参与者所提供的部分引用。事实上，只要引用得当，全文记录将是强调重点内容的有效方式，因为它是用消费者自己的声音来表达观点。视频录像则可以再现真实的生活情景。当然，全文记录的作用也是把双刃剑。绘声绘色地描述、真实生动的录像并不能保证与收集的资料完全契合。研究人员要注意他们不是选择、分析和阐述那些容易记忆的全文记录，而是要揭示资料中蕴藏的规律和特征。

9.4.2 结论与建议

研究人员应提供与研究问题相关的信息。正如两位定性研究人员所述："如果不能将研究结论与可行的营销理念（如直接反映消费者动机的产品定位或意在满足消费者未来需求的新产品）相结合，那么即便是对个人卫生在心理分析层面做出了天花乱坠的解释，对除臭产品做了事无巨细的说明，在客户看来也毫无价值。"[②]与定量研究一样，对市场和委托客户行业的了解有助于将研究结论转化成管理理念。

如果消费者对某个问题偏好程度的大小对委托客户来说非常重要，则研究人员更愿意采用定量的形式来报告研究结论和建议。但即便如此，人们也应以一种能适当反映定性研究可靠性水平的形式来撰写报告。图表9-10列举了三个以定性研究为依据提出的有力而现实的建议。

图表9-10 当消费者对某问题偏好程度的大小对委托客户来说很重要时，基于定性研究所提出的建议

- "定性研究表明，市场对新产品概念很有兴趣。因此，我们建议进一步开发这个概念并测试正式推出该产品的可能性"
- "尽管实际市场需求不一定会与盈利性测试的结果相吻合，但现有资料表明市场对新产品的兴趣依然非常浓厚"
- "研究结果表明版本#3的广告最有市场前景，因为受访者对它最为热衷，还因为它所描述的情形恰好与消费者期望使用该产品的情形相一致"

资料来源：Alfred E. Goldman and Susan Schwartz McDonald, The Group Depth Interview（Englewood Cliffs, N J: Prentice Hall, 1987）, p.176.

---

① Ibid., p. 147.
② Ibid., p. 175.

附录9A是一个样本定性分析报告。该样本是一个篇幅较长的报告总结。报告中更详细地解释了每个主题和参与者。

连续案例分析：圣塔菲烤肉餐厅——利用定性研究

圣塔菲烤肉餐厅的商业顾问曾提出开展一项关于午餐和晚餐消费情况的定量调查，他并没有建议使用定性调研。尽管餐厅的店主不是调查研究方法方面的专家，但是他们知道定性与定量研究存在差异。他们想知道是否存在某些定性研究方法，能让他们更好地理解所面对的问题，以及是否需要同时采用定性研究和定量研究。

1. 收集定性资料时可以使用观察法吗？
2. 如果可以的话，应该在何时使用观察法？怎样使用观察法？
3. 哪些方面的问题更适合采用焦点小组访谈法进行调研？
4. 如果有，请提出焦点小组访谈的主题。

市场营销调研实践：对产品不满意度的定性研究方法

消费者对产品不满意度对公司有重要的负面影响。在这项任务中，请你采用定性方法调查产品不满意度的本质。你的指导老师组建三个或四个组。你所在的小组将对产品不满意度的本质开展一个小规模定性研究。七个与项目相关的任务将帮助你逐步完成定性分析过程。在完成这些任务的过程中，你会对文本数据进行分析。指导老师可能会要求你在每个步骤完成后或全部完成七个步骤之后展示你的结果。

项目任务1　就你最近购物的不满意经历写一个两页的总结。你的叙述中应该包括：（1）产品或服务；（2）你购买产品或服务时的期望；（3）在购买之前、购买期间或购买之后与销售人员或服务人员的互动；（4）你的不满意经历产生的情绪；（5）你不满意购物经历造成的后果。你的总结中也应包括你记得的其他任何细节。

应该将你写的叙述总结发给课堂讨论小组，或者每个学生把自己的总结复制五本相互交换。在课堂上，指导老师会帮助你的小组从其他小组同学那里获取10个不同产品或服务的不满意度总结，这些总结将组成你在后面步骤中进行分析的文本数据集。

项目任务2　与你的小组成员一起检查三个产品不满意度的总结叙述，在周边空白部分写下代表分类或主题的编码。随着进程，直接写下关于叙述的相关代码并创建一个单独的编码表。随着你对叙述的不断理解，可能需要创建新的代码，但是随着需要被编码的叙述内容的增加，所需要的新的代码数会越来越少。虽然图表9-2中的样本编码表和图表9-3中的转录代码部分都运用了数字，但用该类别的名字来标记数字可能更简单。例如，你在任何时候遇到令你失望的这个例子时，可直接在空白处写下"情感：失望"。提示：在编码中，该项目相关的类别可能包括：（1）导致不满意的因素（如产品质量差）；（2）与不满意相关的情感和想法（如失望和沮丧）；（3）不满意经历造成的后果（如退换商品，告诉别人）。你的分类可能需要分成子类别。例如，不满意经历造成的几个后果都是一般类别"结果"的子类别。

随着你对文字记录的阅读，你可能会发现建议之外的类别和代码。我们建议的类别只是带动你开始这项任务。请从数据中尽可能多地创建你的类别。

你们小组一起完成这三个叙述文的编码后，剩下的七个可以分给小组中的每个人进行编码。当单个小组成员进行编码时，一些代码仍然需要添加到代码表。任何新的代码都应该添加到小组成员使用的主代码表里。所得出的结果应该是10个编码叙述文和一个主代码表。

项目任务3　你们小组已经全部阅读和编码了10个叙述文，所以你对你们的数据集是熟悉的。和你的小组成员一起做一个列表，反映这些案例的相似程度，再做一张反映不相似度的表。你的列表为进一步的定性研究提供了一些问题吗？如果是的话，请列出这些问题。通过对这些情况进行比较，可以帮助你更好地理解对产品不满意的情况，你从比较的过程中学到了什么？在这些叙述文中，产品的不满意经历是相似的吗？或者不同之处是什么？

项目任务4　创建能有效地总结你的结果的资料表格。图表9-6到图表9-8都是样本资料表格。提示：代表性的全文记录和概念图显示了导致对产品不满意的变量和不满意所产生的结果（思想、感情和行为），在参照全文记录和概念图的情况下创建主题列表是最简单的。最后产生的资料表格将被作为结果的一部分。

项目任务5　对新的研究人员来说，可能最难的任务就是提出能整合所有类别的核心概念。重新阅读教材9.3.2节中关于整合的部分。以小组为单位，提出一个想法或概念，能把你的所有主题整合成一个核心的主题。

项目任务6　如果你们小组将进一步完善你们的分析报告，你将会运用哪种方法去保证可靠性？写下你的选择并简要分析它们为什么会提高分析的可靠性。

项目任务7　以你们小组的项目任务1~6为基础，向全班同学做一个陈述，内容包括：方法的介绍、结果（包括一些相关的全文记录和资料显示）、研究限制、结论和建议。你们应当以数据集为基础构建关于产品不满意情况的理论，也应当包含在步骤1~6中所做分析的信息。你们小组的建议应当源自你们的分析，并有助于减少产品不满意情况和解决产品不满意情况。

提交一份你们研究结果的副本，包括已编码的叙述文和你们的主编码表。

9.5　总结

1.定性分析和定量分析的比较

定性分析和定量分析有许多不同之处。在定性研究中要用到文字和图片，而不使用数字。进行定量分析的目的是对变量和关系进行量化，或者解释因果关系；而进行定性分析的目的则是更深入地理解问题。另外，定性分析是迭代的，且在每次迭代中，研究人员都要重新阅读资料并整理自己的思路。另外，定量分析完全是由研究人员来控制的，而高质量的定性分析则要有成员检查或者询问关键受访者等许多非研究人员，以校验研究报告的准确性。最后，定性分析是归纳性的，这就意味着其理论是从研究过程中得出的，而不像在定量分析中理论是先于研究过程得出的。

2.描述定性分析的步骤

在收集了资料之后，定性分析有三个步骤。这些步骤会在研究过程中循环往复，而不是只出现一次，具体包括资料整理、资料显示以及验证结论/得出结论。第一步资料整理包括几个相互关联的步骤：分类和编码、理论形成和迭代以及反例分析。分类是对记录文本或图像的标注进行编码形成主题的过程。接下来，可通过资料的迭代分析将各个分类整合成一个理论。第二步是资料显示。资料显示描绘了表格或图形中的研究发现，使资料能更容易地被理解和交流。第三步是在严谨的迭代过程之后，研究人员能得出结论并验证他们的研究发现。在验证结论/得出结论阶段，研究人员要确立资料分析的可靠性。

3.描述数据分类、编码以及理论形成的过程

在分类阶段，研究人员根据已有理论和资料中出现的类别来建立分类。他们在空白处对资料编码，然后制成包含全部标签的编码表。随着理论的不断完善，编码会被不断地查看和修订。比较同一类别下案例间的异同、相关分类间的异同和不同参与者的异同会更好地定义架构和提炼理论。

整合是实现从主题和类别的识别阶段向研究各类别间关系阶段转变的过程。在选择性编码中，研究人员会建立核心主题或类别并围绕核心主题或类别展开研究。

4.阐述如何在定性分析中建立可信度

在资料分析中，可以通过如下方式建立可信度：（1）在分类和理论的发展过程中应用迭代分析；（2）使用反例分析；（3）使用三角测量法。在反例分析中，研究人员会系统地筛选与其理论不相符的信息资料，这样既有助于提高分析的可信度，又能确定理论的适用条件。三角测量法对定性分析中提高可信度来说尤为重要。三角测量法有多种形式，包括运用多种数据收集和分析方法、运用多个数据集、启用多个研究人员、运用在不同时期收集的数据，以及访问具有不同观点和经历的受访者。成员检查也可以提高可信度，成员检查是指要求主要受访者对分析结果的准确程度提出反馈意见。在同行审查中，会要求定性方法论方面的专家来评估定性研究报告的可信度。

5.讨论撰写定性研究报告的步骤

一份定性报告包括三个部分：（1）引言；（2）资料/研究成果分析；（3）结论和建议。报告的引言部分要说明调研目标及所使用的调研方法。资料分析部分应把所得结论写得富有逻辑性和有说服力。资料显示和对研究过程所进行的详细描述有助于更好地理解研究成果。结论应包括对营销的影响。另外，研究人员应当提供与客户所提出研究问题相关的信息。

9.6　关键术语和概念

Categorization 分类

Codes 编码

Code sheet 编码表

Comparison 比较

Credibility 可信度

Cross-researcher reliability 交叉研究的可靠性

Data reduction 资料整理

Emic validity 主观有效性

Integration 整合

Iteration 迭代

Member checking 成员检查

Memoing 备忘

Negative case analysis 反例分析

Peer review 同行审查

Recursive 递归的

Selective coding 选择性编码

Triangulation 三角测量法

Verbatims 全文记录

9.7 复习题

1.定量分析和定性分析有何不同?

2.描述定性分析的三个步骤,说明这些步骤为何是迭代的以及如何迭代。

3.资料整理中有哪些相互影响的步骤?

4.在定性分析中如何构建理论?

5.什么是反例分析?为什么它对定性分析的可信度来说很重要?

6.举例说明资料显示在定性分析中是如何应用的。

7.在定性分析中,威胁结论可信度的因素有哪些?

8.什么是三角测量法?它在定性分析中的作用有哪些?

9.在定性分析中,建立可信度的途径有哪些?

9.8 讨论

1.比较定量分析中的信度和效度与定性分析中的可信度。你认为这些概念有相似之处吗?为什么?

2.假设你所在的大学想提高学生在校园活动中的参与度。为了帮助完成这项工作,你决定做一项人种学研究来深入了解影响学生参加活动的原因。在这项研究中,你打算如何使用三角测量法?

3.互联网体验。征求三个人的允许之后,分析他们在 Facebook 或其他类似社交网站上的留言（当然，你应当向他们保证是匿名的）。如果网站数目较多，则你需要计划抽取其中的一部分（即5~10个具有代表性的网站）来作为样本。当浏览这些网站时，制作一个编码表。从编码中能得到关于社交网站的什么信息？最常出现的内容类别是什么？基于这3个网站上出现最频繁的分类，你能得出什么结论？你的研究对于正考虑在社交网站上投放广告的广告商而言会有哪些启发？

4.一个50多岁的人类学教授请了一年假，秘密地在其所在的大学里当了一年学生。她没有在她所在的学院上课，但是她像其他大一学生一样签到、上课、参加考试、写论文。而且，她还住了一年宿舍。在这一年结束的时候，她写了一本书，名为《我的大一生活》①。书中详细介绍了她的研究发现。在报告她所使用的研究方法时，这位人类学教授应该介绍定性研究方法的哪些优缺点？

5.对3~4个非商科学生进行深度采访。你需要调查大学生由"营销"这个词可以联想到什么。你可以让学生带5~10张任何能够反映营销学最本质内容的图片（照片、杂志上的剪贴画等），也可以与学生们做单词联想练习。在采访期间，你可以告诉受访者你是外星人，从来没有听说过营销。基于你的采访，绘制有关学生对营销的理解的一致性图谱，并在图上圈出联系最紧密的节点。对于大学生如何看待营销问题，你能得出什么结论？

附录A   样本定性调研报告

广告的第二听众：员工对公司传播活动的反应

广告是由特殊的声明组成的，首先，公司试图建立这样的情形：消费者和其他人在该情形中被激励从事对公司有利的行动。然而员工是潜在的重要的第二听众。广告是与员工沟通、激励员工和教育员工的工具。

在这项研究中，我们检查广告对该公司员工的正面和负面影响。我们也提出广告公司经理把这些内部听众考虑在内的一些决策方法。

方法

迄今为止并没有研究能利用模型对广告的效果进行深入的研究，所以本书引用了定性研究方法。该研究并不是为了检验具体的假设，而是为了揭示广告对员工的所有可能的影响。我们从营销科学研究院（MSI）成员公司中招募了四家公司参与这项研究。

我们对四家不同公司的员工、营销经理、广告经理和人事经理进行访问和焦点小组访谈。对每个参与的公司分别运用两种数据收集方法。首先，对广告

---

① Nathan, Rebekah, My Freshman Year: What a Professor Learned by Becoming a Student, Cornell University Press, Sage House, Ithaca, NY, 2005.

决策者和广告机构联系人（n=19）进行深度访谈。对所有的个人访谈进行了全程录音和转录分析。数据的第二个来源是对员工进行焦点小组访谈。从公司的各部门员工中招募四到五个焦点小组，共有151人参与了焦点小组资料收集。

员工怎样评价广告？

我们发现员工不仅评价编制的广告的准确性，他们还评价它的有效性和适宜性。员工想让他们的公司表现良好，他们把广告的有效性看作成功的重要组成部分。员工被他们自己、被朋友和亲属们视为公司的代表。正因为如此，他们经常被要求解释公司的措施，包括广告。他们也想让广告恰当地反映他们公司的价值和形象。

我们发现了几个影响员工对公司广告反应强度的因素。最重要的因素是一个员工是否处于和客户沟通的职位，该类型的员工更容易感受到客户的意见和要求。但是无论员工是否处于和顾客沟通的职位，关于广告（它的战略、目标、目的）的公司传播活动都强烈地影响员工对广告的接受程度。重要的是，那些对公司更认同、更忠诚的员工对他们公司的广告投入了更多的精神支持。

决策者与员工之间的分歧

本研究也指出了决策者和员工对公司广告认知方面的四个分歧：

1. 知识分歧：决策者一般对广告领域，特别是公司战略方面的知识有着更深的理解；员工则对雇员的具体作用和表现有着更深的理解。

2. 员工角色分歧：决策者对员工怎样看待他们自己的角色以及与他们在自己的私人社交网络中充当公司代表方面缺乏认识。

3. 优先级分歧：决策者优先考虑制作有说服力和有效的广告；员工则认为广告应该反映出他们对公司的期望和他们的价值。

4. 评价标准分歧：决策者基于特殊的目标和目的评价广告；员工则通过将其与公司以前的广告和竞争者的广告作对比来进行评价。

解决这些分歧的策略包括：

● 在内部交流和广告首映（至少应该在对顾客进行首次广告展示时与员工进行交流）时向员工解释广告策略和结果。

● 提前对广告的影响以及广告对员工的影响进行测试。

● 了解员工对公司的期望和对公司的价值评价标准。

● 在与员工的交流中，定位广告在员工评价体系内的位置。

图表9-11总结了这些分歧和解决它们的策略。

结论

这项研究表明，广告决策者可能低估了员工对广告的重要影响。一旦员工能被广告所影响，公司应尽力确保这种影响是积极的，至少应该尽量避免广告可能产生的负面影响。决策者必须认识到，员工扮演着"内幕者"的角色并想在营销传播活动中被提前告知公司信息。

图表9-11　决策者和员工们的广告认知

分歧	来源	解决办法
知识分歧	员工不理解公司战略 决策者不了解员工的作用 员工缺乏对广告作为知识主体的理解	通过内部交流的方法解释公司战略 对广告的影响和广告对员工的影响进行预测试 与员工沟通当前广告方法的好处
员工角色分歧	决策者不理解员工的自我角色	如果员工是有特点的，应当尝试建立员工群体自我角色匹配，不要忽视员工
优先级分歧	决策制定者不知道其他人把员工看作公司的代表 决策制定者需要制作有效的有创造性的广告 员工想让广告反映他们对公司的期望和他们的价值	把广告和新产品"卖"给员工 向员工解释为什么可以接受结果的轻微不准确性，员工要了解结果的必要性
评价标准分歧	决策制定者基于目标的实现程度评价广告 员工通过将广告与公司以前的广告和竞争者的广告作对比来评价公司的广告	联系他们所听到的内容，调查员工对公司的期望和价值评价标准 与员工沟通广告是怎样帮助公司达到目标的 了解员工怎样"设计"他们的判断标准和定位公司广告在其中的位置

资料来源：From Mary C. Gilly and Mary Wolfinbarger（1996），"Advertising´s Second Audience：Employee Reactions to Organizational Communications," Working Paper Series，Report Summary #96-116，Marketing Science Institute. Reprinted with permission.

　　如果可以确定某些信息和主题对员工和顾客有积极的影响，这些信息可以被纳入广告宣传活动以促进员工对公司的忠诚度。反过来，员工忠诚度也将增加公司产品和服务的质量。

资料来源：Report adapted from Mary C. Gilly and Mary Wolfinbarger，"Advertising´s Second Audience：Employee Reactions to Organizational Communications," Working Paper Series，Report Summary #96-116，Marketing Science Institute，1996.

第10章　定量分析的数据准备[*]

【学习目标】

通过对本章的阅读，你将会做到以下几点：

1.描述数据准备和数据分析过程。

2.讨论调查数据的校验、编辑和编码。

3.介绍数据录入过程以及如何识别误差。

4.描述数据列表和数据分析方法。

扫描数据有助于理解购买行为

在药店、超市和所有零售商店，你购买的物品都会被扫描到电脑里。通过扫描条形码，商家不仅可以知道正在销售的商品的种类、销售时间和销售价格，而且能够精确地控制库存。当库存出现短缺时，可以及时补充货源。沃尔玛公司堪称应用扫描仪的典范。在商品售出之前，库存商品的所有权并不归沃尔玛公司，而是仍归安排商品上架的供货商所有。但通过扫描系统，沃尔玛公司可以知道商店里上架的有哪些商品，商品摆放在什么地方，正在销售什么商品以及需要增补什么商品等。与过去相比，扫描数据的应用能使沃尔玛和其他零售商建立、管理更大的库存。

---

[*] 本章及以后呈现了软件运行结果的原图，翻译从略——编辑注。

　　另外，扫描仪还能识别顾客会员卡上的条形码，以方便数据库中心将顾客与其购买的商品信息联系起来。上述过程只需顾客在每次消费的时候出示会员卡，且在一两秒钟的时间内即可完成。扫描技术在市场调研中应用广泛。在通常情况下，调研人员会借助一些文字处理软件来设计问卷，并用激光打印机将其打印出来。受访者可以使用任意一种书写工具来填写问卷。调研人员会采用合适的软件和扫描仪来扫描全部问卷，也就是说，在几秒钟之内便可以完成对数据的校对、分类和存储工作。通常情况下，零售商一周要收集大约400～500份填写完毕的调查问卷。因此，在合理的成本下，扫描技术在数据收集方面就发挥了它的功效。

10.1　数据准备对分析的重要性

　　传统的数据收集方法（个人访谈、电话访谈、计算机辅助电话访谈、邮件访谈、自我管理调查等）势必要向数据分析的电子格式转变。来自互联网和网络调查、笔记本电脑、扫描数据库和公司数据库的数据，在成为电子格式的同时，也需要做其他准备工作。例如，数据可能制成Excel格式，但要转换成SPSS格式才方便使用。数据收集中使用开放式问题的，要在分析过程中对其进行编码。所谓数据准备，就是将通过调查和从其他数据库中得来的信息进行转换，以便用于统计分析的过程。数据准备过程包括4个步骤：数据校验、数据编辑和编码、数据录入、数据列表。数据准备是将原始数据转换为可用编码数据的基本操作。数据准备在评估和控制数据完整性方面也发挥着重要作用。通过检测由访员或者是受访者引起的潜在回答与未回答的偏差，以及数据编码、数据录入过程产生的误差来确保数据质量。同时，数据准备过程能很好地处理来自不同资源的数据，并把多种数据格式转换为适用于统计软件分析的统一格式。

　　在传统的数据收集方法中，数据准备过程经常是从已经完成并反馈给现场督导员和研究人员的访问、调查问卷或者观察形式开始的。如今在线调查、数据收集开始运用手持终端和扫描仪，这些新技术能使调查者及时完成一部分数据准备工作，并且消除数据收集过程中的误差。这些新技术要用到数据采集器和扫描仪。在实际工作中，当你要生成电子文件时，技术进步能减少编码、核对、录入数据的手动操作，甚至不用这些操作。

　　图表10-1给出了数据准备和数据分析的步骤。有些数据收集方法只涉及其中某几个环节，而有些方法则要遍历整个过程。例如，电子格式的在线调查，仅在遇到开放式问题时才进行数据录入。本章将讨论数据准备过程，在第11章和第12章中，将概述定量研究中的数据分析。

图表 10-1 数据准备和数据分析概述

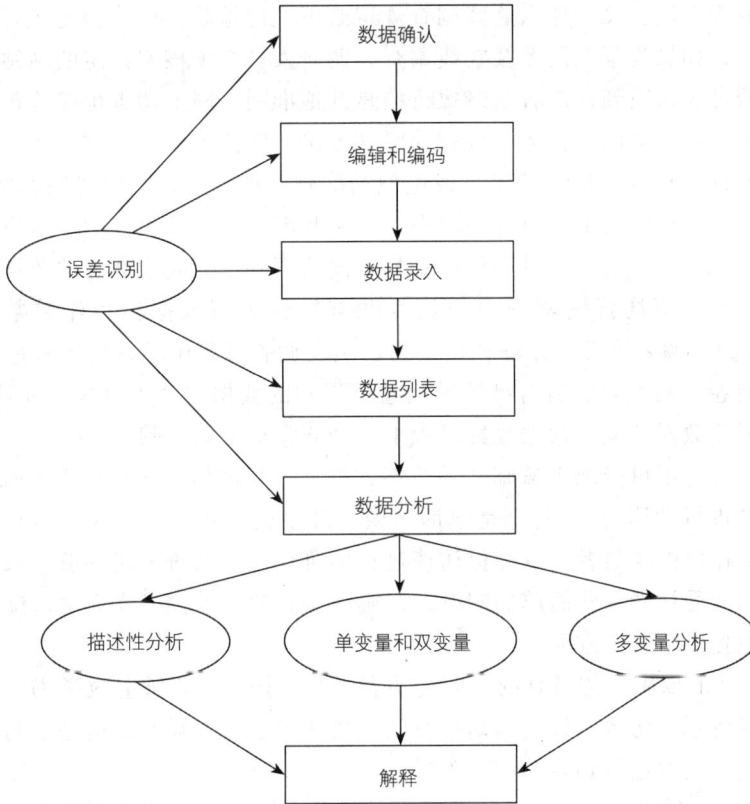

10.2 校验

校验的目的是确定调查、访问和观察的过程是否正确、是否无偏差以及其他来源的数据是否准确和一致。数据采集通常难以密切监控，在一般情况下，调研人员不可能监督数据收集的全过程。因此，为了确保能准确收集调查数据，每个受访者的姓名、地址、邮政编码、电话、电子邮件地址或类似信息都要记录下来。同样，在校验其他来源的数据，如公司内部数据库的数据时，也必须记录是在何时何地得到的数据，经过了哪些处理等信息。虽然这些关于受访者的信息或数据来源以及内部数据的性质等可能不会用于分析，却使校验过程得以顺利完成。

调研人员的初衷是为了确定完整且有效的方法究竟是问卷还是观察法。**数据校验**（Data validation）的目的是要决定调查法、面访和观察法是否被正确地执行并避免错误的产生。当数据是由经过培训的访员从受访者那里获取时，校验的重点最经常的就是有关访员的错误、受访者误差或者未按调查说明执行。如果数据收集涉及在线调查，校验常常是检验调查说明是否被正确遵循。例如，配额如果规定70%的受访者为男性，或者80%是某个特定年龄段的，或者专指美国公民，那么这些调查规定必须经过检验，以确保受访者满足条件。同样，如果观察调研涉及在线调查，调研人员必须核实指定的网站或互联网址是否已经访问到，或者始终执行的是其他准则。网上调查也应该包含对所招募的个人事实上已经完成了调查的验证方法。就传统的调查方法而言，这显然涉及要调查特定类型的信息，或类似的问题，即应有评估回答问题的一致性方法。因此，校验的主要目标是发现、控制和消除带有欺骗性的、虚报的、未能遵照预先确定的指导意见进行调查的、前后不一致的或不准确的数据等。

在市场营销调查中访员为调查提供虚假数据称为**作弊数据**（Curbston-ing）。顾名思义，作弊数据是指访员在调查过程中不按调查程序让受访者填写问卷，而是由访员自己填写问卷所得到的数据。由于可能存在这类虚假数据，因此数据校验是数据收集过程中一个非常重要的步骤。

为尽可能减少欺骗性的应答数据，市场调研公司会抽取10%~30%的受访者进行"回访"。特别是电话访谈、邮寄调查和个人访谈，调研公司会回访一定比例的受访者，以确保访谈过程的可靠性。调研公司一般会采用电话方式来询问受访者一些简单的问题，以确认调查的有效性。在通常情况下，校验过程包括以下五个方面：

1.欺骗。访员真的访问受访者了吗？访问过程被篡改了吗？访员是不是在了解了受访者的姓名和地址后就开始伪造答案了呢？访员是不是通过自己的朋友来获取这些必要的信息呢？

2.筛选。在调查中，通常只有合格的受访者才能接受调查。为保证数据收集的准确性，调研公司会根据预先确定的标准来识别合格的受访者，这些标准可能包括家庭收入水平、最近购买的商品和品牌、品牌或服务意识、性别和年龄等。例如，数据收集规定要指定年收入不低于2.5万美元的女户主为受访者，她们都熟悉或者最近去过一家墨西哥主题餐厅。在这个案例中，通过回访能够判断每个受访者是否符合调查条件。

当采用在线收集数据方式时，设计方案必须包括筛选控制方法，这通常是很困难的事。例如，在线调查可以详细列示筛选条件，但它是建立在受访者提供准确信息的基础上。如果受访者要做的仅仅是提供符合所要求的描述条件的信息，你又怎么能杜绝是一个孩子完成了一项针对其父母的调查呢？随后的电子邮件回访是可行的，但不如跟进的电话回访更有效。解决的方法就是回访时提出多个类似的问题，这样就可以通过问题的回答是否具有一致性而使调查的真伪得到检验。

3.程序。许多市场营销调研项目必须按照一个特定的程序来收集数据。例如，消费者流失访谈必须在特定的场所进行，如在消费者正要离开的某个零售商店里进行。在这个调查中，回访可以验证访谈是在一个适当的场所内进行的，而不是在诸如聚会或公园等社交场所。对于在线调查来说，过程检查包括确认筛选条件、跳转模式、补充说明、分配比例等在数据收集过程中是否都按规定执行的。

4.完整。有些访员为了尽快完成任务，仅仅抽选几个问题来调查受访者。在这种情况下，访员一般只问开头的几个问题，然后直接跳到结尾，省略问卷的其他部分，由自己来编造剩余问题的答案。调研公司可以通过回访一部分受访者，问他们问卷中不同部分的问题，来判断访谈是否真实有效。在进行在线调查时，有相应的防范措施避免出现跳过问题的情况。然而，所谓的防范措施很可能会使某些受访者中途放弃，尤其是当问题表达不清、难懂又乏味的时候。

若是数据收集过程本身存在"跳答"问题，可能导致访员或受访者回答问卷的部分不同。如果访员或自填问卷调查的受访者没能按照跳转问题的指示进行访谈，那么问及受访者的问题本身也就是不正确的了。调查的负责人可以和受访者再联系，通过某些数据收集方法核对跳转问题部分的回答。自从计算机具备了控制问题结果的功能后，在线调查中的跳转问题不再是难题。然而，在一项调研开始和问卷完成前，调研人员自己应该在网上作为受访者试答一下问卷，以确保跳转模式的效果如预期的一样。

5.礼貌。在访谈过程中，访员应该礼貌地对待并尊重受访者。然而，有时候访员可能会表现出消极的情绪。通过回访，调研公司不仅可以了解访员在调查过程中是否有礼貌，还可以了解访员的工作表现、沟通水平和人际关系技能，从而督促访员在调查过程中表现出积极的形象。

10.3 编辑和编码

在数据校验完成之后，下一步就是检查数据误差。编辑（Editing）即检查数据收集过程中由访员、受访者所产生的误差，或是从扫描数据库传送信息的过程中和从其他来源的公司数据库传递信息过程中所导致的误差。调研人员会浏览已完成的问卷，并检查以下几个方面：（1）是否恰当提问；（2）是否准确记录回答；（3）是否正确筛选受访者；（4）是否准确完整地记录开放式问题的答案。以上四步主要针对传统数据收集方法。在线调查的必要步骤是要核查受访者是否筛选正确，最起码要保证调查过程是按规定要求完成的，开放式问题是否进行检查和编码。若是从内部数据库获得的信息，要确保信息的可用性、一致性、格式正确等。

10.3.1 恰当提问

恰当提问是编辑过程的一部分，这在访谈调查法中也是非常重要的。在编辑过程中，调研人员应该检查所有的受访者是否回答了必要的问题。如果没有，就要联系受访者以补充遗漏的问题。在线调查只要问题设计、设定正确就可跳过检查环节。

10.3.2 回答的准确记录

在已经完成的问卷中有时也会存在信息缺失的情况。访员可能偶尔会漏掉一个问题或没有把回答记录在合适的地方。仔细检查所有的问卷就可以识别这些问题。在这种情况下，尽可能联系受访者，补记下对遗漏问题的记录。对于在线调查来说，如果已经设计了防止受访者漏答问题的程序，此步骤就不必进行。

有时，由于各种各样的原因（粗心大意，急于填完问卷，对要回答的问题不理解等），受访者可能会遗漏一个甚至更多个问题。例如，问卷由两部分问题组成，回答第二部分问题是基于回答完了第一部分问题之后。而受访者可能只回答了问卷中的一部分，从而出现遗漏问题的情况。在以下包含两部分问题的例子中，就有必要由内部的编辑监察人员调整、修正受访者的回答，保证信息的完整。

你家里使用的牙膏品牌是否超过一种？

[ ]是　　　[ ]否

如果回答"是"，那么你家里使用几种品牌的牙膏？　3

如果受访者一开始没有注意要在"是"或"否"中选其一，就直接填写了"3"，那么监察人员应该在将第一题补充为"是"，除非有其他信息表明这个推测是错误的。在线调查应该不会出现这种情况，因为软件设计避免了这种问题的出现。

10.3.3　正确的过滤性问题

我们引用第1章圣塔菲烤肉餐厅职员调查的案例，图表10-2列举的是圣塔菲烤肉餐厅职员的调查问卷，其中，前两个问题都属于过滤性问题，根据这些问题可以筛选合格的受访者。在编辑过程中，调研人员应确保访问调查只包括合格的受访者，问题与答案之间是否一一对应也非常关键（对自填问卷调查而言）。如果问题和答案没有对应起来，就需要与受访者联系以检验数据记录的准确性。

图表10-2　圣塔菲烤肉餐厅员工的调查问卷

本问卷是针对圣塔菲烤肉餐厅员工的调查问卷。

• 你是圣塔菲烤肉餐厅的现职员工吗？是____（继续）不是____（结束）

• 你在圣塔菲烤肉餐厅工作了多长时间？

0=少于3个月（结束）

1=3个月~1年

2=1~3年

3=超过3年

如果第一个问题回答"是"，并且在圣塔菲烤肉餐厅工作超过3个月，那么请回答接下来的问题。

圣塔菲烤肉餐厅想更好地了解员工对工作环境的满意度，以便有所改进。请登录网址 http://santafe.qualtrics.com?SE/?SID=SV_10QkhmnGMiTCJ5C 完成问卷。

占用你10分钟时间完成问卷。这将有助于管理部门创造出既满足员工需求又符合公司需要的工作环境。答案无对错之分，无论回答什么，你自己的选择才是我们感兴趣的地方。我们会对你的信息保密。

工作环境调查

第一部分 你如何看待自己的工作环境

下面的情况可能会也可能不会描述出圣塔菲烤肉餐厅的工作环境。使用取值范围介于 1~7 的量表，其中，7 表示"非常同意"，1 表示"非常不同意"。请描述你同意和不同意的程度。

1.我的工作教会我有用的新技能	非常不同意						非常同意
	1	2	3	4	5	6	7
2.我喜欢在圣塔菲烤肉餐厅的工作	非常不同意						非常同意
	1	2	3	4	5	6	7
3.圣塔菲烤肉餐厅的主管人员会赞扬和重视工作表现好的职员	非常不同意						非常同意
	1	2	3	4	5	6	7
4.我们团队有培训和能满足顾客需要的好的工作技能	非常不同意						非常同意
	1	2	3	4	5	6	7
5.比起其他工作，我在圣塔菲烤肉餐厅的工资公平	非常不同意						非常同意
	1	2	3	4	5	6	7
6.圣塔菲烤肉餐厅的主管了解每个员工的潜能	非常不同意						非常同意
	1	2	3	4	5	6	7
7.总的来说，我喜欢在圣塔菲烤肉餐厅工作	非常不同意						非常同意
	1	2	3	4	5	6	7
8.对我工作的努力程度，我工资所得合理	非常不同意						非常同意
	1	2	3	4	5	6	7
9.我的工作小组协作得很好	非常不同意						非常同意
	1	2	3	4	5	6	7
10.圣塔菲烤肉餐厅主管有见识并乐于助人	非常不同意						非常同意
	1	2	3	4	5	6	7
11.我的组员能通力合作顺利完成工作	非常不同意						非常同意
	1	2	3	4	5	6	7
12.我的薪资总体水平是合理的	非常不同意						非常同意
	1	2	3	4	5	6	7

续图表

第二部分　你在圣塔菲烤肉餐厅工作的感觉

13.对我来说，圣塔菲烤肉餐厅是最好的工作选择	非常不同意						非常同意
	1	2	3	4	5	6	7
14.我强烈地感觉自己属于圣塔菲烤肉餐厅	非常不同意						非常同意
	1	2	3	4	5	6	7
15.我告诉朋友圣塔菲烤肉餐厅是一个很好的工作地点	非常不同意						非常同意
	1	2	3	4	5	6	7
16.我觉得自己是圣塔菲烤肉餐厅"大家庭的成员"	非常不同意						非常同意
	1	2	3	4	5	6	7
17.选一个0~100之间的数字，代表明年你有多大可能去找别的工作	0=完全不可能						100=非常可能
18.选一个0~100之间的数字，代表你是否经常想放弃圣塔菲烤肉餐厅的工作	0=不是很经常						100=总是

第三部分　类别问题

请标明最适合你的数字

19.你是兼职还是全职员工	0=全职 1=兼职
20.你的性别是	0=男 1=女
21.你的年龄是	
22.你来圣塔菲烤肉餐厅工作多久了	

注意：此处的数据，记录的是那些在筛选员工问题中选择超过3个月以上的工作时间的员工
1=3个月~1年　　　2=1~3年　　　3=超过3年

非常感谢你的帮助

注意：圣塔菲烤肉餐厅的管理部门会评估所有员工的绩效，绩效的分数会记录在员工调查数据文件中

23.绩效：员工的绩效评估在0~100分之间，其中，0=效率非常低的员工，100=效率非常高的员工

不同于自我管理调查，为了核实记录数据的准确性，必须再与受访者联系。

越来越多的调查是在线完成的。在线调查时，筛选问题会自动询问受访者，当答案不符合要求时，调查就不允许继续下去。

10.3.4　回答开放式问题

相对于固定选项的封闭性问题而言，开放式问题的回答能够为调研人员提供更加丰富的信息。解释是编辑开放式问题回答的主要内容。图表 10-3 列出了开放式问题的一些典型回答，且这些回答与问题的解释有关。例如，对于"你为什么经常来圣塔菲烤肉餐厅"这个问题，简单的回答是"服务很好"。但这样的回答不足以说明受访者所说的"服务好"的确切含义。这时就需要访员深入调查来获取更多具体的信息。例如，是不是因为这里的服务员很友好，乐于助人，比较有礼貌？是不是因为他们着装整洁？是不是因为他们服务时面带微笑？通过详细地提问此类问题，调研人员可以更好地解释"服务好"这个回答的具体含义。在这种情况下，调研人员需要根据标准对回答进行分类。从某种程度上来说，受访者的回答应该属于某个标准类别。不完整的回答应被视为无效。

图表 10-3　开放式问题的回答

10. 你为什么经常来圣塔菲烤肉餐厅用餐？
- 他们的服务很好。
- 食物很好吃。
- 我喜欢这里的食品。
- 我们刚搬到这里，并且我们住的地方没有好的墨西哥饭店。
- 这个地方发展很快。
- 报纸上推荐过这家饭店。
- 我丈夫就在附近工作。
- 这里的烧烤风味很好。
- 现在能够提供更好的食品包装。
- 我们非常喜欢他们的鸡肉三明治，所以就经常过来。
- 东西好吃。
- 因为去年他们只开了一家。
- 最近刚开业。
- 坐落在沃尔玛超市的右边。
- 刚搬到这里，而且他们的食品很好吃。
- 在我工作的地方只有一家。

编码对于有开放式问题的在线调查来说是必不可少的。在传统数据收集方法中，要审查答案，辨别主题、常用词和模式，分配编码，以便分析定量数据。

10.3.5　编码过程

编码（Coding）包括对调查问题的回答进行分组和赋值，也就是给调查中每个问题的回答分配数值符号。编码通常是 0～9 的数字，因为数字输入便捷，且计算机处理数字的效率远远高于字母代码。与编辑类似，如果某些问题在数据收集之前没有被定义编码，则自由编码过程就会很枯燥。如果在设计问卷时就已定义编码，则这种设计巧妙和高度结构化的问卷能减少编码时间并提高编码的准确性。在图表10-2所列示的圣塔菲烤肉餐厅的调查问卷中，除问卷后面的开放式问题外，对其他问题的回答都已被定义了编码。例如，对于"生活方式问题"，受访者可以根据自己同意或不同意的程度，从1～7的选项中进行选择。也就是说，如果受访者选择"5"，那么数字"5"就是这个特定回答的编码值。

与之相反，开放式问题对编码过程提出了新的问题。关于开放式问题，调研人员之前并没有清晰的答案列表，因此只能在数据收集结束之后对答案进行编码。尽管如此，开放式问题所获得的信息价值远超过对其编码所带来的不便。

在通常情况下，调研人员会通过四步骤来完成对回答的编码过程。这个过程适用于所有类型的数据收集。第一步是要编制一份答案清单，包含所有可能出现的回答。具体地说，就是将清单中所列答案的个数作为对数字取值的范围，选择数字并对每个回答赋值。调研人员通过检查开放式问题的答案来对其分类。如果该回答没有出现在清单中，调研人员就需在清单中加入新的答案及与其对应的数字，或者将其归入清单中的某一类别。

图表10-4　合并开放式问题答案的一个例子

Q10a. 你为什么很少来____餐厅用餐？

回答#2113
- 我是一个公务员，期望物美价廉和更多的特价菜。
- 家人不喜欢这里。
- 我丈夫不喜欢吃汉堡。

回答#2114
- 我不喜欢这里的食物。
- 订单都是错的。
- 健康方面的原因。

回答#2115
- 他们经常上错菜。
- 我讨厌吃汉堡，也不喜欢那种调味品。
- 价格太高。
- 他们应该提供比现在更多的套餐，更多的炸薯条。
- 因为他们总是上错菜，而且没有礼貌。
- 我工作时间很长，经常忘记吃东西。

回答#2116
- 不能吃他们所提供的食物。
- 我们开始到____吃。
- 我工作的地点搬了，因此我现在离____远了。

第二步是答案的合并。图表10-4列举了关于"你为什么很少来餐厅用餐"问题的一些真实回答。其中有4个答案均与"不喜欢这里的食物"有关，且意思相同，这时应将其合并为一类。由于类别合并属于主观判断，因此应该由资深的调查分析人员在听取客户的意见后做出最终的判断。

第三步是设置数值型符号并将其作为编码。虽然这个工作看似简单，但应该认真考虑问卷结构和每个问题的答案数目。例如，如果一个问题有10个以上的答案，则需要用两位数来编码，如"01""02"…"11"。另外，在通常情况下，肯定回答的编码值大，而否定回答的编码值小。比如，回答"否"的编码为0，回答"是"的编码为1；"不喜欢"的编码为1，"喜欢"的编码为5。编码会使后续分析变得更简便。例如，如果编码是按从"不喜欢"到"喜欢"而逐级提高的，那么分析员解释均值或平均数的意义时就会更加容易。

如果数据分析过程中要做相关或回归分析，则需要考虑分类数据。调研人员也许会使用编码为"0"和"1"的"哑变量"。想要了解更多有关哑变量编码的内容，可以登录我们的网站www.mhhe.com/hairessentials3e。

缺失数据的编码非常重要。例如，如果一个受访者回答了问卷前面所有的问题，但最后一个问题没有作答，而我们又无法通过回访来补充缺失值，那么应如何对这种无回答的问题进行编码呢？一般的做法是，首先要明确在分析阶段应如何使用这个问题所提供的信息。在某些分析中，如果答案是空白的和非数值型的，则整个问卷（不仅仅是这个问题）就应该被视为废卷。处理缺失数据编码的最好方法是首先了解你手头上的数据分析软件是如何处理缺失数据的，然后再决定对缺失数据进行编码还是保持空白。在后面的章节中，我们还会讨论缺失数据问题。

营销调研指南：处理数据库中的数据

数据库中的数据很重要，调研人员要分析数据并提出相应建议。如此做法有利有弊。利是由于数据库中的数据是次要数据，所以数据获得可以更便捷、更实惠。弊是数据在分析和使用之前要经过处理。下面就是在使用数据库中的数据时会遇到的典型问题。

- 数据过时。例如，数据时间太久已没有相关性。
- 数据不完整。例如，数据对某一时间段有用，对其他时间段无效。
- 估计数据是可以得到的，但无法找到。大公司通常有好几个数据库，这些数据库归属不同的部门，保存在不同地点。
- 来源不同的同类数据是有差别的。例如，按地域划分收集销售信息：一个来自内部销售记录，另一个来自扫描数据。这两种不同来源的销售数据是不一样的，而且这仅是两种分销渠道。管理人员在某特定情况下要决定应以哪个来源的数据为准，或者应该如何比较不同来源的数据。
- 数据不可用，或格式不兼容，或无法理解。
- 数据杂乱无序，不在中央单元。
- 访问数据的软件根本不能用，或达不到预期工作状态。

● 数据量过大。

上述问题该如何解决？有时，这些问题无法解决，起码不能及时解决。避免或最大程度地减少上述问题的最好办法是建立市场营销部门和信息技术部门间的最佳联系。这意味着市场营销经理必须及早地就其所预期数据进行沟通，如数据类型、数据频率、数据格式等。在这个基础上，他们必须继续紧密合作，预测和处理可能出现的数据管理和利用的问题。

编码的第四步是对每个回答分配编码值。由于这个过程是由人工来完成的，因此可能比较单调乏味。但这项工作能有效地避免数据录入阶段所出现的问题。当进行数据录入时如果采用光学扫描的方法，那就另当别论了。

要对每份问卷赋值进行编码。通常来说，如果需要编码的问卷少于1 000份，就应该用三位数来编码；如果问卷的份数是1 000份或超过1 000份，就应该用四位数来编码。例如，如果回收了452份问卷，则第一份问卷的编码应为001，第二份为002，依此类推，最后一份问卷的编码应为452。

10.4 数据录入

在完成校验、编辑和编码之后，下一步就是数据录入了。**数据录入**（Data entry）是为了后续的数据分析而将数据录入到计算机文件中的过程。分析人员将已完成编码的数据输入到文件中，对数据进行操作管理并将其转化为有用的信息。若是通过在线收集的数据，此步骤可省去。

将编码数据录入到电子文件中有多种方法。在计算机辅助电话调查和网络调查中，数据在调查过程中就可以立即输入，而不需要再进行单独的数据录入。然而，其他形式收集的数据要靠人工录入，通常用个人电脑完成。

也可以采用扫描技术来录入数据。扫描技术法可以利用扫描设备来使计算机读取字母、数字和特殊字符。受访者只需用一支2B铅笔来作答，答案就会被直接扫描到计算机文件之中。

网络调查法在市场调查中已越来越流行。实际上，将近60%的数据收集方法都使用网络调查法。使用网络调查法不仅速度快，而且免去了整个数据录入过程。

10.4.1 错误检测

错误检测是指查找数据录入或其他过程中所存在的错误。错误检测首先是要确定用于数据录入和列表的软件是否能够通过执行"错误审核程序"来识别错误的数据类型。例如，对于某特定数据记录而言，只有编码1或2才是正确的，因此只要录入的数字不是1和2，错误审核程序就会在数据输出窗口显示出编码无效的信息。这种程序非常好。对于问卷中那些已确定标度大小的问题，编码值过大或过小都会被拒绝。在一些调查中，可以为问卷中的每一项创建一个错误审核程序。在线调查时，会提前设置防止受访者敲入错误回答的程序。

错误检测的另外一种方法是研究人员对已显示出来的录入数据进行检查。图表10-5列出圣塔菲烤肉餐厅问卷调查中的第377～405份问卷的编码值。在这个例子中，第1行给出了各数据文件中的变量名（如"id"是问卷编号，

"x_s1"代表第 1 个过滤性问题，X_1 则是 4 个过滤问题之后的第 1 个问题等)，每列数字都是输入的编码值。虽然这个过程相当枯燥，但是分析人员既能检查实际输入数据的准确性，也能发现哪里存在错误。还有一种方法可以检测错误，就是根据调查制作一个列表（频率计数）来检验回答的完整性和准确性。

图表 10-5　SPSS 对圣塔菲烤肉餐厅调查问卷所做的编码

	id	x_s1	x_s2	x_s3	X_s4	x1	x2	x3	x4	x5	x6
385	385	1	1	1	0	7	5	4	4	5	4
386	386	1	1	1	0	7	6	7	4	3	7
387	387	1	1	1	0	7	4	7	3	2	6
388	388	1	1	1	1	3	4	6	3	4	6
389	389	1	1	1	0	7	7	6	2	7	6
390	390	1	1	1	0	7	5	5	2	5	5
391	391	1	1	1	1	7	3	4	6	5	4
392	392	1	1	1	1	7	6	5	3	5	5
393	393	1	1	1	1	7	2	5	2	5	5
394	394	1	1	1	1	7	4	7	5	4	6
395	395	1	1	1	1	7	4	6	6	4	5
396	396	1	1	1	1	3	4	4	5	4	4
397	397	1	1	1	0	7	5	6	2	6	6
398	398	1	1	1	1	7	3	4	6	5	4
399	399	1	1	1	1	3	3	3	5	3	3
400	400	1	1	1	0	7	5	5	4	6	6
401	401	1	1	1	1	3	4	6	3	4	6
402	402	1	1	1	1	7	4	7	3	6	6
403	403	1	1	1	1	7	3	6	3	6	6
404	404	1	1	1	1	7	4	3	5	4	6
405	405	1	1	1	1	3	3	3	3	5	3
406											
407											

10.4.2　数据缺失

数据缺失是数据分析过程中的常见问题。数据缺失就是指受访者没有给出问题回答的情况。有时，受访者故意不回答问题造成了数据缺失。例如，调查中有年龄、收入等敏感问题，数据缺失就常有发生。也可能是由于受访者漏看了问题、匆忙接受调查或只是单纯地跳过某个问题。数据缺失最常出现在自填问卷中。参与在线调查的受访者要完成全部问题，但这样会导致一些受访者中途放弃调查。总之，由于受访者放弃调查没有数据缺失带来的问题严重，在线调查还是会要求受访者完成所有问题。

处理缺失数据的方法有以下几种：一是用相近受访者的回答代替缺失值。例如，人口统计资料的受访者是 35～49 岁有本科学历的男性，那么就用特征相近的一个或多个受访者的回答作为依据来决定代替缺失数据的值。二是如果问卷中有与缺失值部分类似的问题，就可用类似问题的回答为依据来决定替代值。三是从特征相似的受访者中选一个子样本，取其均值作为缺失数据的替代值。处理缺失数据还有一种可用的方法，就是把参与调查的全部受访者的回答集中起来，看作一个总体，取其均值来代替缺失值。但是不建议使用这种方法，因为会影响总体方差。

10.4.3　数据组

在 SPSS 中有一些非常实用的数据组织功能。"数据"下拉菜单中有一个"观测值排序"功能，它能对项目（观察值）进行递增或递减排序分类。"拆分文件"也是其中一个。例如，它能把圣塔菲烤肉餐厅和若泽西南咖啡厅的消费者分为两组，以便进行比较。另一个比较有用的功能是"选择个案"选项，不仅能挑选出受访者为男性或者年龄超过 35 岁，还能在全部样本中选出一个随机的子样本。实现数据组织功能的具体步骤要参见 SPSS 说明书。

10.5　数据列表

列表（Tabulation），有时是指频数计数，能按类别计算各类回答的数目。在市场调查中有两类列表形式：单项列表和交叉列表。

单项列表（One-way tabulation）分析单变量。在一般情况下，单项列表会显示选择某个答案的受访者的数量（频率计数）。单项列表的数量由研究中观测变量的个数来决定。

交叉列表（Cross-tabulation）同时对比分析研究中的两个或多个名义变量。交叉列表分类计算两个或多个问题的回答数目，因此其可以显示两个变量之间的数量关系。例如，交叉列表可以显示在麦当劳分别消费 7 美元以上和 7 美元以下的男性和女性受访者的数目。交叉列表多用于定类和定序尺度数据。

单项列表和交叉列表都是描述性统计量。本章两种列表的概述为下一章描述性统计量的探讨做铺垫。我们将在下一章介绍如何通过软件来生成交叉列表。

10.5.1　单项列表

单项列表应用广泛。首先，可以用它来确定无回答的个别问题的数目。基于缺失数据编码的模式，单项列表可以确定不回答某一问题的受访者的数量。其次，单项列表可以发现数据录入时所产生的错误。

如果已对某个问题的回答设立了特定的编码范围，如 1~5，则只要录入不正确的编码，如 7 或 8，该单项列表就会标示出这些错误编码。此外，使用单项列表也可以得到均值、标准差等相关描述统计量。最后，单项列表也可以显示分析结果。单项列表可以描述样本受访者不同类别的特性（如频繁使用者和偶尔使用者），还可以显示不同受访者回答问题的百分比。例如，可以得到从快速服务窗口购买快餐的人数百分比和在家就餐的人数百分比。

单项列表基本上是以单项频数表的形式来表示的。对于一个给定选项的问题，单项频数表可以显示选择某个选项的应答者的人数。图表10-6给出了一个单项频数表，该图表可以显示受访者最近30天内在哪家墨西哥餐厅用过餐。从该图表中可以看出，最近30天内有99人（占总人数的20.1%）在Superior Grill用过餐，有74人（占总人数的15.0%）在Mamacita's用过餐，有110人（占总人数的22.3%）在Ninfa's用过餐等。在一般情况下，计算机都会在输出窗口输出每个问题的单项频数表、每个问题的应答数目、识别缺失数据，并显示有效百分比和汇总统计量。回顾输出窗口，可以寻找如下输出结果：

图表10-6 单项频数表举例

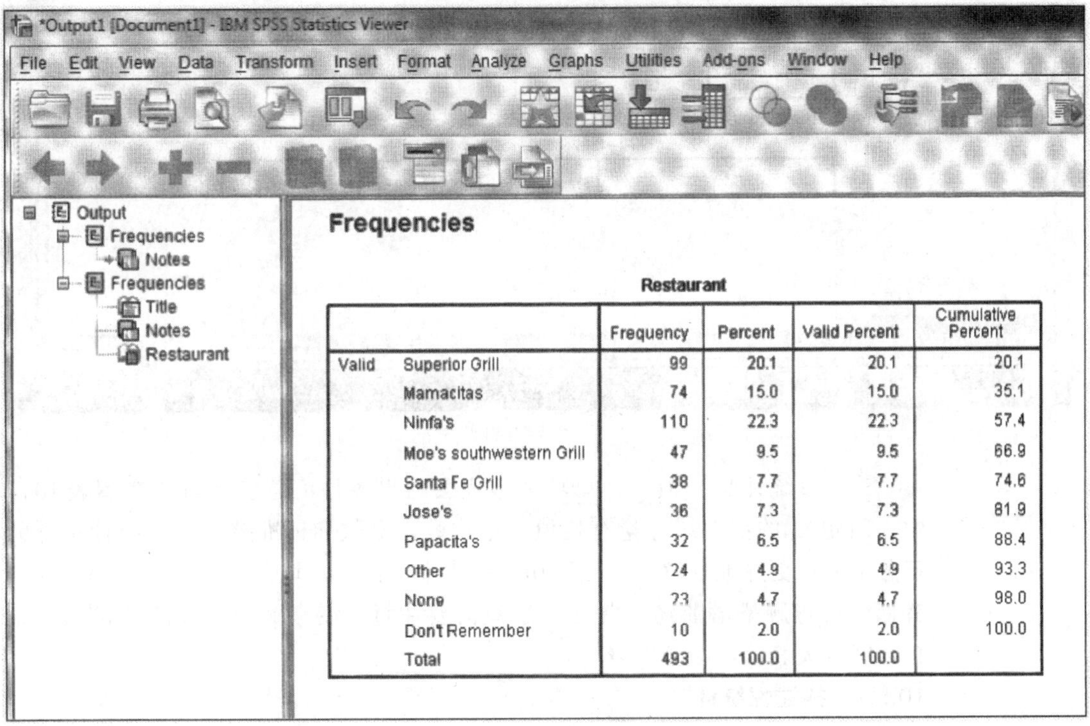

Restaurant

		Frequency	Percent	Valid Percent	Cumulative Percent
Valid	Superior Grill	99	20.1	20.1	20.1
	Mamacitas	74	15.0	15.0	35.1
	Ninfa's	110	22.3	22.3	57.4
	Moe's southwestern Grill	47	9.5	9.5	66.9
	Santa Fe Grill	38	7.7	7.7	74.6
	Jose's	36	7.3	7.3	81.9
	Papacita's	32	6.5	6.5	88.4
	Other	24	4.9	4.9	93.3
	None	23	4.7	4.7	98.0
	Don't Remember	10	2.0	2.0	100.0
	Total	493	100.0	100.0	

1.缺失数据的含义。单项频数表会显示出每个问题缺失回答的数目。如图表10-7所示，有13位受访者，也可以说有3%的样本没有回答“他们惠顾圣塔菲烤肉餐厅的频率”这个问题。如果要从单项频数表中估算百分比，则一定要考虑缺失值的数目。为得到有效的百分比，计算时必须剔除缺失回答。

2.确定有效百分比。为确定有效的百分比，必须剔除不完整的调查问卷或问卷中的个别问题。例如，图表10-7中的单项频率表显示了有效百分比（第3列）。虽然有427个受访者回答了这个问题，但是在剔除了13个缺失值之后，只有414个受访者被纳入到有效百分比的计算之中。

图表10-7　有缺失值的单项频数表

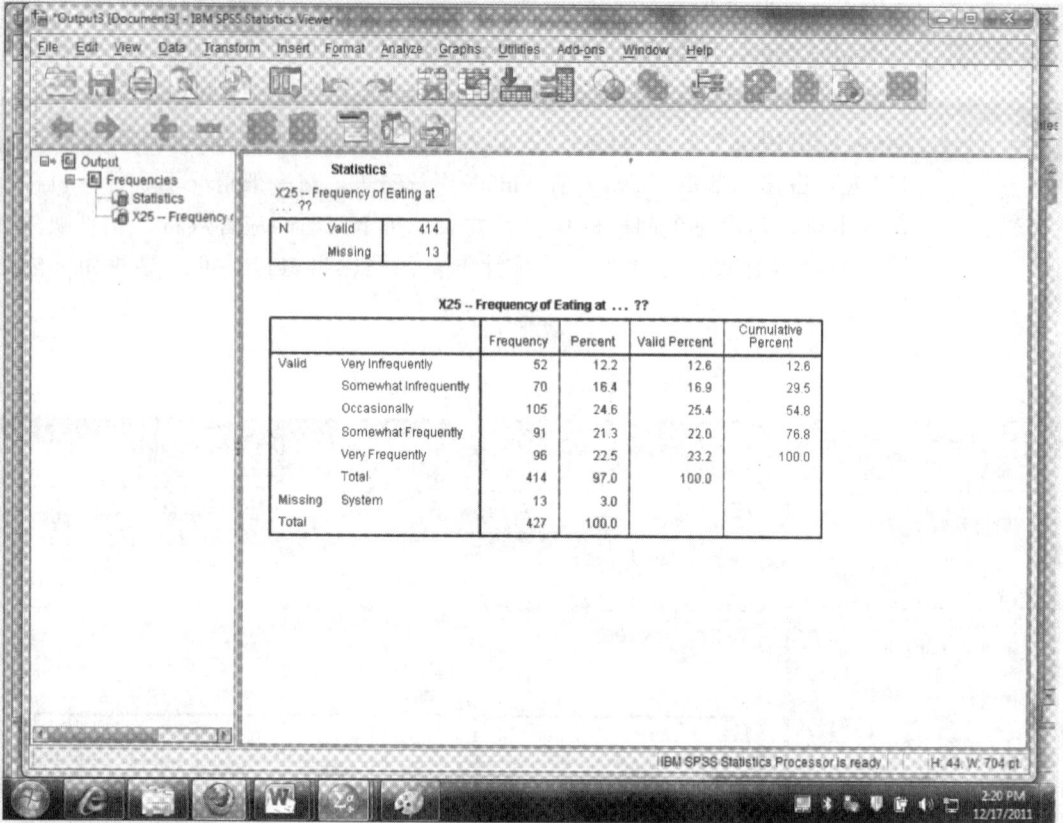

3.汇总统计量。最后，单项频数表会给出各种汇总统计量。在图表10-7中，问题X_{25}的汇总统计量有均值、中位数、众数和标准差。这些统计量有助于分析人员更好地理解大多数受访者的水平。比如，均值3.26表示大部分受访者偶尔会惠顾圣塔菲烤肉餐厅。这里需要注意，变量X_{25}的取值范围为1～5，且数字越大表示惠顾频率越高。

10.5.2　描述性统计

描述性统计常被用来汇总和描述有关样本受访者的数据。描述数据有两种方法：集中趋势法和离散趋势法。在下一章中，我们将会详细介绍这两种方法。现在我们来看图表10-8，这个图表概述了市场调查中经常使用的几种描述性统计方法。

数据的图示

接下来就是将频数表转化成图表形式。图表形式能够更有效地显示进行数据初步分析所得到的重要结论。我们将在第13章详细介绍如何用柱形图、饼图及类似方法来表示数据。

10.5.3　描述性统计量

频数=某个数字（回答）在数据集中出现的次数

图表 10-8 描述性统计方法概述

为了更好地说明描述性统计，我们通过一个简单的数据集来举例说明主要的描述统计量。

假设数据集是 10 个学生对苹果 iPod 所展开的满意度调查。满意度是用端点标有"非常满意=7"和"一点儿也不满意=1"的 7 点标度来测量的。调查结果如下。

应答者	满意度
1	7
2	5
3	6
4	4
5	6
6	5
7	7
8	5
9	4
10	5

也就是说，通过计算某个数字在数据集中出现的次数来计算频数。比如，数字 7 在数据集中出现了两次。

频数分布=一个问题每种可能的回答在数据集中出现的次数汇总

要生成一个频数分布，就应计算每个数字出现在数据集中的次数，并以表格的形式来显示结果。比如，生成一个类似于下面的频数分布表：

满意度	计数
7	2
6	2
5	4
4	2
3	0
2	0
1	0
总计	10

百分比分布=将频数分布转化为百分比的结果

将不同满意度的频数除以总计数，就得到了百分比分布

续图表

满意度	计数	百分比（%）
7	2	20
6	2	20
5	4	40
4	2	20
3	0	0
2	0	0
1	0	0
总计	10	100

累计百分比分布=各个体百分比加上先前的百分比

为了得到累计百分比分布，应先按降序来排列百分比，然后再每次累加一个百分比

满意度	计数	百分比列表（%）	累计百分比（%）	
7	2	20	20	
6	2	20	40	
5	4	40	80	←中位数
4	2	20	100	
3	0	0		
2	0	0		
1	0	0		
总计	10	100		

均值=所有应答结果的算术平均值

将所有应答所对应的数字加总，再除以有效应答的个数，便可以得到平均数。

平均数是：（7+5+6+4+6+5+7+5+4+5）/10=54/10=5.4

中位数=将全部数据按等级划分的描述统计量（其中一半数据比中位数大，另一半数据则比中位数小）

在计算中位数时，需要根据累计百分比分布来确定哪里的累计百分比等于50%，或包含50%。上表标出了中位数的位置。

众数=一组给定问题中出现次数最多的回答

要计算众数，就应找到具有最大频数（计数）的那个选项。在上面的回答中，数字5出现的次数最多，计数最大，因此5就是众数。

极差=频数分布中最大值和最小值的差（描述数据离散程度的统计量）

将最高等级点减去最低等级点所得的数值就是极差。在上面的数据中，最大的数字是7，最小的数字是4，因此极差是7−4=3。

标准差是测度回答所对应的数字与其平均值之间的平均离散程度。通过标准差可以发现受访者回答的相似度或不相似度。

计算每个数字与均值之差的平方并求和，然后除以回答的总数并减去1，最后取其平方根，所得的结果就是标准差。

市场营销调研实践：Deli Depot 餐厅

在本章中介绍了数据检查的一些基本方法。在接下来的章节中，我们将介绍一些更加先进的数据分析技术。在选择分析数据所使用的方法时，最重要的是要考虑进行数据分析能否使企业更好地制定决策。为了使学生更容易理解进行数据检查的最佳方法，我们提供了一些适用于研究各种问题的数据集。这里是关于一家三明治餐厅 Deli Depot 的案例。数据集可以从网站 www.mhhe.com/hairessentials3e 上下载。

Deli Depot 餐厅销售冷热三明治、辣汤、酸奶、馅饼和饼干等。这家餐厅在快餐市场上被置于直接与 Subway 和其他类似三明治餐厅进行竞争的地位。它的竞争优势包括三明治上特制酱料的独特风味、随菜单项赠送汤和馅饼，以及在指定区域内提供快捷的外送服务。作为市场营销调研课程的实践环节，学生们为学校附近的一家餐厅的店主做了一次调查。

学生得到允许访问了在餐厅里用餐的顾客，他们使用 17 个问题来收集信息。首先他们询问顾客基于 6 个因素对餐厅的认知（变量 $X_1 \sim X_6$），然后让他们根据这 6 个因素对用餐地点选择的重要性进行排序（变量 $X_{12} \sim X_{17}$），最后询问受访者对这家餐厅的满意程度，将这家餐厅推荐给朋友的可能性，他们来这里用餐的频率，以及他们来 Deli Depot 用餐的驱车距离等。访员会在访问过程中直接记录下受访者的性别。下面分别列出了调查变量、样本问题和编码。

特征认知变量

有关特征认知变量的测度如下：

下面列举了描述 Deli Depot 餐厅的一系列特征变量。Deli Depot 餐厅是否具有这些特征？同意或不同意的程度用取值范围为 1~10 的量表来衡量，其中 10 表示"非常同意"，1 表示"非常不同意"：

X_1——友好的雇员

X_2——有竞争力的价格

X_3——称职的雇员

X_4——卓越的食物品质

X_5——快餐的广泛种类

X_6——快速服务

如果应答者对述 Deli Depot10，表明该受访者非常同意"Deli Depot 餐厅的服务员非常友善"这一特征。另一方面，如果受访者在"快捷的服务"这个变量中选择了 1，则表明该受访者非常不满意，他认为 Deli Depot 餐厅的服务并不及时。

分类变量

最后，调查还应收集有关分类变量的信息，并将其记作 $X_7 \sim X_{11}$。回答的编码具体如下：

X_7——性别（1=男性，0=女性）

X_8——推荐给朋友（7=肯定推荐，1=肯定不推荐）

X_9——满意度水平（7=非常满意，1=非常不满意）

X_{10}——用餐次数（1=重点顾客——每周在 Deli Depot 餐厅用餐 2 次及以上，0=非重点顾客——每周在 Deli Depot 餐厅用餐的次数少于 2 次）

X_{11}——市场区域（1=1英里以内，2=1～3英里，3=大于3英里）

选择因素排序

有关选择因素的数据被收集如下：

下面列出了导致顾客选择某家快餐饭店的一系列因素（原因）。回忆最近30天内你去快餐店用餐的情况，请对下列因素按1～6排序，其中6表示选择快餐店时最重要的考虑因素，1表示最不重要的考虑因素。没有并列的情况，因此应确保用不同的数字来表示不同的因素，并对其排序。

X_{12}——友好的雇员

X_{13}——有竞争力的价格

X_{14}——称职的雇员

X_{15}——卓越的食物品质

X_{16}——快餐的广泛种类

X_{17}——快速服务

图表10-9中列示了Deli Depot餐厅的调查问卷内容。

图表10-9　Deli Depot餐厅的问卷调查

过滤性问题

你好，我叫_____，我是美国德州达拉斯Decision调查公司的员工。今天/今晚想了解一下你的外出用餐习惯。

1. "你经常去外面用餐吗?"　_____经常　_____偶尔　_____很少

2. "你刚才是否在Deli Depot餐厅用餐了?"　_____是　_____否

3. "你以前在Deli Depot餐厅用餐时是否填过有关餐厅调查的问卷?"　_____是　_____否

如果受访者对第一个问题的回答是"经常"或"偶尔"，对第二个问题回答"是"，并且对第三个问题回答"否"，则接下来访员应该说：

我们想了解一下你今天/今晚在Deli Depot餐厅用餐的感受，希望能够得到你的配合。这项调查仅需占用你几分钟的时间，却可以大大提高我们的服务质量和管理水平。问卷完成后，我们将支付给你5美元以作为报酬。

如果受访者同意，就给他们一个夹有问卷的书写板，简单地介绍一下问卷内容，并指出在哪里完成调查

外出用餐调查

请仔细阅读所有的问题。如果遇到不太清楚的问题，则可以请调查员帮忙。

第一部分：认知测量

下面列举了Deli Depot餐厅的一些特征，用1~10的标度，其中10表示"非常同意"，1表示"非常不同意"。描述你同意或不同意Deli Depot餐厅具有这些特征的程度，并圈选正确的答案

1.友好的服务员	非常不同意						非常同意
	1	2	3	4	5	6	7
2.竞争性的价格	非常不同意						非常同意
	1	2	3	4	5	6	7
3.胜任的服务员	非常不同意						非常同意
	1	2	3	4	5	6	7
4.优质的食品	非常不同意						非常同意
	1	2	3	4	5	6	7

5.种类齐全的食品	非常不同意						非常同意
	1	2	3	4	5	6	7
6.快捷的服务	非常不同意						非常同意
	1	2	3	4	5	6	7

第二部分：分类变量

请圈选符合你情况的选项。

7.你的性别	1	男性					
	0	女性					
8.你可能向朋友推荐 Deli Depot餐厅吗	肯定不推荐						肯定推荐
	1	2	3	4	5	6	7
9.你对 Deli Depot 餐厅的食品满意吗	不满意						非常满意
	1	2	3	4	5	6	7

10.你会经常惠顾Deli Depot餐厅吗	1=每周在Deli Depot餐厅用餐2次及以上
	0=每周在Deli Depot餐厅用餐不足2次
11.你开车到Deli Depot餐厅用餐有多远	1=不到1英里
	2=1～3英里
	3=超过3英里

第三部分：选择因素

下面列出大部分顾客在选择快餐店时都会考虑的因素(原因)。回想最近3个月内你去快餐店用餐的情况，请将这些因素按1～6排序，其中6表示影响餐厅选择的最重要的因素，1表示最不重要的因素。这几个因素之间没有并列的情况，因此必须确保不同的数字代表不同的因素，并对它们排序

因素	等级
12.友好的服务员	
13.竞争性的价格	
14.胜任的服务员	
15.优质的食品	
16.种类齐全的食品	
17.快捷的服务	
非常感谢你的合作，请你将问卷交给调查员，我们将支付你5美元	

实践练习

1.Deli Depot 餐厅的调查问卷应该有筛选问题吗？

2.列出一个关于变量 X_3 的频率计数表。顾客会认为餐厅员工胜任工作吗？

3.回想一下第 8 章学过的设计问卷要遵循的方法。要怎样改进 Deli Depot 餐厅的调查问卷？

10.6　总结

1.描述数据准备和数据分析过程

进行市场调查的意义在于向使用者提供准确的决策信息。为了达到这个目标，必须将原始数据转化为有用的信息。采用适当的方法完成数据收集之后，接下来就是要确保数据有意义和有价值。数据准备是将数据转换成有用信息的第一步。这个过程包括以下几个步骤：（1）数据校验；（2）编辑和编码；（3）数据录入；（4）误差识别；（5）数据列表。数据准备之后是数据分析，数据分析有助于更好地解释研究结果。

2.讨论调查数据的校验、编辑和编码

通过数据校验，可以判断调查、访问或观察的过程是否正确和真实。在抽选受访者进行回访时，调研人员应该询问调查访谈：（1）是否伪造；（2）是否访问了合格的受访者；（3）是否采用了恰当的程序；（4）是否正确和准确地完成；（5）是否有礼貌地完成调查。编辑过程通过浏览访谈或问卷的应答，来确定访员是否适当地提问，是否根据说明来记录回答，是否恰当地提出了过滤性问题，以及是否正确地记录了开放式问题的答案。编辑完成之后，就应该对问卷的回答进行编码。编码过程实际上是给数据提供一个数值型标签，从而使输入到计算机中的数据能进行后续的统计分析。

3.解释数据录入程序以及如何识别错误

将数据录入到计算机有多种方法。第一种方法是用电脑键盘输入。第二种方法是通过带有触摸屏幕的终端来输入，还可以使用手提式的电子指针或光笔来输入。第三种方法是使用扫描仪的光学字符识别功能来输入数据。通过数据录入软件所提供的误差编辑程序，可以发现数据录入错误。还有一种方法是通过视觉浏览的方式来发现录入数据的错误。

4.描述数据列表和数据分析方法

在市场调查中，有两种形式的数据列表。单项列表可指出问卷中对每个问题给出可能性回答的受访者数目。交叉列表可以同时包含两个或更多变量，并以连续回答两个以上问题的受访者数目为基础进行分类。

10.7　关键术语和概念

Coding编码

Cross-tabulation 交叉列表

Curbstoning 数据作弊

Data entry 数据录入

Data validation 数据有效性

Editing 编辑

One-way tabulation 单项列表

Tabulation 列表

10.8 复习题

1.简单描述数据校验的过程。重点讨论调查中欺骗、筛选、程序、完整及礼貌的问题。

2.数据校验、数据编辑以及数据编码之间的区别是什么？

3.解释开放式问题和封闭式问题在编码过程中的差异。

4.简要描述数据录入过程。什么样的技术改进可以简化这个过程？

5.单项列表的作用是什么？与单项频数表有什么关系？

10.9 讨论

1.见图表 10-1，解释遵循数据准备和数据分析顺序的重要性。

2.指出调研人员在过滤性问卷和数据准备的过程中可能发现的四个问题。

3.数据列表是如何使调研人员更好地理解和汇报研究发现的？

4.SPSS 练习。使用 SPSS 和 Deli Depot 餐厅的数据集，将问卷中所有相关变量的频数、均值、众数和中位数表示出来。Deli Depot 餐厅的案例及其问卷内容详见本章的营销调研实践。

第11章 定量研究的基础数据分析

【学习目标】

通过对本章的阅读，你将会做到以下几点：

1. 解释集中趋势和离散趋势的度量指标。
2. 描述如何用单变量和双变量统计进行假设检验。
3. 应用和解释方差分析。
4. 利用认知图来展示研究结果。

数据分析有助于做出更明智的决策

汤姆（Tom Peters）的决策助在他的《混沌中的繁荣》一书中说："我们正沉溺于信息之中，却因信息匮乏而饥渴。"事实上，在过去的10年中，可用于商业决策的信息量呈现出突飞猛进的增长。但时至今日，许多信息却消失了。由于信息的收集、存储、摘录和解释的成本过于昂贵，这些信息要么被束之高阁，要么已经被丢弃了。如今，随着信息收集和存储费用的下降，更强大的数据处理器和操作更加便捷的用户端界面的发展，以及数据分析和解释的改进，企业可以通过数据挖掘将原来的"垃圾副产品"变废为宝，转化为用于改进业务和营销决策的新资源。这些数据可能源于二手资料或客户调查，或生成于企业内部或SAP等客户关系管理（CRM）软件。要将这些信息转变为对制定决策有用的信息，就必须对这些数据进行组织、归类、分析，并在公司的员工中实现共享。

　　数据分析有助于发现数据库中一些有趣的规律，虽然这些规律很难识别，却很有可能改进决策过程并扩展人们对问题的认识。数据分析方法在今天已经被广泛地应用于商业领域。费尔艾萨克公司（www.fairisaac.com）是一家以多元统计技术的商业应用为基础的公司，其业务规模已达到8亿美元。该公司开发出了一种复杂的分析模型，可以准确地预测出哪家公司会按时付款，哪家会延迟付款，哪家会违约和哪家会申请破产保护等。该公司的模型对消费者市场和企业间的交易市场来说均有用处。同样，美国国税局（IRS）用数据分析来识别哪些数据需要返回审计。States Farm保险公司用多元统计数据来决定应该把保险卖给谁。美国前进保险公司将多元统计技术与全球定位技术相结合，用来识别司机的位置和车速，如果司机危险驾驶，那么他们就会提高该司机的汽车保险费。

　　要在当今日益复杂的环境中做出准确的商业决策，就必须检验诸多干扰变量间错综复杂的关系。如数据挖掘等先进的统计方法，就是市场调研人员用来检验和更深入地理解这些关系的强有力的分析工具。

11.1　统计分析的价值

　　在完成了数据收集和数据分析的准备工作后，一些统计方法能帮助人们更好地理解受访者的回答。但要理解受访者回应中所包含的全部信息是不现实的，因为数据实在是太多了。例如，诺基亚公司在设计N系列的无线电话时分析了60亿条数据，这样庞大的数据只有通过多元分析才能处理。因此，几乎所有的数据都需要汇总统计来描述其所包含的信息。基础统计和描述性分析便可达到这一目的。

　　在本章中，我们将介绍一些在几乎所有的调研项目都会用到的统计量。首先，我们解释集中趋势和离散程度的测度；其次，讨论用来检验列联表的卡方统计量；再次，讨论用来检验均值差异的t统计量；最后，本章将以对方差分析的介绍而告一段落，方差分析是一种用于检验三个或更多个样本间均值差异的常用技术。

11.1.1　集中趋势的度量

　　频数分布对检验变量有哪些取值来说非常有用。频数分布表不但便于阅读，还提供了大量的基础信息。但有时当变量的取值过多时，频数分布表会非常冗长。在这种情况下，调研人员需要一种方法来总结和归纳所有的信息来获得隐含在数据中对自己有用的部分。描述性统计便可以用来实现这一目的。均值、中位数和众数是度量集中趋势的主要指标。这些测度都用来定位分布的中心。正因为如此，均值、中位数和众数有时又被称作位置测度。

　　我们从圣塔菲烤肉餐厅的数据库中选取变量X_{25}——光顾频率，来阐述集中趋势的测度（见图表11-1）。首先来看频数分布表，如图表11-1所示。该图表以参与调查的427个受访者所提供的答案为基础编制而成，其中包含13位在本道题目漏答的受访者。受访者光顾圣塔菲烤肉餐厅的频率用5点标度法来表示，其中1=非常不频繁，2=比较少，3=偶尔，4=经常，5=非常频繁。百分比这一列中的数字，是用样本总数427计算出来的；而有效百分比和累积百分比是用样本总数减去本道题目漏答的样本数目（427−13=414）计算而得的。

图表11-1　集中趋势的测度

Frequencies

Statistics

X25 -- Frequency of Eating at ... ??

Jose's Southwestern Cafe	N	Valid	156
		Missing	8
	Mean		3.77
	Median		4.00
	Mode		3
Santa Fe Grill	N	Valid	258
		Missing	5
	Mean		2.96
	Median		3.00
	Mode		2

均值

均值（Mean）是分布的平均值，是最常用的集中趋势度量指标。举例来说，均值可以告诉我们，在期末考试期间，学生一般为保持头脑清醒而平均喝了多少杯咖啡。当数据度量使用的是定距或定比尺度时，就可以计算均值。通常，数据能够显示出一定程度的集中趋势，因为大多数应答都分布在均值附近。

均值是个非常稳健的集中趋势的度量指标。它对数值的增减变化相当不敏感。然而，如果分布中包含了极端值，均值就很容易被扭曲。举例来说，假如你询问4个学生他们一天喝几杯咖啡。回答如下：应答者A=1杯，应答者B=10杯，应答者C=5杯，应答者D=6杯。假定我们知道应答者A和B是男性，应答者C和D是女性，我们需要比较男性和女性的咖啡消费量。首先来看男性（应答者A和B），计算出他们喝咖啡的平均杯数为5.5（（1+10）÷2=11÷2=5.5）。同样，再来看女性（应答者C和D），计算出她们喝咖啡的平均杯数也为5.5（（5+6）÷2=11÷2=5.5）。如果我们只看男性和女性消费咖啡的平均杯数，就会得出这两组之间毫无区别的结论。然而，如果我们考虑背后的具体分布，就一定能得出这两组存在一些差别的结论。均值实际上误导了我们对男性和女性咖啡消费模式的理解。

中位数

将分布按照递增或递减的顺序排列，处于分布中间的值就是中位数（Median）。举例来说，如果你调查一组学生样本来确定他们在期末考试期间喝咖啡的习惯，或许你会发现其咖啡消费的中位数为4杯。而所消费咖啡的杯数比4高的值的数量和比4低的值的数量是相同的（中位数就是处于分布正中间的数字）。如果观察到的数据个数是偶数，则中位数通常是中间两个数的平均数；如果观察到的数据个数是奇数，则中位数就是位于正中间的数。中位数作为度量集中趋势的指标，对定序数据和左偏或右偏的数据来说尤为有用。例如，收入数据就是右偏的，因为收入是没有上限的。

众数

众数（Mode）是在分布中出现次数最多的值。举例来说，期末考试期间学生每天喝咖啡的平均杯数或许是5杯（均值），而大多数学生每天只喝3杯（众数）。众数是分布图中最高峰所对应的值。特别是已经以某种分组方式将数据划分成若干类别时，众数的作用尤为突出。在图表11-1中，若泽西南咖啡厅的数据分布中的众数是"偶尔"，因为当你观察频数列时会发现，最大的应答人数62人所对应的项为"偶尔"，且编码为3。

集中趋势的每种度量指标都按各自的方式来解释分布，且每一种度量指标都有其自身的优缺点。对于定类数据来说，众数是最佳的量度指标。对于定序数据来说，中位数通常是最适合的。对于定距数据或定比数据来说，均值是最好的选择，除非在定距数据或定比数据中包含极端值，也就是所谓的异常值。在这种情况下，对于分布的集中趋势来说，中位数和众数或许会提供更多的信息。

营销调研指南：将顾客数据按圣塔菲和若泽分类

要将数据按圣塔菲烤肉和若泽咖啡的顾客拆分，操作的顺序是"数据→拆分文件"。首先点击"数据"，出现下拉菜单，向下滑动，选中并点击"拆分文件"。现在你可以看到"拆分文件"的对话框，其默认选项是"分析所有案例"。勾选"比较组"，选中想要据此拆分数据的变量（例如筛选变量X_s4），点击箭头框将该变量移动至"以此变量分组"。再点击"完成"，就可以单独分析圣塔菲和若泽顾客的数据了，并得到两个竞争者各自的分析结果。记住，完成数据拆分后，所有的分析都会按拆分后的数据进行。而分析全部样本时，务必要遵循相同的步骤，再点击"分析所有案例"。

11.1.2　SPSS应用——集中趋势的度量

你可以利用圣塔菲烤肉餐厅的数据库，用SPSS软件计算出集中趋势的度量指标。将文件按两个餐厅进行拆分后，SPSS的点击顺序为"分析→描述统计→频数"。我们把X_{25}——在圣塔菲烤肉餐厅就餐的频率作为研究变量。单击X_{25}并选中它，接着点击箭头按钮，把X_{25}放在变量框中以在分析中使用。接下来，打开"统计"对话框并勾选均值、中位数和众数，然后点击"继续"和"完成"。这一系列操作的对话框显示在图表11-2中。

图表 11-2　计算均值、中位数和众数的对话框

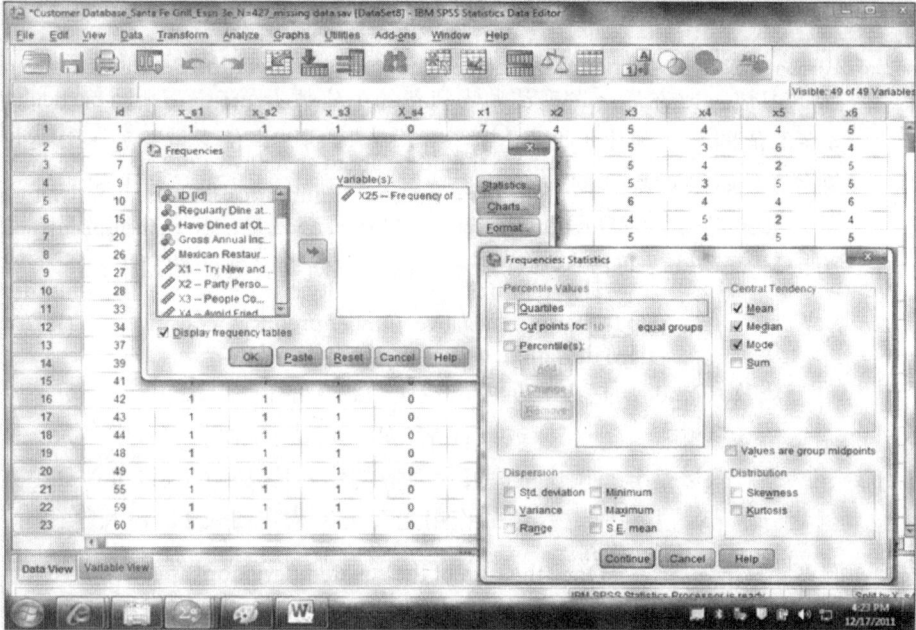

让我们回顾一下图表 11-1 所列示的集中趋势各指标的输出结果。在这个统计表中，我们可以看到若泽西南咖啡厅的均值为 3.77，中位数为 4.00，众数为 3，并且有 8 个观测点缺失数据。回想一下，这个变量是按照 5 点标度来度量的，因此较低的数字表示较低的光顾频率，较高的数字表示较高的光顾频率。在同一个分布中，这 3 个表示集中趋势的测度指标可以各不相同，如上述喝咖啡杯数的例子。但也有可能这 3 个指标完全相同。如在本例中，均值、中位数和众数都不同。

结果分析。若泽就餐频率的均值为 3.77，而圣塔菲烤肉的均值为 2.96。与此相似，若泽的中位数为 4、众数为 3，而圣塔菲的中位数和众数分别为 3 和 2。因此，3 个集中趋势的测度指标都表明若泽餐厅顾客的就餐率更为频繁。同时，也表明圣塔菲餐厅还有改善的空间。餐厅老板需要确定是什么原因导致顾客的就餐频率不高（或为什么若泽餐厅的顾客就餐频率较高），并制订相应的计划来完善这一不足。

11.1.3　离散程度的度量

集中趋势的度量指标往往无法告诉我们有关某个数据分布的全部信息。举例来说，如果已经收集了顾客对某新品牌产品的态度的数据，你就可以计算出各个答案的分布的均值、中位数和众数。然而，你可能还想知道是否大部分应答者都有相似的看法。解决这个问题的一种方法就是去考察与该问题有关的应答分布的离散指标。事实上，离散指标描述了落入分布内的值与均值或其他集中趋势指标的接近程度。有两个离散指标可以描述数值分布的离散程度，它们

分别是极差和标准差。

极差 极差（Range）表明数据覆盖的范围。它是变量最大值和最小值的差。从另一个角度来理解，可以认为极差确定了数值分布的端点。以变量X_{25}——圣塔菲烤肉餐厅的就餐频率为例，极差是回答类别"非常频繁"（最大编码值为5）和"非常不频繁"（最小编码值为1）的差值。因此，极差是4。由于本例只有5个回答类别，所以极差值不大。但事实上，许多问题有着更宽的范围。例如，如果我们询问受访者在1个月内刻录电视节目的频率，或者他愿意为买一部新智能手机付多少钱，那么极差就会大很多了。在这种情况下，将由受访者的回答，而不是由调查者来定义极差。因此，极差是用于描述开放式问题的变量，如上述例子。对于变量X_{25}——圣塔菲烤肉餐厅的就餐频率来说，极差作为该变量应答选项中最大值和最小值之间的差，它等于4（5-1=4）。

标准差 标准差（Standard deviation）描述的是分布值偏离均值的平均距离。分布中各应答与均值之差被称作离差。既然分布的均值是一个度量集中趋势的指标，那么就应该有大约同样多的观测值高于均值和低于均值（特别是当分布对称时）。因此，如果我们从均值中分别减去分布中的每个值，再把它们加起来，其结果将接近于零（计算结果中的正数和负数将会互相抵消掉）。

解决这个问题的方法是在对结果求和之前先对每个离差取平方（一个负数取平方会变成正数）。用如下公式来估计标准差：

$$\text{标准差}（s）= \sqrt{\frac{\sum_{i=1}^{n}(X_i - \bar{X})^2}{n-1}}$$

求出离差的平方和之后，将它除以用应答数减1所得的数值。从受访者的总数中减去1是为了获得对标准差的无偏估计。离差的平方和除以（n-1）所得到的结果是离差平方的均值。为了使这个结果同均值保持同样的计量单位，我们求这个结果的平方根，于是得到了该分布的标准差估计值。离差平方的均值有时也会被当作一个度量分布离散程度的指标，即**方差**（Variance），它被应用于诸多统计分析之中。

由于标准差估计值是方差的平方根，因此它代表分布中的每个值与均值的平均距离。如果标准差的估计值比较大，则分布中应答的数值不会落在距离分布的均值非常近的地方；如果标准差的估计值比较小，则分布中应答的数值会比较靠近均值。

我们也可以这样理解标准差的估计值，它的大小会告诉我们受访者对某一特定问题产生一致意见的程度。例如，在餐厅的数据库中，要求受访者对两个餐厅的满意度做出评价（X_{22}）。稍后，我们会用SPSS程序来检验这个问题的标准差。

包括集中趋势度量和离散程度度量在内的描述性统计量能够展示一组数据分布的许多信息，而这组数据代表了一份问卷中针对某一个问题的答案。然而，市场调研人员经常不止关注一个变量的细节问题。下一节的假设检验会提供一些分析这类问题的方法。

11.1.4   SPSS应用——离散程度的度量

正如前面计算集中趋势度量时所做的那样，我们将使用餐厅的数据库，用SPSS软件来计算离散指标。注意，计算离散的指标时，我们将使用一个样本容量为405的数据库，因此我们删除了有缺失数据的应答者数据。而且，在数据分析之前，要确保数据库已根据不同的餐厅进行了拆分。SPSS软件的点击顺序是"分析→描述统计→频率"。我们将 X_{22}——满意度作为检验变量。单击选中 X_{22}，然后点击箭头框，将 X_{22} 移入变量框。接下来，打开统计对话框，在左下角找到"离散"框，点选"标准差""方差""极差""最小值""最大值"，然后点击"继续"。

结果分析   图表11-3显示的是 X_{22}——满意度离散程度度量的输出结果。首先，两个餐厅7点标度法的最高取值均为7（最大值），最低取值均为3（最小值），所以极差均为4（7-3=4）。然而，若泽的标准差为1.141，圣塔菲的标准差为1.002。若泽的均值是5.31，而圣塔菲的均值是4.54。在7点标度法中，圣塔菲烤肉的标准差为1.002，意味着对这个问题的回答在离均值4.54较近的范围内出现。分析的结果再次表明圣塔菲有改进的空间，因为圣塔菲烤肉餐厅的顾客满意度（4.54）低于若泽西南咖啡厅（5.31）。到目前为止，我们没有检验两个餐厅满意度的均值是否有统计意义上的不同，但它确实是一个需要检验的问题。

图表11-3   离散程度的度量

Statistics

X22 -- Satisfaction

Jose's Southwestern Cafe	N	Valid	152
		Missing	0
	Std. Deviation		1.141
	Range		4
	Minimum		3
	Maximum		7
Santa Fe Grill	N	Valid	253
		Missing	0
	Std. Deviation		1.002
	Range		4
	Minimum		3
	Maximum		7

图表制作

使用SPSS软件可以很轻松地生成一些图表。我们应尽可能使用图表及其他可视的沟通方法，它们不仅能让信息使用者更快地了解数据分析结果的精髓，而且视觉信息能让沟通更加有效，使研究报告和演讲更明晰、更具有渲染力。

本节将向大家展示如何生成条形图。我们用餐厅数据库中的变量 X_{25}——就餐频率生成一个如图表11-4一样的频率列表。注意，我们只有253个受访者，因为数据集只包含圣塔菲烤肉餐厅的消费者。图表11-5中用5点标度法描述了圣塔菲烤肉餐厅顾客的就餐频率，1=非常不频繁，2=比较少，3=偶尔，4=经常，5=非常频繁。回答最多的是2（比较少），有62个受访者选择此答案。

图表11-4　X_{25}——圣塔菲烤肉餐厅就餐率的频率计数

		Frequency	Percent	Valid Percent	Cumulative Percent
Valid	Very Infrequently	49	19.4	19.4	19.4
	Somewhat Infrequently	62	24.5	24.5	43.9
	Occasionally	43	17.0	17.0	60.9
	Somewhat Frequently	59	23.3	23.3	84.2
	Very Frequently	40	15.8	15.8	100.0
	Total	253	100.0	100.0	

X25 -- Frequency of Eating at ... ??

图表11-5　圣塔菲烤肉餐厅就餐率的条形图

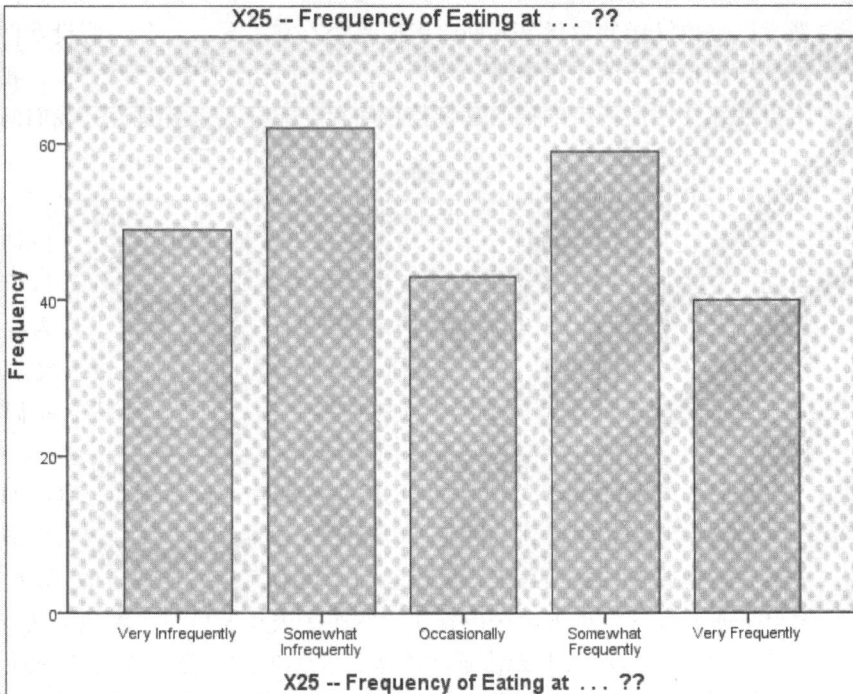

条形图用横向或纵向的长条表示列表数据。条形图是描述绝对和相对大小、差异、变化的有力工具。图表11-5是根据图表11-4生成的一个纵向的条形图。例如，条形图左边第一个竖状条是变量值标签为非常不频繁=1（N=49）的频率，紧挨着它的竖状条是比较少=2（N=62）的频率，其他竖状条以此类推。

市场调研人员使用图表和数字解释数据时要小心谨慎，因为有时有可能会对图表中的信息产生错误的解读，并使市场调研信息的使用者得出错误的结论。在第13章的市场调研报告中，我们会再对图表做出详解。

11.2　如何构建假设

在市场调查中，虽然集中趋势和离散程度度量是很有用的两个工具，但调研人员通常会根据研究目标对数据间的关系有一些初始的想法。这些想法源自预调查、理论和/或当前的商业情形，通常称为假设。回想一下，假设就是试探性地解释某些事实和现象有待证实的猜测和命题。假设有时也会被认为是关于某一具体情形的本质的假定。统计技术能让我们确定所提出的假设是否被经验证据所承认。比如，酷热难当时可乐的平均消费量要多于凉爽天气的消费量就是一个假设。

假设要在数据收集前构建，是研究计划的一部分。比如我们要检验男人一周内在麦当劳吃的汉堡个数要多于女人。为了检验该假设，可以通过观察人们的购买行为来计算一周内男人和女人吃掉的汉堡数，并通过比较男性和女性消费者所吃掉汉堡的数量来判断二者间是否存在差异。例如，假设女性消费者一周平均吃掉麦当劳汉堡的平均数为1.2个，而男性消费者是2.7个。我们可以认定男性和女性消费者吃掉的汉堡数量间存在差异。也就是说，我们的理论被证实了。这个发现对于麦当劳的市场调研人员相当有用，而麦当劳的竞争者可能也会从中得到自己想要的信息。

在检验假设时，可能会遇到两组或多组数据比较的情况。如果数据是来自同一样本的不同子集，那么在做统计检验时必须把它们作为相关的样本处理。反之，如果我们假定各组数据来自不同的总体，就可以认为各组数据是独立的样本。无论哪种情况，调研人员关心的都是确定两组数据是否有差异，但不同的统计检验适用于不同的情形。在后面的章节中，我们会对此做详细介绍。

我们可以用许多理论来为餐厅的数据库构建假设。例如，餐厅的所有者有一个理论，他认为顾客到圣塔菲烤肉餐厅就餐的频率下降是因为经济衰退。为了检验这个假设，我们首先计算出参与圣塔菲烤肉餐厅调查的253个受访者中有10%的人每月至少去两次该餐厅。然而在去年的另一个类似的调查中，15%的受访者表示每月至少去该餐厅两次。在本例中，这两个样本彼此间是独立的。问题是，百分比的差异能否确定顾客到圣塔菲烤肉餐厅的就餐率下降了。

如果能证明下降，如数据所建议的，这一信息就会有助于餐厅制订相应的营销计划。换句话说，"顾客每月到圣塔菲烤肉餐厅就餐两次的比例真的从去年的15%下降到10%了吗？"或者这一结论是由抽样误差导致的吗？

今年和去年每月至少到圣塔菲烤肉餐厅就餐两次的百分比存在差异。但我们知道这一结果可能是抽样误差导致的，今年和去年的百分比在统计上很可能没有差异。如果两者的差异非常大，调研人员就比较有把握确定两样本间真的有差异。然而，仍有一些不确定性因素存在，例如观察到的差异是否有意义。本例中，我们凭直觉考虑到了均值间的数值差异，但没有考虑到计算均值和标准差所使用的样本量。

原假设是两组数据均值无差异。这种构建原假设的方式所认同的概念是过去的变化完全源自随机误差。本例中，原假设是说去年有15%的受访者平均每月去该餐厅两次和今年10%的比例没有差异。统计学家和调研人员通常检验原假设。备择假设是两组的均值有差异。如果接受原假设，就说明今年和去年的情况一样。相反，如果拒绝原假设，接受备择假设，就说明顾客在行为、态度等方面发生了变化。

营销调研指南：构造和检验假设的步骤

市场调研人员需要用系统的方法来构建假设以保持与科学方法的一致性。下面是构造假设所应该遵循的步骤：

1.回顾研究目标以及从文献阅读中得到的背景信息。

2.根据研究目标及其他信息构造原假设和备择假设。

3.对总体的抽样分布做出明确判断，然后根据数据分布、变量个数和量表测量类型选择恰当的统计检验方法。

4.选择统计显著性水平。（例如 p=0.05）

5.收集样本数据，应用选择的统计方法并判断差异是否在统计上显著和有意义。

6.接受或拒绝原假设。也就是说，要确定样本值与期望值间的偏离是偶然发生还是真的存在差异。

11.3　分析样本数据之间的关系

市场调查人员经常要对样本数据中所提出的关系进行假设检验。在本节中，我们将讨论用于假设检验的几种方法。首先，介绍一下卡方分析，它是一种用于定类数据和定序数据的统计方法。然后，我们来讨论t分布，并介绍它在定距数据和定序数据假设检验中的作用。在讨论这些假设检验方法之前，我们先来复习一些基础的统计术语，并为选择合适的统计方法提出几点建议。

11.3.1　样本统计量和总体参数

推断统计的目的是依据来自于总体的样本对总体进行测定。正如我们在第6章中所解释的那样，样本是总体的一个子集。例如，如果我们想知道你所在大学的学生们在期末考试期间平均每天喝几杯咖啡，那么我们不会调查所有的学生。这不但耗费财力，需要很长的时间，而且也不可能做到，因为我们未必能找到所有的学生，或者有些学生会拒绝参与调查。相反，如果你所在的大学有 16 000 名学生，则我们可以抽取 200 名男生和 200 名女生作为样本，因为这一样本量对于想要得到所有 16 000 名学生的咖啡饮用习惯的准确信息来说已经足够大了。

或许你会想起样本统计量是可以直接从样本中得到的或者可以从样本的数据中计算得到。总体参数是整个总体的某个变量或者某些可以测量的特性。样本统计量可以用来推断总体参数。总之，真实的总体参数是未知的，因为对几乎任何总体实施真正的普查其成本都高得惊人。

市场调研人员通常会用样本数据的频数分布来概括数据收集的结果。当频数分布用百分比的形式来表示一个变量时，百分比就代表了该变量在总体中所占的比例。例如，若频率分布显示有 40% 的人经常光顾汉堡王餐厅（Burger King），则意味着在总体中符合（在汉堡王餐厅就餐）标准的人有 40%。这个比例可以用百分比、小数或者分数来表示。

11.3.2　选择恰当的统计技术

在调研人员构建了假设并选定了可接受的风险水平（统计显著性）后，下一步就要检验假设了。在这个过程中，调研人员必须选择恰当的统计技术来检验假设。下面几个因素会影响具体方法的选择：（1）变量个数；（2）测量尺度；（3）是参数统计还是非参数统计。

变量个数（Number of variables）　同时参与检验的变量个数是选择恰当统计技术的一个主要考虑因素。单变量统计从样本归纳总体时，每次只用一个变量。例如，调研人员要确定大学生在期末考试期间喝星巴克咖啡的杯数，只涉及一个变量，单变量统计是恰当的。如果调研人员感兴趣的是，期末考试期间，学生喝星巴克咖啡的杯数和用在学习上的小时数间的关系，这就涉及两个变量，即要用到双变量统计技术。通常，调研人员要同时检验多个变量来反映现实的情况并全面解释数据间的关系。本章我们主要介绍单变量和双变量统计，在后面的章节中会介绍更先进的统计技术。

测量尺度（Scale of measurement）　在第 7 章我们已经讨论过测量和尺度。在这里，我们用之前学过的知识说明特定的尺度类型所适用的统计技术。图表 11-6 概述了不同情况下适用的尺度类型。试想调研人员用的是定类尺度，例如，星巴克咖啡和麦斯威尔咖啡的饮用者。集中趋势测度只能用众数。卡方检验能判断星巴克咖啡饮用者的观测数量是否为预期值。例如，在你所在大学所做的抽样调查发现 34% 的大学生喝星巴克咖啡，而你期望它与全国调查所得到的 40% 这一比例一致，这时就要用到卡方检验判断两者间的差异是否在统计意义上显著。

处理定序数据时，只能使用中位数、百分位数和卡方。例如，我们首先根据影响咖啡选择的两个重要因素对数据进行排序，然后我们就可以使用中位数、百分比数和卡方。如果两个重要因素分别是咖啡的味道和品牌，那么我们可以使用卡方统计量确定星巴克咖啡和麦斯威尔咖啡的饮用者对这两个因素的排序是否有差异。最后，如果我们有期末考试期间星巴克咖啡和麦斯威尔咖啡消费者实际饮用咖啡杯数的数字，我们就有了比例数据并能计算标准差，用t检验或方差分析来确定两家咖啡店所售咖啡杯数的均值是否有差异。

参数统计还是非参数统计　（Parametric versus nonparametric statistics）统计量由参数统计和非参数统计两种主要类型构成。两者的主要差别在于对数据的基本假设不同。参数统计适用于大样本的定距和定比数据。参数统计中还假设样本数据来自于正态分布（钟形）的总体。反之，如果总体不服从正态分布，调研人员就只能用非参数统计了。定类、定序数据一般都不服从正态分布，要用非参数统计或非分布统计。在本章，我们讨论非参数统计的卡方检验、参数统计的t检验和方差分析。图表11-6列出了选择恰当统计方法的具体说明。

图表11-6　尺度类型和恰当统计量

1.尺度类型	2.集中趋势测度	3.离散趋势测度	4.统计量
5.定类数据	6.众数	7.—	8.卡方（非参数）
9.定序数据	10.中位数	11.百分比数	12.卡方
13.定距或定比数据	14.均值	15.标准差	16.T检验，ANOVA（参数）

在讨论测量尺度和数据分布后，我们得出三种基于变量数目分析样本数据的方法，分别是单变量、双变量和多变量。顾名思义，单变量就是一次只对一个变量进行统计分析，双变量是一次分析两个变量，多变量就是同时分析多个变量。

11.3.3 单变量统计检验

使用统计检验来检验假设所涉及的内容要比频率分布列表、集中趋势和离散趋势测算多许多。调研人员不仅要用均值百分比描述数据，还会给出样本参数是或不是总体特征的正确估计的可能性大小。最简单的例子就是单变量的显著性检验。若调研人员想要检验关于样本特征的某个命题是否和已知的标准一致，就可以使用单变量的显著性检验了。下面是一些命题的举例。

80%的老顾客会更喜欢新的产品和服务。

在佛罗里达州的迈阿密，平均每月的电费会超过250美元。

在路易斯安那州南部，公众咖啡的市场占有率不少于70%。

健怡可乐现有的消费者中会有50%更喜欢新的有柠檬口味的健怡可乐。

我们能把这些命题转换为原假设并检验。记住，构造假设要基于理论、以前的相关经验和市场的实际情况。下面我们介绍一个圣塔菲烤肉餐厅数据库的单变量假设检验案例。

基于样本数据检验与总体特征相关的假设，第一步通常是计算频率分布和均值，然后进一步分析并实际检验该假设。当假设检验过程中一次只检验一个变量时，即为单变量统计检验。当假设检验涉及两个变量时，就是双变量统计检验。我们先讨论单变量的统计检验。

假设通过和其他餐厅对比，圣塔菲烤肉餐厅的老板认为自己制定的价格合理，想要检验消费者认为该餐厅定价合理这一假设。受访者回答这个问题用的是7点标度法，且1="非常不赞同"，7="非常赞同"。假定这个量表是一个定距量表，并且以前使用这种度量法的调研已经表明应答结果近似于正态分布。

调研人员在试图回答上述问题之前必须完成两个任务。首先，需设定原假设和备择假设。其次，必须选择拒绝原假设和接受备择假设的显著性水平。在此基础上，调研人员可以做统计检验，并确定所研究问题的答案。

在本例中，店主确信顾客认为圣塔菲烤肉餐厅的食物价格只是平均水平。如果店主是正确的，则该问题的应答均值大约为4（在应答范围1~7的中间）。原假设是 X_{16}（合理价格）的均值与4相比并无显著差异。回想原假设建立的基础：任何与真实值之间的差异均源于随机抽样。备择假设是 X_{16}（合理价格）的应答均值不等于4。如果备择假设为真，那么事实上在我们得到的样本均值与店主所预期的均值（4）之间确实存在差异。

另外，还可以假定餐厅店主想以95%的置信区间来确定均值并不等于4。因此，设定显著性水平为0.05。使用这一显著性水平即意味着如果对圣塔菲烤肉餐厅的顾客重复进行调查，那么当原假设为真时，错误拒绝原假设的次数在100次中会低于5次（0.05）。

11.3.4　SPSS 应用——单变量假设检验

使用SPSS软件，你可以通过检验圣塔菲烤肉餐厅的数据库中的应答来找出上述研究问题的答案。首先，选择只参与圣塔菲烤肉餐厅的受访者——见下面的市场调研指南的说明。点击顺序为：分析→比较均值→单样本t检验。出现对话框后，选中 X_{16}——合理的价格。然后，点击箭头框，将 X_{16} 移至"检验变量"框。在检验值的方框中，输入数字4，这是你想用来与受访者的应答作比较的数字。点击"选择"框，将95输入置信区间框中。这与将显著水平设置为0.05是一样的。最后，点击"继续"键和"完成"来执行程序。

SPSS的输出结果如图表11-7所示。顶端的表列示的是单样本统计量，并且列出了 X_{16}——合理价格的均值、标准差和标准误差（均值为4.47和标准差为1.384）。单样本检验表在该表的下方，针对 X_{16} 的应答均值为4的原假设（检验值=4），列出了t检验的结果。其t统计量为5.404，且显著为0.000。从统计意义上讲，这表明可以拒绝原假设并以较高的置信度接受备择假设。

图表11-7 对X_{16}——合理价格的单变量假设检验

T-Test

One-Sample Statistics

	N	Mean	Std. Deviation	Std. Error Mean
X16 -- Reasonable Prices	253	4.47	1.384	.087

One-Sample Test

	Test Value = 4					
					95% Confidence Interval of the Difference	
	t	df	Sig. (2-tailed)	Mean Difference	Lower	Upper
X16 -- Reasonable Prices	5.404	252	.000	.470	.30	.64

结果分析 从实际情况出发，就圣塔菲烤肉餐厅而言，单变量假设检验的结果表明受访者认为菜单价格略高于尺度的中点。均值4.47略高于7点标度的中点4（7=非常赞同价格是合理的）。因此，圣塔菲烤肉餐厅的店主可以得出顾客认为其价格比较合理的结论。但从另一方面来说，在7点标度中平均得分4.47与最高值7之间还有很大的改进空间。这当然需要店主进一步检验并制订改善计划。

11.3.5 二元统计检验

在许多情况下，市场调研人员做假设检验时要比较两组或者两个变量的特征。例如，市场调研人员可能很想了解GPS（全球定位系统）的重要性在年长的和年轻的新车购买者中是否有差别。在这种情况下，就适合采用二元（双变量）分析法。

在本节中，我们首先解释用来检验双变量的列联表的概念。然后描述二元假设检验的三种类型：用于分析定类数据的卡方检验、用于比较两个均值的t检验和用于比较三个或更多个均值的方差分析。后两种检验既可用于分析定距数据，也可用于分析定比数据。

11.3.6 列联表

在第10章中，我们介绍了用单因素频数表来报告有关单变量的研究发现。在数据分析中，从逻辑角度来说，下一步应该用两个变量来编制列联表。列联表对于检验两个变量之间的关系并报告这一结果来说非常有用。编制列联表的目的是确定总样本的各子集之间是否存在差异。事实上，列联表是某些市场调研项目中最基本的数据分析形式。要使用列联表，就必须掌握如何编制列联表和如何解释其结果。

> **营销调研指南：选定圣塔菲烤肉餐厅的顾客作为研究对象**

从405个调查对象中选择参与圣塔菲烤肉餐厅的受访者（253）。点击顺序为数据→选择案例。首先点击"数据"，在下拉菜单中点去"选择案例"，打开的对话框中默认值是"所有案例"。勾选"如果条件满足"选项，打开"如果"标签输入条件。下一步是点击箭头框，将筛选变量X_s4选入窗口内，然后点击"="和1（代表圣塔菲烤肉的顾客）。现在点击"继续""完成"，就只会对圣塔菲烤肉餐厅的顾客做进一步分析了。记住，按这个步骤操作后所有的分析都只针对圣塔菲烤肉餐厅的顾客。如果要分析全部样本，要按照同样的顺序，同时再点击"全部案例"。

列联表是描述关系的最简单方法。列联表就是两个或多个变量集数据的频数分布。在列联表分析中，每组中的所有应答都要列入表内并进行比较。卡方（X^2）分析能检验各组间的应答是否有统计差异。下面的问题可以用列联表回答并用卡方分析来检验。

- 在顾客和非顾客之间，餐厅选择因素排名（最重要、第二重要、第三重要等）有差异吗？
- 圣塔菲烤肉餐厅和若泽西南咖啡厅的顾客就餐频率（非常频繁、有点频繁、偶尔）有差异吗？
- 互联网使用（多、适中、少）和受教育程度（小学、初中、高中、专科、本科、研究生）有关吗？
- 品牌意识（有意识、无意识）和人们居住的地理位置（南美、欧洲、亚洲、非洲等）有关吗？

调研人员用卡方检验确定调查中观察到的回应是否符合预期。例如，图表11-8是性别和受访者回忆餐厅广告的列联表。列联表显示频率和百分比数，其中，行、列都有百分比数。SPSS生成列联表的操作顺序是分析→描述性统计→列联表。当看到"列联表"对话框时，把X_{31}放入"行"空白栏内，X_{32}放入"列"空白栏内。点击"统计量"标签，勾选"卡方"，然后"继续"。下一步点击"单元格"标签，在"计数"框内勾选"观测""期望"，在"百分比数"框内勾选"行""列""总和"，然后点"继续""完成"。

结果分析　解释图表11-8的一种方式是，比如，观察未能回想起广告的受访者数量。总体来说，只有33.3%的人回想起了广告。但男性受访者只有28.8%（76/264=28.8%）回想起了广告，而女性受访者回想起广告的比例是41.8%。因此，我们初步判定，与女性相比，男性比较不容易回想起广告。小心不要被回想起广告的受访者迷惑。结果显示，在135个回想起广告的受访者中男性占56.3%，女性占43.7%。这可能和前面得出的女性更容易回想起广告的结论相矛盾。男性回想起广告的百分比高是因为参与调查的男性受访者比女性多。

为了更好地理解上述情况，我们分别对圣塔菲烤肉餐厅和若泽西南咖啡厅的同一列联表进行分析。圣塔菲烤肉餐厅的老板可以把自己餐厅的广告回忆情况同若泽西南咖啡厅做比较。

在绘制和解释列联表时必须考虑几个问题。见图表11-8，我们已经计算出列联表中所有的百分比。每个单元格中最上面的数字代表了每个变量或问题的绝对频数（计数）（比如188名男性受访者没有回想起广告）。在绝对频数下面是期望频数，然后是每个单元格的行百分比。例如，188名没有回想起广告的男性在所有"没有回想起广告"的人群中占69.6%（188÷270×100%=69.6%）。单元格内也显示了该单元格内受访者在全部样本中所占的百分比。比如在样本容量为405的样本中，46.4%的比例为没有回想起广告的男性受访者，18.8%的比例为回想起了广告的男性。这表明在一般情况下，男性回想起广告的频率没有女性高，而且顾客回想起广告的频率本身也不高。圣塔菲烤肉餐厅的老板要好好想想其中的含义。

图表11-8 列联表的实例：性别与对广告的回忆

Cross-tabs

X31 -- Ad Recall * X32 -- Gender Cross-tabulation

			X32 -- Gender		Total
			Male	Female	
X31 -- Ad Recall	Do Not Recall Ads	Count	188	82	270
		Expected Count	176.0	94.0	270.0
		% within X31 -- Ad Recall	69.6%	30.4%	100.0%
		% within X32 -- Gender	71.2%	58.2%	66.7%
		% of Total	46.4%	20.2%	66.7%
	Recall Ads	Count	76	59	135
		Expected Count	88.0	47.0	135.0
		% within X31 -- Ad Recall	56.3%	43.7%	100.0%
		% within X32 -- Gender	28.8%	41.8%	33.3%
		% of Total	18.8%	14.6%	33.3%
Total		Count	264	141	405
		Expected Count	264.0	141.0	405.0
		% within X31 -- Ad Recall	65.2%	34.8%	100.0%
		% within X32 -- Gender	100.0%	100.0%	100.0%
		% of Total	65.2%	34.8%	100.0%

当建立列联表时，调查人员要选择检验关系时会用到的变量。变量的选择应基于调研项目的目的和要检验的假设。然而，任何情况下都要记住，卡方统计量分析的是定类（计数）和定序（排列）的尺度数据。为列联表选择一对变量关系时（如受访者的性别和对广告的回顾）的依据是这两个变量是否回答了调研项目的研究问题以及是否有一个变量为定类和定序数据。

人口统计学变量或者生活方式/心理特征通常是编制列联表的起点。这些变量通常被放在列联表列的位置上，而行一般放置如购买意图、用途或者实际销售数据之类的变量。列联表能够显示基于列变量总数的百分比计算结果。因此，调研人员能够将行为和意图与诸如收入、性别和婚姻状况等不同类别的预测变量进行比较。

列联表是分析人员汇总调查数据时的有力工具。它易于理解和解释，并能够从全部数据和子集两方面描述样本。然而，由于该技术比较简单，因此也会带来一些问题，如很容易生成无数种列联表表格。在编制这些表格时，分析人员必须始终牢记两点：项目目的和该项研究中的具体问题。

11.3.7　卡方分析

市场调研人员经常使用单因素频数计数和列联表来分析调查数据。编制列联表的目的之一是研究变量间的关系。研究的问题是："如果变量之间并不相关，则不同类别的应答数与所预期的会有所不同吗？"原假设通常会假设两个变量之间并不相关。因此，本例中的原假设是能记起圣塔菲烤肉餐厅广告的男顾客与女顾客的百分比相同。备择假设是这两个变量相关，或者男、女顾客能记起圣塔菲广告的百分比并不相同。该假设能够用卡方分析来回答。下面是其他一些可以用卡方统计检验来验证的调研问题的例子。

- 互联网的使用（低、中、高）是否与应答者的性别相关？
- 光顾的频率（很少、偶尔、经常）是否在男性和女性之间存在差别？
- 兼职与全职员工在他们缺勤的频率（很少、偶尔、经常）上是否存在差别？
- 大学生与中学生对可口可乐与百事可乐是否具有不同的偏好？

卡方（X^2）分析（Chi-square analysis）能帮助研究人员检验列联表中两个（或更多个）名义尺度变量的频数分布之间的统计显著性，以确定这些变量之间是否相关。卡方统计量可以用来检验分类数据，如性别、教育或其他名义变量的问题。卡方分析将观测到的应答频数（计数）与估计频数进行比较。在变量之间并不相关的假定条件下，卡方统计量会检验观测数据的分布方式是否与我们的预期相一致。预期单元的计数是一个理论值，而观测单元中的计数则源于研究中的实际计数值。例如，要检验在回忆圣塔菲烤肉餐厅的广告上女性是否优于男性，则我们要将观测到的男性和女性回忆圣塔菲烤肉餐厅广告的频数与我们所预期的频数进行比较，看男性和女性在广告回忆上是否相同。卡方统计量可以回答定类量表数据之间的关系问题，而分析这类数据时不能使用诸如方差分析（ANOVA）或 t 检验等其他类型的统计分析方法。

11.3.8　计算 X^2 值

为了帮助你更好地理解卡方统计量，我们将为你演示如何计算卡方统计量。具体公式为：

$$X^2 = \sum_{i=1}^{n} \frac{(观测值_i - 预期值_i)^2}{预期值_i}$$

其中，观测值 i=在单元格 i 中观测到的频数；
预期值 i=在单元格 i 中的预期频数；
n=单元格数。

当你把上述公式应用到图表 11-8 中的圣塔菲烤肉餐厅的数据时，你会得到如下卡方值的计算式：

$$\frac{(188-176)^2}{176}+\frac{(82-94)^2}{94}+\frac{(76-88)^2}{88}+\frac{(59-47)^2}{47} = 卡方值=7.05（p=0.11，双尾检验）$$

如方程所示，我们从观测到的频数中减去预期频数，然后取平方，这是为了在下一步计算之前消去所有的负值。对其取平方后，考虑到单元格规模上的差别，要将所得结果除以预期频数，然后将表中所有单元格的计算结果加总就得到了卡方值。卡方值可以告诉你观测频数与预期频数相差多少。从概念上说，卡方值越大，两个变量之间相关的可能性也就越大。这是因为在两个变量不相关的假定条件下，一个单元格里实际观测的数值越不同于我们所期望的数值，卡方值就会越大。将计算出的卡方统计量与卡方值统计表进行比较，用以判断这个差别是否在统计上显著。如果所计算的卡方值大于统计表中的标准卡方值，那么在给定的显著性水平上（通常为0.05），这两个变量就是相关的。

一些市场调研人员将卡方称作"拟合优度"检验。也就是说，该检验能够估计出真实频数与预期频数之间的"吻合"程度。当观测频数与预期频数值之间的差比较大时，就表明这是一个糟糕的拟合，需要拒绝你的原假设。当这个差比较小时，你就得到了一个好的拟合，你也就可以接受两个变量之间不存在任何关系的原假设。

应用卡方时必须特别注意，若单元格中有超过20%的预期频数小于5，或者任何一个单元格内有一个小于1的预期频数，则卡方的结果都是不可靠的。在这种情况下，不应当使用卡方检验。SPSS会告诉你是否违反了这些条件。如果某个单元格内计数过小，则这个问题的一个解决办法是将这些单元格合并为更少的单元格，这样就能得到更大的频数。

11.3.9 SPSS 应用——卡方

通过与顾客交谈，圣塔菲烤肉餐厅的店主认为前来就餐的女顾客开车到餐厅的距离要比男顾客远。卡方统计量可被用来确定其真实性。原假设是男顾客和女顾客在回答 X_{30}——行驶距离的各个分组中都占有相同的比例。备择假设是按性别分组的这些比例并不相同。

进行这项分析时，首先点击"数据"，在下拉按钮中点击"选择案例"，如前文市场调研指南所示。我们只选择圣塔菲烤肉餐厅的顾客进行分析。然后，点击顺序是分析→描述性统计量→列联表。将 X_{30}——行驶路程放入行变量中，X_{32}——性别放入列变量中，点击"统计量"按钮，勾选卡方，再点击"继续"。接下来，点击"单元格"按钮和"预期频数"（观测频数通常已选中），然后是"行""列""总百分比数"。最后，点击"继续"和"完成"来执行程序。

SPSS 的结果如图表 11-9 所示。靠上的图表显示 X_{30}——行驶距离的各个分组中男性和女性的实际应答数（计数）。此外，在表中你还可以看到预期频数，即当没有任何性别差异的原假设为真时，我们预期在单元格中可以得到的数值。例如，74 名男性驱车行驶的距离不足 1 英里（59.8 是这个单元格中的"预期值"），而有 12 名女性行驶了相同的距离（我们预期能得到 26.2）。

图表 11-9　圣塔菲烤肉餐厅顾客的卡方列联表举例

x30 -- Distance Driven to Restaurant * X32 -- Gender Cross-tabulation			X32 -- Gender		
			Male	Female	Total
x30 -- Distance Driven to Restaurant	Less than 1 mile	Count	74	12	86
		Expected Count	59.8	26.2	86.0
		% within x30 -- Distance Driven to Restaurant	86.0%	14.0%	100.0%
		% within X32 -- Gender	42.0%	15.6%	34.0%
		% of Total	29.2%	4.7%	34.0%
	1 -- 5 miles	Count	45	31	76
		Expected Count	52.9	23.1	76.0
		% within x30 -- Distance Driven to Restaurant	59.2%	40.8%	100.0%
		% within X32 -- Gender	25.6%	40.3%	30.0%
		% of Total	17.8%	12.3%	30.0%
	More than 5 miles	Count	57	34	91
		Expected Count	63.3	27.7	91.0
		% within x30 -- Distance Driven to Restaurant	62.6%	37.4%	100.0%
		% within X32 -- Gender	32.4%	44.2%	36.0%
		% of Total	22.5%	13.4%	36.0%
Total		Count	176	77	253
		Expected Count	176.0	77.0	253.0
		% within x30 -- Distance Driven to Restaurant	69.6%	30.4%	100.0%
		% within X32 -- Gender	100.0%	100.0%	100.0%
		% of Total	69.6%	30.4%	100.0%

Chi-Square Tests

	Value	df	Asymp. Sig. (2-sided)
Pearson Chi-Square	16.945[a]	2	.000
Likelihood Ratio	18.390	2	.000
Linear-by-Linear Association	11.153	1	.001
N of Valid Cases	253		

a. 0 cells (.0%) have expected count less than 5. The minimum expected count is 23.13.

　　预期频数（计数）是依据代表一个特定群体的样本比例来计算的。例如，圣塔菲烤肉餐厅的顾客样本总数为 253 人，其中男性为 176 人，女性为 77 人。这意味着，69.6% 的样本是男性，30.4% 的样本是女性。当我们在"总和"这一列找到行驶距离分组中写着"不足 1 英里"时，我们会发现男性和女性应答者共计 86 人。为计算预期频数，你要将某特定分组的比例乘以该组的总数。比如，以男性为例，你要计算 86 的 69.6%，那么期望频数为 59.8。类似地，女性占该样本数的 30.4%，那么女性的期望值为 26.2（30.4%×86）。其他的期望频数也是以同样的方式计算出来的。

　　再来看观测频数，这次是看行驶距离超过 5 英里的。注意，驱车行驶更远的路到圣塔菲烤肉餐厅来就餐的男顾客所占的比例比预期值低。也就是说，我们预计有 63.3 人会从 5 英里以外驱车来圣塔菲烤肉餐厅就餐，而实际上只有 57 人从这么远的地方开车过来就餐。相反，从 5 英里以外驾车前来就餐的女顾客比预期的多（预期值为 27.7，实际上仅为 34）。

结果分析　在卡方检验表中给出了该检验的结果。皮尔逊卡方值是 16.945，并且在 0.000 的水平上是显著的。由于该显著水平远低于我们的判别标准 0.05，因此我们能以一个较高的置信水平来拒绝无差异的原假设。该结果意味着，女性顾客从较远的地方驱车来圣塔菲烤肉餐厅就餐的比例更高，而男性则更倾向于驱车行驶较短的路程来这家餐厅就餐。

11.3.10　均值比较：独立样本与相关样本

除了检验频数之外，市场调研人员常常还要比较两组的均值。事实上，市场调研中最常见的一个问题就是检验两组受访者的态度和行为的均值是否有显著差异。例如，在一个抽样调查中可能会检验如下问题：

- 男性和女性的咖啡消费模式（用日平均咖啡消费杯数度量）有差异吗？
- 人们每周上网的时长会因收入水平、性别或受教育程度而不同吗？
- 年轻职员会比年长的职员表现出更高的工作满意度吗？
- 《财富》500 强公司会比规模稍小的家族企业有更受人欢迎的形象吗？

上述调研问题通常是建立在理论和实践经验基础上的，意味着我们要检验一个或多个假设。因此，我们在检验上述问题时，先从理论着手，构造原假设和备择假设。选择检验原假设的显著性水平，然后选定恰当的统计方法应用到样本数据上。

当研究人员比较均值时，通常会遇到两种情况：第一种情况是均值源于独立样本，第二种情况是均值来自相关的样本。男性和女性咖啡消费调查的结果便是一个**独立样本**（Independent samples）均值比较的例子。调研人员想要比较男同学与女同学平均每天消费的咖啡杯数。第二种情况，**相关样本**（Related samples），比如调研人员比较男同学平均每天消费咖啡的杯数与相同样本的男同学平均每天消费软饮料的杯数。

当样本相关时，即在第二种情况下，市场调研人员在分析数据时必须特别小心。虽然问题是独立的，但应答者却是相同的。这叫作配对样本。当检验相关样本的差异时，调研人员必须采用被称为配对样本 t 检验的方法。这里没有给出计算配对样本 t 值的公式，同学们可以参考更高级的教材来了解有关配对样本 t 值的实际计算。SPSS 软件包含了相关样本和独立样本两种情况的选项。

11.3.11　用 t 检验比较两个均值

同单变量 t 检验一样，双变量 t 检验也要求使用定距或定比数据。同样，t 检验在小样本（n<30）和总体标准差未知的情况下尤为有效。然而，与单变量检验不同的是，我们假定样本源于服从正态分布的总体，且总体的方差相等。

组间均值差异的 t 检验（t-test）从概念上说就是均值的差除以均值的波

动。t值是两个样本均值的差与其标准误差的比值。t检验提供了一个数学方法来确定两个样本均值的差是否是随机的。计算t值的公式为：

$$Z=\frac{\bar{X}_1 - \bar{X}_2}{S_{\bar{x}_1 - \bar{x}_2}}$$

其中，　$\bar{X}_1$ =样本1的均值；

$\bar{X}_2$ =样本2的均值；

$S_{\bar{x}_1 - \bar{x}_2}$ =样本均值差的标准误差。

11.3.12 SPSS应用——独立样本t检验

为阐述如何使用检验两组均值差异的t检验，我们再回到圣塔菲烤肉餐厅的数据库。根据对餐厅顾客的观察，圣塔菲烤肉餐厅的店主相信男性和女性顾客在满意度上存在差异。为此，我们可以使用SPSS的"比较均值"程序。如市场调研指南所示，首先点击"数据"，在下拉菜单中点击"选择案例"，从而只选择参与圣塔菲烤肉餐厅的受访者进行分析。

SPSS的点击顺序是分析→均值比较→独立样本t检验。打开这个对话框，选择变量 X_{22}——满意度进入检验变量框，然后选择变量 X_{32}——性别进入分组变量框。对于变量 X_{32}，你必须在"定义分组"框中定义范围。为第一组输入a0，为第2组输入a1（数据库中的男性编码为0，而女性编码为1），然后点击"继续"。在"选项"中我们使用默认值，因此可以直接点击"完成"来执行该程序。

结果分析。图表11-10靠上的表格中列示的是分组统计量。注意，在数据集中有176名男性顾客和77名女性顾客。男性顾客满意度均值为4.70，略高于女性顾客4.18。女性的标准差（0.823）也比男性的（1.034）略低一些。

图表11-10　用独立样本t检验比较两组均值

Group Statistics

	X32 -- Gender	N	Mean	Std. Deviation	Std. Error Mean
X22 -- Satisfaction	Male	176	4.70	1.034	.078
	Female	77	4.18	.823	.094

Independent Samples Test

		Levene's Test for Equality of Variances		t-test for Equality of Means					95% Confidence Interval of the Difference	
		F	Sig.	t	df	Sig. (2-tailed)	Mean Difference	Std. Error Difference	Lower	Upper
X22 -- Satisfaction	Equal variances assumed	19.800	.000	3.882	261	.000	.517	.133	.255	.779
	Equal variances not assumed			4.241	179.954	.000	.517	.122	.276	.758

为确定这两个均值是否显著不同，我们来看图表11-7中**独立样本检验**（Independent Samples Test）表中的信息。按照两个均值的方差是相等还是不等，我们分别采用了不同的方法来计算两个均值差异的统计显著性。图表的左边报告了方差是否相等的**Levene检验**（Levene's test）。在本例中，该检验表明两个方差不相等（0.000的显著性水平表明方差有显著差异）。若该值小于

0.05，则应使用"未假定相等方差"的检验。在显著性（双尾）一列中，不论我们假定方差相等或不等，你都会看到两个均值显著不同（<0.000）。因此，两均值相等的原假设无法得到数据支持，我们从而得出结论，男顾客明显比女顾客有着更高的满意度。图表中还有一些其他的信息，但我们在本例中就没有必要关注了。

11.3.13　SPSS应用——配对样本t检验

有时，营销研究人员想检验同一样本中不同变量的两个均值的差异。例如，圣塔菲烤肉餐厅的店主注意到其食品口味被评为4.78分，而食品的温度则仅被评为4.38分。由于食品的这两个变量很有可能是相关的，因此他们想知道对口味的评分是否确实显著地高于对温度的评分。为检验这一点，我们采用配对样本来检验两个均值之间的差异。该检验考查使用同一量表度量且由相同受访者回答的两个不同问题的均值是否显著不同。原假设为两个食品变量（X_{18}和X_{20}）的评分均值相等。

为检验该假设，我们使用SPSS配对样本t检验，这里的数据是只针对圣塔菲烤肉餐厅的。点击顺序为分析→均值比较→配对样本t检验。当出现对话框后，先选中X_{18}——食品口味，点击箭头按钮，然后选中X_{20}——食品温度，点击箭头按钮，从而把它们选入配对变量框。对于"选项"，我们使用默认值，因此直接点击"完成"即可执行程序。

结果分析　图表11-11上面的表列示了配对样本统计量。食品口味的均值为4.87，食品温度的均值为4.38。本次比较的t值是8.421（见下面的配对样本检验表），并且在0.000的水平上是显著的。因此，我们能够拒绝两个均值相等的原假设。同时我们能够得出结论：相对于食品的温度来说，圣塔菲烤肉餐厅的顾客更青睐于食品的口味。

图表11-11　配对样本t检验

11.3.14 方差分析

调研人员使用方差分析（Analysis of variance，ANOVA）来测定三个或更多个均值在统计上的差别。例如，如果一个调研员发现在期末考试期间大学新生平均每天消费咖啡3.7杯，而高年级学生和研究生平均每天分别消费咖啡4.3杯和5.1杯，这些观测到的差别是否具有统计显著性呢？

在本节中，我们将介绍如何用单因素方差分析检验组间均值。之所以用"单因素"这个词，是因为我们在分析中只用了一个自变量。在后面的章节中，我们也会讨论调研人员如何用方差分析同时检验多个独立变量的影响。这使得分析人员能分别估计几个自变量对因变量的独立影响和联合影响。

方差分析的一个例子是比较星巴克咖啡的少量、中等和大量饮用者对星巴克特定广告活动的看法。在这个实例中，有一个自变量（星巴克咖啡的消费量），但被分为3个不同的等级。由于我们要比较的均值超过了两组，因此前面的t统计量在这里无法使用。

方差分析要求因变量（在本例中是对星巴克广告活动所持的态度）是可度量的。也就是说，因变量要么采取定距尺度，要么采取定比尺度。其第二个要求是自变量（在本例中是咖啡消费变量）是分组的（非度量）。

方差分析的原假设始终规定因变量在各组（在本例中是星巴克咖啡的各组饮用者对广告活动的态度）之间不存在差别。用专业术语来表达，该原假设即为：

$$\mu1=\mu2=\mu3$$

方差分析是检验一组数据集中程度的方差。回顾前面关于离散程度测度的讨论，一个变量的方差等于变量与其均值离差的平方的均值。方差分析的逻辑是，如果我们计算组间的方差，并将其与各组内的方差进行比较，就能对各组均值（对广告活动的态度）是否显著不同做出判断。[1]当组内方差较高时，我们所观察到的任何组间差别会变得不明显，除非这些组间差值很大。

11.3.15 确定方差分析中的统计显著性

在方差分析中，调研人员用F检验（F-test）来估计各组均值的差异在统计上是否显著。例如，假定星巴克咖啡的大量饮用者以5点标度对广告活动的评分为4.4，其中5="非常喜欢"。星巴克咖啡的中度饮用者对活动的评分为3.9，星巴克咖啡的少量饮用者对活动的评分为2.5。方差分析中的F检验将告诉我们这些观察到的差别在统计上是否显著。

对某个问题的全部应答中的**总方差**（Total variance）是由组间方差和组内方差组成的。**组间方差**（Between-group variance）测量某组与另外一组样本均

---

① 有关方差分析（ANOVA）更详细的讨论可参考 Gudmund R.Iversen 和 Helmut Norpoth 的《方差分析》（Newbury Park，CA：Sage，1987）；以及 John A.Ingram 和 Joseph G.Monks 的《经济管理统计学》（San Diego，CA：Harcourt Brace Jovanovich，1989）.

值之间的差异。与之相对，**组内方差**（Within-group variance）测量组内观测值之间的差异。F 值是总方差中这两部分的比值：

$$F值=\frac{组间方差}{组内方差}$$

组间方差越大，F 值就越大。由于数据的总方差会被分成组间和组内方差，因此如果更多的方差是由组间方差而不是由组内方差来解释的，那么说明自变量对因变量的影响较为显著。F 值越大，意味着组间的差异就越显著。因此，F 值越大，原假设被拒绝的可能性就越大。

11.3.16　SPSS 应用——方差分析

圣塔菲烤肉餐厅的店主想知道，顾客驱车前往餐厅的距离不同对顾客再光顾餐厅的可能性是否有显著影响。他们认为了解这一点很重要，不仅要针对自己餐厅的顾客，也要了解若泽餐厅的顾客。因此，圣塔菲烤肉餐厅的店主让调研人员验证再次光顾的可能性（X_{23}）和到餐厅的驱车距离（X_{30}）无显著差异这一假设。为此，调研人员对 405 个受访者进行了分析。

为检验该假设，我们使用 SPSS 均值比较的检验。点击顺序为分析→均值比较→单因素方差分析。当出现对话框后，单击箭头按钮，把 X_{23}——再次光顾的可能性选入"因变量列表"。然后单击箭头按钮，把 X_{30}——驱车距离选入"因子"框内。最后依次点击"选项""描述""继续""完成"。

方差分析的结果分析。方差分析的结果如图表 11-12 所示。首先，标题为"N"列的数字表示 116 个受访者驱车到餐厅的距离少于 1 英里，129 个受访者驱车距离在 1~5 英里，160 个受访者驱车距离超过 5 英里。可以看出，许多顾客开车从很远的地方来到餐厅就餐。然而，问题是，驱车距离和再次光顾餐厅的可能性有关联吗？均值列的数字表示驱车从较远地方赶来的消费者再次光顾的可能性要略小。顾客从 1 英里以内的地方驱车再光顾餐厅的可能性为 4.91。回想这个问题用的是 7 点标度，7=非常可能，1=非常不可能。顾客从离餐厅 1~5 英里远驱车再就餐的可能性为 4.63；而超过 5 英里的时候，可能性更小，仅为 4.01。因此，驱车距离越来越远的时候，再次光顾的可能性的均值下降。

但我们的问题仍然存在，即这些差异显著吗？图表 11-12 下表的方差分析为这个问题提供了答案。显著性一列的数值为 0.000。对这个数字正确的解释方法是，如果该调研重复 1 000 次，那么结果在统计上将一直是显著的。换句话说，如果我们拒绝无差异的原假设并断定实际上驾车距离不同，再次光顾的可能性的均值存在 1 000 次差异，我们也不会错。

统计显著性和受访者组间的差异

然而，方差分析的不足是检验只能告诉调研人员在这些组间均值中至少有一对存在统计意义上的差别，却无法识别哪一对均值彼此之间存在显著差别。在星巴克咖啡消费者对广告活动态度的例子中，我们只能推断出少量、中等和大量的星巴克咖啡饮用者对广告活动的态度存在差别，却无法确定差别究竟存在于哪两组饮用者之间，是少量与中等的咖啡饮用者之间、少量与大量的咖啡

图表 11-12　单因素方差分析

Oneway

Descriptives

X23 -- Likely to Return

	N	Mean	Std. Deviation	Std. Error	95% Confidence Interval for Mean		Minimum	Maximum
					Lower Bound	Upper Bound		
Less than 1 mile	116	4.91	.734	.068	4.77	5.04	3	6
1 – 5 miles	129	4.63	1.146	.101	4.43	4.83	3	7
More than 5 miles	160	4.01	1.133	.090	3.84	4.19	2	7
Total	405	4.46	1.104	.055	4.36	4.57	2	7

ANOVA

X23 -- Likely to Return

	Sum of Squares	df	Mean Square	F	Sig.
Between Groups	58.659	2	29.330	27.163	.000
Within Groups	434.071	402	1.080		
Total	492.731	404			

饮用者之间，还是中等与大量的咖啡饮用者之间。我们只能说，在这些组中的某两组之间存在着显著差异。因此，市场调研人员仍需要测定哪两组均值之间存在差异。

圣塔菲烤肉餐厅的方差分析结果也有星巴克案例所遇到的问题。也就是说，三个不同驱车距离组之间是有差异的。但我们不知道，驱车距离小于1英里、1～5英里的组和驱车距离在1～5英里、超过5英里的组之间是否有差异。为了解决这个问题，要用到后续"事后"检验。通过检验可以识别彼此有显著差异的应答组。

在诸如SPSS和SAS等统计软件中，有多种**后续检验**（Follow-up test）方法可供使用。所有的方法都可以用于对均值间差异的多重比较以及同时评估对均值差异置信区间的估计，且每次比较两个均值。这些方法的区别在于它们控制误差率的能力不同。在这里，我们简要介绍一种后续检验，即Scheffé过程。相对于其他后续检验，Scheffé过程在检验组间均值差异的显著性方面比较保守。

Scheffé后续检验对各组的所有应答建立了同步的置信区间，并将误差率控制在特定的α水平。该检验将各对均值之间的差异分别显示在一高一低的置信区间内。如果均值间的差异落在置信区间外，那么我们拒绝原假设，并确定这对均值在统计上显著不同。Scheffé检验相当于同步的双尾假设检验。由于这项技术将实验误差率保持在显著水平α上，因此其置信区间往往比其他方法宽，但同时调研人员可以更加确定实际均值差异的存在。如前所述，Scheffé检验是相当保守的方法，因此你不妨看看统计软件中所提供的其他检验方法。

我们使用SPSS的比较均值来完成Scheffé的因果检验。点击顺序是分析→

比较均值→单因素方差分析。在对话框里选择 X_{23}——再次就餐的可能性放入"因变量列表"框。然后点击箭头框，把 X_{30}——驱车距离放入"因子"框。接下来，依次点击"选项""描述性分析""因果检验""Scheffé"。最后点"继续""完成"，得到因果检验的结果。

结果分析。图表 11-13 显示的是 Scheffé 餐厅案例的检验结果。回想图表 11-12 中，三个分组的均值显示的是顾客从远的地方驱车去餐厅再就餐的可能性比较小。调查的问题是：顾客按驱车距离分组时，显著的统计差异是源自全部分组，还是某些分组。观查"显著性"栏，得出某些组均值间的差异是统计显著的（0.000），而有些是不显著的（0.115）。驱车距离小于1英里、1～5英里组的均值无显著差异。相反，驱车距离小于1英里、超过5英里组和驱车距离1～5英里、超过5英里组的均值有显著差异。得出的一般结论是，驱车距离不会影响再次光顾的可能性。但如果顾客是从5英里外的地方开车过来，结果可能会不同。因此，对于距餐厅1～5英里范围内的顾客所做的市场推广工作的效果是一样的，5英里也是一个餐厅正常的覆盖范围。但对于超过5英里的顾客而言，可以用一些激励来增加他们再次关顾的可能性。

图表 11-13　方差分析的因果检验结果

11.4　多因子方差分析

至此，对方差的讨论一直集中在只有一个自变量的单因素方差分析上。在星巴克的案例中，使用的类别（星巴克咖啡的消费量）是自变量。驱车距离（三个不同的组）是自变量。然而，调研人员会同时对多个自变量的作用感兴趣。在这种情况下，就会用到**多因子方差分析**（n-way ANOVA）。

通常，调研人员会对某产品的销售地区和消费模式感兴趣。这些变量之间可能会产生交互影响。引入多重独立因子能够让我们分析因子间的交互作用。例如，东北部星巴克咖啡的大量消费者会在对广告活动的态度上与西部星巴克咖啡的大量消费者不同。另外，在各种咖啡消费水平的组别之间会产生更多的差异。

另一种需要进行多因子方差分析的情况是对实验性设计（因果性调查）的应用，研究人员在设计中会使用不同程度的刺激（例如，广告的不同价格），随后测量消费者对这些刺激的反应。例如，市场推广人员感兴趣的问题可能包括：与严肃的广告相比，消费者是否更喜欢幽默的广告；而这一偏好又是否会因性别的不同而不同。给不同的用户（男性和女性）显示不同种类的广告，然后询问他们喜欢哪一类广告以及广告所宣传的产品。组间的主要差别是广告的类型（幽默或者严肃）和顾客的性别。多因子方差分析可用于找出顾客对广告和产品的偏好及其是否会受顾客性别的影响。

从概念上讲，多因子方差分析虽与单因素方差分析较为相似，但数学过程更为复杂。然而，诸如 SPSS 等统计软件会令多因子方差分析的使用变得简单许多。

11.4.1　SPSS 应用——多因子方差分析

为了更好地理解如何用方差分析来回答研究的问题，我们用圣塔菲烤肉餐厅的数据库来回答一个典型的问题。首先，店主想知道，对于从远处和从近处来的顾客，其将餐厅推荐给朋友的可能性是否存在差异。其次，店主还想知道顾客的性别是否会影响推荐程度。数据库中的变量是 X_{24}——推荐给他人的可能性，用 7 点标度来衡量，其中 1=肯定不会推荐，7=肯定会推荐；X_{30}——来就餐的驾车距离，其中 1=小于 1 英里，2=1～5 英里，3=超过 5 英里；X_{32}——性别，其中，0=男性，1=女性。

基于顾客对餐厅非正式的评论，店主认为，来自 5 英里以外的顾客更有可能推荐餐厅。此外，他还假设男顾客比女顾客更有可能推荐餐厅。因此，原假设即为 X_{24}——将餐厅推荐给他人的可能性的平均得分在从不同距离前来就餐的顾客（X_{30}）和不同性别的顾客（X_{32}）之间并没有区别。

进行方差分析的目的是检验观察到的差异是否在统计上显著和有意义。为了从统计意义上评估差异，方差分析要用到 F 值。事实上，F 值越大，各组间将餐厅推荐给他人的可能性的均值差异也就越大。

SPSS 的统计分析功能可以帮助你检验原假设。通过分析圣塔菲烤肉餐厅的数据来回答店主提出的问题，最好的办法是使用阶乘模型。阶乘模型是方差分析方法的一种，该模型会单独考查各自变量对因变量的影响，然后考查全部自变量对因变量的联合作用（交互影响）。

检验假设时，只对参与圣塔菲烤肉餐厅的调查数据进行分析。为把圣塔菲的样本数据分离出来，首先，在"数据"的下拉菜单中点击"选择案例"，如市场调研指南所示。选择出圣塔菲的样本后，点击顺序是分析→一般线性模型→单变量。选中因变量 X_{24}——推荐给他人的可能性，将其移至"非独立变量"框。接下来，选中 X_{30}——就餐行驶距离和 X_{32}——性别，并将它们移至"固定因素"框。点击 SPSS 窗口右边的"选项"框，查看"估计的边际均值"，选择（所有）X_{30}、X_{32}和$X_{30}*X_{32}$移入"显示均值"框。勾选"主效应比较"和"描述统计"，然后点击"继续""完成"。

结果分析 SPSS的输出结果见图表11-14。主体间影响检验表显示了X_{30}——驱车距离的F值为48.927，在0.000水平上是统计显著的。这意味着，从不同距离前来就餐的顾客对餐厅的推荐程度不同。X_{32}——性别的F值为13.046，在0.000水平上也是统计显著的。这意味着，顾客的性别也影响了他们对餐厅的推荐可能性。

图表11-14 多因素方差分析结果——圣塔菲烤肉餐厅

Between-Subjects Factors

		Value Label	N
x30 -- Distance Driven to Restaurant	1	Less than 1 mile	86
	2	1 -- 5 miles	76
	3	More than 5 miles	91
X32 -- Gender	0	Male	176
	1	Female	77

Tests of Between-Subjects Effects

Dependent Variable: X24 -- Likely to Recommend

Source	Type III Sum of Squares	df	Mean Square	F	Sig.
Corrected Model	99.421[a]	5	19.884	37.034	.000
Intercept	2258.291	1	2258.291	4206.033	.000
x30	52.540	2	26.270	48.927	.000
x32	7.005	1	7.005	13.046	.000
x30 * x32	2.590	2	1.295	2.412	.092
Error	132.618	247	.537		
Total	3534.000	253			
Corrected Total	232.040	252			

a. R Squared = .428 (Adjusted R Squared = .417)

多因子方差分析均值。 我们知道X_{30}——就餐行驶距离和X_{32}——性别都对顾客推荐圣塔菲烤肉餐厅的程度有影响，但并不知道是如何影响的。为了回答这一问题，我们必须观察这两个变量的均值，如图表11-15所示。

结果分析 观察图表11-15"描述统计"表的数字，均值表示（看"总和"行）人们向自己的朋友推荐圣塔菲烤肉餐厅的可能性随着受访者就餐驱车行驶距离的缩短而增大。简而言之，需驱车不到1英里到圣塔菲烤肉餐厅就餐的顾客对餐厅推荐的可能性的均值为4.29；相比之下，驱车1~5英里和5英里以上的顾客介绍餐厅的均值分别为3.74和2.87。

图表11-15　多因子方差分析均值检验结果

Descriptive Statistics

Dependent Variable:X24 -- Likely to Recommend

x30 -- Distance Driven...	X32 -- Gender	Mean	Std. Deviation	N
Less than 1 mile	Male	4.39	.569	74
	Female	3.67	.888	12
	Total	4.29	.666	86
1 -- 5 miles	Male	3.78	.850	45
	Female	3.68	1.077	31
	Total	3.74	.943	76
More than 5 miles	Male	3.00	.463	57
	Female	2.65	.812	34
	Total	2.87	.636	91
Total	Male	3.78	.861	176
	Female	3.22	1.059	77
	Total	3.61	.960	253

Pairwise Comparisons

Dependent Variable:X24 -- Likely to Recommend

(I) x30 -- Distance Driven to Restaurant	(J) x30 -- Distance Driven to Restaurant	Mean Difference (I-J)	Std. Error	Sig.[a]	95% Confidence Interval for Difference[a]	
					Lower Bound	Upper Bound
Less than 1 mile	1 -- 5 miles	.302*	.143	.035	.021	.582
	More than 5 miles	1.206*	.139	.000	.932	1.479
1 -- 5 miles	Less than 1 mile	-.302*	.143	.035	-.582	-.021
	More than 5 miles	.904*	.117	.000	.674	1.134
More than 5 miles	Less than 1 mile	-1.206*	.139	.000	-1.479	-.932
	1 -- 5 miles	-.904*	.117	.000	-1.134	-.674

Based on estimated marginal means

*. The mean difference is significant at the .05 level.
a. Adjustment for multiple comparisons: Least Significant Difference (equivalent to no adjustments).

　　圣塔菲烤肉餐厅的店主还想知道男顾客和女顾客对圣塔菲烤肉餐厅的推荐可能性是否存在差别。按性别分组所得到的值也非常大（13.046，见图表11-14），并且在统计上显著（0.000）。观察按性别划分的各组均值（见图表11-15）可以发现，相对于女性，男性推荐圣塔菲烤肉餐厅的可能性确实更大。由于原假设被拒绝，因此我们得出的结论是男性和女性在推荐圣塔菲烤肉餐厅的程度上存在差异，男性在推荐餐厅上的显著性要高于女性。

　　行驶距离与性别交互作用的F值为0.456，概率为0.634，意味着这两个变量共同作用时推荐程度的差异在统计上不显著，即就餐行驶距离和性别与推荐圣塔菲烤肉餐厅的可能性之间没有交互作用。

11.4.2　绘制认知图

　　绘制认知图是用来显示应答者看法的图形绘制过程。这个图是调查者对某公司、产品、服务、品牌或其他二维对象的形象表达。典型的认知图上通常有一条标着形容词的横轴和一条纵轴。就我们所用的餐厅例子而言，这类形容词可能是关于食品的温度和/或新鲜度、服务的快捷程度、物有所值的程度的。

　　可用来绘制认知图的方法有几种，其中包括排序、中位数和平均数得分。为了说明如何绘制认知图，先看图表 11-16 中对快餐店评价的数据。调研人员给顾客列出了 6 家快餐店，要求顾客说出他们如何评价每一家餐厅。将受访者的认知绘在二维图上，且图上标记了两个形容词，即食品的新鲜度和食品的温度。观察图表 11-17 所示的地图，顾客感觉 Wendy's 和 Back Yard 汉堡非常相似，就像麦当劳和汉堡王一样。顾客感觉 Arby's 和 Hardee's 也多少有点相似，但略逊于其他餐厅。无论如何，Back Yard 汉堡与麦当劳风格迥异。为了更好地了解如何绘制认知图，你可以在本章节末阅读《检验雷明顿牛排餐厅的形象定位》。

图表 11-16　对 6 家快餐店的评价

	食品新鲜度	食品温度
McDonald's	1.8	3.7
Burger King	2.0	3.5
Wendy's	4.0	4.5
Back Yard Burger	4.5	4.8
Arby's	4.0	2.5
Hardee's	3.5	1.8

图表 11-17　6 家快餐店的认知图

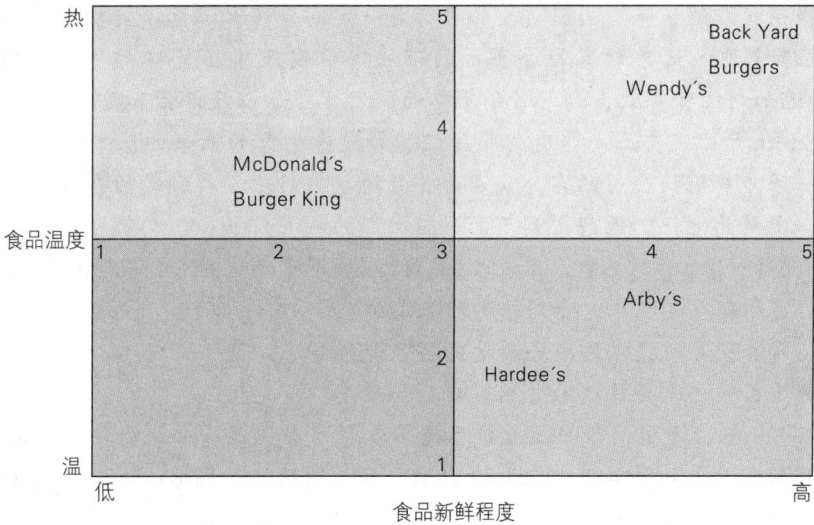

11.4.3　认知图在市场调研中的应用

　　我们用快餐店的例子介绍了认知图如何根据对认知的打分将餐厅配对分

组，但认知图在市场调研中还有很多其他重要的应用，包括：

● 新产品研发。绘制认知图能够明确认知上的差距，进而有助于对新产品进行市场定位。

● 形象测度。绘制认知图能够用于识别公司形象，有助于公司在竞争中为自己定位。

● 广告。绘制认知图能够评估广告在品牌定位中的有效性。

● 分类。绘制认知图能够用来评估品牌和渠道销售的异同。

连续案例分析：圣塔菲烤肉餐厅

随着调查的完成、编辑、录入到数据文件中，调研人员要确定如何分析数据以了解受访者的最佳方法。然后，调研人员与决策者将决定如何利用这些信息来改善餐厅的经营。数据分析应与研究目标直接联系起来。调研人员和店主对如何最好地分析数据从而更好地了解目前的状况而进行了深入讨论。

1. 建立几个概念模型来表示调查中可以用来检验的关系。要确定包括圣塔菲烤肉餐厅和若泽西南咖啡馆的对比数据。

2. 哪些统计方法可用于检验上述关系？

3. 给出可用卡方和方差分析来检验关系的例子。

市场营销调研实践：检验雷明顿牛排餐厅的形象定位

大约在3年前，John Smith在中西部的一个大城市开了一家零售主题餐厅——雷明顿牛排餐厅（Remington's Steak House）。Smith的设想是将他的餐厅定位为一家独特的主题鲜明的餐厅。为使餐厅赢得出色的口碑，他计划提供多种质优价廉的菜品，并由理解顾客需求的员工为顾客提供优质的服务。当然首要的目标是一定要令顾客满意。

Smith凭借这种远见卓识来指导餐厅的市场定位以及市场策略的确立和实施。然而，Smith虽然知道如何经营餐饮，却对营销策略的制定、执行以及评估知之甚少。

最近，Smith开始问自己一些有关餐厅经营和自身生意的未来的基本问题。他将这些问题说与当地一家市场调研公司的客户代表，并且为了更好地了解顾客的态度和感受，他决定做一些调研。更具体地说，他想得到下面一组问题的相关信息：

1. 当顾客选择一家餐厅就餐时，其考虑的主要因素是什么？这些因素中哪个因素相对更重要？

2. 顾客对雷明顿及其两个竞争对手的印象怎样？

3. 雷明顿为其顾客所提供的服务质量怎样？是否令人满意？

4. 雷明顿是否需要改变目前的营销策略？如果是，应怎样改？

为了回答Smith的问题，客户代表推荐使用互联网小组调查法进行一次形象调研。最初的接触是使用随机拨号的电话调查来筛选出那些既是雷明顿的顾客，也是其竞争餐厅（包括雷明顿主要的竞争者，澳拜客牛排店和长角牛排店）顾客的受访者。受访者的家庭年收入不低于2万美元，且其至少了解这3家竞争餐厅当中的一家，以便能准确地评价该家餐厅。如果某位受访者通过了以过滤问题为基础的筛选，即其有资格参与调研，那么就应指导他登录网站，并在那里完成调查。

　　由于这是 Smith 首次参与市场调研，因此调研顾问建议他采用探索性调研方法，并且推荐他做一个样本容量为 200 的小样本调查。调研顾问说，如果最初的 200 个样本的调查结果是有帮助的，那么就可以增加样本容量，使调查结果更准确。问卷中包括顾客选择餐厅的各种原因，对 3 家相互竞争的餐厅在相同要素上形象的感知，以及受访者的一些分类信息。当调查人员完成了 200 份可用问卷的配额时，样本中有 86 个受访者熟悉澳拜客，65 个受访者熟悉长角，49 个受访者熟悉雷明顿。这个标准是用来确定受访者要去评价雷明顿餐厅的哪个竞争对手。本案例 SPSS 格式的数据库可以在 www.mhhe.com/hairessentialsle 上得到，数据库的名字是 Remingtons MRIA_essn.sav。调查问卷的副本如图表 11-18 所示。

图表 11-18　雷明顿牛排餐厅的调查问卷

筛选性问题

你好，我是_____，为 DSS Research 工作。今天/今晚想了解一下你的外出就餐习惯。

1."你是否经常到休闲餐厅就餐?"_____是　　　　_____否

2."最近 6 个月内你是否去过其他休闲餐厅?"　　_____是　　　　_____否

3."你的家庭全年总收入是否达到或超过 2 万美元?"_____是　　　　_____否

4.你附近有 3 家休闲牛排餐厅澳拜客、长角和雷明顿。其中哪一家是你最熟悉的?

a.澳拜客_____

b.长角_____

c.雷明顿_____

d.没有_____

如果受访者对前 3 个问题的回答都是"是"，并且熟悉 3 家餐厅中的任何一家，那么就接着问:

我们想请你回答几个关于你最近在澳拜客、长角和雷明顿就餐的问题。这项调查仅占用你几分钟时间，而这将有助于我们在本地区为顾客提供更优质的就餐服务。

如果这位接电话的受访者表示同意，那么就指导他如何登录网站并完成调查。

外出就餐调查

请仔细阅读所有的问题。第 1 部分列出了人们选择某家餐厅就餐时所考虑的几个原因。采用从 1 到 7 的标度范围，其中 7 代表"非常重要"，1 代表"一点也不重要"。请指出选择餐厅要考虑的某个特定因素重要或不重要的程度。每道题目只能圈选一个数字。

第 1 部分：重要性打分

在选择一家餐厅就餐时，下列因素有多重要?

1.足量的食品	一点也不重要				非常重要		
	1	2	3	4	5	6	7

2.雇员的能力	一点也不重要				非常重要		
	1	2	3	4	5	6	7

3.食品的质量	一点也不重要				非常重要		
	1	2	3	4	5	6	7

4.快捷的服务	一点也不重要				非常重要		
	1	2	3	4	5	6	7

5.就餐的氛围	一点也不重要				非常重要		
	1	2	3	4	5	6	7

6.合理的价格	一点也不重要				非常重要		
	1	2	3	4	5	6	7

第2部分：认知测度

下面列出的是一组能够用来描述（澳拜客、长角和雷明顿）特征的问题。采用从1到7的标度，其中7代表"非常同意"，1代表"非常不同意"，你在多大程度上同意或不同意对（澳拜客、长角和雷明顿）特征的认知（基于电话筛选中最熟悉的餐厅的问题，会有某个餐厅的名字出现在屏幕上）。

7.有足量的食品	非常不同意				非常同意		
	1	2	3	4	5	6	7

8.有能干的雇员	非常不同意				非常同意		
	1	2	3	4	5	6	7

9.有优质的食品	非常不同意				非常同意		
	1	2	3	4	5	6	7

10.有快捷的服务	非常不同意				非常同意		
	1	2	3	4	5	6	7

11.有良好的氛围	非常不同意				非常同意		
	1	2	3	4	5	6	7

12.有合理的价格	非常不同意				非常同意		
	1	2	3	4	5	6	7

第3部分：关系测度

请表明你对下列每个问题的观点：

13.你对____有多满意？	一点也不满意				非常满意		
	1	2	3	4	5	6	7

14.你再次回顾____的可能性有多大？	肯定不会再来				肯定还会再来		
	1	2	3	4	5	6	7

15.你把____推荐给朋友的可能性有多大？	肯定不会推荐				肯定会推荐		
	1	2	3	4	5	6	7

16.你光顾____餐厅的频率？	1=偶尔（少于每月1次）
	2=经常（每月1~3次）

	3=频繁（每月4次或以上）

第4部分：分类问题

请图选最适合你的数字。

17.家里的子女数	1	没有
	2	1~2个
	3	2个以上
18.你能想起最近60天内看到的澳拜客／长角／雷明顿的任何广告吗？	0	不能
	1	能
19.你的性别	0	男性
	1	女性
20.你的年龄	1	18~25
	2	26~34
	3	35~49
	4	50~59
	5	60 或以上
21.你的家庭全年总收入	1	20 000~35 000 美元
	2	35 001~50 000 美元
	3	50 001~75 000 美元
	4	75 001~100 000 美元
	5	超过 100 000 美元
22.竞争对手：你最熟悉_____	1	澳拜客
	2	长角
	3	雷明顿

非常感谢你的帮助，点击提交按钮即可退出调查

　　在最初的数据分析中，研究人员将注意力集中在选择餐厅的影响因素的重要程度上。在雷明顿的数据库中，用变量$X_1 \sim X_6$表示重要程度，图表11-19表明高质量食品和快捷服务是两个最重要的因素。为创建该表，点击顺序为分析→描述性统计量→频率。选中变量$X_1 \sim X_6$，将其移至"变量"框。然后，在"统计量"框中查看"均值"，然后点击"继续"和"完成"。最不重要的因素是雇员的能力（均值=3.12）。然而，这并不意味着雇员不重要，只是相对于调查中的其他因素来说显得不那么重要。总之，受访者希望有高质量食品、快捷服务和合理的价格。

　　接下来的任务是检验顾客对这3家竞争餐厅的认知。利用餐厅的形象要素，咨询顾问用方差分析来检验顾客对这3家竞争餐厅的认知是否存在差别（见图表11-20和图表11-21）。为创建这些图表，点击顺序为分析→均值比较→单因素方差分析。选取变量$X_7 \sim X_{12}$，并将其移至"因变量"框。然后，选择变量X_{22}，将其移至"因子"框。接下来，进入"选择"框，点击"描述性统计"，再点击"继续"和"完成"。

图表11-19　餐厅选择因素的重要性的平均得分

Statistics						
		X1 -- Large Portions	X2 -- Competent Employees	X3 -- Food Quality	X4 -- Speed of Service	X5 -- Atmosphere	X6 -- Reasonable Prices
N	Valid	200	200	200	200	200	200
	Missing	0	0	0	0	0	0
Mean		4.95	3.12	6.09	5.99	4.74	5.39

图表11-20　餐厅竞争对手的单因素方差分析

		N	Mean
X_7——足量的食品	澳拜客	86	3.57
	长角	65	2.77
	雷明顿	49	3.39
	总计	200	3.27
X_8——能干的雇员	澳拜客	86	5.15
	长角	65	3.25
	雷明顿	49	2.49
	总计	200	3.88
X_9——优质的食品	澳拜客	86	6.42
	长角	65	5.12
	雷明顿	49	6.86
	总计	200	6.11
X_{10}——快捷的服务	澳拜客	86	4.35
	长角	65	3.02
	雷明顿	49	2.27
	总计	200	3.41
X_{11}——良好的氛围	澳拜客	86	6.09
	长角	65	4.35
	雷明顿	49	6.59
	总计	200	5.65
X_{12}——合理的价格	澳拜客	86	5.50
	长角	65	5.00
	雷明顿	49	5.49
	总计	200	5.34

图表 11-21　餐厅的认知差异的单因素方差分析

ANOVA		Sum of Squares	df	Mean Square	F	Sig.
X7 -- Large Portions	Between Groups	24.702	2	12.351	17.349	.000
	Within Groups	140.253	197	.712		
	Total	164.955	199			
X8 -- Competent Employees	Between Groups	259.779	2	129.889	242.908	.000
	Within Groups	105.341	197	.535		
	Total	365.120	199			
X9 -- Food Quality	Between Groups	98.849	2	49.425	110.712	.000
	Within Groups	87.946	197	.446		
	Total	186.795	199			
X10 -- Speed of Service	Between Groups	150.124	2	75.062	102.639	.000
	Within Groups	144.071	197	.731		
	Total	294.195	199			
X11 -- Atmosphere	Between Groups	169.546	2	84.773	136.939	.000
	Within Groups	121.954	197	.619		
	Total	291.500	199			
X12 -- Reasonable Prices	Between Groups	10.810	2	5.405	8.892	.000
	Within Groups	119.745	197	.608		
	Total	130.555	199			

　　我们给出的结果如图表 11-20 和图表 11-21 所示。我们将从图表 11-19 至图表 11-21 中所得到的结果汇总至图表 11-22。

图表 11-22　图表 11-19 至图表 11-21 的方差分析结果汇总

特征	排序*	竞争者的均值			显著水平
		澳拜客	长角	雷明顿	
X_7——足量的食品	4	3.57	2.77	3.39	0.000
X_8——能干的雇员	6	5.15	3.25	2.49	0.000
X_9——优质的食品	1	6.42	5.12	6.86	0.000
X_{10}——快捷的服务	2	4.35	3.02	2.27	0.000
X_{11}——良好的氛围	5	6.09	4.35	6.59	0.000
X_{12}——合理的价格	3	5.50	5.00	5.49	0.000
N=200 总计		86	65	49	0.000

　　注：*排序是基于特征的平均重要程度。

　　调查结果相当具有启发性。在最重要的因素（食品质量）方面，雷明顿得到了最高的评价（均值=6.86，见图表 11-22），澳拜客紧随其后（均值=6.42）。对雷明顿氛围的评价也最高（均值=6.59），但该因素的重要性仅排在第 5 位。在快捷服务（第二重要）和雇员能力

（最不重要）方面，在3个竞争对手当中，雷明顿的评价最低。

绩效图（Importance Performance Chart，IPC）是一种展示形象分析结果的简单方法。绘制之前要计算每个餐厅关于重要性和表现的问题的均值。然后，根据均值在认知图上标出每个餐厅的位置。雷明顿牛排餐厅的IPC结果如图表11-23所示。该图表显示，雷明顿在食品质量和价格方面做得很好，但也有几个方面需要改进，尤其是在与竞争对手比较的时候。与其相竞争的餐厅可在另一张认知图上标识。一个IPC（认知图）有如下四个象限（A~D）：

象限A：必须改进。

象限B：做得很好——不需要改变。

象限C：不用担心——低优先级。

象限D：重新考虑——可能矫枉过正了。

图表11-23 雷明顿牛排餐厅的绩效图

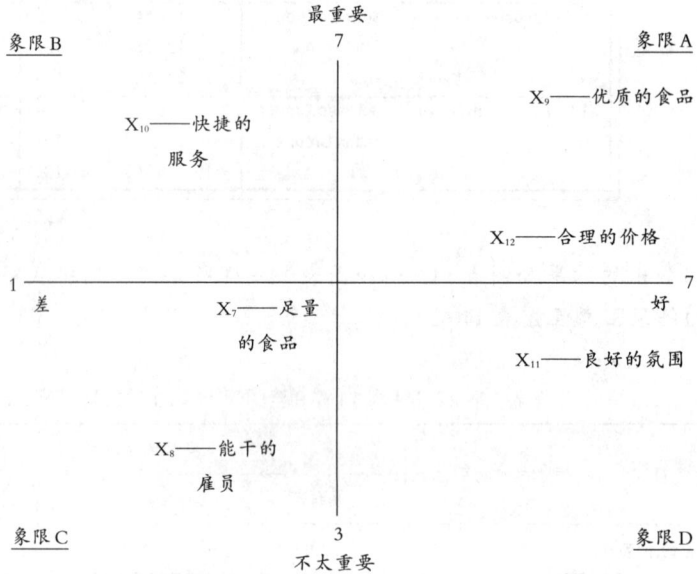

实践练习

1.雷明顿餐厅还有哪些方面需要改进？

2.使用事后方差分析对竞争对手进行组间检验，这会导致哪些新的问题或挑战？

3.你有新的营销策略建议吗？

11.5 总结

1.解释集中和离散趋势的测度方法

均值是最常用的解释集中趋势的测度方法，它描述了样本数据的算术平均值。中位数代表一组有序数列的中间值。众数是分布中出现次数最多的值。所有这些值都是用来描述一组数值分布的中心的。极差定义了数据的范围，它是分布中最小值和最大值的差。标准差描述了在分布中各值与均值的平均偏差。较大的标准差表明在分布中各数值是分散的，并且离均值相对较远。

2.描述如何用单变量或双变量统计进行假设检验

营销调研人员经常依据样本数据来假设总体特征。这一过程通常始于对频数分布和均值的计算，随后是假设检验。当假设检验中只有一个变量时，研究人员应采用单变量统计检验；如果假设检验包含两个变量，则研究人员应采用双变量统计检验。卡方检验允许我们检验两组或两组以上频数分布的统计显著性差别。问卷中涉及性别、种族、职业等分类数据的问题可用卡方检验来验证统计上的差异。除检验频数之外，营销调研人员还常常比较两组数据的均值。比较均值时会出现两种可能的情况。在独立样本中，由于受访者出自不同的总体，因此他们在调查中的回答不会产生相互影响；而在相关样本中，同样的受访者要回答几个不同的问题，因此比较这些问题的答案就要用到配对样本t检验。有关独立样本均值的差别问题可以用t检验统计量来回答。

3.方差分析的应用和说明

调研人员使用方差分析来确定两个或更多均值间差异的统计显著性。方差分析计算受访者组间的方差，并将其与组内方差进行比较。如果F值显示组间方差明显比组内方差大，那么均值就会显著不同。方差分析中均值间差异的统计显著性可以通过后续检验诊断，Scheffé检验就是一种后续检验。该检验将所有可能的两对样本的均值之差与一高一低两个区间比较。如果某一对样本均值的差落在置信区间外，那么该对均值会被看作存在统计上的差异。

4.用认知图来展示研究成果

绘制认知图能够视觉化呈现受访者的认知。这些图形是根据几种多变量方法的结果绘制而成。认知图视觉化地展示了受访者对不同公司、产品、品牌和其他对象的重要属性，包括服务质量、食品的味道和食品的准备等的相对感知程度。

11.6　关键术语和概念

Analysis of variance（ANOVA）方差分析

Chi-square analysis 卡方分析

Follow-up test 后续检验

F-test F检验

Independent samples 独立样本

Interaction effect 交互效应

Mean 均值

Median 中位数

Mode 众数

n-way ANOVA 多因子方差分析

Perceptual mapping 绘制认知图

Range 极差

Related samples 相关样本

Standard deviation 标准差

t-test t 检验

Variance 方差

11.7　复习题

1.解释均值、中位数和众数的区别。

2.为什么要在假设检验中使用卡方和 t 检验，应如何使用？

3.在市场调研中，为什么要使用方差分析，什么时候使用方差分析？

4.方差分析不会告诉你什么，你会怎样解决这个问题？

11.8　讨论

1.本章所讨论的集中趋势测度方法旨在揭示数值分布中心的信息。离散程度的测度揭示了分布中的所有数值围绕着中心值分散的范围。假定你正在进行一项民意测验，调查选民对你所在城市市长的工作绩效的支持率。对于民意测验所收集的应答，你认为市长会对你的民意调查应答的集中趋势还是离散测度更感兴趣？为什么？

2.如果你有兴趣了解年轻人（21~34 岁）是否比中老年人（35 岁及以上）更喜欢在网上购物，那么你将怎样建立你的原假设？与原假设相对的备择假设又是什么？

3.检验原假设的显著水平 α 被视为犯第 I 类错误的概率。A 是以样本数据为基础，当原假设对于总体为真时，却拒绝原假设的概率。鉴于 α 涉及你进行分析时犯错误的概率，你能经常将这个值设置得足够小吗？为什么能或为什么不能？

4.方差分析（ANOVA）能让你检验两个或更多个均值的统计差异。通常，要检验两个以上的均值。如果方差分析后的结果显示，4 个均值间存在显著差异，那么你将如何找出与其他均值在统计上显著不同的均值？你会采用哪种统计方法来回答这个问题？

5.网上作业。耐克、锐步和匡威是运动鞋市场上强有力的竞争者。它们用不同的广告和营销策略来吸引目标市场。用互联网上的一种搜索引擎找出有关这个市场的信息。登录这 3 家公司的网站（www.Nike.com，www.Reebok.com，www.Converse.com），收集每家公司的背景资料，包括目标市场和市场份额。根据收集到的信息设计一个问卷并以学生为样本进行调查。准备一份关于受访者对这 3 家公司所生产的鞋和其他方面不同感知的报告，在课堂上宣讲并为你的报告做论辩。

6. SPSS练习。在你的班级中，按三四个人一组将班级分成若干个小组。选择一个或两个当地的特许经销商进行调查，比如赛百味或者麦当劳。设计一个简要的调查（包括10~12个问题），包括对食品质量、服务速度、雇员的专门知识、雇员的服务态度以及价格打分。同时，还应当包括一些人口统计变量，如年龄、住址、来餐厅就餐的频率、每周几天以及每天几次。得到特许经销商的许可之后，在方便的时候，通常会在顾客即将离开的时候对其进行访问。当然，应当向特许经销商保证你不会打扰顾客，并且会根据你的发现为经销商提供一份有价值的报告。在报告中适当的地方，还应用频数图、饼图等类似的图形来展示你的发现。用统计学来检验假设，如"按每天的次数或每周的天数进行观察，对服务快捷的认知是不一样的"。准备一份报告并在你的班级里宣讲，尤其要指出哪里的差异在统计上是显著的，并解释为什么。

7. SPSS练习。用SPSS和圣塔菲烤肉餐厅雇员的数据库来计算问卷中有关变量的频数、均值、众数和中位数。具体调查问卷见第10章。此外，在适当的地方为你分析的数据绘制条形图和饼图。利用方差分析识别不同性别的雇员、全职和兼职的雇员对工作环境的认知是否有差异。准备一份报告汇报你的发现。

8. SPSS练习。回顾这一章的"市场营销调研实践"。有3个餐厅竞争者——雷明顿、澳拜客和长角。案例中已提供了餐厅形象变量的单因素方差分析结果。现在运行方差分析的后续检验找出组间的差别来自哪里。为雷明顿在与竞争对手的竞争中所制定的新的营销策略提供建议。

第12章 在定量研究中检验相关性

【学习目标】

通过对本章的阅读，你将会做到以下几点：

1.理解和判断变量间的关系类型。

2.解释相关和共变的概念。

3.讨论皮尔逊相关和斯皮尔曼相关的区别。

4.解释统计显著性和实际显著性的概念。

5.理解回归分析的应用条件及方法。

数据挖掘技术帮助宝洁公司重居全球领先地位

宝洁公司是全球性的日用消费品公司，拥有20个世界级品牌，诸如汰渍、福爵、纺必适、洁碧先生和品客等。全世界的消费者在每天的生活中会接触保洁产品多达30亿次。然而，几年前该公司发现自己的行业地位受到了威胁。虽然包括宝洁公司在内的许多企业都追求三个整体营销目标——赢得客户、留住客户和发展客户，但是宝洁知道要想重新树立全球形象、拓展业务，就不得不改变传统的营销战略和策略。而这种变革则要依据以下三个问题的答案：（1）每个品牌的目标客户是谁？（2）公司所期望的品牌价值或品牌定位是什么？（3）前两个问题得到的答案如何实现？

作为品牌管理中的领军人物，宝洁公司已开始应用信息技术和顾客关系管理来设计新的品牌构建战略。从对公司内部雇员的调查中，他们意识到有必要重申以客户为中心的理念。例如，对宝洁公司运营目标的对和错，每个雇员都有自己的观点，而且这些观点有助于公司重新建立五个核心的基本要求作为经营目标：（1）视客户如自己的老板，并为客户提供超值服务；（2）对产品的竞争优势和制胜方法有清晰的战略选择；（3）在创新和品牌经营方面成为领军者；（4）合理利用宝洁公司独一无二的全球运营结构；（5）更加完善和严格地执行财务和运营准则。

宝洁公司利用从数据库中提取出来的信息为它的全球品牌和分销市场构建消费模型。构建品牌消费模型的一个目的是在全球赢得新的客户，并在现有客户群中推广各个品牌。另一个目的就是利用产品创新的成果来拓宽全球范围内产品销售的种类。在每个品牌的细分市场，宝洁公司都会对预测能力较强的统计模型加以调整和验证。构建模型时会考虑许多因素，如消费者的家庭购买力、居住年限、家庭规模、年龄、性别、对品牌的态度、使用媒体的习惯、购买频率等。模型的结果表明，宝洁公司在重新设计品牌构建战略中取得了进步。在他们所拥有的20个主要品牌中，有19个品牌的价值不断增长——全球消费者每天使用宝洁产品总计达3 000万次。内部员工对宝洁公司的发展满怀信心——有56%的员工相信宝洁公司正在朝着正确的方向前行，而这一比例在一年前只有26%。要想了解更多关于宝洁公司变革历程的信息，请登录宝洁官方网站（www.pg.com）。

12.1　检验变量之间的关系

变量间的相关性可以用多种方式来描述，其中包括：相关性是否存在，是正相关还是负相关，相关性的强弱和相关关系的类型。以下会逐一阐述这些概念。

第一个问题是两个或多个变量之间是否相关。如果两个或多个变量间存在系统的联系，那么它们之间就存在相关关系。要想证明关系是否存在，就要依靠统计显著性的概念。如果检验变量间的相关关系，发现在统计上是显著的，那么就可以说变量间是相关的。换句话说，如果变量间存在相关性，那么了解某个变量变化的规律将有助于预测另一个变量的变化。例如，我们发现受访者对圣塔菲烤肉餐厅质量的看法和对圣塔菲餐厅整体的满意度评价间的相关关系在统计学上是显著的，那么就可以说它们之间存在相关性。

如果两个变量之间存在相关性，知道相关关系的方向是至关重要的。该方向可以是正的，也可以是负的。以圣塔菲烤肉餐厅为例，如果对烧烤质量评价很高的受访者，对圣塔菲餐厅的整体满意度也很高，那么它们之间存在正相关的关系。相反，如果两个变量的取值一个越低，而另一个却越高，则它们之间就是负相关关系。例如，在圣塔菲烤肉餐厅就餐时，随着服务问题的增多，满意度会出现下降。所以，服务问题的数量和顾客满意度是负相关的。

了解相关性的强弱也非常重要。研究者通常将相关性的强弱分为不相关、弱相关、适度相关和高度相关。如果不存在系统性和一致性的联系，就是不相关。弱相关的意思是变量之间存在共变，但程度不大。中等或高度相关是指有一致且系统性的联系，并且如果是高度相关，这种联系就会更加明显。相关性的强弱由相关系数决定，相关系数越大，表示相关度越高。

第四个重要的概念是相关关系的类型。如果两个变量是相关的，那么就会存在这样的问题："它们之间相关的本质是什么？""如何描述 Y 和 X 之间的联系？"两个变量间的关系类型有很多种。变量 Y 和 X 之间若存在线性关系（Linear relationship），则意味着在取值范围内，二者关系的强度和性质保持不变，并且这种关系可以用直线完美地表达。变量 Y 和 X 之间的另一种关系类型是**曲线关系**（Curvilinear relationship），即在取值范围内二者关系的强弱和方向都在不断变化。例如，如果变量 X 中等大小的取值和变量 Y 中较大的取值高度相关，但是较大和较小的 X 却跟较大的 Y 弱相关，则 X 和 Y 之间的这种关系就是曲线关系。再举个例子，如果一个广告中的中度恐惧诉求与对广告的积极态度是高度相关的，但较低和较高的恐惧诉求却与对广告的态度弱相关，那么恐惧诉求程度和对广告的态度之间就是曲线关系。

线性关系在应用上要比曲线关系简单。如果我们知道变量 X 的数值，就可以用直线方程（Y=a+bX）来确定 Y 的数值。但是当两个变量之间是曲线关系时，用来描述这种关系的方程就非常复杂。所以，大部分的营销调研人员在实际操作中都认为变量之间是线性关系。

营销人员非常关心影响其产品销售的变量间的关系。对于两个可能存在相关关系的变量，我们有四个问题要问。首先，"在所研究的两个变量之间，存在相关关系吗"，如果存在相关性，那么，"它们之间的相关程度有多大""它们之间是正相关还是负相关"，以及"这种关系是线性的还是曲线的"。一旦解决了这些问题，调研人员就能解释调研结果、得出结论并为管理决策提出建议。

12.2 共变和变量间的关系

由于我们非常想知道刻画客户行为的两个变量间是否相关，所以需要引入共变的概念。**共变**（Covariance）的定义是一个变量的变化会对另一个变量的变化产生多大的影响。例如，如果知道购买 DVD 与年龄有关，那么我们就想知道年轻人与购买更多 DVD 的相关程度。共变这个概念的另外一种表述方式是两个变量之间的相关程度。如果发现两个变量因可靠且一致的原因同时发生变化，那么就可以利用这些信息进行预测，从而改善在广告和营销策略方面所做的决策。

散点图（Scatter diagram）是直观描述两个变量间共变性的一种方法。散点图分别利用横轴和纵轴反映两个变量的实际值，从而在坐标系中刻画它们的相对位置。图表 12-1 至图表 12-4 以散点图的形式描述了两个变量间可能存在的几种关系。图表 12-1 中的点代表了每个变量的具体取值，这些点留给我们的直观印象似乎恰好可以用圆来概括。也就是说，所选择的点没有呈现出某种趋势。所以，如果从散点图中选取变量 Y 的两三个样本值并观察 X 值，会发现 X 的取值没有什么可预测的趋势。也就是说，在已知 Y 或 X 的取值后，并不能很好地（或根本不可能）推测另一个变量的取值。图表 12-1 表明 Y 和 X 之间没有系统性的联系，并且它们之间不存在共变。如果用下一节将要学习的方法来测度这两个变量之间的共变程度，就会发现它们之间的共变程度趋近于 0。

在图表 12 - 2 中，两个变量之间展现了一个完全不同于图表 12 - 1 的情形。图中的点呈现出一个明显的趋势：随着 Y 值的增加，X 值也在增加。这个趋势可以用一条直线或一个椭圆（两边被拉长的圆）来表示。这种关系也可以被描述成正相关，因为 Y 值的增加和 X 值的增加是联系在一起的。这就意味着如果知道 Y 和 X 之间的关系是线性且正相关的，便会知道 Y 和 X 的变化是同向的。随着 Y 值的增加，X 值也在增加。类似地，如果 Y 值减少，X 值也减少。如果测度 Y 和 X 间的共变程度，会发现共变程度非常高。所以，Y 值的变化和 X 值的变化有系统性的联系。

图表 12 - 1　X 和 Y 之间无关系

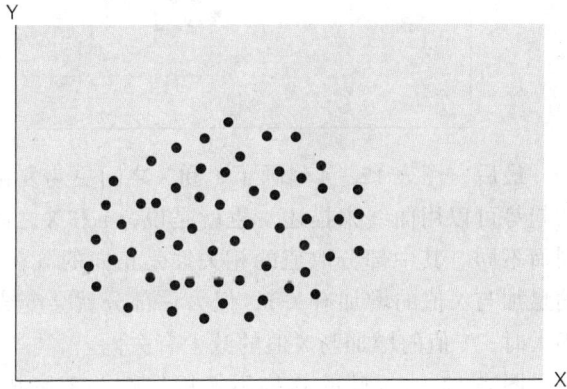

图表 12 - 2　X 和 Y 之间的正向关系

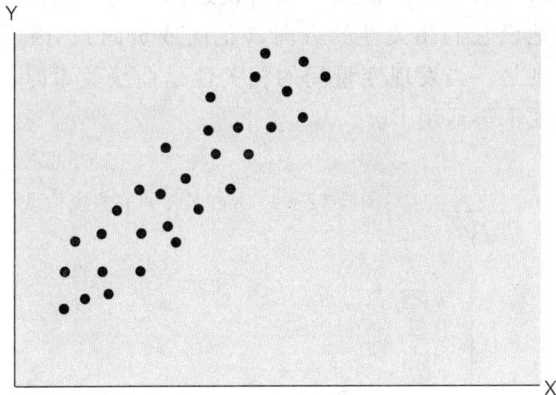

在图表 12 - 3 中，Y 值和 X 值之间的趋势类型与图表 12 - 2 相同，但是它们之间关系的方向却与图表 12 - 2 相反。Y 和 X 之间有线性趋势，但此时 Y 值的增加与 X 值的减少有关，这种关系类型称为负相关。尽管 Y 和 X 的变化和图表 12 - 2 中的方向相反，但仍然是一起变化，所以这两个变量之间的共变程度仍很高。共变这个概念是用来描述两个变量间相关性的强弱，而不是用来描述它们相关性的正负的。

图表12-3　X和Y之间的负向关系

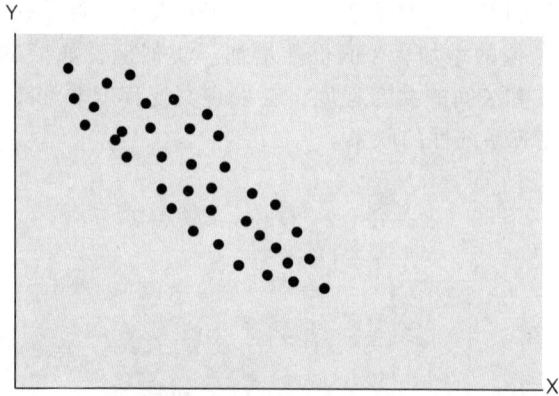

最后，图表12-4刻画了Y和X之间更为复杂的关系。图表中各点所反映的趋势可以用曲线来描述。也就是说，Y和X之间的相关性由于变量取值的不同而不同。其中部分取值的相关性是正向的（在Y和X的取值都很小时，Y值的增加与X值的增加有关），但另一部分就会变成负向的（在Y和X的取值都很大时，Y值的增加与X值的减少有关）。

图表12-4反映的趋势不能用线性关系来描述。但市场调研人员所使用的描述变量间相关性的统计量都假设变量间存在线性关系，所以当用这些统计量来反映一个曲线关系时，它们就不够准确了。在图表12-4中仍可认为变量间的相关性很强，或者说这两个变量间的共变程度很高。但现在不能简单地说它们相关性的方向（正向或负向），因为它是不断变化的。而更棘手的则是，当发现变量间的相关性是曲线关系时，许多用来反映相关性的统计量便不再适用了。

图表12-4　X和Y之间的曲线关系

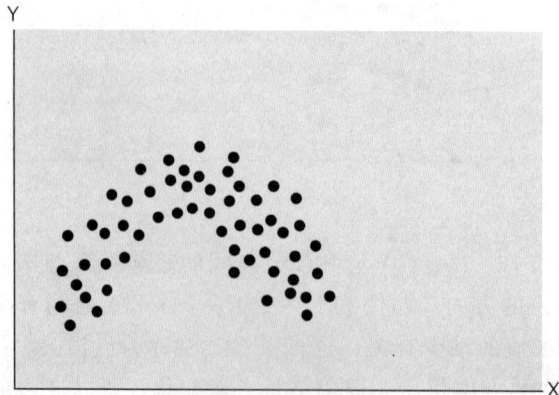

12.3 相关分析

散点图是一种直观反映两个变量间相关性和共变程度的方式。例如，由散点图可以看出随着收入的增加，星巴克咖啡的平均销售量也在增加。尽管图表更直观，但有时候定量地测度两个变量间的共变程度会更加方便。

皮尔逊相关系数（Pearson correlation coefficient）用来测度两个变量间的线性相关程度。它的取值范围在 -1.0~+1.0 之间，取值范围中，0代表两个变量不相关，-1.0 或 +1.0 表示两个变量完全相关。相关系数是正还是负取决于变量间相关关系的方向。而相关系数越大，两个变量间的相关性就越强。

皮尔逊相关系数的原假设是两个变量不相关且相关系数为0。例如，可以假设星巴克咖啡的销售量和收入水平无关。如果调研人员从总体的一个样本中收集咖啡销售量和收入这两个指标的观测值，并计算样本相关系数，则其实质问题是："如果总体相关系数为0，那么在样本容量一定时，样本相关系数也为0的概率是多大？"也就是说，如果计算出两个变量的样本相关系数很大，而且样本又是从指定总体中被恰当抽取的，那么总体相关系数确实为0的概率会非常小。因此，如果相关系数在统计上是显著的，则拒绝原假设，并且有理由相信所检验的两个变量在总体中确实存在相关性。简而言之，星巴克咖啡的销售量和收入是相关的。

在本章开始时提到了我们感兴趣的第一个问题："Y和X之间有相关关系吗？"这个问题等价于相关系数在统计上是否显著。当相关系数显著时，就可以转向第二个和第三个问题："如果Y和X之间存在相关关系，那么它们之间的相关程度有多大"以及"如何最准确地描述它们间的相关关系。"

相关系数的大小用来定量地描述两变量间相关性的强弱。图表12-5列出了依据相关系数大小来判断两变量间相关性强弱的简易法则。相关系数落在0.81~1.00的，通常被称为高度相关，即所研究的两个变量共变性很强。相反，如果相关系数落在0.00~0.20，则很可能要接受原假设（除非使用的是大样本）。以上对相关性强弱的解释都是参考性的，对相关系数其他取值的解释很可能就要具体问题具体分析了。

除相关系数的大小外，还需要考虑相关系数的显著性水平。包括SPSS在内的许多统计软件都能计算出相关系数值对应的显著性水平。SPSS软件给出的统计显著性是指当原假设正确的情况下被拒绝的概率。例如，如果根据所抽取的样本计算得出星巴克咖啡销售量和收入之间的相关系数为0.61，统计显著性为0.05，那就意味着如果这两个变量确实不相关的话，在100次独立抽样中，预计也只有5次会得到两个变量不相关的结果。所以，我们拒绝变量间不相关的原假设，并认为星巴克咖啡的销售量和收入之间是相关的。在SPSS输出窗口中，统计显著性被记作"Sig."。

图表12-5　用相关系数判断相关性强弱的简易法则

相关系数范围	相关性强弱
±0.81~±1.00	极强相关
±0.61~±0.80	强相关
±0.41~±0.60	中度相关
±0.21~±0.40	弱相关
±0.00~±0.20	极弱相关

12.3.1　皮尔逊相关系数

在计算皮尔逊相关系数时，需要遵循以下假设：首先，假设变量的数据类型是定距或定比的。如果不是的话，就需要计算其他类型的相关系数，使其与现有的数据类型相匹配。另外一个假设是所测算的相关关系是线性的，即两个变量间的关系可以用直线来表达。

在应用皮尔逊相关系数时，研究人员还应假设所要分析的变量来自正态分布的总体。许多统计学的方法都要求研究对象服从正态分布。但有些情况下判断样本数据是否服从正态分布会比较困难，所以研究人员通常会把正态性假设作为给定的条件而直接使用。

12.3.2　SPSS应用——皮尔逊相关系数的计算

我们用圣塔菲烤肉餐厅的数据来学习皮尔逊相关系数。店主预计消费者对餐厅满意度和向别人推荐餐厅的可能性之间是显著正相关的。通过观察这个数据集里的变量，会发现其中已收集了关于"推荐的可能性"（变量 X_{24}）和"满意度"（变量 X_{22}）的信息。圣塔菲烤肉餐厅的店主只想根据他自己的客户来检验这一研究问题。原假设是圣塔菲顾客满意度和推荐餐厅的可能性之间没有关系。

要从圣塔菲烤肉餐厅的405份调查总样本中选择205份，操作步骤为："数据→选择样本"。首先点击"数据"下拉菜单并向下滚动，点击"选择样本"。此时你会看到"选择样本"的对话框，其默认值是"所有案例"。点击"如果满足条件"选项，然后进入"如果"选项卡。接下来选择变量X_s4并点击箭头栏将它移动到窗口里。这时点击等号，然后1是圣塔菲客户（编码1）。下一步点击"继续"和"完成"键，此时你将只分析圣塔菲烤肉餐厅的客户。因此，你的输出结果将只有一个餐厅。记住执行该操作后，所有的数据分析都只针对圣塔菲烤肉的客户。要分析总样本你必须遵循相同的操作步骤并选择"所有案例"。

利用SPSS可以很容易地计算两个变量间的皮尔逊相关系数并检验原假设。SPSS的操作步骤为："分析→相关性→双变量"，便会出现一个对话框来让你选择变量。我们将变量 X_{22} 和 X_{24} 移至"变量"框中。注意，对话框中的三个选项"皮尔逊相关系数""双尾检验的显著性"和"标注出显著的相关关系"都使用默认设置。接下来点击"选项"框，打开后选择"均值""标准差"，然后点击"继续"，最后点击SPSS对话框右上方的"完成"就可以计算出皮尔逊相关系数。

结果分析　图表12-6给出了皮尔逊相关系数的计算结果。在"相关系数"表中，可以看到变量X_{24}——推荐的可能性和X_{22}——顾客满意度之间的相关系数为0.776，并且统计显著性为0.000。所以证实了之前的假设："满意度"和"推荐的可能性"之间是正相关的。当分析两个变量的均值时，发现"满意度"的均值（4.54）比"推荐的可能性"的均值（3.61）略高，但是我们知道受访者对这两个问题的回答比较相似。也就是说，它们存在共变：当一个上升时，另一个也上升。当一个下降时，另一个也下降。总之，受访者的满意度越高，就越有可能推荐圣塔菲烤肉店。

对于圣塔菲烤肉餐厅的店主来说，了解满意度和推荐可能性之间的关系是非常重要的。但同样重要的是，在满意度和具体哪方面值得推荐上还有细分和重大改进的空间。这些变量都是用7点标度法度量的，并且均值都接近于量表的中点。店主需要找出为什么满意度和推荐可能性会如此低。总的来说，他们需要"深入"到其他调查数据中来确定改善这种状况的途径。我们在本章后面的例子会告诉你如何做。

图表12-6　SPSS皮尔逊相关系数举例

Descriptive Statistics

	Mean	Std. Deviation	N
X22 -- Satisfaction	4.54	1.002	253
X24 -- Likely to Recommend	3.61	.960	253

Correlations

		X22 -- Satisfaction	X24 -- Likely to Recommend
X22 -- Satisfaction	Pearson Correlation	1	.776**
	Sig. (2-tailed)		.000
	N	253	253
X24 -- Likely to Recommend	Pearson Correlation	.776**	1
	Sig. (2-tailed)	.000	
	N	253	253

**. Correlation is significant at the 0.01 level (2-tailed).

12.3.3 相关系数的实际显著性

当相关系数很大并且显著时，可以确信这两个变量是线性相关的。在圣塔菲烤肉店这个例子中，有理由相信推荐餐厅的可能性实际上和对餐厅的满意度是相关的。当相关系数很小时，应该考虑到有两种可能：（1）两个变量间没有系统、一致的相关关系；（2）相关关系存在，但不是线性的，这需要进一步检验其关系类型。

当把相关系数平方时，就得到了**可决系数**（Coefficient of determination），或 r^2，其取值范围为 0.00~1.0，表示一个变量能由另一个变量解释的比例。在圣塔菲烤肉店的例子中，相关系数为 0.776，所以 $r^2=0.602$，也就是说，"推荐的可能性"的变化中大约有 60.2% 与"满意度"有关。可决系数越大，表明两个变量间的线性关系越强。在本例中，"推荐圣塔菲烤肉餐厅的可能性"的变化有 60% 可由"满意度"的变化来解释。

统计显著性与真实显著性之间是有差别的。所以，我们需要理解什么是真实的显著性。换句话说，仅凭计算的数字就一定能为管理决策提供有用的信息吗?不能，因为相关系数统计显著性的计算部分地依赖于样本容量，所以可能有些统计上显著的相关系数太小，以至于对管理决策没有什么帮助。这是因为即使相关性很弱，大样本也会使这种相关关系很显著。例如，如果将"满意度"和"向别人推荐圣塔菲烤肉餐厅的可能性"联系起来，其相关系数为 0.20（显著性水平为 0.05），可决系数为 0.04。我们难道认为这个结果有意义吗?由于它们的共变程度只有 4%，因此不能认为它们是相关的。所以，调研人员在得出结论之前，对于两类显著性（统计上的显著性和实际的显著性）必须都要考虑。

12.3.4 数据类型对相关分析的影响

有时人们所研究的问题只能用定序或定类的数据类型来标度。当收集的数据属于定序数据，或者不能用定距和定比数据来测度时该如何处理呢?当两个变量是定序数据时，推荐使用**斯皮尔曼等级相关系数**（Spearman rank order correlation coefficient）。只要有一个变量是按序排列的，那么最好用斯皮尔曼等级相关系数而不是皮尔逊相关系数做分析。

12.3.5 SPSS 应用——斯皮尔曼等级相关系数

收集到的圣塔菲烤肉餐厅的消费者调查数据把选择饭店的原因归结为 4 个因素，包含在变量 X_{26} 至 X_{29} 中。店主想知道在消费者选择饭店的原因中，"食品质量"是否比"服务"更重要。由于这些变量都是定序的，所以皮尔逊相关系数并不适用，斯皮尔曼相关系数才是恰当的选择。我们将要使用变量 X_{27}——食品质量和 X_{29}——服务。

店主想知道通常什么因素影响餐厅的选择，因此在这个分析中会包含全部的 405 份样本。SPSS 的操作步骤为："分析→相关性→双变量"，然后会出现让你选择变量的对话框。将变量 X_{27} 和 X_{29} 选到"变量"框中。注意

"皮尔逊相关"和"双尾检验的显著性""标注显著的相关关系"是默认选项。不要选"皮尔逊"而要选择"斯皮尔曼"。然后点"完成"来执行程序。

结果分析　图表12-7显示了SPSS软件斯皮尔曼相关系数的运算结果。如"相关性"表所示，变量X_{27}——食品质量和X_{29}——服务之间的相关系数为-0.130，并且显著性水平为0.01（见"相关性"表的脚注）。所以，虽然相关系数很小，但仍可认为这两个因素在统计上有显著的相关关系。负相关意味着认为食品质量在选择饭店的因素中比较重要的消费者通常都认为服务不那么重要。

图表12-7　SPSS斯皮尔曼等级相关系数

Correlations			X27 -- Food Quality	X29 -- Service
Spearman's rho	X27 -- Food Quality	Correlation Coefficient	1.000	-.130[**]
		Sig. (2-tailed)		.009
		N	405	405
	X29 -- Service	Correlation Coefficient	-.130[**]	1.000
		Sig. (2-tailed)	.009	
		N	405	405

[**] Correlation is significant at the 0.01 level (2-tailed).

SPSS应用——计算中位数排序

为了更好地理解斯皮尔曼相关系数的结果，需要计算这四个选择因素的中位数排序。SPSS计算中位数排序的操作步骤为：分析→描述统计→频数。选中变量$X_{26} \sim X_{29}$，然后通过箭头按钮将这些变量选到变量框中。之所以4个因素都选择，是因为这样便能得出影响选择饭店的全部4个因素的相对排名。接下来打开"统计"框并点击"中位数"，然后点击"继续"。对于"图表"和"格式"选项框，使用默认设置，再点击"OK"便可执行程序。

图表12-8的"统计"表显示了SPSS中位数排序的结果。我们记得中位数是描述性统计量，只能用来描述受访者的特征。由于4个因素的重要性是按1~4排序的，其中1=最重要，4=最不重要，所以中位数最低的变量在4个变量中排序最高，因此它是最重要的，而中位数最高的变量是最不重要的。按照排序的结果，食品质量被列为最重要的（中位数=1），而氛围和服务是最不重要的。本例中，斯皮尔曼等级相关系数比较了食品质量（中位数=1.0）和服务（中位数=3.0）两个变量，所以在选择饭店的因素中食品质量明显比服务质量重要。

图表12－8　SPSS关于餐厅选择影响因素的中位数举例

Statistics		X26 -- Price	X27 -- Food Quality	X28 -- Atmosphere	X29 -- Service
N	Valid	405	405	405	405
	Missing	0	0	0	0
Median		2.00	1.00	3.00	3.00

12.4　什么是回归分析？

相关系数可以决定两个变量间的相关关系是否存在，还能反映变量间相关关系的强弱和方向。然而管理者有时还需要知道如何更详细地描述变量间的关系。例如，销售经理可能想预测未来的销售额或预测价格上涨对公司利润或市场份额有怎样的影响。许多方法都能做这种预测：（1）由变量以前的变化趋势来外推；（2）简单地推测；（3）使用回归方程，即用其他相关变量中所包含的信息来辅助预测。外推和推测（根据经验或其他方式）都假设过去的条件和变化趋势在将来还会持续，但它们并不考虑哪些因素对要研究的变量产生了影响。因此当销售收入、利润或其他销售经理关心的变量与过去相比发生变化时，外推和推测并不能解释变化产生的原因。

双变量回归分析（Bivariate regression analysis）是一种统计方法，它利用因变量或预测变量和自变量之间的相关信息来进行预测。自变量的取值是收集到的，因变量的变化是通过方程所代表的直线观察到的。例如，如果你想知道该公司当前的销售额，便可应用直线方程：

销售额（Y）=$0+（单位价格b）×（销售量X）

如果销售量为0，销售收入自然为0。所以，常数项或x的截距项为$0。单位价格（b）决定了每销售1单位商品（X），销售收入（Y）的增加量。在本例中，销售收入和销售量间的关系是线性的。

一旦利用回归方程来预测Y的值，当然还要了解预测效果的好坏。首先要做的是比较回归模型的预测值和由样本收集到的实际值。通过比较实际值（Y_i）和预测值（Y），就能知道模型在预测因变量实际值时的效果。

回归分析中暗含着两点假设。第一，和相关分析一样，回归分析假设线性关系可以很好地描述两个变量间的关系。如果散点图显示两个变量值的趋势和图表12－2或图表12－3相似，就满足这一假设。但如果散点图与图表12－1或图表12－4一样，那么就不该选择回归分析。第二，尽管在回归分析的专用术语中，经常将变量叫做因变量或者自变量，但这并不意味着可以认为一个变量的变化能引起另一个变量发生变化。回归分析是利用两变量间相关关系的类型和大小来进行预测的。要表述一个变量能否引起另一个变量的变化，就必须以概念的逻辑性或已有知识为基础，而不仅仅依据统计计算。

最后，使用简单回归模型还要假设：（1）所选择的变量是用定距或定比数据度量的（哑变量的情况除外，我们的网站——www.mhhe.com//hairessentials3e 有关于哑变量的讨论）；（2）变量来自于一个正态总体；（3）与预测相关的误差项服从独立正态分布。

12.4.1　回归分析的基本原则

回归分析的一个基本原则是假设自变量和因变量之间是直线关系，如图表 12-9 所示。一条直线方程通常可以写成：

$$Y=a+bX+e_i$$

其中，Y = 因变量；

a = 截距（指当 X=0 时，直线与 Y 轴的交点）；

b = 斜率（指 X 每变化一个单位，Y 的变化量）；

X = 用于预测 Y 的自变量；

e_i = 预测误差。

图表 12 – 9　回归中的直线关系

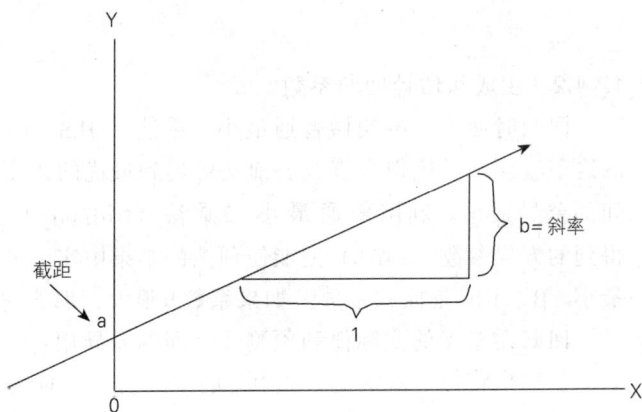

在回归分析中，由于要考察自变量（X）和因变量（Y）之间的关系，因此需要使用数据集中 X、Y 的实际值和 a、b 的估计值。a 与 b 的估计值是以最小二乘法为基础计算得到的。如图表 12 – 10 所示，最小二乘法通过最小化所有数据点到趋势线的垂直距离来求最优的拟合直线，这条最优拟合线就是回归线。任何未落在回归线上的点都是由**未被解释的变异**（Unexplained variance），或者叫作 Y 中不能由 X 来解释的变化所引起的。这种未被解释的变异被称为残差，由实际数据点和估计得到的回归直线间的垂直距离来描述。将所有不在回归线上的点到该直线的垂直距离的平方相加就得到残差平方和，用来测度回归中的总误差。

双变量回归分析只研究一个自变量和一个因变量。然而，管理者常常想要了解多个自变量对一个因变量的综合影响。例如，DVD 的购买是否仅与年龄有关，还是也和收入、种族、性别、地理位置、教育水平有关?相似地，在圣塔菲烤肉餐厅的数据集中，我们可能会问：消费者对餐厅的满意度是否只跟对菜品口味的认知（X_{18}）有关，还是也与对服务员的友好程度（X_{12}）、价格的合理性（X_{16}）和服务迅捷程度（X_{21}）的认知有关?多元回归是测度这种多变量关系最合适的方法。在开始讨论多元回归分析之前，我们先来讨论双变量或简单回归。

图表12-10　用最小二乘准则拟合回归直线

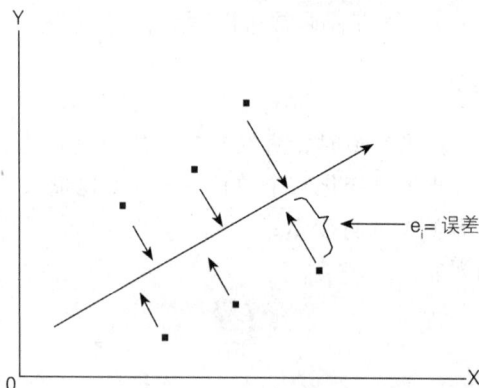

12.4.2　生成和估计回归系数

回归时使用一种叫做普通最小二乘法（OLS）的估计方法以保证估计所得的这条直线是最优拟合直线。前文曾提到最优的预测应使 Y 的实际值和预测值间的差异最小。利用**普通最小二乘法**（Ordinary least squares）这种统计方法得到的方程参数（a 和 b）便能使预测的结果中实际值和预测值间差异的平方和最小。β（b）是回归系数。如果系数 b 很大，那么它是 Y 的很好的预测因子。

回归误差 Y 的实际值和预测值之间的差异用 e_i（回归方程中的误差项）来表示。如果将每个观测的误差（Y 的实际值和 Y 的预测值之间的差）平方再求和，所得到的总和就能从加总或整体的角度反映回归方程预测的准确性。

12.4.3　SPSS 应用——双变量回归

让我们来举例说明双变量回归分析。假设圣塔菲烤肉店的店主想要了解顾客对更有诱惑力的价格的认知是否和较高的满意度相关。很明显，答案是"当然有关"。如果经营者改善了顾客的价格认知，那么消费者满意度预计会提高多少?双变量回归分析能回答这个问题。

在圣塔菲烤肉餐厅的数据集中，X_{22} 是顾客满意度指标，其中 1= 完全不满意，7= 非常满意。变量 X_{16} 测度应答者对餐厅价格合理性的认知（1= 完全不同意，7= 非常同意）。原假设是：对于圣塔菲烤肉餐厅来说，X_{22}——顾客满意度和 X_{16}——合理的价格之间没有相关关系。

要从圣塔菲烤肉餐厅的 405 份调查总样本中选择 205 份，操作步骤为："数据→选择案例"。首先点击数据下拉菜单并向下滚动，选择"选择案例"。此时你会看到"选择案例"的对话框，其默认值是"所有案例"。点击"如果满足条件"选项，然后进入"如果"选项卡。

接下来选择变量 X_s4 并点击箭头栏将它移动到窗口里。这时点击等号，然后1是圣塔菲客户（编码1）。下一步点击"继续"和"完成"键，此时你将只分析圣塔菲客户。因此，输出结果将只有一个餐厅。

要进行二元回归，SPSS的操作步骤为："分析→回归→线性"。点击变量 X_{22}——顾客满意度，并把它选到"因变量"框中。点击 X_{16}——合理的价格，并把它选到"自变量"框中。其他的选项都使用默认设置，点击"完成"来运行双变量回归。

图表12-11反映了双变量回归分析的结果。在标有"模型汇总"的表中有三种类型的"R"。最左边的R是相关系数（0.479）。R^2是0.230，由回归中的相关系数（0.479）平方求得。R^2表示一个变量的变化中能由另一个变量解释的百分比。这个例子中，顾客对圣塔菲烤肉餐厅满意度的变化中有23%来自对价格认知的变化。

图表12-11　SPSS双变量回归结果

Model Summary

Mudel	R	R Square	Adjusted R Square	Std. Error of the Estimate
1	.479[a]	.230	.227	.881

a. Predictors: (Constant), X16 -- Reasonable Prices

ANOVA[b]

Model		Sum of Squares	df	Mean Square	F	Sig.
1	Regression	58.127	1	58.127	74.939	.000[a]
	Residual	194.688	251	.776		
	Total	252.814	252			

a. Predictors: (Constant), X16 -- Reasonable Prices
b. Dependent Variable: X22 -- Satisfaction

Coefficients[a]

Model		Unstandardized Coefficients		Standardized Coefficients	t	Sig.
		B	Std. Error	Beta		
1	(Constant)	2.991	.188		15.951	.000
	X16 -- Reasonable Prices	.347	.040	.479	8.657	.000

a. Dependent Variable: X22 -- Satisfaction

结果分析　ANOVA表列出回归模型的F值，该值能体现回归模型的统计显著性。X_{22}——顾客满意度中与 X_{16}——价格的合理性有关的变化称为可解释的变异。X_{22}总方差中剩余的与 X_{16} 不相关的部分被称为未被解释的变异。F值越大，表示因变量的变化更多地和自变量有关。在本例中，F值=74.939，且统计显著性为0.000——SPSS输出窗口中"显著性"值，因此可以推翻这两个变量不相关的原假设，并由此推断消费者对价格合理性的认知与其整体满意度是正相关的。

系数表列出了 X_{16}（价格的合理性）的回归系数。标有非标准系数的列显示了 X_{16} 的非标准化回归系数 （b） 是 0.347。标有"显著性"的列显示 X_{16} 回归系数的统计显著性，由 t 检验计算求得。t 检验的作用是检验回归系数在统计上是否显著不为零。将回归系数除以它的标准误差（在系数表中标有"标准误差"的项） 就得到 t 统计量。例如， 如果用回归系数 0.347 除以它的标准差 0.04，就能得到 t 统计量的值 8.657，该值在 0.000 的置信水平下是显著的。

系数表还列出了回归方程中常数项的估计结果。该项是先前讨论直线方程中的一个术语。它是 X 的截距项，或当 X 为 0 时 Y 的取值。如果自变量取值为 0，因变量指标（X_{22}） 将会等于 2.991。将"系数"表的结果合并到一个回归方程中，便有：

X_{22} 的预测值 = 2.991 + 0.347 × （X_{16} 的值） + 0.881（平均预测误差）

顾客满意度和价格合理性之间是正相关的。X_{16} 的回归系数被解释为"X_{16}（价格合理性）的等级每增加一单位，X_{22}（满意度）将增加 0.347 个单位"。重温圣塔菲烤肉餐厅的店主的问题："顾客对于更有诱惑力的价格认知是否和较高的满意度相关呢？"答案是肯定的 ，因为模型在 0.000 的显著性水平下是显著的，R^2 有 0.230。因此，因变量"满意度"中有 23% 可以被独立变量"合理价格"解释。

12.4.4　显著性

一旦确定了回归系数的显著性，就已经回答了第一个问题："因变量和自变量之间相关吗？"在圣塔菲烤肉餐厅的例子中，答案是相关。但不要忘了我们对统计显著性和实际显著性的讨论。当评价回归系数是否有意义时，上次讨论的逻辑在此仍然适用。第二个问题就是："它们之间的相关性有多强？"在回归分析的输出结果中有可决系数（或 r^2），它描述了在因变量的变化中有多少与自变量的变化有关。这个回归 r^2 也告诉我们，在因变量的总方差中有百分之几的变化可由自变量来解释。r^2 的变化范围为 0.00~1.00，并且用回归方程的可解释方差除以因变量的总方差就能得到 r^2。在先前检验价格合理性和消费者满意度关系的例子中，r^2 是 0.230。也就是说在消费满意度的变化中，有 23% 是与顾客对价格合理性认知的变化有关的。

当检验一个回归方程的实际意义时，应该观察回归方程中 r^2 和回归系数的大小。回归系数可能在统计上是显著的，但仍然相对较小，即对于自变量一个特定单位的变化，因变量不会变化很多。在圣塔菲烤肉餐厅的例子中，非标准化回归系数是 0.347，也就是说它们之间的相关性很弱。当回归系数很小但显著时，我们可以认为总体中两个变量间存在弱相关性。在本例中，圣塔菲烤肉餐厅的店主应该考虑加入其他自变量，从而能帮助他们更好地理解和预测消费者的满意度。

12.4.5　多元回归分析

管理者面临的大多数问题是要检验几个自变量对一个因变量的影响。**多元回归分析**（Multiple regression analysis） 是处理这种情况的恰当方法。该方法是双变量回归的拓展。多元回归将多个自变量引入回归方程并单独计算每个变量的回归系数，回归系数描述了自变量与因变量的相关性。市场调研人员可以根据这些系数来研究每个自变量对因变量的相对影响。例如，圣塔菲烤肉餐厅的店主不仅要了解顾客对价格合理性的认知，还要了解顾客对服务员、餐厅气氛和服务的认知对满意度的影响。这样当他们制定营销策略时，就能更准确地知道他们需要考虑什么。

在多元回归中，每个自变量和因变量之间的关系仍然是线性的。但由于增加了一些自变量，所以现在不得不考虑多个自变量而不仅仅是一个。分析这些相关关系最简单的方法是考察每个自变量的回归系数，这些系数表示某个自变量变化一个特定单位时，预计会使因变量平均变化多少。

由于方程中增加了不止一个自变量，所以需要考虑一些新问题，如每个自变量的量纲可能不同。为了解决这个问题，需要计算标准化的回归系数，即所谓的 **β 系数**（Beta coefficient）。该系数反映每单位自变量的变化使因变量变化多少。标准化能够消除不同量纲的影响。例如，年龄和年收入使用不同的量纲来测量。β系数的取值范围为0.00~1.00，可以取正也可以取负。正的β表示自变量增加时，因变量也会随之增加。负的β表示当自变量增加时，因变量会减少。

12.4.6 统计显著性

在估计了回归系数之后，一定要检验每个系数的统计显著性。这跟双变量回归中的检验方法是一样的。每个回归系数除以它的标准误差就得到了t统计量，将得到的t值与临界值相比较，来决定是否拒绝原假设。这里仍有一个与之前相同的实质性问题："如果总体的真实回归系数为零，我们能得到回归系数也为零的概率有多大？"很多时候，回归方程中的自变量不都是统计显著的，所以一定要检验每个回归系数的t统计量。如果一个回归系数在统计上不显著，就意味着这个自变量与因变量不相关，并且用来描述它们之间相关性的斜率也较平坦：当不显著的自变量发生变化时，因变量的值不会随之改变。

采用多元回归时，检验回归模型的整体显著性非常重要。用因变量中可被自变量解释的方差除以因变量的总方差，就得到模型F统计量（Model F statistics）。将F统计量的值与临界值相比较，就可以决定是否推翻原假设。如果F统计量是统计显著的，就意味着当总体r^2实际上是0时，由样本回归模型得到一个大的r^2的概率非常小，小到可以忽略不计。

12.4.7 实际显著性

一旦估计出回归方程，就需要评价相关关系的强弱。多元回归的r^2或多重可决系数能描述方程中所有自变量整体上与因变量之间相关性的强弱。指标r^2越大，因变量的变化与这些用来预测它的自变量就越相关。r^2的值越高，自变量整体上与因变量的相关性越强。

总的来说，在判断一个多元回归模型的显著性时要检验许多指标，包括r^2、模型的F统计量、每个自变量的回归系数、对应的t统计量和β系数。在评价回归结果时应遵循的合理步骤为：（1）用F统计量和它对应的概率来评价回归模型的整体统计显著性；（2）估算所得到的r^2并注意它的大小；（3）通过观察每个自变量的回归系数及其对应的t统计量，检验哪个回归系数是统计显著的；（4）通过观察β系数来评价相对影响。将这些因素综合起来，就可以解答关于因变量和自变量相关性的那三个基本问题，并得到一个整体的认识。

12.4.8　多元回归假设

普通最小二乘法在估计一个回归方程的时候需要几个基本的假设。在这些假设中，最重要的是：（1）线性关系；（2）同方差性；（3）正态分布。线性假定在之前已经解释过，并且在图表12－9和图表12－10中进行了阐述。图表12－12说明了异方差性。协变的趋势（点表示X和Y的值）在回归线的左边非常狭窄但在右边很宽（增加了宽度）。在这种情况下，回归模型的预测能力将随着观测值的范围由小到大改变。要使回归模型预测准确，无论观测值的大小，各个点一定近似等距地分布在回归直线附近。在此情况下称为同方差性。图表12－13中展现了一条正态曲线。一个回归模型假设自变量和因变量都是正态分布的。SPSS回归软件有用来选择这些假设的选项。所有这些假设都应该满足。一般的回归模型预测的都相当不错，但与线性关系、同方差和正态性假设都会存在一定的偏差。

12.4.9　SPSS应用——多元回归

回归分析可以用来检验定量测度的单一因变量和定量测度的一个或多个自变量间的关系。如果使用圣塔菲烤肉餐厅的数据集，就会注意到前21个变量都是定量测度的自变量。它们都是关于生活方式和对餐厅认知的变量，都用7点标度的量表测度，其中7表示量表的最高端，1表示量表的最低端。变量X_{22}、X_{23}和X_{24}都是用7点标度法度量的因变量。变量X_{25}——惠顾频数、X_{30}——驱车距离、X_{31}——广告效应和X_{32}——性别都是非定量测度的变量。由于变量$X_{26} \sim X_{29}$是定序数据，也是非定量测度的变量，因此在回归中不能使用这些变量。

图表12－12　异方差的例子

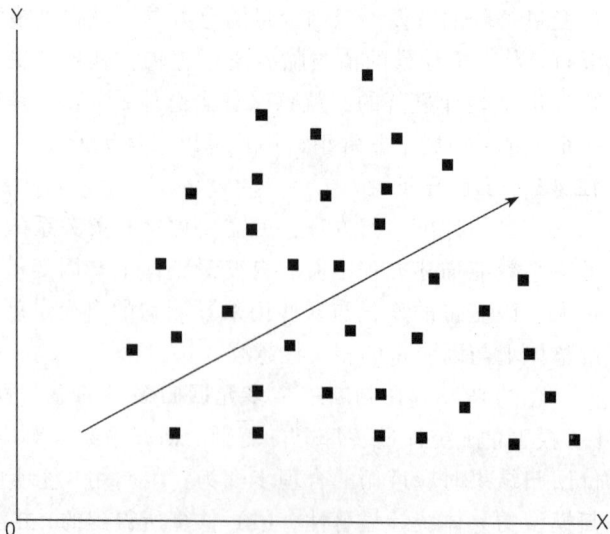

图表 12 - 13 正态曲线的例子

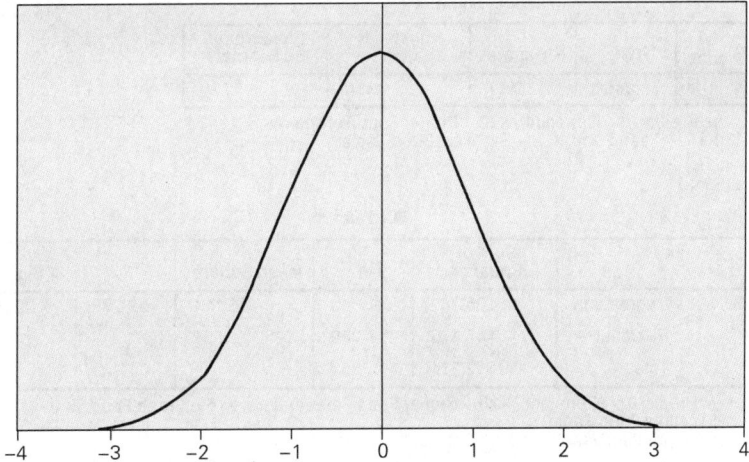

多元回归可以用来检验顾客对餐厅食品的认知与整体满意度的相关性这个问题。在这个例子中，具有定量测度的因变量是 X_{22}——顾客满意度，自变量是 X_{15}——食品的新鲜程度、X_{18}——食品的口味和 X_{20}——食品的温度。原假设是这三个食品变量与满意度之间不相关。备选假设是 X_{15}、X_{18} 和 X_{20} 与 X_{22}——顾客满意度是显著相关的。

首先，要确保只选择了圣塔菲烤肉餐厅顾客去分析。检验这个关系的 SPSS 操作步骤为："分析→回归→线性"。选中 X_{22} 并将它选到因变量框中。选中 X_{15}、X_{18} 和 X_{20} 并选到自变量框中。对于其他的选项，使用默认设置，最后点击"完成"来运行多元回归。

结果分析 多元回归的 SPSS 输出结果显示在图表 12 - 14 中，"模型汇总"表列出这个模型的 R^2 是 0.417。意味着满意度（因变量）变异中的 41.7% 可以由这三个自变量来解释。回归模型生成的"方差分析"表指出，整个模型的 R^2 显著不为零[方差比（F）=59.288；概率水平（显著性）< 0.000]。这个概率水平表示，回归模型的结果来自于一个 R^2 实际为 0 的总体的概率是 0。也就是说即使在 1 000 次抽样中，也不会有 1 次抽到实际相关系数为 0 的那个总体。

为了判断一个或多个与食品有关的自变量是否能合理预测因变量，我们需要考察系数表所提供的信息。通过观察"标准化 β 系数"列，我们发现 X_{15}——食品新鲜程度的 β 系数为 0.767，其对应的显著性水平为（0.000）。X_{28}——食品的口味和 X_{20}——食品的温度的 β 系数分别为 - 0.267（显著水平 < 0.002）和 0.096（显著水平 < 0.191）。这就是说可以拒绝与食品质量有关的三个指标和 X_{22}——顾客满意度都不相关的原假设。所以，这个回归结果显示，对餐厅满意度水平而言，顾客对圣塔菲烤肉餐厅食品的认知中有两个变量是很好的预测因子。

图表 12 – 14　SPSS 多元回归的结果

Model Summary

Model	R	R Square	Adjusted R Square	Std. Error of the Estimate
1	.646[a]	.417	.410	.770

a. Predictors: (Constant), X20 -- Proper Food Temperature, X15 -- Fresh Food, X18 -- Excellent Food Taste

ANOVA[b]

Model		Sum of Squares	df	Mean Square	F	Sig.
1	Regression	105.342	3	35.114	59.288	.000[a]
	Residual	147.472	249	.592		
	Total	252.814	252			

a. Predictors: (Constant), X20 -- Proper Food Temperature, X15 -- Fresh Food, X18 -- Excellent Food Taste
b. Dependent Variable: X22 -- Satisfaction

Coefficients[a]

Model		Unstandardized Coefficients		Standardized Coefficients	t	Sig.
		B	Std. Error	Beta		
1	(Constant)	2.144	.269		7.984	.000
	X15 -- Fresh Food	.660	.068	.767	9.642	.000
	X18 -- Excellent Food Taste	-.304	.095	-.267	-3.202	.002
	X20 -- Proper Food Temperature	.090	.069	.096	1.312	.191

a. Dependent Variable: X22 -- Satisfaction

　　但是对 β 系数需要谨慎对待。第一个问题就是"为什么适当的食物温度不显著？"第二个重要的问题是由 X_{18}——食品的口味的负号提出的（− 0.267）。负号表明顾客对食品口味的认知越低，则对餐厅的满意度就会越高。这个结果显然不符合逻辑，需要进一步了解为什么会发生这种情况。

　　首先，让我们来回顾标准化系数（Beta）的意义。某个系数的大小是显示该自变量与因变量之间相关关系的强弱，但符号（正或负）也很重要。正号表示正向关系（更大的自变量的值对应更大的因变量值），负号表明负的关系。当自变量是高度相关时，在回归模型中 β 系数的符号可能会颠倒，而且显著的系数也会变得不显著。这也就是本例中发生的情况。与食物相关的变量（自变量）是高度相关的，因此可以被描述为多重共线性。

　　由于多重共线性给回归带来许多问题，所以当自变量之间高度相关时，研究人员一定要经常检验回归中 β 符号的逻辑性。如果假设得到的符号与预期的相反，就必须查看这两个变量的简单相关系数。这可以在图表 12 – 15 中看出来，它显示了这两个变量的简单相关系数，也清晰地表明 X_{22}——顾客满意度和 X_{18}——食品的口味之间真实的相关系数是 0.393。也要注意到 X_{22}——顾客满意度和 X_{18}——食品的温度之间有显著的正相关系

（0.430）。这种双变量相关关系展现出了当自变量高度相关时使用多元回归存在的问题。

什么时候自变量之间的相关性足够高以至于在多元回归时会产生问题?在作者的经验看来，问题一般出现在自变量的相关性水平达到0.50或更高。注意在图表12－15中，三个自变量相关的水平达到0.68或更高。因此，出现这个问题并不让人吃惊。为了应对这个问题，研究者通常有两种方法可供选择。一种方法是创建包含高度相关变量的累加量表；另一种方法是计算因子得分，而这已经超出这本书的范围。

图表12－15　回归模型变量的相关系数矩阵

Correlations		X22 -- Satisfaction	X15 -- Fresh Food	X18 -- Excellent Food Taste	X20 -- Proper Food Temperature
X22 -- Satisfaction	Pearson Correlation	1	.627**	.393**	.430**
	Sig. (2-tailed)		.000	.000	.000
	N	253	253	253	253
X15 -- Fresh Food	Pearson Correlation	.627**	1	.770**	.686**
	Sig. (2-tailed)	.000		.000	.000
	N	253	253	253	253
X18 -- Excellent Food Taste	Pearson Correlation	.393**	.770**	1	.721**
	Sig. (2-tailed)	.000	.000		.000
	N	253	253	253	253
X20 -- Proper Food Temperature	Pearson Correlation	.430**	.686**	.721**	1
	Sig. (2-tailed)	.000	.000	.000	
	N	253	253	253	253

**. Correlation is significant at the 0.01 level (2-tailed).

其他的关于多重共线性和在回归中使用非定量指标已经超出本书的讨论范围。为帮助你理解这方面内容，相关资料已经放到网站：www.mhhe.com/hair-essentials3e。

通过查看SPSS的输出结果，会发现其中有许多信息我们没有讨论。统计学者会用到这些信息，但经营管理者则不需要。而你的任务就是学会分辨哪些信息在一份报告的分析和论述中是最重要的。

市场营销调研实践：雇员在形成顾客满意度计划中的作用

QualKote Manufacturing的制造部经理想了解一年来他所推行的质量改进计划对客户满意度的影响。车间领班、装配线工人和设计人员都已经仔细地考察了哪些工作对产品质量和可靠性影响最大。同时，管理者和雇员也都想更好地从客户角度去了解每项具体工作会对产品质量有怎样的影响。

为了实施客户满意度调查，制造部经理使用7点标度量表（端点1=非常不满意，7=非常满意）先对工厂的工人和管理人员进行内部调查。他计划先得到公司的内部意见，然后再用相似的话题对客户进行一项调查。他已经从57名雇员那里收集到完整的调查内容。以下是对问卷中所涉及话题的举例：

- 在战略规划中使用来自客户、竞争者和供应商等外部资源的数据。自变量A10。
- 在产品质量规划中考虑到客户。自变量A12。
- 在制定战略规划和目标中满足客户对公司产品的要求和期望。自变量A17。
- 存在一个系统的方法将客户的要求纳入产品更新或改进中。自变量A23。
- 存在一个系统的方法能准确判断客户的要求和期望。自变量A31。
- 公司的产品质量规划已经提高了客户满意度。自变量A36。
- 公司的产品质量规划已经提高了客户向别人推荐公司产品的可能性。因变量A37。
- 参与回答的雇员性别：男性=1；女性=0。定性变量A40。

将57名雇员的应答引入多元回归模型中，并通过SPSS来运行该模型。输出结果显示在图表12-16和图表12-17中。我们已将QualKote雇员对这些问题的回答保存成一个SPSS格式的数据文件，并放到我们的网站：www.mhhe.com/hairessentials3e，文件名是QualKote MRIA_Essn 3e.sav。

图表12-16　QualKote的描述性统计

Descriptive Statistics			
	Mean	Std. Deviation	N
A36 -- Product Quality Program has Improved Customer Satisfaction	4.81	.953	57
A10 -- Data from Variety of Sources Used in Planning	5.00	1.414	57
A12 -- Customers Involved in Product Quality Planning	3.60	1.334	57
A17 -- Customer Data Used in Planning	2.28	1.176	57
A23 -- Systematic Process to Translate Customer Requirements into Products	4.53	1.104	57
A31 -- Systematic Process to Determine Customer Requirements	2.89	.838	57

结果显示，在5个定量标度的自变量中，定量指标的因变量（A36——满意度）至少与某几个自变量在统计上是显著相关的。回归结果的r^2是0.67，并且在0.000的置信水平上是统计显著的。这就表明，雇员对质量改进计划某些方面的执行情况感觉越好，他们就越相信该计划能提高客户满意度。

图表 12 – 17　QualKote 满意度的多元回归结果

Model Summary

Model	R	R Square	Adjusted R Square	Std. Error of the Estimate
1	.819[a]	.670	.638	.574

a. Predictors: (Constant), A31 -- Systematic Process to Determine Customer Requirements, A10 -- Data from Variety of Sources Used in Planning, A12 -- Customers Involved in Product Quality Planning, A17 -- Customer Data Used in Planning, A23 -- Systematic Process to Translate Customer Requirements into Products

ANOVA[b]

Model		Sum of Squares	df	Mean Square	F	Sig.
1	Regression	34.095	5	6.819	20.723	.000[a]
	Residual	16.782	51	.329		
	Total	50.877	56			

a. Predictors: (Constant), A31 -- Systematic Process to Determine Customer Requirements, A10 -- Data from Variety of Sources Used in Planning, A12 -- Customers Involved in Product Quality Planning, A17 -- Customer Data Used in Planning, A23 -- Systematic Process to Translate Customer Requirements into Products
b. Dependent Variable: A36 -- Product Quality Program has Improved Customer Satisfaction

Coefficients[a]

Model		Unstandardized Coefficients B	Std. Error	Standardized Coefficients Beta	t	Sig.
1	(Constant)	.309	.496		.624	.535
	A10 -- Data from Variety of Sources Used in Planning	.314	.068	.466	4.587	.000
	A12 -- Customers Involved in Product Quality Planning	.294	.066	.411	4.451	.000
	A17 -- Customer Data Used in Planning	.208	.080	.257	2.614	.012
	A23 -- Systematic Process to Translate Customer Requirements into Products	.296	.108	.343	2.744	.008
	A31 -- Systematic Process to Determine Customer Requirements	.020	.136	.017	.145	.885

a. Dependent Variable: A36 -- Product Quality Program has Improved Customer Satisfaction

实践练习

1. 这个回归模型的结果对 QualKote 的制造部经理有用吗? 如果有用, 是怎样起作用的?
2. 哪个自变量对预测客户满意度有帮助?
3. 经理会如何解释图表 12 – 16 中报告的变量均值?
4. 用这次调查中的问题还可以检验哪些回归模型?

12.5 总结

1.理解和判断变量间的关系类型

变量间的关系可以通过多种方式来表达，包括存在性、方向、关系的强弱和类型等方式。存在性可以告诉我们是否有一个一致且系统性的联系存在。方向可以告诉我们是正相关还是负相关。关系的强弱可以告诉我们是强相关还是弱相关，而关系类型可以用来描述关系是线性的还是非线性的。

两变量间可能是线性关系，即一个变量的变化伴随着另一个变量的变化（不一定是相同程度的变化）。只要在两变量取值范围内，变化的程度保持不变，那么这两个变量间的关系就是线性的。如果两个变量相关性的强弱和方向随着变量值的改变而变化，就称该相关关系为曲线相关。

2.解释相关和共变的概念

共变和相关用于定量描述两变量间相关性的强弱。共变是指一个变量的变化会对另一个变量的变化产生多大的影响。相关的程度是用数值来测度两变量间相关性强弱的。这两个概念都指的是线性关系。

3.讨论皮尔逊相关系数和斯皮尔曼相关系数的区别

皮尔逊相关系数是度量所研究的两个变量间线性相关性的指标。当两个变量是用定距或定比指标度量时，可以使用皮尔逊相关系数。当所研究的一个或多个变量是用定序指标度量时，就应使用斯皮尔曼等级相关系数。

4.解释统计显著性和实际显著性的概念

由于在判断统计检验的显著性时需要考虑样本容量，所以即使变量间相关性很低，在统计上也可能是显著的（总体参数不等于零）。但是除了考虑统计显著性外，如果还考虑到相关性强弱在具体问题中的实际作用，分析人员便能更好地就所选择的数据和总体得出科学的结论。

5.理解回归分析的应用条件及方法

回归分析可以用来解答因变量和一个或多个自变量间线性相关性强弱的问题。回归分析的结果表示自变量变动一单位，因变量会变化多少。另外，通过比较因变量的预测值和样本中的实际值，可以评价回归方程的准确性。

12.6 关键术语和概念

Beta coefficient β系数

Bivariate regression analysis 双变量回归分析

Coefficient of determination （r^2）可决系数

Covariation 共变

Homoskedasticity 同方差

Curvilinear relationship 曲线关系

Least square procedure 最小平方法

Linear relationship 线性关系

Model F-statistic F统计量

Multicollinearity 多重共线性

Multiple regression analysis 多元回归分析

Ordinary least squares 普通最小二乘法

Pearson correlation coefficient 皮尔逊相关系数

Regress coefficient 回归系数

Scatter diagram 散点图

Spearman rank order correlation coefficient 斯皮尔曼等级相关系数

Unexplained variance 未解释变异

12.7 复习题

1.解释显著性检验和相关性检验的区别。

2.解释相关关系和因果关系的区别。

3.什么是共变? 它和相关性有何不同?

4.单变量和双变量统计方法有什么不同?

5.什么是回归分析? 回归分析的使用条件及方法是什么?

6.简单回归和多元回归之间有什么不同?

12.8 讨论

1.回归和相关分析都可以用来描述变量间线性相关关系的强弱。考虑教育和收入这两个概念。许多人可能会说这两个变量是线性相关的,当教育水平提高时,收入通常也会提高(尽管不一定是相同的速率)。你能找到两个变量,它们的相关性会随着取值范围的变化而变化(曲线形式)吗?你怎样分析这两个变量间的关系?

2. 双变量回归中有没有可能回归方程很显著(即F值很显著),而r^2很低呢? r^2统计量的作用是什么?什么条件下r^2很低而F值仍然在统计上显著?

3.在回归中,通过普通最小二乘估计法通常能够得到所使用数据的最优拟合直线。在回归分析中你是如何定义最优拟合的?有什么方法能够保证对数据的拟和是最优的?要想得到这个结果,应用回归方法时应满足哪些假设?

4.在多元回归中,当用多个自变量预测因变量时会经常考虑多重共线性问题。多元回归中自变量间的高度共线性主要会带来什么问题?如果数据存在多重共线性,那么回归方程的r^2仍然会很高吗?

5.网上练习。选择一个学生可能光顾的零售店,同时要求该零售店既有直销的销售方式又能通过互联网销售(例如,维多利亚的秘密)。准备一个比较直销和网上购物体验的问卷。然后让一些学生来访问这个网站并查看你带到课堂上的直销目录，最后完成问卷。将数据输入到软件包中来评估研究结果的显著性。准备一个比较直销和网上购物体验的报告，并能为你的结论辩护。

6. SPSS练习。将班级中的学生分成若干小组，每个小组由一两名学生组成。然后在学校附近指定不同的DVD机、电视和其他电子产品零售店。向各个小组分配任务，让他们能够访问所有不同的零售店，并描述每个零售店销售的产品和品牌。同时还要观察商店的布局、职员和所使用的广告类型。换句话说，让自己熟悉每个零售店的营销组合。凭你对营销组合的了解来设计问卷。访问大约100个对所选择的零售店较熟悉的居民，并收集他们对问卷的回答。用诸如SPSS的统计软件来分析这些问卷。将你的研究结果写成报告，报告中要包括对每个商店的认知是相似还是不同，还应特别包括这些差异是统计上显著的还是真实显著的。在课堂上报告你的研究结果，并准备为你的结论和所应用的统计方法做适当的辩护。

7. SPSS练习。圣塔菲烤肉餐厅的店主相信自己的员工工作得都很快乐，所以不会去寻找新的工作。使用圣塔菲烤肉餐厅的雇员数据库，对X_{11}——团队合作和X_{17}——寻找另一份工作的可能性做双变量回归来验证这个假设。这个假设还可以进一步使用多元回归来验证吗？如果可以，做一个多元回归并解释所得结果。

第13章　市场营销调查结果的沟通

【学习目标】

通过对本章的阅读，你将会做到以下几点：

1.理解调研报告的目的。

2.描述调研报告的格式。

3.讨论用图形展示调研结果的几种方法。

4.阐明在准备报告的过程中会遇到的问题。

5.理解展示在营销调研中的重要性。

沟通绝非仅仅依靠数字

将数据直观地展示出来并非易事，甚至调研专家也不一定能做得很好。毕竟擅长统计的人未必擅长视图呈现。然而，在撰写调研报告时，以明晰的方式展示数据的能力十分重要。

爱德华·塔夫特（Edward Tufte）教授以其在数据视图展示方面的专长而闻名。关于这个专题，他写了几本书，其中包括《定量信息的展示》（The Display of Quantitative Information）。虽然塔夫特教授的专业是政治学，但是他的建议适用于任何领域。商业图表和其他任何图表都有着共同的目的：传递信息、归纳论证和解决问题。塔夫特认为数据视图展示的重要性在于"设计精巧的图示能将清晰的思维可视化，而设计拙劣的图示只会给人们留下愚蠢的印象……因此当看到一个满是垃圾图表的演示时，事实上这预示着更深层的含义：他们甚不知道自己在谈论什么。"[1]

塔夫特指出了"挑战者号"灾难事故对统计数据和信息的拙劣演示。在美国宇航局的一份 PowerPoint 幻灯片报告中展示了一些未公开的统计数据，这些统计数据揭示了在低温状

---

[1]　David Corcoran,"Talking Numbers with Edward R. Tufte;Campaigning for the Charts That Teach,"The New York Times,February 6,2000,www. NYTimes. com .

态下助推器中的O型橡胶密封圈可能发生泄漏的情况。一个O型密封圈的失灵最终导致了7名宇航员的牺牲。诚然，糟糕的图形展示极少会有如此引人瞩目的、悲剧的后果，然而，却会导致错失商机、浪费时间，也会使观众感到厌烦。

《纽约时报》将塔夫特誉为数据展示方面的达·芬奇。但是，塔夫特教授则强调，要完美地展现统计数据，并非通过光鲜漂亮的图表。"我们的任务不是要作'有感染力'的演讲，或者'指向、点击、轰动'的展现，抑或'强力营销'，而是解释某些现象……对数据展示的贴切比喻不是影响力或PowerPoint幻灯片，也不是电视和电影院，而是讲授。"[1]

13.1 沟通调研结果的意义

如果不能将调研结果有效地传递给客户，那么不论调研项目设计得多精巧、实施得多完美，都不能算是一个成功的项目。事实上，一份有效的调研报告要能确保投入在调研项目中的时间、精力和金钱全部得到认可。设置本章的目的是向读者介绍调研报告的风格和格式。我们将阐明如何设计调研报告，并说明调研报告各部分的目的。之后，讨论业内有效呈现调研报告的最佳做法。

13.2 营销调研报告

一份专业的营销调研报告应该包括如下4个目的：（1）有效地沟通营销调研项目的结果；（2）以准确和符合逻辑的形式解释调研结果；（3）确定调研项目的可信度；（4）作为备查文件，用以辅助战略和战术决策。

调研报告的第一个目的是有效地沟通营销调研项目的结果。由于调研项目的一个主要目的是获取信息以回答某一具体的商业问题，因此报告中既要说明信息是如何获取的，又要阐明这些信息与调研问题的相关性。应该将下列问题的详细说明告诉客户：

1.研究目的。

2.研究问题。

3.文献回顾和相关的二手资料。

4.对研究方法的描述。

5.用表格、图形或图表展示调研结果。

6.对调研结果的解释和总结。

7.结论和建议。

在第9章中，我们介绍了如何撰写定性调研报告。定量调研报告中应包含的一般性信息与定性调研报告相同。但是，在撰写调研报告的过程中会遇到一些不同的问题。相对于定量调研来说，定性调研的目的和问题更为宽泛，更为

---

① Ibid.

一般化，并且更为开放。在定性数据分析中，可将文献回顾和相关的二手资料整合到对结果的分析之中，而不是将其和别的调研结果分开来，单独列示。在定性调研和定量调研中，对研究方法的描述都有助于提高调研项目的可信度；但是在定性分析和定量分析中，则是通过不同的证据来提高可信度的。在这两种方法中，数据展示都十分重要。定性研究人员很少提及统计资料，然而统计资料却是进行定量分析的根本。在定性和定量调研报告中，最后一步均为结论和建议。

定量研究人员常常过于注重统计分析，而忘记了他们的责任是对分析结果提供清晰的、合乎逻辑的解释，即忽略了研究报告的第二个目的。研究人员应该意识到，客户对抽样方法和统计学方法知之甚少。因此，研究人员必须用大家都能理解的方式来表述专业的或复杂的信息。给学生授课时所使用的许多词汇都没有必要出现在调研报告中。例如，营销调研报告中很少出现"假设"这个词。当用到列联表、方差分析、t检验、相关分析和回归分析时，我们应当用简洁明了的语言予以描述。甚至连用到的分析方法的名称也不应出现在对结果的展示和讨论之中。尽管我们建议大家考虑统计显著性，但是大部分营销研究人员在报告中都不会提及统计显著性。

在撰写报告时，研究人员应跨越熟练运用统计分析和如何有效地与读者沟通分析结果之间的鸿沟，从而以非专业读者能够完全理解的方式展示调研结果。大部分研究人员都喜欢使用统计量、计算机的输出结果、问卷以及其他与项目有关的材料。在向客户展示调研结果时，研究人员应该牢记最初的研究目的。因此，我们的任务是将重点集中在研究目的的同时，还应就项目的各个部分如何与目标的完成相联系同客户进行沟通。

例如，图表13-1是在一份研究报告中阐述了某项研究的目的，该项目重点研究人们对高级互联网的接受和使用情况。虽然在准备图表时需要大量的数据，但是必须将数据浓缩成简洁的、易于理解的形式。在本章中，我们将阐明

图表13-1　调研结果的简要演示——对高级互联网接受情况的研究

	高级互联网的接受情况	
	较少使用者	频繁使用者
自己接受20%	人口统计特征	人口统计特征
	高收入和高学历	高收入和高学历
	男性居多	更年轻，男性居多
	自我导向价值	自我导向价值
	好奇心弱、积极应对	好奇心强、积极应对
	对待技术的态度/行为	对待技术的态度/行为
	低技术不适	最早接受
	中等技术乐观	低技术不适
	创新力12%	高技术乐观、创新力8%

	人口统计特征	人口统计特征
	中等教育水平和收入水平	中等收入水平和教育水平
	女性居多	女性居多
	自我导向价值	自我导向价值
引导接受21%	中等好奇心和积极应对	中等好奇心和积极应对
	对待技术的态度/行为	对待技术的态度/行为
	最迟接受	高技术不适
	高技术不适	高技术乐观
	中等技术乐观、创新力13%	创新力8%
	人口统计特征	
	低收入、低教育水平、女性居多、年纪更大	
不接受59%	自我导向价值	
	好奇心弱和高积极应对	
	对待技术的态度/行为	
	高技术不适、低技术乐观和低创新力	

如何运用图表的形式来总结描述教材中所涉及的统计分析。这些图表可以用来展示和撰写市场调查报告。调研人员总是希望能够找到一种既有意义又简单的方式来概括信息。然而，需要注意的是，应提供相应的文字辅助就能够帮助读者将注意力集中在重点问题上，让结果容易理解。本章我们就如何描述各种图形分析结果提供了一些建议。除了在幻灯片上展示，图表还可以用来作为叙述报告的一部分。一组数据可以有不同的描述方式，调研人员必须充分发挥想象力，思考运用何种方式介绍和（或）报告数据才能让读者领会他们想要强调的重点。

除了用容易理解的方式表述和解释结果之外，调研报告的第三个目的是为研究方法、研究结果和结论建立**可信度**（Credibility）。只有报告是准确的、可信的、架构合理的，才能达到这个目的。不能分别对待这三个方面，因为在调研报告中，需要将它们结合起来以建立可信度。要使报告准确，就应保证所有的输入都是准确无误的。而且，在数据处理、统计量输出和不准确的诠释方面，也不容许有任何的疏忽。事实上，数学计算误差、语法错误和不准确的术语都会降低整份报告的可信度。

信度（Believability）是由清晰的、富有逻辑的思维、精确的措辞和准确的表述构成的。当基本逻辑模糊或叙述不准确时，读者很可能难以理解自己所读的东西。如果读者不理解，那么他们就更不相信这份报告了。应该注意到，每当结果令客户感到出乎意料或与客户的期望相违时，调研分析员就有可能受到质疑。因此，当出现令人感到意外的研究结果时，处理的方法是通过详细检查给这些研究结果找到一个解释。最常见的处理方式是仔细审查抽样方法、对问题的措辞以及无应答误差，力求据此来解释这些令人感到意外的研究结果。

最后，调研报告自身的质量和结构也会影响到其可信度。报告不仅要有清晰的生成过程，还要有专业的结构。报告的整体外观不仅要能清晰地表达结果，还要能传达出研究的专业特性。与此同时，报告也必须迎合读者的偏好及对技术的熟悉程度。撰写的报告应面向三个层次的读者：（1）仅读摘要的读者；（2）既阅读摘要又仔细地查看调研结果的读者；（3）拥有一些技术上的专业知识的读者。这些读者可能会阅读整份报告，也可能通过查阅附录来获取更多的详细信息。

为报告的所有要点准备一份大纲，并在合适的位置、以恰当的顺序提供具体的论据是大有裨益的。报告中应包含研究目的。使用简短的、精确的句子和段落，并尽量选择与读者的背景和知识相匹配的文字。通过对报告的多次修改，力求达到清除冗余内容以及批判性地评价报告的目的。

可供将来参考是调研报告的第四个目的。大部分营销调研既包含各种不同的目的，又试图回答若干研究问题。为达成这样的目的需同时借助统计和叙述形式。事实上，不可能为客户保留这方面的全部信息。因此，调研报告就成了一个可供长期参阅的文献。

随着时间的推移，许多调研报告会在不同阶段成为另一个更大项目的某一部分。将一份营销调研报告作为进一步研究的基础并不稀奇。此外，许多报告也会被用来与其他报告进行对比。比如，可利用它们来比较营销变化、形象树立策略或者公司的实力和弱点。

营销调研指南：批判性思维和市场调查

批判性思维是一门能够提高分析和评价能力的艺术。任何事情都离不开批判性思维，尤其是在评价和报告研究结果方面。许多有效的批判性思维已经得以完善，其中一些已经直接应用到报告研究结果之中。

确认偏差。 当研究人员为了符合预先的判断而解释论据时，确认偏差就会存在。为了消除确认偏差，研究人员必须找到问题的根源来否定他们先前的判断。如果研究结果与预想的差距很大，问题可能出在研究方法和抽样上，然而，令人惊讶的结果不能被拒绝或忽略这种情况下的研究结果。

样本推广。 当一个样本很小或不是随机抽选时，研究人员必须非常谨慎地选择把样本结论推演到总体。市场调查中的很多样本并不理想。即使研究人员力图做到随机抽样，一个细微的样本偏差也会导致研究结果出现错误。因此，调研人员必须反复思考抽样方法会如何影响研究结果。

声称变量间的因果关系并不存在。 在数据分析中，一些变量看似相关，可能仅仅是由于统计上的巧合，或者是由其他变量所导致的。因此，研究人员必须确保研究设计的合理性。

错误的构想。 在评估调查结果时，很可能出现构想被误导的情况，因为某个问题在实际中与原来设想的不同，评价构想的信度和效度对于避免错误构想、提高科学研究的准确性至关重要。

方法的偏差。 方法的选择会产生偏差。例如，对于某些问题，受访者做电话调查比网上调查更坦诚。长时间的调查可能会引起受访者的反感，并导致答案不准确。如何措辞、使用图表以及提问的先后顺序都会对受访者产生影响。研究人员要尽可能思考何种方法会对受访者产生影响进而影响调查结果。

·   在汇报和演示的时候，调查人员必须运用批判性思维探讨问题，以确保调查的客观和准确。只要对思维中的漏洞保持敏感就可以克服错误或者至少使错误最小化，这样将有助于调研人员更好地完成演示活动。

13.3 营销调研报告的格式

每份营销调研报告都是以客户的需要、调研目标和研究目的为基础的，因此它总是独一无二的。然而，所有的报告又都包含一些共同的元素。尽管行业术语可能不同，但是本部分所讨论的基本格式有助于研究人员为各类客户设计和准备报告。所有营销调研报告的共同元素被列示如下：

1. 标题页
2. 目录
3. 执行摘要
   a. 研究目的
   b. 方法的简洁陈述
   c. 重要发现的概述
   d. 结论和建议
4. 引言
5. 研究方法和程序
6. 数据分析和研究结果
7. 结论和建议
8. 局限性
9. 附录

13.3.1 标题页

标题页应列出报告的主题、接受者的姓名、职位和所在机构的名称，还应包括代表某一特殊部门或分公司的数字或短语。最重要的是，标题页必须包括报告提交人的名字、职位、就职机构、地址、电话号码以及报告提交的日期。

13.3.2　目录

目录会按顺序列出报告的主题。通常，目录会突出每个主题区域及其细分，以及所对应的页码。通常还会包括表格、图形以及与表格和图形相对应页码的目录。

13.3.3　执行摘要

执行摘要（Executive summary）是报告中最重要的部分。许多人将执行摘要视为一份报告的灵魂，因此许多高管只读执行摘要。执行摘要凝练了报告的要点。执行摘要必须足够完整，从而为整份报告提供一个准确的表述，但表述方式要简洁。要确保执行摘要可以独立成篇。报告的其余部分应该支撑执行摘要中所提到的重要研究结果，但是由执行摘要提供的概述必须是完整的。执行摘要虽然被置于报告的最前面，但是写作却是在最后。因为在没有做完所有的分析之前，研究人员无法确定哪些研究结果是最重要的。

执行摘要有几个目的：（1）阐明为什么开展这项调查和如何开展的；（2）概述重要的调研发现；（3）为今后的行动提出建议。换句话说，执行摘要必须包含研究目的、简洁的方法陈述、研究结果的概述以及具体的结论和建议。

研究目的应尽可能明确，但是大体上不应长于1页。指导该项目的研究目的、研究问题或假设都应包含在该部分。图表13-2列出了一个PowerPoint幻灯片，该幻灯片概括了某个项目的研究目的，这个项目是测度雇员对公司的消费者广告的反应。在解释完研究目标和目的后，应该用一两个段落对抽样方法、研究设计和程序等方面做简要的描述。接着是陈述重要的研究结果。

图表13-2　研究目的

- 就 Apex 广告对雇员的影响进行测度和建模

- 测度雇员的有效性认知、组织准确性、夸大诺言及价值一致性

- 看完 Apex 广告后，测度其结果变量:自豪感、信任程度、组织认同、组织承诺、顾客至上

- 对原有雇员的组织认同和 Apex 广告对顾客至上理念的影响进行测度

图表13-3列出了一个幻灯片，该幻灯片总结了调研项目的重要研究结果。摘要中的研究结果必须与整个报告的结果保持一致，而且应该只包含与研究目的相关的重要研究结果。

图表13-3　从调研项目中提炼出来的重要研究结果

重要研究结果

- Apex 雇员非常认同 Apex，用7点标度测量组织认同特征，其平均分为6.3

- 观测到的消费者广告的有效性对所有结果变量均有强烈的影响。因此，雇员们关心广告的有效性。特别是广告的有效性与雇员的自豪感高度相关

- 广告能准确地描述组织的观念，对所有结果变量均有中等到很强程度的影响。因此，雇员希望广告中描绘的 Apex 与他们眼中的 Apex 是一致的

最后，执行摘要应对结论和建议做简洁陈述。报告的结论部分概述研究结果。结论简明地阐释研究结果及其意义。相比之下，建议的目的是今后应采取适当行动。建议部分将重点放在特定的营销策略或战略上，客户通过这些营销策略或战略可以获得竞争优势。一般可用一两个段落陈述结论和建议。

13.3.4 引言

引言应包含全面理解报告所需的背景资料。术语的定义、相关背景资料以及研究的范围和重点都应包含在引言中。引言也应列出明确的研究目的、调研需要解决的问题和假设、调研的时间长度以及任何与调研有关的问题。通常都不用生硬的语言阐明假设，而应当用日常用语。比如，一个研究团队可以对他们认为会影响人们对高级互联网的接受情况的研究变量的假设条件做如下总结："我们预期，与人们对高级互联网的接受程度高度正相关的因素包括：收入情况、受教育程度、好奇心以及技术乐观程度。"读完引言后，客户应该能完全了解到这份报告的研究内容、进行该项研究的原因以及当前的研究与过去或未来的研究工作是什么关系。

13.3.5 研究方法和程序

研究方法和程序部分的写作目的是描述如何开展研究。本节讨论的问题包括如下方面：

1. 用到的研究设计：探索性的、描述性的和/或因果关系的。

2. 如果有二手资料，那么研究中涉及的二手资料的类型是什么？

3. 如果已经收集了原始资料，那么使用的是哪种方法（观察、问卷），何种管理程序（个人、邮件、电话、互联网）？

4. 使用的样本和抽样过程。通常涉及以下问题：

    a. 如何定义和描述样本总体？

    b. 使用的抽样单位（例如，企业、家庭、个人）。

    c. 研究中使用的抽样名录（如果有的话）。

    d. 如何确定样本容量？

    e. 所使用的是概率抽样，还是非概率抽样？

在撰写研究方法和程序等内容时，研究人员常常提供过多的细节。如果完成这部分内容后，能够使读者了解到这项研究做了什么、如何做的以及为什么做，那就大功告成了。图表13-4中的幻灯片总结了人们对高级互联网接受情况的调查中用到的调研方法。

13.3.6 数据分析和结果

营销调研报告的主体部分由研究结果组成。每个项目都有着不同的数据分析要求，因此就不同的项目而言，其研究结果的表述或多或少都会有些不同。不管统计分析有多么复杂，研究人员都面临着这样的挑战：如何用非专业人员易于理解的方式来总结和演示数据分析情况。通常，要用表格、图形和图表对研究结果做详细描述。必须合理地安排所有的研究结果，以保证与报告中所列

图表 13 - 4 总结研究方法的幻灯片

CRITO Consortium
加州大学欧文分校

研究方法

- 65岁以上老人的全国性电话调查。
- 附加在IDC技术小组中的问题。
- 200位互联网用户和245位非互联网用户(随机抽样)。
- 度量的问题:
  - ——价值观
    - 好奇心和自我检验(积极应对)
  - ——对待技术的态度/行为
    - 技术乐观、技术不适、技术创新
  - ——互联网的使用情况
    - 使用的数量和类型,对待互联网的态度
  - ——人口统计特征
    - 年龄、教育、收入、性别

信息技术与结构研究中心

示的每个研究目的和研究问题相对应。这部分报告并非是对研究结果不分主次的堆砌。在报告研究结果时,研究人员不应声称结果是"显而易见的"或"不言而喻的",而应该描述和解释研究结果。回顾文献和收集行业经验知识能够帮助研究人员解释结果。研究人员应考虑如何将研究结果分成几个易于理解的部分。当表述结果时,最行之有效的做法是使用表格、图形和图表。图表能以清晰、简要、非专业的方式对数据做一个简要的概括。文字则用来解释图表中的结果。

当撰写报告时,应在报告的主体部分以直截了当的方式阐释报告所包含的信息,而不是采用专业性的输出结果和语言。对于大部分读者都难以理解的专业性信息,最好将其放在报告的附录部分。以下是运用图表展示分析结果的若干策略。对于某一特定分析来说,可能并没有最好的表述方式。相反,对于一个或一系列特定的研究结果而言,通常会有多种有效的描述方式。我们将讨论一些具体的方法来阐明频数、列联表、t检验、方差分析、相关分析和回归分析。请耐心一些,在本章你将掌握这些简单的描述方法。如果你喜欢使用SPSS的图表编辑器功能,那么你会发现我们还未涉及其中的许多选项。一旦掌握了基本方法,你就可以通过使用SPSS图表编辑器自学到很多东西。此外,你还可以将SPSS中的数据导入Excel数据表,然后用Excel的绘图功能来展示你的研究结果。

报告频数

频数可以用表格、柱形图或饼图来报告。例如,图表13 - 5给出了一个表格,在这个表格中列出了"你多长时间光顾一次圣塔菲烤肉餐厅"的调研结果,该表格用一种简洁的方式列出了数据结果,使读者很容易就能看出受访者多久光顾一次圣塔菲烤肉餐厅。注意，小数点后的所有小数已被删除。在营销调研中报告百分比时，这是常见的做法。

图表13－5　研究结果——列出频数简单易读的结果：你多长时间光顾一次圣塔菲烤肉餐厅？

	频数	百分比(%)	有效百分比（100%）	累计百分比(%)
从不	49	19	19	19
很少	62	25	25	44
偶尔	43	17	17	61
较多	59	23	23	84
经常	40	16	16	100
总计	253	100*	100*	

注：*由于已对上面的结果进行了四舍五入，因此累加起来有可能不会精确地等于100%。

小数点后保留多位的小数只会造成凌乱，并不能提供更多的信息。此外，由于大部分研究都存在抽样误差，因此在百分比结果中保留小数往往还会产生误导。研究人员通常不能以保留的小数位所暗含的精确度来估计结果。

运用柱形图来展示频数

图表13－6列示了用SPSS制作的最为简单的柱形图。如果你使用SPSS20.0版本或是更高的版本，本章中在运行每个命令之前都要从"GRAPH"菜单中选择"LEGACY DIALOGUES"。

图表13－6　一个简单的柱形图

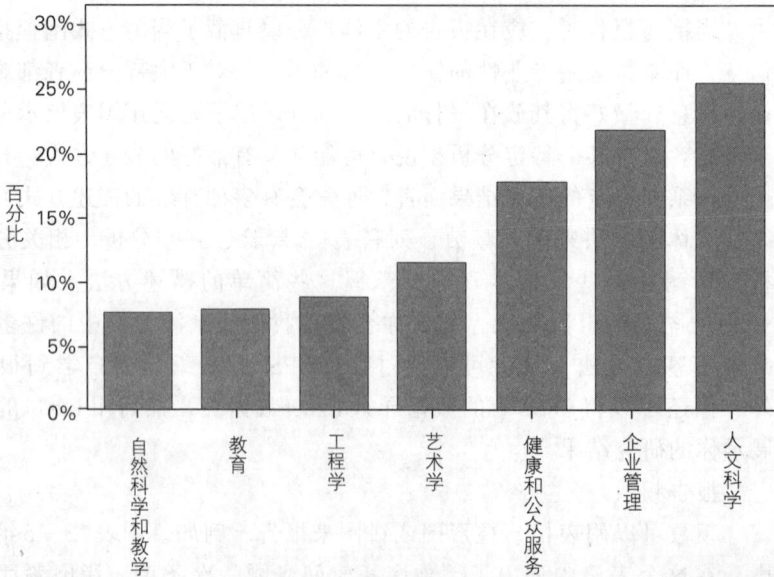

要制作一个柱形图，在 SPSS 中的操作顺序为：GRAPH→Legacy Dialogues→BAR。使用默认选项 Simple 和 "Data in chart are"，也可以使用默认选项 "summaries for groups of cases"。在下一个窗口（见图表 13 - 7）中，通常你需将默认选项 "N of cases" 改成 "% of cases"。在窗口的左面，选中想用柱形图分析的变量名（在这个例子中，变量是 "Major"），然后将它移到 "Category Axis" 框中，点击 "OK"，SPSS 就可绘制出柱形图了。

通过操作 Properties 菜单中的各种标签，你会发现它能改变图形的颜色、字体以及字体的大小。如果要将图形输出到 Word 或 PowerPoint 中，则通常应将字体放大。另外，柱形图标签的方向也可以改变。在图表编辑器中点击柱形图的标签，就会出现 Properties 菜单，其中一个菜单是 "Labels and Ticks"。通过这个菜单可以选择标签的方向：垂直的、水平的或交叉的。应当通过对这些选项的逐步操作，最终使图形上的所有内容清晰易懂。然后，右键单击已完成的图形，选择 "copy chart" 选项将结果粘贴到 Word 或 PowerPoint 文档中。图表 13 - 7 列示了绘制成的最终图形。

图表 13 - 7 运用 SPSS 绘制简单的柱形图

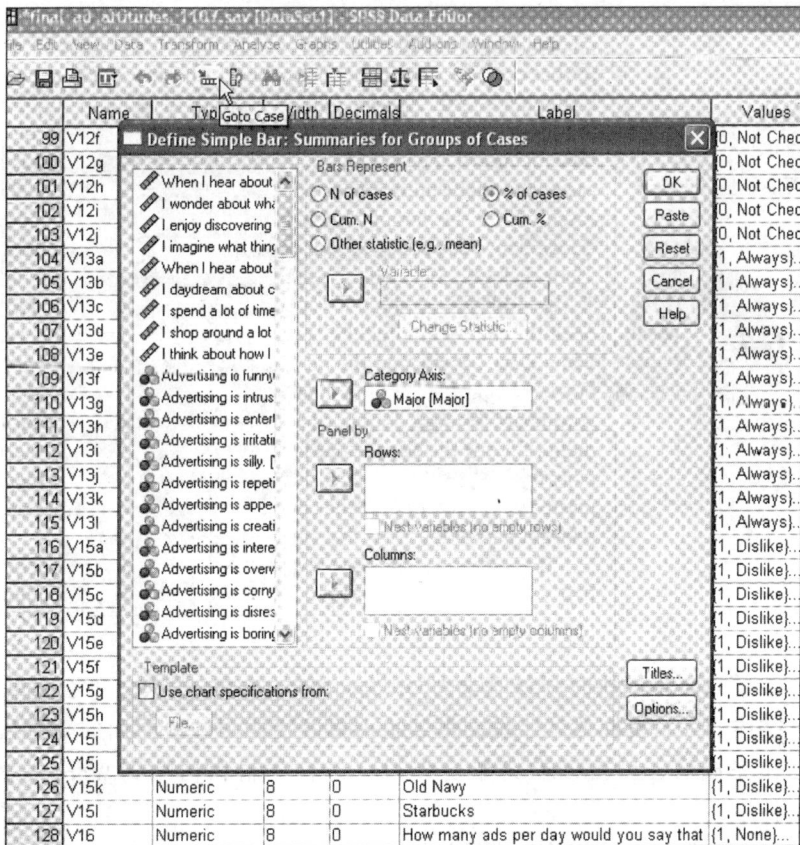

用饼图来描述频数

饼图特别适于显现一个问题的相对应答比例。饼图的生成过程与柱形图相类似。从 SPSS 菜单中选择 GRAPH→Legacy Dialogues→PIE，会出现一个有三个单选按钮的菜单。可用默认选项"Summaries for groups of cases"来生成简单的饼图。单击"Define"，会出现一个新的菜单。在这个菜单中，尽管默认选项是"N of cases"，但是在大多数情况下我们更喜欢使用输出百分比，因此点击选择"% of cases"。把要分析的变量从变量列表中（在这个例子中，使用的是 V16，它的标签为"你每天关注多少广告？"）移到"Define Slices by"空白处。然后点击"OK"，SPSS 就会在输出文件中生成你要的图表。

与柱形图一样，双击输出文件中的饼图就可以打开 SPSS 的图表编辑器，从图表编辑器的工具栏中选择"Elements→Show Data Labels"，就会在饼图的每个扇形面上显示出所占的百分比。若要删除图中所显示的百分比小数点后多余的小数，则应该双击百分比框，这样会出现 Properties 菜单。选择 Number Format 标签，在 decimal places 处输入 0 即可（见图表 13 - 8）。注意，如果没有点对位置，则 Properties 菜单中就不会显示出相应的标签。如果在 Properties 菜单中找不到想要的标签，可再双击图中想要更改的部分。

图表 13 - 8　在 SPSS 图表编辑器中改变饼图的特性

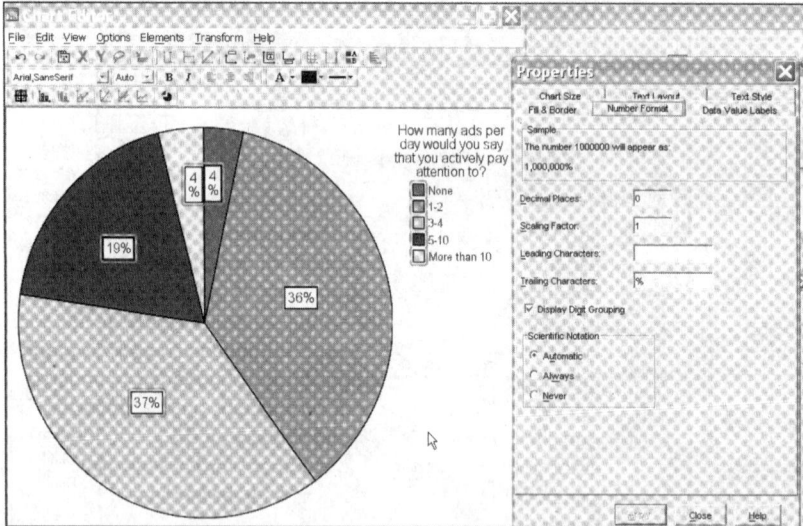

只要花一些时间认真学习 Options 和 Properties 菜单，就会发现它们可以使字体变大，可以改变字体类型，也可以改变饼图中扇形面的颜色和外观。当操作完成后，就可以右键单击该图，将它复制和粘贴到 Word 或 PowerPoint 文档中。

报告与主题相关的变量的均值

研究人员可能想在同一个图或表格中报告与主题相关的若干变量的均值，

而这可以通过使用柱形图或表格来实现。当研究人员想通过描述整个问题来全面认识调研结果时，应首选表格形式。图表13－9是用PowerPoint中的制表功能绘制的一个表格。该表格是依据SPSS的输出结果制作的，依次执行命令：Analyze→Descriptive Statistics→Frequencies，就会出现一个菜单，然后点击菜单底部附近的Statistics按钮。选择Mean和Standard Deviation，点击"OK"，就可以通过SPSS生成分析结果。

图表13－9　总结主题相关项目均值的表格

大学生对待广告的态度			
项　目	受访者的 数目	平均数 (7=非常同意)	标准差
广告是了解产品的一种很好的途径	312	5.2	1.5
营销通过了解消费者的需要来达到吸引消费者的目的	308	5.2	1.5
广告是一个有趣的行业	308	5.2	1.5
对于我所喜欢的产品，广告有时会鼓励我搜索关于它更多的信息	312	5.0	1.5
我认为在广告公司工作挺有意思	306	4.5	1.9
总体上来说，我对广告很满意	308	4.3	1.3
设计广告的目的是将产品销售给并不需要的人	310	4.3	1.8
广告对人类以自我为中心的特性有吸引力	303	3.6	1.8
如果广告少一些，世界会变得更美好	304	3.4	1.7
只要有可能，我就会尽力避开广告	304	3.3	1.7
广告对社会有害	310	2.6	1.5

注意，图表中的各项都已按照均值从大到小的顺序进行排列。以这样的方式对应答结果排序便于读者的理解。

图表中还有另外两个要点需注意：（1）由于已经明确指出最大值为7，因此读者可以很容易地对比均值和可得的最高分；（2）以小数点后只保留一位小数的方式来列示均值和标准差。虽然百分比的小数点后不应保留小数，但是均值的小数点后通常应保留一位小数。

在SPSS中也可以使用柱形图来描述主题相关变量的均值。通过下列步骤可生成这样的柱形图，与之前制作单变量柱形图的方法一样，先从工具栏中选择 Graphs→Bar，并保留柱形图的默认类型"Simple"，但是应将菜单底部的默认项"Summaries of groups of cases"改选为"Summaries of separate variables"，然后点击"Define"，在"Define"菜单中将图形所需的变量从左侧的变量列表移到标有"Bars Represent"的窗口（见图表 13-10）。由于默认选项为"Mean"，因此不必改变任何选项，点击"OK"即可生成柱形图。双击输出窗口的柱形图就可进入图表编辑器。与本章前面的介绍一样，可以双击图形的任何部分来改变属性和外观。

图表 13-11 是一个已经制作完成的图，将这个图剪切下来并粘贴到 PowerPoint 幻灯片中。可在幻灯片中加一些注释，这样有助于读者的理解。

报告列联表（柱形图）

可用 SPSS 中的柱形图功能呈现列联表。先再一次选择 Graphs→Bar→Summaries for groups of cases，在这个窗口中，选择"Cluster"而不是默认选项"Simple"，然后点击"Define"。

图表 13-10 应用 SPSS 柱形图功能总结主题相关变量的均值

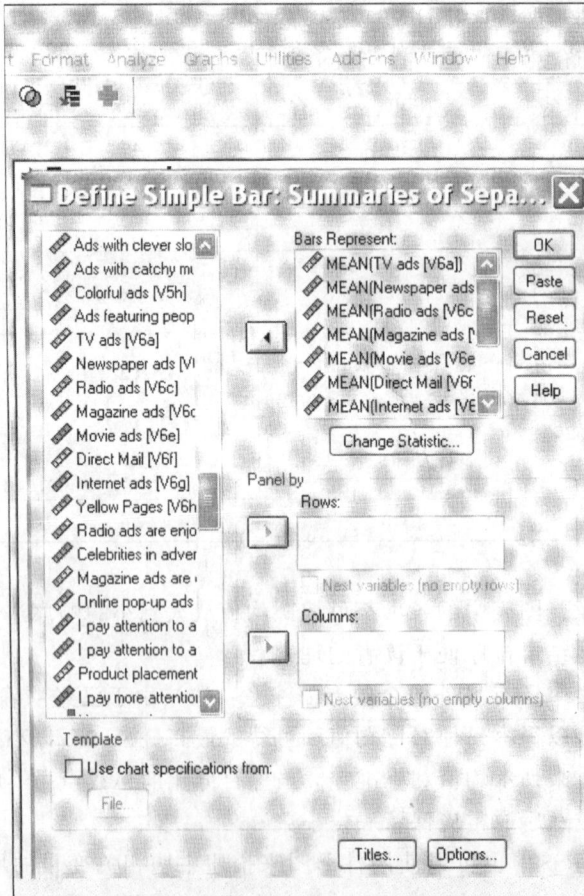

图表13-11 显示多个主题相关变量均值的柱形图

你对媒体中的广告有多信任?

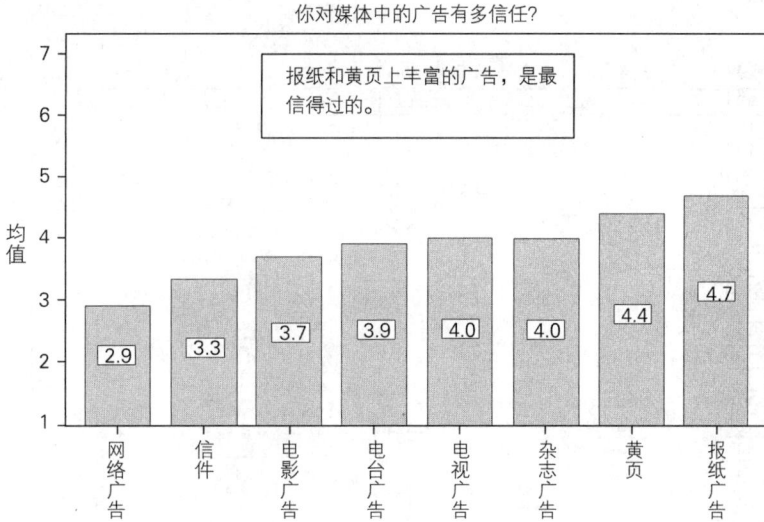

在"Bars Represent"窗口中选择"% of cases",在"Category Axis"的空白处输入自变量或因变量。在本例中,性别是自变量。在本例即"对Carl's Jr.Paris Hilton广告的喜爱程度"的调查中,应在"Define Cluster"的空白处输入解释变量(见图表13-12),然后点击"OK"即可生成列联表。与其他图表一样,可以双击图形进入图表编辑器。

由于在这个特定的列联表中只有两类交叉,因此可以将代表"不喜欢"的柱形图从图中去掉。这是因为在一个2×2的列联表中,一旦知道了其中一类的数值,另一类的数值也就完全确定了(因为两类加总为100%)。事实上,去除一类的操作很简单,双击图形中的任何一个柱形就会出现Properties菜单,其中一个标签是"Categories",可以看到这个菜单中所列示的类别。如果点击想要去除的类别(在这个例子中是"不喜欢"),然后点击标有"Order"的框附近的红色X按钮,则这个标签就会被移到"Excluded"下面的框中。点击"Apply",列联表中就只显示一类的输出变量了。就本例而言,最后显示的是喜欢Carl's Jr.Paris Hilton广告的受访者中不同性别所占的百分比。最后生成的结果见图表13-13。

报告t检验和方差分析(柱形图)

图表13-14是在PowerPoint中生成的表格,这个表格给出了与主题相关的4个不同变量的t检验结果。每个t检验分别比较了两组人员的不同结果,这两组人员是:对公司有低认同感和高认同感的雇员。每个变量对应的每组雇员平均值和每组雇员数目都列在表格中。此外,还给出了显著性检验的p值。

图表 13 - 12 运用 SPSS 的柱形图功能生成列联表

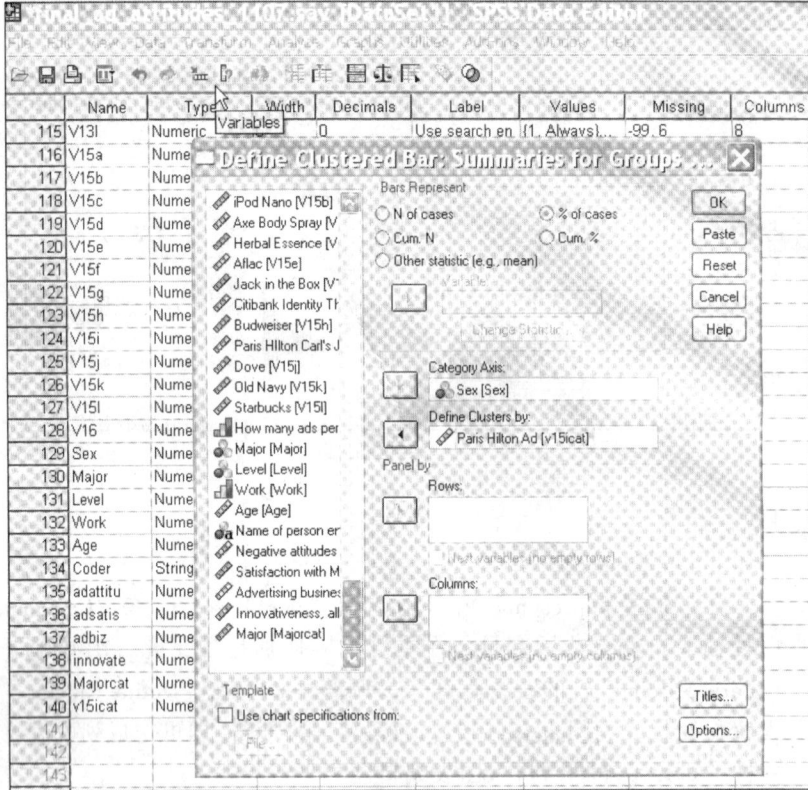

图表 13 - 13 描述列联表的柱形图

喜欢 Paris Hilton's Carl's Junior 广告的男、女比例

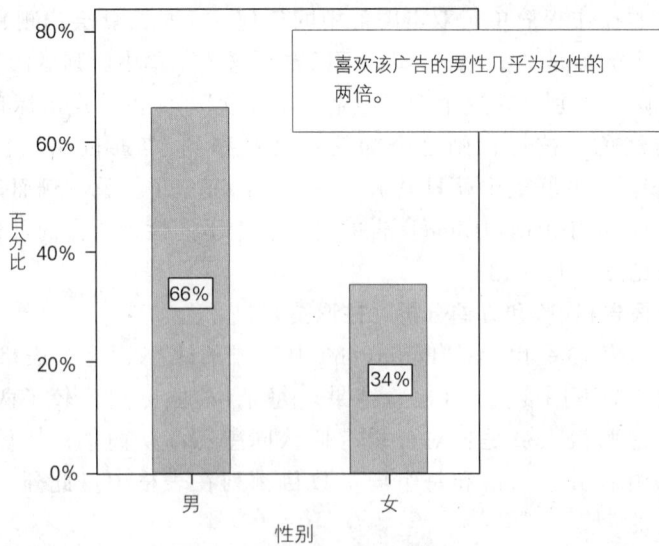

注: P<0.05。

图表13-14　哪种广告有效的t检验

影响因素	均值（最大值=7）
信息性的	男性 4.3*
	女性 4.8
幽默性的	男性 5.8
	女性 6.0
感人的/激情的	男性 4.0*
	女性 4.8
性感的	男性 5.5*
	女性 4.7
有当红模特的广告	男性 5.4*
	女性 4.5
色彩艳丽的广告	男性 4.3*
	女性 5.0

在广告宣传中，女性比男性更有可能认为信息性的、感性的和色彩艳丽的广告更有效。而男性则更有可能认为性感的和有名模的广告是有效的。男性和女性以同样的比率认为幽默性的广告有效。

注：*p<0.05。

在SPSS中，t检验和方差分析都可用柱形图展示。虽然在本例中方差分析以使用柱形图为重点，但是这两种检验的SPSS命令顺序是相同的。首先选择Graphs→Bar→Simple，选择"Summaries are groups of cases"，然后点击"Define"。下一步（见图表13-15中），在Bars Represent下选择"Other"，并将结果变量（在这个例子中是"喜欢感人的还是感性的广告"）输入"Variable"下的空白处。

图表 13 - 15　运用 SPSS 生成方差分析结果的柱形图

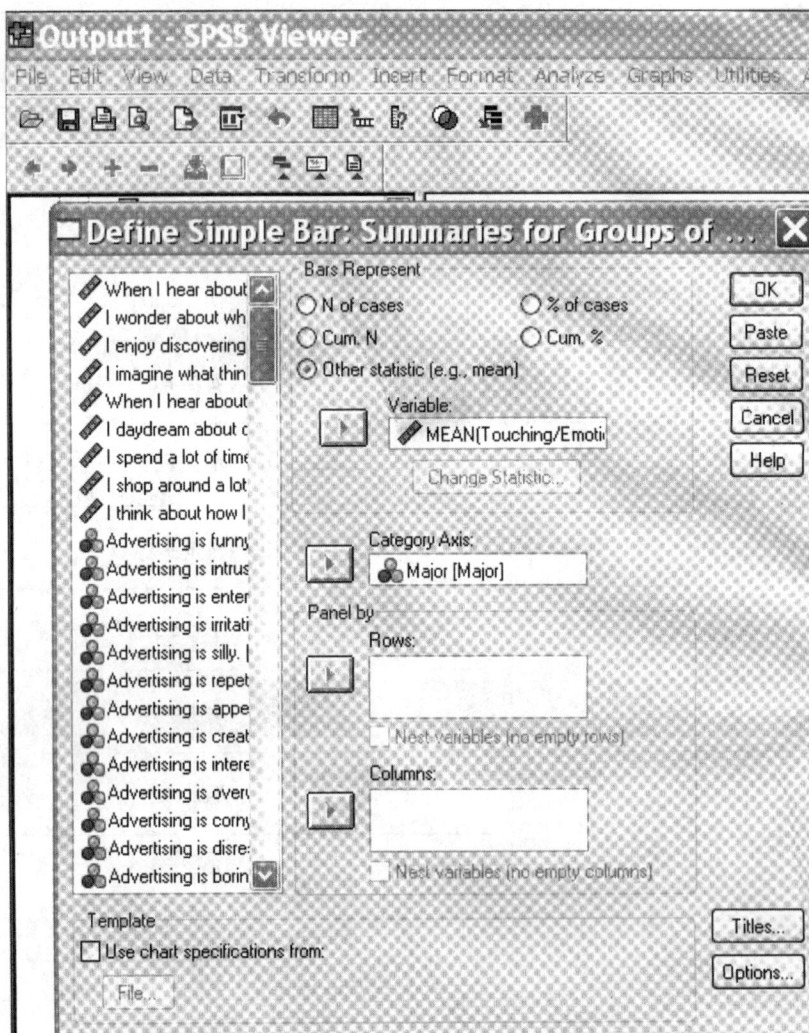

在 Category Axis 中输入自变量（在本例中为 Major）。然后点击 "OK" 就生成了这个图形。可以用 Options 给图形添加标题和脚注。y 轴显示在调查中所采用的数值标度，点击 y 轴，就会出现 Properties 菜单以及标有 "Scale" 的标签。在 "Scale" 标签中可将最小值设为 1，最大值设为 7（实际标度的端点）。SPSS 通常会改变标度点以使图表的空间最大化，因此由默认选项生成的图表可能会歪曲研究结果。在大多数情况下都需要改变坐标轴，以显示出量表的实际端点。脚注中给出了依据 Scheffé 事后检验来检验类别的差异性的方差分析结果。最后生成的图形见图表 13 - 16。

图表13-16 描述方差分析的柱形图

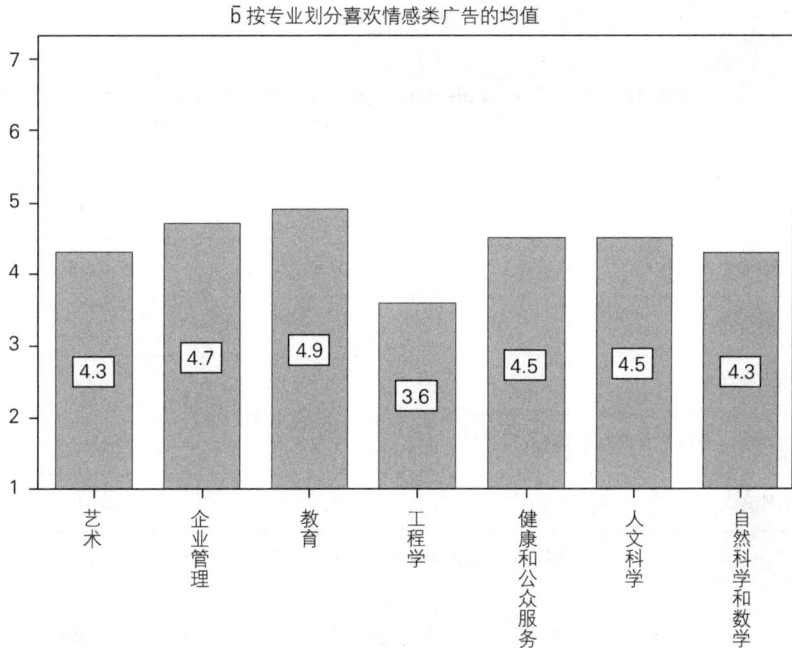

按专业划分喜欢情感类广告的均值

注：工程学与其他专业的比较值b P<0.05。

报告相关分析和回归分析

在一份报告中，相关分析可被用于阐明若干变量间的关系，这些变量此后将被用于回归分析，也可被用于分析若干变量与结果变量间的关系。图表13-17给出了一个表格，该表格列示了多个变量与对 Primal Elements 零售店的整体满意度之间的相关关系。为了便于比较相关性的大小，将相关系数按从强到弱的顺序排列。注意，由于负号仅表示相关关系的方向，因此负相关也是按照相关强度来排序的。用星号来表示显著性水平。如果相关分析中的样本容量与报告中调研部分所提及的总体样本容量不同，就应该在图形中以脚注的形式说明样本容量。图表中并未给出对其中表格的解释，但是应在表格的注释文字中解释零售商店的气氛感知对满意度的重要影响，同时也要考虑其他变量相对较弱将会产生的影响。

回顾一下，回归分析是一种用于估计多个解释变量或自变量对一个因变量的影响程度的多变量分析技术。展示回归结果的最简单的方式之一是在 Word或 PowerPoint 中生成一个图表。在图表中用箭头标出预测变量和结果变量间的关系（见图表13-18）。在第3章中，这种图表被称为概念模型。图表的标题要清晰地说明图表的大致内容（营销满意度的预测）。标准化的β系数表示自变量和因变量之间关系的强度，因此将标准化的β系数标在相应箭头的上方。与其他图形的分析情况相同，用星号来再次表示统计显著性。这个图表还给出

了 R^2（0.27）。这三个变量共解释了对市场营销态度27%的变异。附带的文字概括了回归分析结果所表示的信息。

图表13－17　Primal Elements 整体满意度与其主要影响因素间的相关性

因素	相关系数
商店气氛	0.59*
商店咄咄逼人的程度	− 0.30*
产品的价格	− 0.25*
商店内部环境特征	0.25*
商店雇员能提供的产品信息的数量	0.21*
商店外观	0.16

注：*p<0.05，N=94。相关系数的变化范围介于－1~+1，0表示"不存在相关关系"。

图表13－18　显示回归分析结果：预测营销满意度

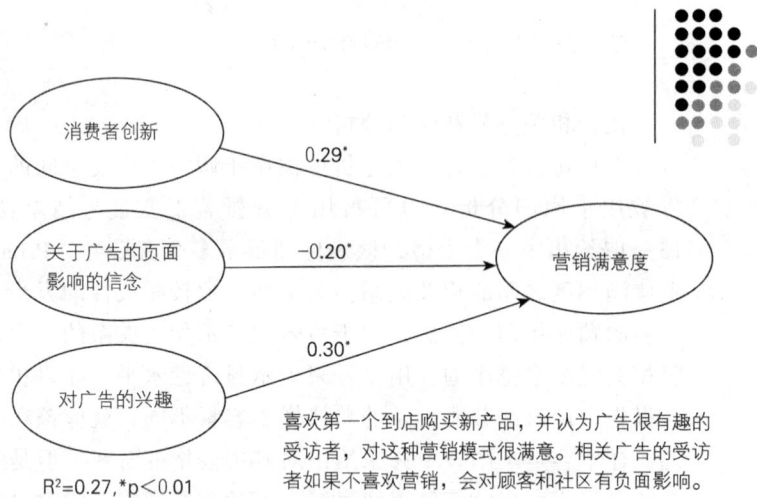

消费者创新 → 0.29* → 营销满意度

关于广告的页面影响的信念 → −0.20* → 营销满意度

对广告的兴趣 → 0.30* → 营销满意度

喜欢第一个到店购买新产品，并认为广告很有趣的受访者，对这种营销模式很满意。相关广告的受访者如果不喜欢营销，会对顾客和社区有负面影响。

R^2=0.27,*p<0.01

13.3.7　结论和建议

结论和建议是从发现中提炼出来的。如图表13－19所示，结论应是对结果的描述性、概括性的陈述，不一定是由统计分析产生的。每个结论都直接服务于研究目的。

建议是经过批判性思考而得出的。现在的任务是研究人员需对每个结论进行批判性的评价，然后为策略和行动提出具体的应用领域。提出的建议应能指导客户如何利用竞争优势解决现有的问题。

图表13-19 一份营销调研报告的结论性说明

结论
• 影响圣塔菲烤肉餐厅的满意度和光顾率的四个主要因素——食品质量、服务、价格和氛围
• 食品的质量是影响圣塔菲烤肉餐厅满意度和光顾率最重要的因素
• 服务是影响圣塔菲烤肉餐厅满意度和光顾率的第二大重要因素
• 对圣塔菲烤肉餐厅的食品质量和服务的认知是有利的
• 对价格和氛围的认知相对不利
• 圣塔菲烤肉餐厅的四个认知因素——食品质量、服务、价格和氛围,对较少光顾者来说显得明显不利
• 圣塔菲烤肉餐厅的两个认知因素——食品质量和服务显著差于若泽西南咖啡厅
• 对更频繁光顾圣塔菲烤肉餐厅的顾客来说,他们都有这样的生活方式——与革新型消费者和有影响力的人具有相同的特征
• 圣塔菲烤肉餐厅员工对团队同事的评估并不友好

图表13-20列出了与图表13-19中的结论相对应的建议。注意,建议与结论不同,对于每条建议都应给出清晰的行动陈述。

图表13-20 一份营销调研报告的建议

建议
• 广告的信息应强调食品的质量和服务,因为它们才是影响满意度最重要的因素
• 如果广告中包括人,则必须将其描绘成具有创新性生活方式的人
• 需要进行焦点小组访谈,以了解为什么对价格和氛围的认知不如对食品的质量和服务的认知有利
• 同样需要进行焦点小组访谈,以检验为什么较少光顾圣塔菲烤肉餐厅的顾客的认知明显地比更多光顾的顾客差
• 现在的调查数据是从圣塔菲烤肉餐厅的顾客那里收集的。今后,数据还要从非顾客人群中收集
• 焦点小组访谈需要研究为什么员工对同事的评价不好

13.3.8 局限性

研究人员总是试图为客户提供并实施一项完美无瑕的研究,但是所有的研究都有**局限性**(Limitations)。研究人员必须清楚一个项目的局限性,还要明智地推测这些局限性是否以及如何影响已得到的结论。营销调研中常见的局限性包括抽样偏差、资金的约束、时间压力和度量误差。

每项研究都有局限性,研究人员必须让客户也意识到这些局限性。研究人员不必因为局限性而感到尴尬,而应坦然承认它们的存在。但陈述局限性不能破坏整个项目的可信度。研究人员应指出局限性,但是要以一种恰当的方式,这种方式要求对报告的结论保持一定的信心。对报告中局限性的处理方法通常包括对结果及其准确性的讨论。比如,研究人员应该告诉客户,超出调研中所使用的样本范围时对结果的一般性推广。应该指出特定范围内的任何弱点及其他非抽样误差的潜在来源。如果事先没有主动指出局限性,而是后来被客户发现，则会使客户对整个报告产生不信任和怀疑。当我们适当地指出局限性时，局限性不但很少会降低报告的可信度，而且还能提高客户对这个项目质量的认知。

13.3.9　附录

附录（Appendix），常常也被称为"专业附录"，包含复杂的、详细的或专业性的信息，这些信息对正式报告而言并不重要。附录中通常包含的一些项目：调研项目中使用的问卷或数据收集工具、采访形式、统计计算及详细的抽样地图。研究人员应当知道，相对于报告正文而言，很少有人去读附录。事实上，大部分附录在报告中都被视为参考内容。也就是说，报告中列出有关附录的信息是为了引导读者进一步了解专业上的或统计上的细节。

13.4　准备营销调研报告过程中的常见问题

业内实践表明，在撰写营销调研报告的过程中可能出现如下五类问题：

1.缺乏数据解释。在某些情况下，研究人员会因为过于专注绘制展示结果的表格，以至于没有在表格中提供对数据的恰当的说明。研究人员应当提供对所有研究结果的无偏解释。

2.复杂统计方法的滥用。为了给客户留下好印象，许多研究人员会过多地使用过于复杂的多元统计分析技术。事实上，在许多研究报告中，需要用到的最复杂的统计分析技术其实就是卡方检验。除非从数据中获取信息时必须运用统计方法，否则应尽可能少地应用统计方法。

3.强调包装而不是质量。许多研究人员不厌其烦地使用先进的计算机所生成的图表，将调研报告包装得更加漂亮和华丽。尽管对结果的专业的图表展示在报告中是异常重要的，但是不要忽视了图表的首要目的——为客户提供有效的和可靠的信息。

4.缺乏关联。报告与研究目标无关的数据、统计量和信息是撰写调研报告时容易犯的一个主要毛病。应时刻围绕调研目标清晰地撰写报告，避免增加使报告冗长的无用信息。要永远站在实用性的角度上，提出的建议也应与主题相关、可行且与研究的结果相一致。

5.过分强调少数几个统计量。不要把所有的结论和建议都建立在一个或少数几个统计显著性的问题或结果上，而应着重依据通过整个报告中文献回顾、二手资料及结论模式所得到的证据来给出结论和建议，为每个建议或结论寻求强有力的支撑证据。

最终得到的调查文档就是调研人员的最终产品。一份报告可能会增强或损毁调研人员的信誉，而个人的信誉能帮助调研人员从客户那里获得不断的商机和推荐。个人在报告中融入的质量、奉献和诚实很可能带来未来的业务、职务的升迁和加薪。

13.5　演示的关键性质

即使对营销调研结果的展示不比调研的结果重要，至少也与调研的结果同样重要。这应该基于以下几个原因。首先，任何一项调查，无论做得多么好，无论有多么重要，如果不能将调查结果有效地传递给使用该信息的决策者，那么它就不能充分发挥作用。只有掌握精确的信息，决策者才能做出有价值的决策。如果他们没能理解营销调研的结果，就很有可能做出糟糕的决策，而这不仅会给机构带来困扰，也会困扰机构中受该决策影响的个体。其次，报告或演示通常是给调研委托方看的调查项目中仅有的部分，高级经理们通常没有时间查看整个调查项目，因此他们只能依赖研究人员尽可能完善的工作以及对结果见解明晰的演示。最后，调研的内容和演示的形式是密切相关的。对结构框架不好的调研所进行的演示往往显得模糊不清、啰嗦、令人费解，这通常会直接导致听众对演示的内容产生怀疑。

13.5.1　准备口头报告演示时需遵循的准则

市场营销调研必须提交论据充分的书面报告，并对客户做有效的口头汇报。口头报告的关键是要把复杂的调查信息（抽样的概念、统计、图表、数据等）转换为有趣的、富含信息量的、具有结论性的讨论。有效沟通中的营销信息，更多的是一门艺术而不是科学，是一门与动态的、可靠的传播工具联系在一起的艺术。一些较为简单的好案例在专业演示中是非常有用的：

1.不要让演示的视觉效果削弱交流时所传递的信息。保持视觉的简洁，避免过于华丽的图形和不必要的声音。

2.口头交流时要保持友好、诚实、热情和开放。太正式、太沉闷或是傲慢都会导致大家对讨论缺乏兴趣。

3.表达时要确保熟练掌握知识，信心十足。如果有必要，可以请研究分析师、统计人员或是技术人员进行补充。

4.为了确保与客户的对话既有条理又鼓舞人心，在演示之前，要先与团队中的其他人演练，也可以在镜子前或利用录音设备进行演练。

5.做一个令人印象深刻的、积极的聆听者，理解听众提出的问题和评论。如果在演讲开始后的最初前五分钟内没有任何提出问题或评论的迹象，可以提出讨论问题。

13.5.2　准备视图演示指南

视图演示虽然是一个独立的部分，但同时它也与营销调研报告处于同等地位。视图演示的首要目的是为营销调研报告提供一个可视化的总结，用于完善和增强书面调研报告的口头沟通。

在许多情况下，微软的 PowerPoint 是准备营销调研演示较好的方法。借助于 PowerPoint 的强大功能，可以用本章同样简单的图表来展现视图，也可以用丰富的多媒体技术，包括声音、动画、彩图和视频等。不考虑演示的复杂性，业内实践建议遵循如下准则：

　　1.以一张宣讲标题和宣讲人的幻灯片作为开篇。此外，应注明委托客户和调研公司。

　　2.用一系列幻灯片指出调查的目标及应当特别注意的问题，随后给出调研中所采用的方法和对调查样本的描述。

　　3.应当用幻灯片额外地列示那些研究人员认为对沟通目的十分重要的调研发现或特别的结果。

　　4.最后，演示应包括建议、结论和调研的意义，以及对当前研究而言所蕴藏的含义。

营销调研指南：谁是技术的早期接受者？

　　最新的数码录音机（或数码播放器）已不仅仅是录音设备。最新型的数码录音设备包含硬盘和多功能的程序指南，并拥有与电脑相同的访问和存储技术。除此之外，它们还提供家庭影院平台，通过菜单轻松地跳到播放器指定的位置，保证一段时间内多个节目都能被录制下来。

　　记录和存储市场的规模庞大，并在迅速壮大。录音机不再仅仅充当家庭娱乐播放器，它还增加了消费类电子产品的功能，如计算机、无线手机和其他便携式设备、家电以及工业系统。

　　DVD在20世纪90年代末进入市场，并迅速受到人们的欢迎。事实上，DVD市场经历了其他消费类电子产品兴起时都曾经历过的快速发展时期。2012年播放器、刻录机、机顶盒和电脑等各类数码产品的市场销量有望达到7万台。然而，蓝光设备的出货量逐渐挤占了光碟播放器和刻录机的市场份额，2015年蓝光设备的出货量预计达到1.05亿台，超过DVD播放器。

　　数码播放器（或数码录音机）吸引了大量消费者。机顶盒播放器爆炸式的销量增长不仅因为它们的强大功能，还因为其迅速下降的价格，平均售价从1998年的500美元下降到2012年的100美元，其中一些仅售35美元。

　　对电器销售商而言的两大挑战是：（1）如何成功地将新技术创新产品引进消费市场；（2）如何刺激创新的推广进而带来利润。为迎接这些挑战，调研人员必须清楚地知道决定消费者是否接受新电子产品技术的关键因素。

　　不久前，调研人员分析了数码录音机（或数码播放器）的潜在购买者的意见。调查比较了使用老产品和新产品的消费者在产品使用、数码录音机/播放器设备、购买可能性、人口统计特征等相关问题上的差别。关键问题是"使用老产品和新产品的消费者是否存在观点和行为上的差异？"和"这些差异是否与购买数码录音机（或数码播放器）的可能性存在系统的关联？"

　　运用网络面板分析样本容量为200的个体样本数据。样本对象是家庭年收入大于等于20 000美元且年龄介于18岁到35岁之间的消费者。数据收集花了两周时间。参与者的范围仅被限定为北美，因为该营销调研仅在这一地区实施。问卷涉及创新性、生活方式、产品和品牌形象等几方面问题。对其中一些问题的度量采用的是定距尺度，而另一些则用的是名义尺度（定类尺度）和定序尺度。在 www.mhhe.com/hairessentialle 上有 SPSS 格式的问卷调查结果的数据库。该数据库的名称为 Digital Recorder Survey MRIA.sav。问卷如图表 13-21 所示。

图表 13-21 研究电子产品消费观念的调查问卷

这是由俄克拉荷马大学营销调研班组织的一个项目。组织本项目的目的是更好地理解顾客对电子产品的看法和观点。问卷只需占用你几分钟的时间，并且受访者的所有信息都是保密的。感谢你为本项目提供的帮助。

I.看法

以下问题是关于你对电子产品的看法。采用从 1 到 7 的标度范围，7 代表"非常赞同"，1 代表"非常不赞同"。请对以下陈述圈选出你最认同的数字。

	非 常 不赞同						非 常 赞同
1.互联网是一个能买到廉价商品的好地方。	1	2	3	4	5	6	7
2.我不买特价商品。	1	2	3	4	5	6	7
3.其他人会咨询我的意见。	1	2	3	4	5	6	7
4.我通常比我的朋友和邻居先体验新品牌。	1	2	3	4	5	6	7
5.我希望有一次环球旅行。	1	2	3	4	5	6	7
6.我的朋友和邻居会向我咨询和征求意见。	1	2	3	4	5	6	7
7.优惠券是一个省钱的好方法。	1	2	3	4	5	6	7
8.我买东西时很少去寻找最低价格。	1	2	3	4	5	6	7
9.我喜欢尝试新的、不同的事物。	1	2	3	4	5	6	7

10.你认为自己在多大程度上需要 DVD 播放器?请在下列给出的范围中选择:

	我肯定 不需要 该产品						我肯定 需要 该产品
	1	2	3	4	5	6	7

11.你购买 DVD 播放器的可能性有多大?请指出你购买 DVD 播放器的可能性是高还是中等(注:认为不可能会购买的受访者会被从调查中筛选出去)。

6 = 中等可能性

7 = 高可能性

II.分类信息

请告诉我们一些有关你个人的信息。我们仅将该资料用于分类的目的。

12.你所受过的最高程度的教育是 _____ (只能选一项)。

  a.高中毕业

  b.大学毕业

13.电子产品的拥有情况。请选出最能描述你所拥有的电子产品数量的选项。

  a.拥有少量的电子产品

  b.拥有中等数量的电子产品

  c.拥有许多电子产品

14.请指出你的家庭全年税前总收入所在的类别(只选一项)。

  1.20 000~35 000 美元

  2.35 001~50 000 美元

  3.50 001~75 000 美元

  4.75 001~100 000 美元

  5.100 000 美元以上

感谢你同我们分享你的意见。

为了便于分析，将受访者分为革新消费者和早期采用者。对创新程度的衡量由5个变量组成：x_3、x_4、x_5、x_6和x_9。

可以用聚类分析来识别5个标度范围中对自己评价较高（更具创新性）的受访者。分析得出137位革新消费者和63位早期采用者。然后用分类变量（x_{14}）从受访者那里了解更多的信息。用于初步检验的变量有x_{10}——数码播放器（或数码录音机）的产品认知，x_{11}购买的可能性和x_{16}——价格意识。分析结果见图表13-22。

图表13-22 革新消费者与早期采用者的比较

	组别	样本容量	均值	显著性水平
x_{10}——DVD产品的认知	0 = 早期采用者	63	3.2	
	1 = 革新消费者	137	5.5	
	合计	200	4.7	0.00
x_{11}——购买的可能性	0 = 早期采用者	63	0.1	
	1 = 革新消费者	137	0.8	
	合计	200	0.6	0.00
x_{16}——价格意识	0 = 早期采用者	63	0.6	
	1 = 革新消费者	137	0.4	
	合计	200	0.5	0.01

所有的比较都是显著不同的。首先来看变量 x_{10}，革新消费者的均值大于早期采用者（分别为 5.5 和 3.2）。这说明革新消费者认为自己比早期采用者更需要购买 DVD 机。在变量 x_{11}——购买的可能性上也有相似的发现（编码 1=高可能性，编码 0=中等可能性）。革新消费者的均值较高（为 0.8，早期采用者为 0.1），这说明他们更有可能购买数码播放器（或数码录音机）。最后，在变量 x_{16}——价格意识上，革新消费者比早期采用者略弱一些（分别为 0.4 和 0.6；编码 1=较强价格意识，编码 0=较弱价格意识）。

这项研究表明，数码播放器（或数码录音机）已经脱离创新性扩散的阶段转入早期采用者阶段。但数码播放器（或数码录音机）的制造商和零售商们同样需要继续制定策略，以吸引更多潜在的早期采用者的购买欲和兴趣。

实践练习

1. 还可利用这份调查检验其他什么问题？

2. 从这份问卷中你能看出什么问题？

3. 在对结果的演示中，应包括哪些重要的问题？

13.6 总结

1. 理解调研报告的目的

调研报告的首要目的是为客户提供一个清晰简明的调研项目说明。调研报告是整个研究的关键部分，因此它必须传达出该研究是如何系统地设计和实施的。报告的第二个目的是为客户提供精确、可信、易于理解的信息。报告的最后一个目的是将其结果作为参考文件和信息源，用于指导将来的研究。

2. 描述营销调研报告的格式

调研报告通常应包括：扉页、目录、执行摘要（执行摘要中包含对调查目的的陈述，对调研方法和程序的详细描述，对结果的简要陈述和报告的结论与评价）等。在执行摘要之后是报告的引言，对采用方法的介绍，对数据分析技术和结果的讨论。最后是结论和建议及对局限性的描述。附录中包括对技术的解释或技术性文档。

3. 讨论调研结果的若干视图呈现技术

许多视图呈现技术可用于显示调研结果。柱形图可用于表现简单的频数图、列联表、t 检验和方差分析。饼图可用于展示频数分析的结果。表格对于描绘相关结果大有益处，包括均值、t 检验和相关分析。用箭头表示变量间关系的图表常用来描述回归分析的结果。

4. 阐明在准备报告过程中可能遇到的问题

在准备调研报告的过程中可能会遇到的问题有：（1）缺乏数据解释；（2）滥用多元统计分析方法；（3）过分强调包装而不是质量；（4）缺乏关联；（5）过分强调少数几个统计结果。

5.了解演示在营销调研中的重要性

演示之所以重要是因为必须将研究结果有效地传递给那些打算运用这些信息进行决策的人。报告或演示可能会成为调研委托人唯一阅读的部分。调研的内容和调研的演示形式总是紧密相连的。

13.7　关键术语和概念

Appendix 附录

Believability 信度

Credibility 可信度

Executive summary 执行摘要

Introduction 引言

Limitations 局限性

Methods-and-procedures section 方法和程序部分

13.8　复习题

1.营销调研报告的七个组成部分是什么?简要讨论目的以及为什么目的如此重要。

2.就整份营销调研报告的文本而言,执行摘要的主要目标是什么?

3.营销调研报告中,调研方法和程序部分的主要目的是什么?

4.为什么营销调研报告要包含结论和建议?

5.撰写营销调研报告的常见问题是什么?

6.为什么在营销调研报告中要解释局限性?

13.9　讨论

1.互联网体验。访问以下网站:www.microsoft.com/Education/Tutorials. aspx。在毕业水平框中输入较高的教育年限,在学习区域框中输入较高的技术水平,在产品框中输入 PowerPoint 以完成指南对话框。选择并完成指南后,写下你使用该指南的收获。

2.选择"圣塔菲烤肉餐厅"的数据或一个由本书提供的其他数据库(见网站上的 Deli Depot,Remington's,QualKote,或者 DVD 调查),使用恰当的统计技术分析数据,为你的分析结果准备一份 PowerPoint 的演示,并在你的班级中报告。

a.从数据集中选择一个合适的变量,为你在 SPSS 中的分析结果绘制一个简单的柱形图。

b.从数据集中选择一个合适的变量,为你在 SPSS 中的分析结果绘制一个简单的饼图。

c.选择一组与主题相关的数值型变量，将结果用表格和SPSS的柱形图表示出来。

d.找出两个适合用列联表分析的分类变量，把你的结果用SPSS的柱形图表示出来。

e.找一个分类变量的自变量和数值型的因变量，将结果用SPSS的柱形图表示出来。

f.选择一个能被两个或多个自变量解释的结果变量，做回归分析，并用一张图表（用PowerPoint或Word）展示你的分析结果。

3.在本书的网站www.mhhe.com/hairessentials3e上有几个研究圣塔菲烤肉餐厅的PowerPoint演示。这些演示是对如何报告调研数据的统计分析结果的示范。复习这些演示，并选出你认为对研究结果的最有效的展示是哪一个，证明你的选择。

术语表

A

Ability to Participate　参与力

　　访员与受访者在一起采取问答式互动交流的能力。

Alpha Factor　α因子

　　指总体参数值的估计值与真实值之间的预期可接受差异,也被称为显著性水平。

Alternative Hypothesis　备择假设

　　备择假设是原假设的对立面,真实误差并非仅由随机误差所导致。

Analysis of Variance(ANOVA)　方差分析

　　一种统计分析方法,用于检验两个或多个总体的均值是否存在显著差异。

Appendix　附录

　　附录通常被附在最终调研报告的末尾,补充说明报告正文中复杂的、详细的或者技术性的信息。

Archives　档案文件

　　记录已发生的行为及其发展趋势的二手资料。

Area Sampling　区域抽样

　　属于整群抽样方法的一种,以地区(如市、县、区)为划分标准。在第一阶段或第二阶段的随机抽样中,可将任何一个有地理边界的辖区作为群标志。

Assignment Property　赋值属性

　　使用特定的关键词来区分集合中的每个对象。

Availability of Information　信息可用性

　　对收集到的信息资料按照统一的格式进行归类整理。

B

Bad Questions　不好的问题

　　调查中使调查对象和访员之间难以沟通,甚至阻碍或扭曲双方交流的任何问题或指令。

Bar Code　条形码

　　一种宽度不同的电子感应条,用以表示特定数字和字母的代码信息。

Behavior Intention Scale　行为意向量表

　　一种特殊的等级评比量表,用以评价人们在购买某种货物或服务时所表现出来的可预测性的行为。

Behavioral Targeting　行为定向

　　根据用户之前的上网行为把广告展示在某一网站上。

Believability   信度
　　评价所撰写的最终报告的质量,包括是否清晰、是否符合逻辑习惯、是否表达准确以及是否介绍准确等。

Benefit and Lifestyle Studies   效益和生活方式研究
　　对生活需求进行类似性和差异性检验的研究,即为了定位对某公司产品感兴趣的顾客而进行细分市场的研究。

Beta Coefficient   β系数
　　它是回归估计系数的一种,均值为0,标准差为1。该统计量使具有不同量纲的自变量与因变量直接联系起来,消除了量纲的影响。

Bias   偏差
　　一种偏离实际结果的趋势或倾向,从而对研究问题形成不精确的估计。

Bivariate Regression Analysis   二元变量回归分析
　　一种分析两个变量间是否存在线性关系的统计方法,它通过建立线性方程、估计两个变量的系数来进行分析,通常一个变量是自变量,另一个变量是因变量(或预测变量)。

Brand Awareness   品牌知名度
　　知晓某一指定品牌的受访者占全部受访者的百分比,可通过无提示或者有提示的调查来获得。

Branded Black-Box Methodologies   品牌黑箱方法
　　由调研公司提供的有标识其品牌但不披露如何操作的方法论。

Bulletin Board   电子公告栏
　　参与者同意在4到5天内经常发帖的一种线上调研形式。

                                        C

Call Record Sheet   访问记录表
　　一种记录访员的执行效率(如试图调查的受访者人数、已完成的访谈个数、每次访问所需的时间)等基本汇总信息的文件资料。

Case Studies   案例研究
　　属于一种探索性研究方法,对一个或多个类似于当前问题的既有情形进行有针对性的调查和研究。

Categorization   分类
　　根据具体情况,将类似的记录归入相同性质的组中。

Causal Research   因果性调查
　　该种调查主要通过收集资料和信息,来帮助决策者或调查人员建立两个或多个变量间的因果关系模型。

Census   普查
　　对目标总体的全部单位进行调查来收集资料的工作。通常采取抽样调查,因为在很多情况下很难或不可能进行普查。

Central Limit Theorem(CLT)   中心极限定理
　　这是抽样理论的核心部分。从任意一个总体中抽取简单随机样本,当样本量 n 充分大(如 n≥30)时,样本均值(或样本比例)的抽样分布近似服从正态分布。无论总体分布的概率密度曲线形状如何,只要样本量充分大,样本均值($\bar{x}$)就近似服从正态分布,样本均值以 s/n 的标准误差围绕着总体均值 m 波动,样本偏差(即估计量的标准误差)为 S_9。

Chi-Square (χ^2) Analysis   卡方分析
　　用来评估观测频率与期望频率拟合度的分析方法,通常称作"拟合优度检验"。

Cluster Sampling   整群抽样
　　一种概率抽样方法,它将组或群视作一个抽样单位。一旦抽中某个抽样单位,即可对其中的调查对象进行简单随机抽样调查,也可进行全部调查。

Code of Ethics   道德守则
　　约束调查人员道德决策和行动的行为守则和标准。

Codes   代码
　　在定性研究中,用于区分类别的标志或数字。

Code Sheet   编码表
　　在特定分析中,包含不同主题或类别的列表。

Coding   编码
　　对调查对象的回答情况进行分组和赋值的过程。

Coefficient Alpha

参见克隆巴赫α系数(Cronbach's Alpha)。

Coefficient of Determination（r^2）　可决系数
测定一个变量在多大程度上能解释另外一个变量变异程度的统计量,取值范围通常在0到1之间。

Commercial/Syndicated Data　商业/辛迪加数据
根据标准化程序进行编辑和演示的数据。

Common Methods Variance（CMV）　共同方法变异
由问卷中所采用的测量方法问题所导致的有偏的变异。

Comparative Rating Scale　比较等级量表
用来比较对象、个人或概念之间等级差别的一种量表。

Comparative Scale　比较量表
当测量目标为比较应答者认为某种对象(人或现象)与其他对象(人或现象)相比所特有的属性或其本身所具有的属性而产生的不同态度、感觉、行为时,应采用比较量表进行测度。

Comparison　比较
通过分析方法、主题和参与者类型的差异性和相似性来建立和提炼理论和架构的过程。

Competitive Intelligence Analysis　竞争情报分析
收集与竞争对手和所在行业相关的日常运作信息的过程。

Completeness　完整性
数据的深度和广度。

Completion Deadline Date　截止期限
在介绍信的封面上通常包括一部分信息,提示可能的调查对象完成问卷并将问卷返回给调研人员的截止期限。

Complexity of the Information　信息的复杂性
在信息研究过程中,决定信息水平的两个基本层面之一即是所得到的信息是否简单易懂且能应用到实际的调查问题或时机中。

Computer-Assisted Telephone Interview（CATI）　计算机辅助电话访谈
由计算机控制和促进访谈的过程。

Computer-Assisted Telephone Survey　计算机辅助电话调查
一种使用全自动化系统的调查,应答者按照电子提示音通过按键进行作答。

Concept and Product Testing　概念和产品测试
为改进产品和推出新产品而开展的调查,用以收集决策信息。

Conceptualization　概念化
建立模型,以显示变量和假定或变量间预期存在的关系。

Confidence　置信
需要估计的真实值落入选定的精确区间的确定性。

Confidence Interval　置信区间
基于某一确定的置信水平下,某目标总体参数的真实值落入的一个数值区间。

Confidence Levels　置信度
是指特定的置信区间可能包含(或估计出)总体参数真实值的理论概率。在调查研究中,有三种常用的置信水平,分别是90%、95%和99%。

Confidentiality to Client　客户资料保密
在市场调查过程中,调研人员和委托方要就客户的信息进行保密约定,除非双方当事人另有说明。

Confidentiality to Respondent　调查对象资料保密
向潜在的调查对象承诺,只有访员知道调查对象的姓名,不会透露给第三方,尤其是调查的委托方。

Confirmation/Invitation Letter　确认/邀请函
向讨论小组成员发送的跟踪信函,以鼓励和加强他们参与焦点小组访谈的意愿和行动。

Conformance to Standards　标准一致性
研究者应做到精确、及时、无误,并能避免意料之外的延误等。

Conjoint Analysis　交互分析
一种多变量分析方法,用以衡量某一对象不同水平的属性或特征的效用程度及属性本身的相对重要程度。

Consent Forms　同意书
　由调查对象正式签署的声明协议,表示同意在小组讨论中进行录像或录音,并将记录所得到的资料提供给主持人、调查人员和调查委托方。

Constant Sums Eating Scale　固定总数量表
　固定总数量表要求调查对象根据其重要程度,对多个属性或特征进行打分(通常是100分);且要求调查对象为其他已列出的特征评分。

Construct Development　架构建立
　是指研究者为了解决定义的研究问题,需要明确收集哪些资料的综合过程。

Construct Development Error　架构建立误差
　一种非抽样误差(系统误差),当调查研究人员无法全面诠释研究中所包含的概念和架构时所产生的误差。

Constructs　架构
　由一套相关的反应要素和行为所组成的多个假定变量。

Construct Validity　架构有效性
　研究者可在多大程度上测度他们要进行的研究,并判定哪些自变量和因变量需要纳入研究范围。

Consumer-Generated Media　消费者自媒体
　博客、电子公告栏和社交媒体平台。

Consumer Panels　消费者固定样本小组
　是指能够长时间提供特定类型数据的大型家庭样本。

Content Analysis　内容分析法
　内容分析法是按预先制定的规则将记录或录音材料分解为有意义的分析单元或类别。

Content Validity　内容有效性
　是指研究的一种性质,表明样本是否有效地覆盖了整个研究范围和所感兴趣的架构,即所研究的因素是否真的组成了所感兴趣的架构。

Control Group　控制组
　样本中不受处理变量影响的部分。

Control Variables　控制变量
　属于外生变量,研究者可根据实验中包含的自变量和因变量之间的函数关系所产生的系统偏差(或影响)来选取控制变量。

Convenience Sampling　便利抽样
　一种非概率抽样方法,它根据调查人员或访问者的方便与否来抽取样本,也称为偶遇抽样。方便抽样常用在调查的初期,因为它可以在短时间内对大量调查对象进行调查。

Convergent Validity　收敛有效性
　是指用不同工具测量同一架构高度相关的程度。

Cost Analysis　成本分析
　一种企业物流系统设计分析,使企业能在最低成本的条件下实现运营目标。

Covariation　共变(协方差)
　与相关变量的变异有关的另一个变量的变异程度。

Cover Letter　介绍信
　附在自我管理式问卷之前,或事先邮寄给已电话联系好的调查对象的独立信件,其目的是确保调查对象能够参与调查项目。

Cover Letter Guidelines　介绍信基本原则
　一些必须被包含在介绍信中的说明事项,旨在鼓励调查对象参与调查研究。

Credibility　信度
　评价最终(调研)报告的质量,包括是否具有准确性、可信性、专业性等。

Critical Questions　关键性问题
　是指由主持人提出的问题,用来引导小组成员围绕所感兴趣的潜在话题展开讨论。

Critical Tolerance Level of Error　容忍度误差
　样本统计量与相应真实或假定的总体参数之间的差异程度。

Critical z Value   z临界值
在一定的置信水平下,z临界值是样本观察值与假定的总体实际值的差值的标准化值。

Cronbach´s Alpha   克隆巴赫α系数
常用于测度多选项量表的内部一致性,其值为所有折半系数的均值。

Cross-Researcher Reliability   交叉研究的可靠性
不同研究者对相同数据编码时所得到的相似性程度。

Cross-Tabulation   列联表
同时对两个或多个变量的关系进行处理或测定的过程,它对连续回答两个或多个问题的调查对象的数目进行分类分析。

Curbstoning   作弊数据
数据收集过程中通过作弊或造假得到的数据,是调查人员在调查过程中自行填写部分或全部答案而得到的数据。

Curvilinear Relationship   曲线关系
是指两个变量之间的强度和方向随二者取值的变化而变化。

Customer-Volunteered Information   顾客自愿信息
由顾客在无诱惑前提下自愿提供的资料。

Cycle Time   周期
是指顾客从最初接触产品或服务到最终享受产品或服务所需要的时间。

D

Data   数据
与研究问题或主题相关的资料信息。

Data Analysis Error   数据分析误差
属于非抽样误差的一种,是指研究者采用不适当的分析方法分析数据所产生的误差。

Database   数据库
包括消费者购买商品、购买频数、购买金额等在内的二手数据源。

Data Coding Errors   数据编码误差
对回答情况进行计算机编码而产生的误差。

Data Editing Errors   数据编辑误差
将原始数据转换成计算机数据文件后在校验过程中所产生的误差。

Data Entry   数据录入
是指将已完成编码的数据通过某些特定的软件输入到电脑中,以利于研究分析员进行最终的数据操作管理和数据结构分析。

Data Entry Errors   数据录入误差
是指不正确的编码所产生的误差,即没有将编码录入计算机数据文件的指定位置。

Data Mining   数据挖掘
挖掘数据仓库中各种数据变量或属性间内在的结构和关系。

Data Reduction   资料整理
对数据进行重新分类和编码,属于定性数据分析中理论发展的一部分。

Data Silo   数据孤岛
由企业的某一个部门存储的不与其他部门共享的数据。

Data Validation   数据有效性
它是一种数据控制过程,调研人员必须确保样本信息数据符合要求,通常是从选定的调查对象中挑出20%,以考察其是否确实参与了调查。

Data Warehouse   数据存储
一个存储由机构组织收集的重要信息资料的中央仓库。

De-Anonymizing Data Combining   去匿名化数据组合
通过不同的公共开放信息识别网络上消费者的身份。

Debriefing Analysis   事后报告分析
是指在小组访谈结束后,对主持人、调查人员和调查委托方的意见、想法和感受进行比较的一种方法。

Decision Opportunity   决策机会

是指存在一种通过采取新活动而显著改善企业的市场业绩的情形。

Defined Target Population　既定目标总体
是指定的一组人或对象,可向他们提问或观察他们,从而收集到要求的数据结构和信息资料,也被称为有效总体。目标总体的确定是进行研究项目调查的必备条件之一。

Degree of Manipulation　管理度
是指数据资料和结果对特定问题解释和应用的程度。

Deliberate Falsification　蓄意伪造
是指在调查中,调查对象或调查人员故意给出错误回答或蓄意作假的行为。

Demand Characteristics　需求特征
调查对象试图推测实验的真正目的,给出社会可接受的回答或态度,从而破坏了架构的有效性。

Demographic Characteristics　人口统计特征
对人们、机构组织或对象的自然特征和实际情况的描述。

Deontologists　存在论者
他们强调行动中良好的意图和人们的权利,很少关注因伦理道德而产生的后果。

Dependence Techniques　因变量确定方法
一种多变量分析方法,确定一个或多个变量为因变量,其余的为自变量。

Dependent Variable　因变量
利用可控的自变量确定的一种可观测的单变量属性。

Description　描述
发现主要消费者特征的模式、联系和关系的过程。

Descriptive Questionnaire Design　描述性问卷设计
一种调查问卷设计方法,调查人员将对个人或对象的事实描述作为收集到的原始资料,所采用的问题或量表主要以收集数据的存在状态或行为状态为准则。

Descriptive Research　描述性研究
采用一套科学的方法和程序对收集数据进行研究,旨在识别、判断和描述目标总体或市场结构的已有特征。

Diffusion of Treatment　扩散处理
因测试主题来讨论处理变量和未处理变量的行为,从而破坏了架构的有效性测量。

Direct Cognitive Structural Analysis　直接认知结构分析
一种数据分析方法,要求调查对象回答一种属性在多大程度上属于某架构的结构构成,以及对其的重要性程度。

Direct (Positive) Directional Hypothesis　同方向变动假设
关于两个问题、维度或子群存在既定关系的假设,当一种因素在一个方向上变动时,另外一个因素将呈同方向变动。

Direct Mail Survey　直接邮寄调查
一种借助邮寄服务分发和回收问卷的方法。

Directness of Observation　直接观察
调查人员或受过培训的观察员观察正在发生的行为或事件。

Discriminant Validity　判别有效性
判定不同架构之间无关的程度。

Discriminatory Power　判别能力
测量分类量表反映的显著性差异的能力。

Disguised Sponsorship　隐藏委托方身份
在调查过程中,调研人员或调研公司向潜在的调查对象隐藏其真实身份的行为。

Disproportionately Stratified Sampling　非等比例分层抽样
分层抽样方法之一,其中每层子样本大小独立于该层在总体中的相对大小。

Diversity of Respondents　调查对象的多样性
研究中调查对象的相似程度。

Domain of Observables　可观测域
可观测到的变量表现,但它自身无法直接观察到。域代表着一套可识别的元素,其间接组成了所感兴趣的架构。

Drop-off Survey　留置问卷调查

一种将问卷留给调查对象以使其在适合时间作答的方法,调查人员可以直接收回问卷或借助其他方式来回收。

E

Editing　编辑

核查调查过程或调查数据是否出错,通常是指检查数据收集过程中访员或受访者所导致的错误。

Electronic Database　电子数据库

一个高速的、计算机辅助的信息源或信息库。

Electronic Data Interchange(EDI)　电子数据内部交换

一种加速生产者、批发者和零售者间信息流和产品流的特殊系统。

Electronic Test Markets　电子市场测试

一种针对消费者固定样本组的测试程序,选中的消费者仅需利用其特殊的身份识别卡来记录其购买产品的信息。

Element　要素

在数据收集中各个对象的给定名称。要素必须是唯一的、可数的,且将其相加能组成整个目标总体。

Emic Validity　主观有效性

定性研究方法的特征之一,是指在一个文化或亚文化圈子中的主要人群都赞同调查报告的结果。

Empirical Testing　实证检验

研究人员借助调查工具在现实世界中收集实际数据,然后利用所得到的数据进行严谨的分析,最后得出应接受还是拒绝原假设的检验结果。

Ending Questions　总结性问题

在焦点小组访谈中,主持人利用总结性问题引导参与者围绕指定话题展开讨论,以鼓励其提出总结性的评论。

Error　误差

是指调查工具的真实得分和实际调查得分之间的差异。

Estimated Sample Standard Deviation　样本标准差估计值

体现样本分布离散程度的定量指标,反映抽取的样本单位的实际值围绕样本算术平均值波动的程度。该样本统计指标将数据变动程度具体化,研究者可以利用正态曲线来解释其变动情况。

Estimated Sample Variance　样本方差估计值

样本标准差估计值的平方。

Estimated Standard Error of the Sample Statistic　样本统计量的标准误差估计值

抽样误差的统计测度,即抽样计算得到的样本统计值与所有样本单位的真实统计量之间的误差,还被称为普通精度,或一般精度。

Estimates　估计值

利用样本数据推断目标总体所得到的数值。

Ethnography　人种学

一种收集数据的定性研究方法,该方法研究记录自然环境中人类的行为,旨在理解社会和文化因素将如何影响个人的行为和感受。

Executive Dashboard　管理展示板

为公司的管理团队作决策提供的企业内部的网络界面。

Executive Interview　经理访谈

对经理进行访问调查时,在通常情况下,访谈都是在经理办公室里进行的。

Executive Summary　执行摘要

最终调查报告的一部分,概述了调查报告的大部分结果,在一定程度上足以代表整篇报告。

Expected Completion Rate(ECR)　预期完成率

潜在的应答者预期参与和完成调查的百分比,也被称为预期回答率。

Experiment　实验法

一种实证研究方法,用来检验变量与一个或多个控制自变量之间的假设关系。

Experimental Design Reliability　实验设计信度

调查研究设计和过程在多大程度上能被复制,并且所得到的结论和假定关系相类似。

Experimental Research　实验性研究

一种经验性调查,考察因变量和自变量之间是否存在假定关系。

Exploratory Research 探索性研究
是指通过一套非正式的程序来收集和解释非结构化格式的二手资料或原始资料的研究。

External Secondary Data 外部二手资料
由外部机构实体(如联邦政府、州政府、当地政府、贸易协会、期刊等)收集的数据。

External Validity 外部有效性
用基于样本研究的实验结果推断特定目标总体的程度。此外,还包括用研究中发现的因果关系推断特定的目标总体关系的程度。

Extraneous Variables 外生变量
自变量以外的能影响实验单位反应的其他所有变量。这些外来变量会对因变量的测量形成干扰,从而削弱实验结果的有效性或使实验结果无效。

F

Field Experiments 现场实验
属于因果研究设计的一种,实验人员在自然的市场环境中,控制自变量,并对因变量进行测量。

Finite Correction Factor(FCF) 有限校正因子
是调整样本量的修正因子,以保证抽取的样本大于或等于目标总体的5%,其值等于 $(N-n)/(N-1)$ 的开平方。

Focus Group Facility 焦点小组访谈设备
为实施焦点小组访谈而设计的一套专业设备,有特殊设计的房间,每个房间可至少容纳13个人,有一张很大的桌子和舒适的椅子,很轻松的氛围,内置音响设备,通常还会有一面单向镜,便于调查委托方或调查者观察访谈过程。

Focus Group Incentives 焦点小组访谈鼓励措施
特定的投资计划,用来补偿焦点小组成员因参加访谈而发生的费用。

Focus Group Moderator 焦点小组访谈主持人
主持人在人际交流、倾听、观察和解释技巧等方面受过良好的训练,且具有专业礼仪和个人魅力。在访谈中,主持人的作用是引导参与者围绕已经确定的主题或问题不断激发最好的且最具有创造性的想法。

Focus Group Research 焦点小组访谈调查
一种正规收集数据的定性研究方法,即从一个小组围绕某特定主题或观念展开的自发和互动的讨论中收集数据。

Follow-up Test 后续检验
一种跟踪检验不同总体的均值是否在统计上显著异于其他总体均值的统计检验方法,在进行方差分析(ANOVA)后还检验均值之间是否存在差异性。

Forced-Choice Scale Measurement 强迫选择量表
一种对称量表设计,对备选答案仅提供正面或负面的描述选项,而不提供逻辑上的中立评价选项。

Formal Rating Procedures 正规评比程序
使用结构化的调查工具或问卷来收集周围事件的信息资料。

F-ratio F比率
是指组间方差与组内方差的比率。在方差分析中,F值是衡量组间均值显著性差异的统计量。

Frequency Distributions 频数分布
汇总受访者对每个量表问题的可能答案的回答频数。

F-test F检验
在方差分析(ANOVA)中被用于检验各组均值是否存在统计上的显著性差异。

Functional Relationship 函数关系
一个变量随着另外一个变量的变化所产生的可观测的、可测度的系统性变化。

G

Garbage In、Garbage Out 无用(错误)信息输入、无用(错误)信息输出
市场调研中的一个标准化短语,一般是指数据收集、分析和转化数据的过程中存在误差或偏差,从而导致信息资料不够精确。

Gatekeeper Technology 网守技术
是指任何一种有助于保护私人隐私、抵御骚扰性营销手段(如电话推销员、登门直销员、非法诈骗者、假借市场调查行推销之实等)的设备(方法),主要包括来电显示、语音信箱、应答机等。

Generalizability 推广性

是指数据在多大程度能准确反映目标总体的概况,即从目标总体中选取的小样本对整个目标总体的代表性。

Generalizability of Data   数据的推广性

是指样本数据对既定目标总体进行准确推断的程度,即调查结果可在多大程度上用样本来推断目标总体。

General Precision   普通精度

是指普通抽样误差,即与某种数据收集过程中产生的样本数据相联系的误差,无需界定置信水平。

Graphic Rating Scale Descriptors   图示等级量表描述

用某种连续的图示标度来代表应答者对给定问题的可能回答。

Group Dynamics   群体动力

在围绕某主题进行讨论时,小组成员自发进行互动的程度。

Groupthink   趋同思维

该现象指一到两个组员表明观点后,不适当地影响其他组员的观点。

H

Heteroskedasticity   异方差性

围绕回归线的协变异模式不固定,当数值从小到中再到大变化时,协变异也随之变化。

Homoskedasticity   同方差性

无论数值是小、中、大,围绕回归线的协变异模式不变。

Hypothesis   假设

对于某个未经证实的问题或某种可能的解决方案,可以利用调研过程所收集到的数据进行经验分析验证,旨在对两个或多个架构或变量的关系或现象进行解释。

Hypothesis Guessing   假设推断

根据事先的操作处理,调查对象认为存在预期的函数关系,从而破坏了对架构的有效性度量。

I

Iceberg Principle   冰山法则

这个法则是指在营销决策中许多危险的问题是隐性的,且不易被营销经理们发现。

Importance-Performance Analysis   绩效重要性分析

一种数据分析方法,通过评价某产业中一个企业和它的竞争者的优势和弱势、未来发展前景,来寻找推动消费行为的关键要素。

Incidence Rate   发生率

某一市场调研对象在一般总体中所占百分比。

Independent Samples   独立样本

对两组或两组以上的假设他们来自不同总体的调查对象进行检验。

Independent Variable   自变量

一种对象的属性,其测量值可直接由调查研究人员来控制,也被称为预测变量或处理变量。这种类型的变量可被视为与因变量有函数关系的因果变量。

In-Depth Interview   深度访谈

通常用于面对面的访谈中,由一个训练有素的访员就某主题向调查对象提出一系列半结构化的、试探性的问题,是一种正式的、非结构化的调查过程。

Information Objectives   信息收集目标

是明确数据要求的指南,并说明收集数据的原因。

Information Requirements   信息要求

明确规定信息收集目标所要求的数据特征,包括识别因素、数据维度、属性等。

Information Research Process   信息研究过程

包括四个阶段:数据的收集、分析、解释以及将数据和结果转换为决策者所需的信息。

Information Research Questions   信息研究问题

对调查研究中可能出现的问题的具体化陈述。

In-Home Interview   入户调查

是指访员到调查对象家中进行的调查访谈。

Integration   整合

实现由对主题和类别的识别阶段向理论发展阶段的转变。

Intention to Purchase　购买意向

一个人计划在未来某段时间内购买产品或服务的行为。

Interaction Effect　交互效应

方差分析中多个自变量同时影响应变量的组均值。

Interdependence Techniques　相依分析

一种多变量统计分析方法,研究各个变量间的相互依存关系。

Internal Reliability　内部可靠性

衡量在多大程度上一个量表的各度量细项代表相同的内容,并且相互之间高度相关,同时与累加量表值之间也高度相关。它表示一个量表的成分与同一总体构件相关的程度。

Internal Secondary Data　内部二手资料

由企业收集用于内部会计核算和营销活动的事实资料。

Internal Validity　内部有效性

表示观察结果是由特定的处理变量所引起的必然性,当研究设计能准确识别因果关系时说明存在内部有效性。

Internet Survey　在线调查

利用互联网来提问应答者,记录调查对象的回答的调查方法。

Interpersonal Communication Skills　人际交流技巧

调查人员直接、清晰地表述问题的能力,使调查对象理解他或她所传达的信息。

Interpretive Bias　解释偏差

受某种外生变量的影响,而导致调查人员或决策者对真实世界或既定目标总体进行错误的推断而产生的误差。

Interpretive Skills　诠释能力

调查人员准确理解、记录调查对象对问题的反应的能力。

Interval Scales　定距尺度

定距量表不仅能将问题或量表格式的属性划分为不同的类型并对其排序,还具有测度距离的属性,而且可以计算量表标度内部各个量表分值间的绝对差距。

Interviewer Error　访员误差

一种非抽样误差,在访问调查对象时或者调查结束后,访员完全误解调查对象所传递的信息而产生的误差。

Interviewer Instructions　访员指南

用来培训访员,指导他们如何挑选潜在应答者,筛选合格应答者,并进行实际的访问调查。

Introduction　引言

为全面理解报告包含必要的背景信息。

Introductory Questions　引导性问题

在焦点小组访谈中,主持人用来引导参与者围绕主题展开讨论,激发调查对象对过去经历的回忆的问题。

Introductory Section　导言部分

目的是给受访者介绍研究的大概情况。

Inverse (negative or indirect) Directional Hypothesis　反方向假设

假定两种问题、两个维度存在某种已知的关系,即一个因素在一个方向上变化,另外一个因素在相反方向上变化。

Iteration　迭代

对数据进行多次处理,不断修正原先的构想并进行下一步的数据分析。

J

Judgment Sampling　判断抽样

一种非概率抽样方法,它凭借调查人员的主观意愿和经验来选取满足调查要求的受访者。

K

Knowledge　知识

当某人或研究人员或决策者解释数据并赋予内涵的时候,信息则成为知识。

Knowledge Level　认知水平

选定的受访者对与调研课题相关的知识和经验的感知程度。

L

Laboratory Experiments　实验室调查
　在人为设置的环境中进行的调查实验。

Leading Questions　主导性问题
　一种往往能引发特定答案的问题。

Least Squares Procedure　最小二乘法
　一种回归方法,用来确定一条拟合最好的使各点到该直线的垂直距离最短的直线,也称OLS。

Likert Scale　里克特量表
　一种特殊的评分量表,应答者需要对一系列精神或行为信念表明自己认可或不认可的程度,它是一种基于认知能力的测度量表。

Limitations　局限性
　属于最终调研报告的一部分,是指由于某些外生事件的发生致使报告本身存在某些传达方面的局限。

Linear Relationship　线性关系
　是指两个变量之间的关系,即在一定的范围内,二者关系的强度和性质将保持不变。

Literature Review　文献综述
　对与研究主题相关的已知资料进行全面的归纳总结。

Lottery Approach　有奖调查法
　一种特殊的激励机制,将个人的小额现金激励汇聚成大笔的现金或数目可观的非现金礼物,并从中抽取一个或一部分优胜者。这种抽取方法是为了让所有完成调查并返回问卷的调查对象有相同的机会获取大奖。

M

Mail Panel Survey　邮寄式固定样本调查
　事先同意参与邮寄调查的固定代表性调查样本。

Mail Surveys 邮寄式调查
　通过邮寄服务方式把调查问卷送到被调查者手里。

Mall-Intercept Interview　购物中心拦截调查
　在购物中心、商店等地方拦截顾客进行调查以获得反馈信息,调查地点通常在购物中心的公共场所或调查公司的办公室。

Marketing　市场营销
　是指策划并实施产品定价、促销、生产、分销产品、服务或公司理念,以达成同时满足公司和顾客需求的交易。

Marketing Knowledge　营销知识
　一个调查研究人员所应具备的专业技能。

Marketing Research　市场营销调研
　通过收集信息资料将组织机构和它所在的市场连接起来。这些信息可被用来识别和定义市场导向的各种机遇和问题,也可用来完善、改良和评估市场活动。

Marketing Research Online Communities（MROCs）　市场调研网上社区
　以研究为首要目的的网上社区。

Market Intelligence　营销情报
　利用实时的顾客资料(顾客信息)来获取竞争优势。

Market Performance Symptoms　市场表现信号
　在市场中,决策问题或机遇出现的征兆。

Mean　均值
　均值是全部样本值的算术平均值,即将全部样本的分布值加总后再除以有效样本数。

Measurement　度量
　按照特定的规则为不同的对象赋值,并将其特性量化的过程。

Measurement/Design Error　测量/设计误差
　属于非抽样误差,在研究中由于采用了不恰当的架构、量表或调查方法进行提问和记录而产生的误差。

Measures of Central Tendency　集中趋势的测度
　利用收集到的数据可计算一些简单的样本统计量,包括众数、中位数和均值。

Measures of Dispersion　离散趋势的测度

离散趋势是描述数据如何偏离其集中趋势的测度值,常见的测度方法有:频数分布、极差和样本标准差。

Mechanical Devices　机械设备

能对正在发生的行为或物理现象进行观察、记录的高科技工具。

Mechanical/Electronic Observation　机器/电子设备观察

用于捕捉人的行为、事件和营销现象的机器或电子设备。

Median　中位数

一种样本统计量,它将全部数据一分为二,每部分包含一半的数据,一部分数据比中位数大,另一部分数据则比中位数小。

Media Panels　媒体固定样本

对于被选中的家庭样本来说,主要收集其收视习惯方面的信息,而不是其对产品/品牌的消费模式方面的信息。

Member Checking　成员核查

要求主要的被调查者阅读调查者的报告,以证实报告分析是否准确。

Memoing　备忘

当调查、焦点小组访谈、现场采访等结束后,尽快记录下所有想法。

Method Bias　方法偏差

因选择不合适的方法来调查问题而产生的误差。

Methods-and-Procedures Section　方法和程序部分

针对研究如何进行进行沟通。

Model F Statistic　F统计量

比较因变量中可解释方差和误差方差大小的统计量。F统计量的数值越大,回归模型中可解释的方差较误差方差的差距也就越大。

Moderator's Guide　主持人指南

此文件详细列举了焦点小组所讨论的主题、问题及子问题,旨在促进小组参与者进行自发式的交流。

Modified Likert Scale　修正的里克特量表

按照"同意"和"反对"来设定量表刻度,而不是按照从"强烈同意"到"强烈反对"的五分制来设置。

Monetary Compensation　货币激励

是指为了增加潜在调查对象参与调查的可能性,调查人员对调查对象实施的现金激励方法。

Multicollinearity　多重共线性

当多个自变量之间高度相关时即会出现多重共线性,这种特征使得当自变量间相关时,难以对回归方程的各个自变量系数进行估计。

Multiple-Item Scale Designs　多项量表设计

当研究者需要同时测度多个项目或属性,用以测量整个对象或感兴趣的架构时,会采用多项量表设计法。

Multiple Regression Analysis　多元回归分析

一种统计分析方法,通过估计(回归)直线方程系数,来研究分析一个因变量和多个自变量之间的线性关系。

Multivariate Analysis(Techniques)　多变量分析(技术)

一组统计分析方法,适用于每个要素均存在两种或两种以上的测量方法,且可同时对多个变量进行分析。

Mystery Shopper Studies　神秘顾客研究

这种方法依靠经过专门训练的专业顾客,到各种商店、金融机构、公司假装购物,并对其服务质量或服务水平进行评价。

N

Negative Case Analysis　反面案例分析

特意寻找那些与调查人员研究的观点和理论相悖的案件和实例进行分析。

Negative Relationship　负相关

两个变量间此消彼长的关系。

Netnography　网络志

源于人类学的一种调查方法,使用互联网上的虚拟社区中的既有数据进行分析。

Nominal Scales　名义尺度

仅要求调查对象对问题或量表结构提供唯一描述并将其作为答复,且答复中不涉及对其程度的区分。

Nomological Validity　理论有效性

是指特定的架构在理论上与其他相区别但又相互联系的现存架构之间的相关程度。

Noncomparative Scale　非比较量表

如果调查对象只需对一个具体的对象(人、现象)或其属性表达个人的态度、情感、行为或意图,则可使用此量表。

Nondirectional Hypothesis　不定向假设

假定某属性的两个问题、两种维度和两个子群之间存在显著关系,但缺乏方向性描述。

Nonmonetary Compensation　非货币性激励

是指除现金以外的任何一种个人激励方法(如免费T恤),旨在鼓励潜在调查对象参与调查。

Nonparticipant Observation　非参与性观察

一种人种学研究方法,观察者不参与被观察者的活动,完全在自然的社会环境中进行观察。

Nonprobability Sampling　非概率抽样

抽样设计方案的一种,在此方法中,每个抽样单位被抽中的概率是未知的,完全根据研究者(调查人员)的经验判断来选取抽样单位,选取的样本不一定充分代表目标总体。

Nonresponse Error　无应答偏差

若目标总体中的一部分不予回答或回答不完全,且这部分与完全回答的那一部分之间存在系统的、显著的差异时所产生的误差。

Nonsampling Error　非抽样误差

在调查研究中,不管是抽样调查还是普查都会出现的偏差叫做非抽样误差。

Normal Curve　正态曲线

表示一个变量在其均值的上下分布完全对称的曲线,反映随机变量的分布规律。

North American Industry Classification System (NAICS)　北美产业分类系统

是指一套数字化的产业代码列表,旨在促进美国政府数据报告程序的统一性。

Not at Home　不在家

一种特定类型的无应答偏差,当调查对象初次访问潜在调查对象却没有成功时所产生的误差。

Null Hypothesis　原假设

假设两个问题、两个维度之间不存在显著的统计关系。它是对现状的一个推断,认为任何一种变动均可归结为随机抽样误差。

n-way ANOVA　多因子方差分析

方差分析的一种,可以对几个自变量同时分析。

O

Object　对象

环境中任何可触知的物体,通过感官可清楚地加以识别。

Objectivity　客观性

研究人员采用科学的收集和分析方法,从而得到无偏信息的程度。

Observation　观察法

不需要直接提问或沟通、观测和记录某对象、人物和正在发生的事情的行为模式的系统过程。

Observation Research　观察研究

对事物、人物、事件及其他现象的行为模式进行系统的观察和记录。

Observing Mechanism　观察机制

如何观察行为或事件。当观察人物时,观察者可以是雇佣的专业人士、受过训练的调研人员;当观察事物时,则需要借助技术设备进行观察。

One-Way Tabulation　单向列表

对研究的单变量进行分类。

Online Surveys　在线调查

用互联网收集调查数据。

Opening Questions　开放性问题

焦点小组访谈中主持人用来打破僵局的问题,其可识别参与者的共同特征,并能创造舒适的氛围以促进参与者进行活跃的、互动的讨论。

Opportunity Assessment　机会分析

在产品市场上收集信息以预测产品销量的走势变化。此类分析注重收集与宏观市场环境相关的信息。

Optical Scanner 光学扫描仪
该设备能够识别条形码并将之编译成产品信息。

Ordinally Interval Scales 顺序定距尺度
是指在定序类问题或定序量表设计中,由研究人员对量表结构人为设定一个假想的距离并将其作为区间。这种混合型的量表格式结合了定序量表的描述符号和以基数性质重新界定的原先的主要描述符号。

Ordinal Scales 定序尺度
区分测量的属性和排序的问题或量表,要求受访者区分问题的相对重要程度。

Ordinary Least Squares 最小二乘法
估计回归方程系数的一种统计分析法,它要求因变量的实际值和预测值之间的差的平方和达到最小。

Overall Incidence Rate(OIR) 总体发生率
实际参与调查的合格人数占目标总体人数的百分比。

Overall Reputation 整体声望
认知质量结果的主要方面,最终产品的质量可用专家水准、信任度、可信度以及研究的贡献程度等来衡量。

P

Parameter 参数
变量的真实值。

Participant Observation 参与观察法
对自然条件下充分体验文化或亚文化背景的行为进行长期观察的人种学研究技术。

Pearson Correlation Coefficient 皮尔逊相关系数
描述数值型变量间线性关系的统计测度。

Peer Review 同行审查
运用外部定性方法或邀请该领域内的专家来审查评论研究分析的过程。

Perceptual Map 认知图
受访者对物体间两维或多维(通常是对象的属性或特征)关系所持看法的图像表示法。

Performance Rating Scale Descriptors 性能等级量表描述符号
使用可估计的标度点格式的量表,让受访者能够就某个对象作评价判断。

Person-Administered Survey 个人管理式调查
仅有一位访员提问并记录应答的调查。

Phantom Respondents 虚假受访者
一种数据造假行为,调研人员将一个实际受访者的数据照搬过来作为事实上并不存在的另一组受访者的应答。

Plus-One Dialing 加一位拨号
随机从电话簿中选择号码,然后增加一位数字,从而产生要拨打的电话号码的方法。

Physical Audits(or Traces) 实物审计(或痕迹)
过去发生事件或记录下的行为的实物证据(或人工制品)。

Population 总体
所要调研的所有相似成员的集合。

Population Mean Value 总体均值
基于已定义的目标总体(或抽样单元)获得定距或定比数据,并通过实际计算得到的算术平均值。

Population Proportion Value 总体比例值
目标总体(或抽样单位)中具备某一特点的实际百分比参数值。

Population Size 总体容量
目标总体中所含个体的确定数量。

Population Specification Error 总体设定误差
对目标总体范围限定不准确而引起的误差。

Population Standard Deviation 总体标准差
测度总体分布离散程度的定量指标,反映了总体中各成员的实际值偏离其算术平均值的离散程度。

Population Variance 总体方差
总体标准差的平方。

Positioning 定位

相对于产品或品牌，一个公司更希望能找到与它的目标市场相吻合的人群比例。

Positive Relationship 正相关关系

两个变量间同增或同减的关系。

PowerPoint

一种用于展示调研结果的电子软件包。

Precise Precision 预测精度

在一定的置信水平上，对与样本数据有关的抽样误差的度量。

Precision 精确度

与目标总体的一些可能回答有关的数据的精确程度。

Predictions 预测

对总体未来情况的估计值，来自对事实或样本数据的估计。

Predictive Validity 预测有效性

一个量表能准确预测量表之外的事件的程度。

Pretesting 试调查

对少量有代表性的受访者进行的问卷模拟调查。

Primary Data 原始数据

针对当前研究的问题和机会情形专门收集和整理的变量数据的结构，它们代表的是"第一手"资料。

Primary Information 原始信息

针对当前的问题，通过正式研究获得的第一手实际或估计值。

Probability Distribution of the Population 总体概率分布

总体参数特性的相对频率分布，形状类似于正态钟形。

Probability Sampling 概率抽样

一种抽样方法，其抽样设计的原则是抽样框（可抽选的总体）中每个抽样单元被选中的概率是一个已知的非零概率。

Problem Definition 问题定义

有关试图确定要解决什么问题以及为此需要哪些信息的陈述。

Project Costs 项目成本

进行营销调研所需的花费。

Projective Techniques 投射技法

一种定性数据收集方法，要求受访者将自身投射到特定的购买情形之中，然后询问他们关于这些情形的一些问题。

Propensity Scoring 倾向得分

所占比重偏低的受访者在结果中将被赋予更大的权数。

Proportionately Stratified Sampling 比例分层抽样

分层抽样方法之一，每层子样本量与其在总体内的相对大小成比例。

Purchase Intercept Interview 购买拦截访谈

类似于购物中心拦截访谈，但购买拦截访谈是受访者在购物时被拦截并询问一套预先准备好的问题。

Purposive Sampling 目的性抽样

选择某些样本对象进行研究的原因是其拥有一些对理解研究专题很重要的特征。

Q

Qualitative Research 定性研究

探索性研究设计中对选择性问题的研究，其主要目的是获得一个初步的认识，从而发现和识别影响决策的问题与机会。

Quality of the Information 信息质量

调研过程中决定信息水平的两个基本要素之一，它是指信息的准确性和可靠程度。

Quantitative Research 定量研究

采用格式化、标准化、结构化问题形式的数据收集方法，研究人员事先规定问题的选项，选取足够多的受访者展开调查。

Questionnaire 问卷

问卷是为了达到调研目的，收集必要数据而设计好的一系列问题和量表。

Questionnaire Development Process 问卷完善过程

对问卷的具体的、整合的逻辑过程,这个过程是为了设计出一个系统的调查工具,或者说是为了从受访者那里收集准确的原始数据。

Questionnaire Format/Layout 问卷版式/设计

将问卷中的问题/量表整合成一个系统的、结构化的文本。

Question/Setup Element 问题/架构要素

对受访者提出问题或提示,并要求他们做出回答。它是进行量表测量的三要素之一。

Quotas 配额

一种抽样追踪系统,用来采集受访者数据,确保各个子群在样本中的代表性符合规定。

Quota Sampling 配额抽样

按照年龄、种族、收入或其他特定行为特征选取一定数量的调查对象的方法,所谓"配额"是根据指定的调查目的而确定的。

Quota Sheets 配额表

一种样本追填表,有助于调研人员选取合格的调查对象。配额表有助于确保代表性标准得到满足。

R

Random-Digit Dialing 随机拨号

随机选取区域码、交换码和尾码。

Random Error 随机误差

由偶然事件所引起的误差。

Randomization 随机选择

将很多对象安排在不同的实验条件下,使得各组都能抵消系统因素对要研究的解释变量和被解释变量间的函数关系的影响。

Random Error 随机误差

因偶然变异所引起的实际抽样结果与总体估计结果之间的统计差异。

Randomization 随机化

该过程将研究对象随机分配到不同试验处理条件下,从而平衡掉每组内可能对所研究的自变量和因变量之间的函数关系的系统影响。

Random Sampling Error 随机抽样误差

实际抽样结果和估计的真实总体结果之间的统计度量差别。

Ranges 区间

将一组反应值划分为互斥的几个子集的统计量,且这些子集各自都有明确的边界值。

Rank-Order Rating Scale 等级顺序量表

一种量表形式,要求受访者比较他们的反应,并列出第一选择、第二选择、第三选择等,直到所有的反应都按某种排序方法(由最高至最低或由最低至最高)被排列出来。

Rating Cards 评比卡

应用在个人访谈中的卡片,代表实际量表的标度点和标度描述符号,用来回应调研中对某具体问题的描述。作为一种工具,这些卡片有助于调研人员和受访者加快数据收集过程。

Ratio Scales 定比尺度

问题/尺度的格式同时具备四个尺度的性质。它不仅可以反映出各个量表点之间的绝对差异,还可以反映出不同个体之间回答的绝对差异。从这个意义上讲,它是最高级的尺度。定比尺度要求受访者给出一个具体的数值,来作为他们对问题的回答。

Reachable Rate(RR) 可及率

邮寄名单上或其他既定总体框架中有效地址所占的百分比。

Recursive 递归

在这种关系中,一个变量既能使另一个变量发生变化,同时也会受这个变量自身变化的影响。

Regression Coefficient 回归系数

表明自变量估计因变量的重要性指标。较大的标准化系数说明该自变量是较好的预测指标,较小的标准化系数则说明该自变量是较差的预测指标。

Refusal 拒访

当一个潜在的受访者不愿意参与交流时所产生的一种特定类型的无应答偏差。

Related Samples　相关样本

来源于同一样本总体里的两组或多组受访者。

Relationships　关系

两个或多个变量间的联系。

Reliability　可靠性

可利用某种特定的量表反复进行测度的程度。

Reliability of the Scale　量表的可靠性

在重复实验中,设计的量表可以在何种程度上产生相同的测量结果。

Reliability of Service　服务的可靠性

调研人员一致且能够适应客户需要的能力。

Reputation of the Firm　公司名誉

调研公司为了提供优质的研究成果而展现出的最强的工作能力,这些能力以服务可靠性、营销知识、技术能力为标准。

Research Instrument　研究仪器

显微镜、辐射测量仪、直尺、问卷、量表或为其他特定测量目的而设计的仪器。

Research Objectives　研究目标

研究项目试图达到的目标。利用它可以建立一个为落实研究过程而必需的研究议程安排。

Research Proposal　研究提案

作为决策者和调查者间书面合同的特定文档。

Research Questions Section　研究问题部分

调查问卷里的第二部分,主要包括与研究直接相关的那些问题。

Respondent Characteristics　受访者特征

调研中受访者的属性,其三个重要的特征是多样性、发生率和参与。

Respondent Error　受访者误差

当选定的潜在调查对象不能一开始就参与调查过程,不合作或表现出不愿参加调查时,而产生的非抽样误差。

Respondent Participation　受访者参与

就整体而言,选定的人中有多少人掌握与主题相关的知识并愿意参与调查。

Response Error　应答误差

由于人们在回答特定问题时有特定的偏好而产生的误差,可能是有意也可能是无意产生的。

Response Order Bias　回答顺序误差

由于问题的顺序或对某个特定问题的封闭式选项的顺序而使受访者对问题的回答受到影响所造成的误差。

Response Rate　回答率

有效应答占应答总数的百分比。

Retailing Research　零售调研

调研的重点议题包括贸易区域分析、商店形象/看法、店内顾客的流动模式和位置分析等。

S

Sample　样本

从目标总体中随机抽出的部分个体所组成的集合。

Sample Design Error　抽样设计误差

因不恰当的抽样设计或未能恰当地执行正确的抽选过程而产生的一组非抽样误差。

Sample Mean Value　样本平均值

基于抽样单元区间数据或比率数据实际计算得出的算术平均值。

Sample Percentage Value　样本百分比值

基于抽样单元中所关注的某种特征实际计算得到的百分比值。

Sample Selection Error　样本选择误差

它是一种因不完整或不恰当的抽选过程或者正确的抽选过程未能得以恰当地执行而产生的特殊抽样设计误差。

Sample Size　样本容量

是指被抽取的用来代表既定目标总体的样本数目,也就是至少应该抽取多少个体才能对总体有足够的代表性。

Sample Statistic　样本统计量
　　从样本中估计得到的变量值。

Sampling　抽样
　　从研究对象总体中抽选一部分作为代表进行调查分析,并根据这一部分样本去推论总体情况的过程。

Sampling Distribution　抽样分布
　　在样本容量保持不变的情况下,通过重复抽样计算得到某样本统计量的频数分布。

Sampling Error　抽样误差
　　是指在调查研究中从总体中抽选有代表性的目标样本和确定具有良好代表性的样本容量时可能导致的偏差。

Sampling Frame　抽样框
　　是供抽样使用的所有调查单元的名录。

Sampling Frame Error　抽样框误差
　　由不准确或不完整的抽样框所导致的误差。

Sampling Gap　抽样差距
　　目标总体与抽样框总体间的代表性差异。

Sampling Plan　抽样设计
　　用于保证所收集的数据能充分代表目标总体的蓝图或框架。

Sampling Units　抽样单元
　　在抽样过程中可供选择的样本单元。

Scale Dimensions and Attributes Element　量表维度和属性要素
　　量表维度是指测度的对象、架构或概念的各个组成部分;属性要素作为量表测量的三要素之一,确定了要度量的对象。

Scale Measurement　量表测量
　　描述了确定指标体系的过程,这些指标反映了受访者在回答关于特定对象、架构或因素的问题时可能的反应程度。

Scale Points　标度点
　　一套人为设定的描述符号,用来反映受访者对调查对象、架构特点的反应程度,它是构成量表测量的三个要素之一。

Scale Reliability　量表可靠性
　　在重复实验中,一个量表可以产生相同测量结果的程度。

Scanner-based Panel　基于扫描仪的固定样本小组
　　参加调查的每组家庭都拥有一个独特的条形码卡,该条形码是参加调研的识别特征。

Scatter Diagram　散点图
　　在直角坐标系下,将两个变量的值分别作为横轴和纵轴,并以点的形式绘制在图中,以考察二者的相对关系。

Scientific Method　科学方法
　　通过信息研究过程来获得可靠、有效的一手资料的系统过程。

Screening Forms　筛选表
　　用来确定调查中潜在调查对象是否符合要求的预备问题集。

Screening Questions　筛选问题
　　用来限定调查的目标受访者或排除不符合条件的调查对象时所使用的特定问题。

Secondary Data　二手资料
　　为之前的某个调研问题而收集的历史数据。

Secondary Information　二手信息
　　在某些特定情形下,已经被收集、整理和至少使用过一次的信息(实际或估计值)。

Selection Bias　抽选误差
　　因未能正确地在实验组中选择抽样或指定受试样本而破坏了内部有效性所产生的误差。

Selective Coding　选择性编码
　　围绕一个核心类别或主题建立研究主线,其他类别都与该中心类别相关或从属于这一类别。

Selective Perception Bias　选择性认知偏差
　　研究者或决策者只选择部分调研结果来解释实际问题而产生的误差。

Self-Administered Survey　自我管理调查
　　受访者在没有访员协助的情况下独立阅读并填写问卷的调查形式。

Semantic Differential Scale　语义差别量表

一种特殊类型的对称评比量表,利用意思相反的形容词和/或副词来构成所假定的两个正负极点,并利用其所构成的集合来捕捉受访者在特定因素上的认知和情感态度,形成与特定对象或行为有关的直观印象。

Semistructured Questions　半结构化问题

这种问题将受访者引向特定的主题,但问题的答案并没有限制,调查人员并不期望得到任何预想的答案。

Sentence Completion Test　句子完型测试法

一种向受访者提供一套未完成的句子,并要求其用自己的话将句子补充完整的投射技术。

Simple Random Sampling (SRS)　简单随机抽样

一种概率抽样方法,每个抽样单元被选中的机会是相同的且非零的。简单随机抽样得到的结果能在预先指定的误差范围内反映目标总体的特征。

Single-Item Scale Descriptors　单项量表描述

只重点收集所调查的对象或架构某一个属性特点的数据时所使用的量表。

Situational Characteristics　形势特征

影响调查者及时准确地收集原始资料的实际因素,如预算、时间和数据质量等。

Situation Analysis　情境分析

一种非正式过程,用来分析某组织过去、现在和未来所面临的情况,从而发现决策中的问题和机会。

Skip Interval　抽样间隔

用来确定被选入系统随机抽样的抽样单元的位置的选择工具。间隔由已确定的目标总体中潜在抽样单元的数目除以需要的样本单位数目来确定。

Skip Questions　跳答问题

只有在回答前一个或一部分问题中符合条件的那些受访者才需要回答的问题。

Snowball Sampling　滚雪球抽样

一种非概率抽样方法,在调研实践中需先确定一组最初的调查对象,然后再依靠他们的帮助找出更多的人参与调查。

Social Desirability　社会期望

当调查对象倾向给出他认为会被社会认可或接受的答案而不是真实的答案时所产生的偏差。

Social Media Monitoring　社交媒体监测

基于社交媒体上的对话而进行的研究。

Spearman Rank Order Correlation Coefficient　斯皮尔曼等级相关系数

测量两个定序(等级顺序)变量间线性相关关系的统计量。

Split-Half Test　折半检验

用来评价具有多重属性的定距变量内部一致性的有效性的技术。

Standard Deviation　标准差

对一组应答者的数值偏离其均值的平均离散程度的度量。

Standard Error of the Population Parameter　总体参数的标准误差

概率抽样中用来表明抽样结果与要估计的实际总体间差距大小的统计量。

Standard Industrial Classification (SIC) Codes　标准产业分类(SIC)编码

行业列表的数字编码,旨在提高美国政府数据报告方法的一致性。

Standardized Research Firms　标准化调研公司

该类调研公司按照标准模式提供一般性的调研结果,因此为某一客户所作研究的结果可以用来与其规范结果进行对比。

Staple Scales　史德培量表

可认为是修正的语义差别量表,它利用一些加(+)、减(−)符号使标度点在一定范围内形成对称的中心分布。

Statistical Conclusion Validity　统计结论有效性

调查者对所感兴趣的架构间的共变关系及其强度做出合理解释的能力。当对实验组的选择是基于它们的回答或分数的偏差时,对内部有效性的测度就会受到影响。

Store Audits　存储审计

正式检查和核实特定产品或品牌的零售量。

Strata　层

分层随机抽样过程中的子群。

Stratified Purposive Sampling　分层目的性抽样
抽取样本对象从而使得各组之间可比。

Stratified Random Sampling(STRS)　分层随机抽样
一种概率抽样方法。在这种方法中,总体被分为不同的子群(所谓的层),再从各层中选取所需的样本。

Structured Questions　结构化问题
要求受访者从已列出的有限选项或标度点中做出选择,这种问题只需要受访者稍作思考,也被称为封闭式问题。

Subject Debriefing　主题通报
向受访者充分解释在调研期间所用到的各种骗术。

Subjective Information　主观信息
基于决策者或分析人员过去的经验、想法、感觉所得的信息,或在没有任何事实或估计的基础上进行系统性整理而得到的信息。

Subject's Awareness　主体意识
是指主体在多大程度上意识到有人正在观察他们的行为。伪装观察是指主体完全不知道自己正在被观察;非伪装观察则是指主体清楚知道自己正在被观察。

Sugging/Frugging　假调研真推销(以调研为幌子的变相推销)
声称调查是以研究为目的,但实为推销或募捐。

Supervisor Instructions　访员说明
培训访员如何以规范的方式执行访问过程的蓝图。它概述了如何执行个人访谈和电话访问的过程。

Survey Instrument Design Error　调查问卷设计误差
问卷设计或形式的误差导致问卷无法准确收集合适的数据。这些非抽样误差严重影响了所收集数据的可推广性、可靠性和有效性。

Survey Instrument Error　调查问卷误差
调查问卷的偏差所导致的系统偏差。

Survey Research Methods　调查研究方法
采用访谈或调查问卷的形式来收集大量数据的研究设计过程。

Symptoms　征候
出现一个决策或机会的信号的条件,它们往往是问题和机会被观察和测量的结果。

Syndicated (or Commercial) Data　辛迪加数据(商业数据)
向公司提供诸如市场份额、广告效果等已根据标准化程序汇编过的数据和信息。

Syndicated Business Services　辛迪加业务服务
标准化调研机构提供的服务,基于一个共同的数据池或数据库生成或开发数据。

Systematic Error　系统误差(系统偏差)
是指问卷设计或问卷中的错误导致调查结果产生一致的偏倚,并由此导致数据发生系统性波动,这种波动不是自然出现的或由部分调查样本偏差造成的。

Systematic Random-Digit Dialing　系统随机拨号
按照具体标准随机选择电话号码来拨打的技术。

Systematic Random Sampling (SYMRS)　系统随机抽样
与简单随机抽样相似的一种随机抽样方法,但它要求既定目标总体以某种方式自然排列。

T

Table of Random Numbers　随机数表
随机产生的数字表。

Tabulation　列表
将观测值或数据项分成若干类,并计算其数目的简单过程。

Target Market Analysis　目标市场分析
用来确定一个组织要服务的人群(或公司)的信息。

Target Population　目标总体
通过询问或观察从而得到与其相关的数据结构和信息的一组人或目标。

Task Characteristics　任务特征

在回答问题的过程中,对受访者提出的要求。

Task Difficulty   任务难度

受访者回答问题时需要的努力程度以及为受访者创造符合条件的环境所需做的准备。

Technical Competency   技术能力

要求执行研究项目的调研人员必须具备的能力。

Technology-Mediated Observation   借助科技的观察法

利用某种仪器捕捉人类行为、事件或市场销售现象的数据收集方法。

Telephone Interview   电话访问

通过电话进行的互动问答。

Test Marketing   试销

为获得具体信息而进行的可控现场实验,这些信息来自于有关市场表现的指标或影响市场表现的因素。

Theoretical Sampling   推理抽样

基于先前访谈的结果抽取样本,访谈结果显示某类受访者有助于调研者更好地理解研究主题。

Theory   理论

关于某一现象中的某一部分如何运作的相互关联的诸多命题。

Thick Description   深度说明

对同一文化或亚文化中人们的行为进行整合而形成的人种学研究报告。

Topic Sensitivity   话题敏感度

特定问题或调查主题导致受访者的答案在多大程度上能够被社会所接受。

Traditional Test Markets   传统市场测试

使用实验设计进行市场测试,通过现有的分销渠道测试产品和(或)产品的营销组合,也被称为标准市场测试。

Trained Interviewers   受过培训的调查员

受过很好培训的人,具有极好的交流和倾听技巧,可以向调查参与者询问特定的问题并准确记录他们的回答。

Trained Observers   受过培训的观察者

掌握熟练技巧的人,调研人员利用他们的各种感官来观察和记录一个人当前所发生的行为或反应。

Transition Questions   过渡问题

主持人为将焦点小组的讨论转向有趣的主题而提出的问题。

Triangulation   三角测量

从多角度来研究所分析的主题,包括使用多种数据收集和分析方法、多个数据集、多个调查者、多个时期收集的资料和不同类型的相关受访者。

t-Test   t检验

也被称为t统计量。基于t分布的假设检验过程,当样本量较小(小于30)并且标准差未知时应使用t检验。

Type I Error   第一类错误

原假设为真时却拒绝原假设的错误,代表α错误的概率。

Type II Error   第二类错误

备择假设为真时未拒绝原假设的错误,代表β错误的概率。

U

Undisguised Sponsorship   公开赞助商

是指在调查的实施过程中,向被调查对象公开调查者或调研公司的真实身份。

Unexplained Variance   未解释的变异

在多元分析方法中,因变量的变动不能被所有自变量共同解释的部分,也被称为未解释的方差。

Unit of Analysis   分析单元

确定所要收集的数据跟谁有关:个人、居民户、组织机构、部门、地理区域还是某种组合。

Unstructured Questions   非结构化问题

问题或量表设计要求应答者组织自己的语言来作答,这种格式需要应答者在回答问题时进行更多的思考,也被称为开放性问题。

V

Validity   有效性

反映研究工具在多大程度上符合其所研究的目标,也反映了从调查实验中所得到的结论的真实性。

Variability   变异性(可变性)

对数据离散程度的测度,数据的不相似程度越高或者越分散,变异性就越大。

Variable   变量

是指某事件可观测或可测量的因素(或属性)。

Variance   方差

在某分布中,均值的均方偏差被称为方差。

Verbatims   全文记录

在调研报告中对调查参与者所述内容的引用。

W

Willingness to Participate   参与意愿

受访者同意分享他的个人想法的意向或倾向。

Web Based TV Test Markets   基于网络电视的市场调查

依靠宽带互动电视和互动式多媒体技术来实施现场调查,它事先选取应答者并对其给予不同的激励,然后通过互动电视进行访问。

Web Home Page   主页

是进入网站的向导,通常是访问网站时进入的第一个网页。

Web Page   网页

二手资料的来源之一,通常能链接到诸多相关网页,且网页上包括文本、图像、视频等信息。

Web Site   网站

为维网上的电子位置(网络地址)。

Width   宽度

数据库中记录的个数。

Wireless Phone Survey   无线电话调查

一种市场调查的方法,借助标准无线电话(移动电话)来收集数据。

Word Association Test   词语联想测试

一种投影技术,向受访者展示一组词语或短语,每次一个词,并询问受访者他们脑海中所联想到的第一个词语是什么。

World Wide Web(WWW)   万维网

是一个图形界面系统,它包含不同文档之间的超文本链接,并通过互联网进行访问。

Wrong Mailing Address   错误的邮寄地址

一种非应答者偏差,当目标受访者的邮寄地址过时或不存在时会产生此种偏差。

Wrong Telephone Number   错误的电话号码

一种非应答者偏差,当抽样名录中目标应答者的电话号码不存在或不正确时会产生此种偏差。

Z

ZMET(Zaltman Metaphor Elicitation Technique)   萨尔茨曼隐喻诱引术,简称 ZMET

ZMET是应用于深入访谈中的一种可视化研究技术,它鼓励研究参与者针对指定话题自由表达(包括情绪和潜意识的反应)。

z-test(also referred to as z statistic)   z检验(又被称为z统计量)

基于z分布的假设检验,它适用于样本量大于30且标准差未知的情形。